Anton N. Oleinik

Criminalité organisée, prison et sociétés post-soviétiques

préface de

Alain Touraine

L'Harmattan Italia
via Artisti 15
10124 Torino

L'Harmattan
5-7, rue de l'École Polytechnique
75005 Paris

“ À mes parents ”

Table des matières

Préface

Vous allez lire ce livre ; retenez bien le nom de son auteur, Anton Oleinik ; vous entendrez parler de lui. D'abord parce qu'il démontre avec éclat qu'il est un vrai chercheur. Le premier, par exemple, à avoir étudié des prisons en Russie – et aussi en France. Ensuite et surtout, parce qu'il construit une analyse originale et cohérente, qui accompagne au plus près les faits et les documents venus de Russie, de France et d'ailleurs, à partir desquels il construit son interprétation. Avant même d'ouvrir son livre, évitons un malentendu. Il ne s'agit pas pour A. Oleinik de suggérer que le régime soviétique fonctionnait comme une prison, faisant peser sur les citoyens des contraintes aussi lourdes que celles que subissent les prisonniers. Un tel point de vue serait sans grande originalité et se heurterait à des objections très fortes, car on ne peut pas réduire le régime soviétique à ses aspects les plus scandaleux, même si ceux-ci ont été terribles. En fait, ce livre se place clairement dans la situation post-soviétique et l'image qu'il donne des prisons ne correspond pas à l'image d'une surveillance généralisée de la population. Il ne s'agit pas davantage pour A. Oleinik de défendre le système soviétique, encore moins à travers ses prisons ; mais d'introduire une opposition centrale entre deux types de société qu'il appelle, avec une banalité bien calculée, la “ petite ” et la “ grande ” sociétés. Ce qui veut dire les sociétés modernes dans toutes leurs composantes et les sociétés qui ne sont que partiellement modernisées. Cette expression veut dire – et là est la plus grande originalité d'Oleinik, des sociétés où le monde des pratiques, des relations et des expériences quotidiennes reste séparé des normes officielles de modernité et d'efficacité. Entre ces deux mondes séparés, celui du haut et celui du bas, s'étend un vide immense qui ne peut être occupé que par une mafia. Et tel est le vrai sujet qu'Oleinik étudie : la mafia rouge. Et l'étude des prisons se révèle un remarquable miroir de ce qu'est la société russe dans son ensemble. Aux deux niveaux, on trouve la même absence de l'Etat comme organisateur des pratiques sociales. Ce sont donc des petits chefs qui dirigent des ensembles qui échappent en fait au contrôle de l'Etat. Les chefs font règner un certain ordre, font respecter certaines normes qui répondent à des choix personnels, moraux ou non, plutôt qu'à une stratégie d'influence ou de pouvoir. Autant la distance est grande entre ce monde de la mafia et celui de la rationalisation, autant, dans ce monde, espace privé et espace public sont confondus. Les relations de pouvoir, en particulier, sont des relations interpersonnelles autant que l'imposition de consignes du général est justifiée.

A. Oleinik note ici que le pouvoir de type mafieux construit une représentation de la vie sociale qui est dominée par le couple ami/ennemi, tel que l'a défini Carl Schmitt. Pas de négociation, de classement des problèmes et des conflits. Dès le premier instant, le niveau le plus élevé d'intervention, conflictuelle ou non, est atteint. La vie quotidienne est dramatique ; les punitions sont brutales, les rapports de pouvoir sont immédiatement visibles. Ce qui définit le mieux les “ petites ” sociétés, c'est leur absence d'instances de médiation. Cette analyse révèle son originalité et sa force si on la compare à deux autres, depuis longtemps célèbres. Michel Foucault voit dans la prison l'image extrême, révélatrice d'une société de plus en plus occupée à se surveiller et à se punir. La prison est soumise au même pouvoir absolu, qui élimine dans l'ensemble de la société toute possibilité d'action positive. Les détenus ne sont considérés que comme des déviants qui doivent être traités comme des exclus. Oleinik, au contraire, définit la prison comme une société amputée de toute relation à la “ grande ” société, qui ne peut pas être complètement absente de la société nationale. La vision de Goffman, cette d'une institution fermée sur elle-même, n'est pas très éloignée de celle de Foucault et tombe sous la même critique, car l'une et l'autre définissent la prison par un contrôle absolu d'elle-même, en dehors de toute relation avec un extérieur qui serait, au moins en partie, différent. Oleinik, au contraire, voit dans la prison comme dans la société russe une société privée d'une partie de sa modernité et par conséquent qui est incapable d'établir un rapport entre ce qu'elle a de “ grand ” et ce qu'elle a de “ petit ”, ce qui conduit à voir dans la prison non pas une reproduction en taille réduite de la société, mais un degré extrême de séparation de la “ petite ” société dont la rationalité est très réduite et qui est dominée par des critères de fonctionnement qu'on peut appeler primaires, au sens où ils sont indépendants de l'esprit rationalisateur et organisateur des “ grandes ” sociétés. Un exemple le montre : les détenus établissent une hiérarchie des crimes et donc des culpabilités et les auteurs des fautes les plus graves sont isolés, rejetés par le reste du groupe. En particulier les violeurs d'enfants sont contraints à une homosexualité passive qui leur enlève toute possibilité de choix et d'initiative. Une telle analyse évoque les descriptions nombreuses des gangs de jeunes, comme si la mafia à l'intérieur des prisons était de même nature que les gangs qui exercent une autorité sans partage, qui imposent des peines à leurs membres qui n'ont pas respecté les règles du groupe et qui, en particulier, organisent des séances de viol collectif.

A. Oleinik a vite conscience qu'il peut élargir ses analyses et les utiliser pour régler le problème le plus central de ce qu'on appelle le développement. Celui-ci n'est pas atteint quand la raison abstraite l'emporte sur les coutumes locales, mais au contraire quand la modernisation incorpore les normes traditionnelles concernant le vécu. Son livre a été écrit avant que n'éclate au grand jour le mouvement zapatiste au Mexique ; mais il aide à comprendre l'analyse sans laquelle une telle situation n'a pas de solution. Une issue n'est possible que quand on accepte d'étendre à toute la population indienne du Mexique ce qui a été accepté par la loi de l'Etat de Oaxaca. Dans cet Etat, les coutumes traditionnelles se substituent à la loi. Mais ceci risque de conduire à une régression visible, en particulier en ce qui concerne la situation des femmes. On ne peut sortir d'une telle contradiction et d'un tel risque de régression qu'en assurant qu'en cas de conflit entre critères anciens et nouveaux, les autorités devront recourir aux principes les plus généraux des droits de l'homme, tels qu'ils sont présents dans la Déclaration universelle des droits de l'Homme de 1948. Ainsi peut s'opérer l'intégration du particulier dans l'universel. C'est cette opération indispensable et difficile qui définit le développement et non pas, comme on le croit trop souvent, le triomphe de la rationalité instrumentale qui exclut les coutumes aussi bien que les formes d'organisation défensive qui s'imposent dans les prisons. Le développement n'est pas la victoire de l'avenir sur le passé, mais la capacité du second d'intégrer le premier, ce qui échoue si facilement quand s'exerce une forte pression répressive sur un héritage culturel considéré comme primitif et inférieur. Comme ce fut le cas si souvent, dans le Mexique que je viens d'évoquer, dans les luttes contre les forces mobilisées par l'holigarchie et l'église.

Cette lecture de la situation carcérale et de ses rapports avec la société est-elle entièrement satisfaisante ? On ne peut répondre à cette question qu'en se plaçant d'abord à l'intérieur de la pensée d'Oleinik. Car enfin l'idée de comparer la vie d'une société et celle d'une prison ne va pas de soi, surtout quand l'enquête dans les prisons précède l'analyse de la société russe post-soviétique. Cet ordre choisi veut dire, je crois, que si un ordre institutionnel n'est pas présent au plus bas de la société, on ne le trouvera pas à son sommet et surtout que cet ordre ne descendra pas de haut en bas. Une telle conception ne correspond qu'aux pays qui ont été au cœur de la modernité occidentale. Elle ne correspond guère à la tradition politique française ou américaine. Bien davantage à celle de la Grande-Bretagne et surtout à celle de la Hollande, petite province qui a si souvent été en avance sur tous les autres pays sur le chemin de la modernité. C'est l'éducation, la morale, l'esprit de liberté qui se soulèvent dans un tel pays contre le despotisme ; à ces principes fondamentaux s'ajoute le respect du travail. La recherche du profit n'a pas eu un rôle aussi général ; elle a défini le capitalisme, qui n'est qu'un chemin particulier vers la modernité où on peut arriver par d'autres moyens. Ce qui fait apparaître le caractère extrême et presque paradoxal de la thèse d'Anton Oleinik : pour que le développement soit présent, il faudrait trouver partout, même dans les prisons, la même emprise des principes de la vie publique sur les passions et les désordres de la vie privée. Il faut donc que la vie publique soit subordonnée au sein d'elle-même à des vertus proprement privées pour que n'existent plus de sous-ensembles sociaux subordonnés à la force, à la peur et à l'arbitraire. C'est pourquoi, au cœur des pays où s'est développée le plus rapidement la modernité capitaliste, une place si centrale a été gardée au thème de la confiance – *trust*. C'est bien là la conception la plus ambitieuse qu'on puisse avoir de la liberté et de la modernité. On sent même A. Oleinik prêt à dire que c'est le régime qui s'est voulu le plus moderne et le plus " socialisé " qui a laissé l'espace le plus grand, hors de lui et même en lui-même, aux forces de mort. Pour un Français, cette conclusion appelle à la réflexion car la conception qui a le plus marqué la France est la séparation d'une vie publique gouvernée par la raison et le sens de l'intérêt national et d'une vie privée, volontiers laissée dans des mains inférieures, celles du clergé, de la tradition et des femmes. Le livre d'A. Oleinik n'est pas seulement un ensemble de deux enquêtes de grande qualité sur les prisons et sur la vie publique russe ; il est un appel au plus haut niveau de démocratie possible dans un pays où celle-ci est si faible, et où l'intérêt public et la République sont des mots vides.

Les raisons pour lesquelles la " grande " société russe reste une " petite " société sont les mêmes pour lesquelles, au XIXème siècle, Leopardi appelait " grande société " la France et l'Angleterre, et " petite société " l'Italie. En ce qui concerne la Russie, Oleinik définit la " petite " société comme celle qui est dominée par le *blat* et le *mat*. Le *blat* est l'ensemble des relations par lesquelles un individu parvient à atteindre des ressources rares : c'est les relations, le piston. Mais comme cet accès est plus souvent impossible que réussi, la majorité du peuple s'enferme dans le *mat*, c'est-à-dire dans un argot populaire, grossier, violent, en particulier contre les étrangers. C'est quand la société russe éliminera le *blat* et ne parlera plus le *mat*, lorsque la vie privée et la vie publique auront été sinon réunies du moins remises en communication, que la " petite " société russe deviendra " grande ". On peut se demander si l'Etat ex-soviétique, surdimensionné et surpuissant, laissera jamais la société russe prendre son autonomie et lui permettra de faire entrer dans toutes ses parties des conduites rationnelles. Ce n'est aujourd'hui qu'un rêve et une désillusion. La société russe, au lieu de devenir de plus en plus " grande ", semble être de plus en plus " petite ".

Alain Touraine, Paris, le 25 juin 2001

Avant-propos

L'achèvement de ce travail n'aurait guère pu être possible sans l'appui de plusieurs personnes. Tout d'abord je témoigne ma reconnaissance profonde à l'égard d'Alain Touraine, qui a encouragé mes premiers pas en sociologie il y a neuf ans, au Collège Universitaire Français de Moscou. L'appui d'Alain Touraine, exprimé manifestement ou non, m'a rassuré beaucoup dans mon travail pendant ces années, surtout à l'étape de la rédaction du manuscrit dont il a été le premier lecteur. Les discussions avec lui m'ont aidé à préciser et à éclaircir certaines idées. Mon évolution vers l'analyse sociologique (étant donné que ma formation de base est en sciences économiques) s'effectuerait autrement, si je n'avais pas travaillé avec Laurent Thévenot. L'économie de conventions dont il est l'un des pères-fondateurs permet de rapprocher l'analyse économique et l'analyse sociologique, ses repères analytiques m'ont servi beaucoup dans le travail, surtout à ces premières étapes. Ensuite, j'éprouve la reconnaissance à l'égard de Michel Wieviorka, le directeur de ma thèse, pour sa confiance et un degré de la liberté non négligeable qu'il m'a accordé. Les discussions avec mes collègues russes, Alexandr Hlopin et Sergei Patrushev, ont contribué à l'évolution permanente de ma perception de la société post-soviétique. Grâce au travail commun avec eux, j'ai non seulement élargi la base empirique de mon analyse, j'ai sensiblement progressé sur le plan intellectuel. L'arrivée à notre équipe de Eugènie Gvozdeva nous a permis de réaliser nombreuses études empiriques, ses capacités organisationnelles méritent d'être particulièrement signalées. Le travail sur le terrain, c'est-à-dire dans les prisons, n'aurait pu être réalisé sans assistance des colonels Yurij Mukanov (le Ministère de l'Intérieur de la Fédération de Russie), Vitalij Polozjuk (le Ministère de la Justice de la Fédération de Russie) et Piotr Posmakov (le Ministère de l'Intérieur de la République de Kazakhstan). Paradoxalement, mais l'organisation du travail dans les prisons en France est apparue plus difficile qu'en Russie (bien que je sois le premier sociologue autorisé à travailler avec les détenus là-bas). C'est grâce à l'intervention de mon ami et collègue Jean-Philippe Touffut et de son patron, Monsieur Jean-Louis Beffa, président du groupe Saint-Gobain, que mes efforts ne sont pas restés sans résultat. L'organisation d'une série de stages dans les pénitenciers français a été assurée par Mme Josée Grouman du Ministère de la Justice. Le texte a bénéficié de nombreuses suggestions et critiques de la part de Sarah Carton de Grammont et de Karine Clément qui ont fait le travail de la relecture de la thèse. La thèse n'aurait pas pu être préparée si l'auteur n'avait pas bénéficié d'une bourse accordée par l'Ambassade de France à Moscou et gérée par le Centre Régional des Œuvres Universitaires et Scolaires (CROUS) de Paris. L'auteur est particulièrement reconnaissant à Alexis Berelowitch, attaché culturel de l'Ambassade de France à Moscou en 1996-1999, pour son soutien.

Chapitre 1
Introduction

Terre des dieux et des héros ! Pauvre Sicile !
Que sont devenues tes brillantes chimères ![1]

Le discours politique et scientifique des réformes post-soviétiques est dominé par l'interrogation sur la nature des obstacles que les institutions démocratiques et marchandes rencontrent dans les pays de l'Europe de l'Est et surtout dans les pays de l'ex-URSS. " La Mafia rouge " est souvent évoquée par les observateurs occidentaux ainsi que par les médias autochtones et internationaux comme l'un de ces obstacles. Le raccourci de Mafia apparaît très utile pour discerner un ennemi des réformes invisible, mais dangereux et violent. De plus, en s'inscrivant dans la logique de la globalisation, la Mafia perd son caractère local et régional, elle devient une menace à l'échelle internationale. La série des scandales liés aux comptes de Russes à la Banque de New York, qui a perturbé la communauté financière internationale durant la deuxième moitié de 1999, l'affaire de Pavel Borodin (2001), haut fonctionnaire russe soupçonné d'avoir transféré les pots-de-vin dans les banques suisses, illustrent bien la peur de l'internationalisation de la " Mafia rouge ".

La diffusion médiatique de l'image de la Mafia implique un cercle vicieux : plus on diffuse une image, plus on crée les conditions pour sa reproduction et plus on s'éloigne de la compréhension de la vraie nature du phénomène. Il suffit de rappeler le rôle que l'image médiatique a joué dans la mise en forme de la Mafia sicilienne et américaine. Le terme de Mafia lui-même est entré dans l'usage quotidien après le succès d'une pièce " *I Mafiusi della Vicaria* ", mise en scène à Palerme en 1863[2]. Selon Diego Gambetta, certains éléments de la tenue classique des mafieux, par exemple, les lunettes de soleil noires, sont apparus d'abord dans les films sur la Mafia pour entrer ensuite dans sa vie quotidienne[3]. Donc, l'image d'un phénomène mal étudié et menaçant devient parfois un facteur majeur de son évolution. En utilisant un terme économique, la connaissance

---

[1] Tocqueville A. de, " Voyage en Sicile ", dans Tocqueville A. de, " *Œuvres* ", Paris : Gallimard, 1991, t.1, p.18

[2] Gambetta D., " *The Sicilian Mafia. The Business of Private Protection* ", Cambridge : Harvard University Press, 1993, p.137. De même, le terme de *Cosa Nostra* est-il devenu populaire pendant les années 50 après la diffusion par les médias américains des témoignages de Valachi sur la portée de la criminalité organisée d'origine italienne aux Etats-Unis.

[3] *Ibid.*, p.135

de la Mafia basée sur les images médiatiques devient un état auto-réalisateur: si tout le monde croit à la réalité de cet état, il devient d'abord réalisable et il se réalise ensuite. Comment éviter ce danger de la construction involontaire de la " Mafia rouge " par les acteurs politiques, économiques et sociaux dont elle remet en question l'existence ?

Pour plusieurs raisons, l'analyse directe des phénomènes qu'on s'est habitué à appeler " la Mafia rouge " est impossible. Tout d'abord, parce que la signification de ce terme est loin d'être claire dans le contexte post-soviétique. S'agit-il d'une simple greffe linguistique et d'une commodité d'expression ou bien ce terme aide-t-il à comprendre les problèmes de la transformation ? La définition fonctionnelle de la " Mafia rouge " nous rappelle celle de la Mafia italienne : " La Mafia est une organisation criminelle clandestine, qui fait partie du système de la criminalité organisée, possède les liens de corruption et fonctionne sur le marché parallèle "[4].

Après avoir constaté la ressemblance fonctionnelle, nous sommes obligés d'aller plus loin dans l'investigation sur la nature de la Mafia post-soviétique. Les recherches sur la Mafia italienne la présentent comme un phénomène profondément enraciné dans la culture particulière du Sud de l'Italie. " Il est impossible d'exporter la Mafia à l'étranger ", conclut Giovanni Schiavo après son analyse comparative de la Mafia italienne et de la criminalité organisée aux Etats-Unis[5]. Pour pouvoir vérifier cette thèse, il nous faut nous intéresser à la structure sociologique de la " Mafia rouge ". Or, c'est précisément cet aspect qui est le moins étudié à l'heure actuelle. Avant que la comparaison de la structure sociologique de deux " Mafias " ne soit effectuée, il nous semble raisonnable d'utiliser le terme de criminalité organisée pour décrire l'un des obstacles aux réformes post-soviétiques. " Etant le résultat de la vie sociale, la criminalité organisée devient un facteur qui commence à son tour à la déterminer "[6]. Il y a plusieurs façons d'aborder la question de la criminalité organisée : celle de la criminologie, celle de l'économie, celle des sciences politiques, celles de la sociologie et de l'anthropologie. Par exemple, les économistes peuvent appuyer leur analyse sur les données concernant la partie de l'argent liquide dans les flux monétaires d'un pays, d'une région : plus la criminalité

---

[4] Ovchinskij V., Ovchinskij S., " *Bor'ba s mafiej v Rossii. Posobie v voprosah i otvetah dlja sotrudnikov organov vnutrennih del* ", Moskva : MVD RF, 1993, c.8

[5] Schiavo G., " *The Truth About the Mafia and Organized Crime in America* ", New York : Vigo Press, 1962, p.86

[6] " *Organizovannaja prestupnost' – 2. Problemy, disskussii, predlojenija* ", Moskva : Kriminologicheskaja associacija, 1993, c.8

organisée y est présente, plus la partie de l'argent liquide est importante[7]. Malheureusement, une telle approche ne porte que sur les manifestations du phénomène en question, elle ne nous donne guère d'idées sur les principes de son fonctionnement interne. La sociologie en tant qu'un des moteurs de la connaissance sur la criminalité organisée s'intéresse à son organisation normative, aux normes, valeurs et types de comportement *sui generis*. Elle va même plus loin, l'accent sur l'aspect normatif peut constituer un socle pour une approche interdisciplinaire.

L'intérêt porté aux normes ne semble étranger ni à certains criminologues, ni à certains économistes. " Le trait distinctif de la criminalité organisée est la présence de normes de comportement spécifiques "[8]. " L'économie parallèle comporte une législation parallèle, une justice parallèle, un système de valeurs et de normes de comportement "[9]. Aussitôt qu'on s'intéresse à la lecture sociologique sur la criminalité organisée, se pose le problème des sources d'information sûres. Les sources officielles (les documents de magistrats) qui servent souvent d'appui à l'étude de la criminalité organisée sont, premièrement, quasi inexistantes ou de toute façon quasi inaccessibles pour la recherche dans la Russie d'aujourd'hui[10], deuxièmement, insuffisantes pour dresser un bilan complet de l'espace normatif criminel. Les tentatives d'organiser les entretiens avec les criminels en leur posant des questions directes sur la criminalité organisée ne peuvent pas non plus être considérées comme dignes de foi: on n'y voit aucune garantie que l'interlocuteur ne soit pas engagé à un jeu de manipulation[11]. Par conséquent, les voies de l'analyse indirecte s'imposent. Nous avons choisi l'étude de la situation en

---

[7] Voir, par exemple, Wiles P., " Second Economy, its Definitional Problems ", in Alessandrini S., Dallago B. (eds.) " *The Unofficial Economy. Consequences and Perspectives in Different Economic Systems* ", Aldershot : Gower, 1987, p.30

[8] Kulikov V., " *Osnovy kriminalisticheskoj teorii organizovannoj prestupnoj dejatel'nosti* ", Ul'janovsk : Ul'janovskij filial M.G.U., 1994, c.101

[9] Kolesnikov V., " *Ekonomicheskaja prestupnost' i rynochnye reformy. Politiko-ekonomicheskij analiz* ", Sankt-Peterburg : Izdatel'stvo Sankt-Peterburgskogo universiteta ekonomiki i finansov, 1994, c.82

[10] Ce qui fait la différence remarquable par rapport à la situation en Italie. Ne mentionnons que deux ouvrages écrits principalement sur la base des documents de magistrats: Arlacchi P., " *Buscetta. La Mafia par l'un des siens* ", Paris : Ed. du Félin, 1996 ; Cesoni M.-L., " *Développement du Mezzogiorno et criminalités. La consolidation économique des réseaux camoristes* ", Thèse de doctorat en sociologie : Ecole des Hautes Etudes en Sciences Sociales, 1995.

[11] Les interrogations directes sont efficaces dans les conditions bien limitées : quand il s'agit de la petite délinquance, quand on peut comparer les réponses avec les fichiers policiers, etc. (voir Hirschi T., " *Causes of delinquency* ", Berkeley : University of California Press, 1969, p.59-64).

prison en tant que piste qui nous amènerait à la compréhension de la criminalité organisée, et, à travers celle-ci, à la compréhension des problèmes des transformations post-soviétiques. La position analytique prise de cette manière diffère du programme de recherche de la sociologie critique qui voit aussi dans la prison un objet d'investigation important. Michel Foucault, le porte-parole de la sociologie critique, a appelé à traiter la prison comme un moyen de la lutte contre l'anomalie, la déviation par rapport à la norme : partir de la norme pour arriver à la prison[12]. Or, c'est le sens inverse qui nous intéresse : partir de la prison et de la criminalité organisée pour arriver à la norme.

Notre démarche, qu'on peut plutôt présenter comme un pis-aller dans des situations où l'analyse directe est impossible, a en même temps quelques justifications positives. On trouve souvent des indications sur les liens qui existent entre le milieu carcéral et la criminalité organisée. En particulier, l'une des hypothèses quant aux origines de la *camorra*, l'homologue napolitain de la Mafia, implique que celle-là " ait été créée dans l'intérêt des prisonniers et pour leur défense " [13]. De la même façon, certains criminologues russes regardent la sub-culture carcérale soviétique des années 30 comme l'une des sources de la criminalité organisée en Russie contemporaine[14]. Mais, soulignons-le, ces hypothèses n'ont jamais été soigneusement vérifiées.

Pour résumer la description de notre itinéraire de recherche, nous pouvons la tracer en grandes lignes de la manière suivante. L'étude des relations sociales dans la prison guide nos investigations sur la criminalité organisée et sur la société de type soviétique en général, - nous proposons d'envisager ces trois constructions en tant qu'homologues du point de vue de leur structure sociale. Au lieu de parler de la prison comme un produit de la société, nous voudrions en parler en termes de reflet, de miroir. Au niveau de la vie quotidienne, l'homologie se présent assez manifestement. Par exemple, si l'on compare l'argot criminel des années 30-50 avec la langue quotidienne,

---

[12] Foucault M., " *Surveiller et punir. Naissance de la prison* ", Paris : Gallimard, 1975, p.307. " La prison ne fait que reproduire les mécanismes qu'on trouve dans le corps social " (p.235). Loïc Wacquant, en continuant cette ligne de recherche, met en avant les liens entre la gestion des problèmes inter raciaux aux États-Unis et la politique carcérale de ce pays. Ceci lui permet d'arriver à une conclusion qui est très proche de l'idée principale de notre ouvrage : " Pas une société avec les prisons..., mais la première dans l'histoire société-prison " (Wacquant L., " Deadly symbiosis. When ghetto and prison meet and mesh " : *Punishment and Society*, Vol.3, n°1, 2001, p.121).

[13] Cesoni M.-L., *Op. cit.*, p.41

[14] Dolgova A., D'jakov S. (pod redakciej), " *Organizovannaja prestupnost'* ", Moskva : Yuridicheskaja literatura, 1989, c.109

on voit qu'un tiers des termes argotiques font partie des constructions linguistiques contemporaines et déterminent par cette voie la prise de conscience des problèmes quotidiens[15]. A leur tour, les psychologues sociaux mettent en avant la présence dans le comportement quotidien des Russes les éléments d'un type social caractéristique aux prisonniers [16]. Dans ce contexte le titre d'un roman récent sur l'actualité économique russe écrit par l'un des pionniers du business dans ce pays, " *Bol'chaja pajka* " (une grande portion journalière de pain distribuée aux détenus de camps de concentration staliniens), ne doit pas surprendre[17]. Plusieurs règles de comportement sur le marché russe reproduisent celles qui existent dans le milieu carcéral. L'argot des affaires (appelé d'une manière péjorative l'argot des " nouveaux russes ") apparaît encore plus influencé par l'argot criminel que la langue populaire. Les couches criminelles ont donné naissance à plusieurs acteurs économiques et politiques.

Comment expliquer cette similitude qui existe entre l'organisation sociale du monde post-soviétique et celle du monde carcéral ? Une réponse possible consisterait à tenir compte du nombre des personnes ayant une expérience d'incarcération. Ces personnes peuvent être envisagées en tant que porteurs des valeurs et des normes du milieu carcéral.

Près d'un tiers des Soviétiques ont été jugés ou ont des parents qui l'ont été. Bien que la proportion des Soviétiques ayant été jugés soit importante - 1/5 de la population totale, ceux qui ont eu l'expérience de l'incarcération sont visiblement moins nombreux : 2%[18]. Même si certains de ces porteurs des normes carcérales ont accès à des positions clés dans l'économie et la société russe, leur nombre relatif ne permet pas de rendre crédible le scénario selon lequel une minorité agressive soumet une majorité mal organisée.

Nous cherchons une explication à l'omniprésence du modèle carcéral dans les particularités de l'environnement institutionnel des sociétés soviétiques et post-soviétiques. Il s'agit tout d'abord de la spécificité des relations d'autorité, dans la prison ainsi que dans la société en général. Bien que le rôle de l'Etat ne soit pas aussi

---

[15] L'évaluation a été réalisée par l'auteur sur la base de mille termes argotiques décrits dans Rossi J., " *Spavochnik po GULAGu* ", Moskva : Prosvet, 1991. 33,6% des termes font partie de l'argot criminel et de la langue argotique quotidienne en même temps.

[16] Kim N., " Nadejda, ustalost', starost' " : *Ekonomicheskie i social'nye problemy. Monitoring obshestvennogo mnenija*, n°1 (39), 1999

[17] Dubov Yu., " *Bol'chaja pajka* ", Moskva : Vagrius, 1999. Au titre de référence: la ration journalière de pain a varié de 300 à 850 grammes selon la catégorie de détenus.

[18] Levada Yu., " *Entre passé et l'avenir. L'homme soviétique ordinaire. Enquête* ", Paris : Presses de la F.N.S.P., 1993, p.110,310 ; " *Organizovannaja prestupnost' – 2. Problemy, disskussii, predlojenija* ", c.67

contraignant que celui des surveillants dans la prison, les deux types d'autorité exemplifient le même modèle de relations avec le social. Afin de justifier ce point, il n'est guère nécessaire de se référer au modèle de l'Etat totalitaire. L'Etat totalitaire dont l'époque de Staline nous donne une image concrète et réelle *produit* le modèle de l'organisation sociale que nous avons découvert dans la prison. L'Etat *absentéiste*, l'Etat séparé de la société et chargé de ses propres problèmes qui n'ont rien en commun avec la vie quotidienne de ses citoyens, aide par le fait même de son existence à la *reproduction* du modèle social dit carcéral. L'Etat privé des liens avec la vie sociale, privé des mécanismes de la médiation et de la représentation sociale, ne permet pas aux gens ordinaires de sortir des limites de la reproduction du modèle prisonnier. Dans la Russie d'aujourd'hui, la place des institutions qui assurent la médiation entre la vie quotidienne des Russes ordinaires et le fonctionnement de l'Etat, reste inoccupée (Figure 1).

Par conséquent, pour mener à bien les transformations démocratiques et marchandes, la lutte résolue contre la criminalité organisée ne suffit pas. Sans réformes profondes de l'Etat lui-même, sans formation de la société civile, cette lutte risque de se transformer en guerre entre deux ou plusieurs Mafias. Rappelons que c'était exactement le cas de la Sicile des années 30 sous le règne du préfet Cesare Mori. " Pour combattre la Mafia, l'Etat s'était transformé en une autre mafia "[19]. Notre analyse ainsi que la situation actuelle en Russie nous interdit d'exclure une telle perspective.

[19] Padovani M., " *Les dernières années de la Mafia* ", Paris : Gallimard, 1987, p.148

Chapitre 2
Comprendre la " petite " société

2.1. Problématique de la recherche : les normes comme " cadres " de l'action

L'étude du monde carcéral à travers la notion de norme semble naturelle pour la recherche sociologique. Mais il y a une longue controverse entre la sociologie et les sciences économiques sur la nature de l'action sociale : est-elle rationnelle ou normative ? Ainsi, la contradiction entre l'action guidée par les normes et l'action rationnelle pourrait-elle être décrite de la façon suivante : " L'action rationnelle s'oriente vers un résultat... L'action guidée par les normes sociales ne s'oriente pas vers un résultat. Même les normes complexes impliquent que l'individu suit simplement leurs prescriptions, tandis que l'action rationnelle exige que l'individu fasse des calculs complexes dans des conditions d'incertitude "[20]. Procédons, donc, à une brève discussion sur le rôle de la norme dans l'organisation sociale.

2.1.1. Approche institutionnelle

Notre premier repère sur le chemin vers une meilleure compréhension de la norme est marqué par l'approche institutionnelle qui se constitue actuellement à la frontière entre les sciences économiques, la sociologie, l'histoire et le droit. Bien qu'il ne s'agisse pas pour le moment d'une nouvelle théorie basée sur sa propre méthodologie, l'approche institutionnelle nous intéresse du point de vue de la recherche d'une vision composite de la norme[21]. La force et la faiblesse de cette approche ont leur origine dans son caractère interdisciplinaire : c'est la notion d'institution qui unit des disciplines si différentes. " L'institution [est] l'ensemble des normes et des comportements généralement suivis et spontanément respectés par les membres d'une collectivité qui acquièrent ainsi un caractère de stabilité indépendamment de toute obligation juridique explicitement énoncée "[22]. Comprise de telle manière, l'institution s'éloigne du

---

[20] Elster J., " Economic Order and Social Norms " : *Journal of Institutional and Theoretical Economics*, 1988, Vol.144, n°2, p.357.

[21] Nous avons proposé une mise en ordre des différents éléments de l'approche dans Olejnik A., " *Institucional'naja ekonomika* ", Moskva : Infra M, 2000

[22] Lochak D., " Institution ", dans Arnaud A.-J. (sous la direction de), " *Dictionnaire encyclopédique de théorie et de sociologie du droit* ", Paris : LGDJ, 1993, p.305. Le

modèle de comportement imposé aux individus pour s'approcher du dispositif de coordination. Bien que les institutions ne soient pas imposées par un pouvoir discrétionnaire, les individus les respectent.

L'accent sur la soumission volontaire aide à dresser une figure de compromis entre les différentes sciences sociales : les individus suivent les prescriptions des institutions parce que ceci permet de mieux réaliser leurs intérêts. Dans les situations de l'interdépendance, la capacité de mener à bien un projet individuel implique la prise en compte du projet d'autrui, donc, une coordination des actions. " Même si les objectifs des autres gens ne sont pas incorporés dans les objectifs de l'individu, la reconnaissance de l'interdépendance amène l'individu à respecter certaines règles de comportement. Ces règles n'ont pas de valeur intrinsèque, mais elles servent d'instruments dans la réalisation des intérêts individuels "[23]. Autrement dit, la tâche principale des institutions consiste à faciliter la coordination des agents libres dont les actions ne sont pas soumises à un déterminant absolu. En outre, les individus ont intérêt à produire les institutions dans les situations où celles-ci ne sont pas données *a priori*. Plusieurs expérimentations montrent que les individus isolés de l'influence des institutions habituelles commencent très vite à construire leur propre espace institutionnel. " La Loi, dit Walter Weyrauch, peut être considérée comme une nécessité vitale pour les êtres humains. Les gens ont une prédisposition naturelle à produire des lois qui déterminent (*governing*) leurs interactions "[24].

2.1.2. Sub-culture carcérale

La compréhension de la nature duale de la norme guidera notre étude d'un espace institutionnel particulier, - les normes qui structurent la vie commune en détention. Deux types de normes servent à organiser la vie en détention. Le premier comporte les normes et les règlements officiels, imposés par la Loi et mis en vigueur par l'administration pénitentiaire et le corps des surveillants.

Ces normes correspondent parfaitement à la compréhension des normes développée par la sociologie classique, nous y consacrerons une partie de notre analyse, mais elles ne se trouvent pas en son centre. Le deuxième type comporte les normes spontanément développées et appliquées par les détenus afin de rendre leur vie en

---

terme d'institution (*instituto* = arrangement) a été introduit dans le discours théorique en XIIIème siècle par Sinibaldo de Fieschi, le pape Innocent IV.

[23] Sen A., " *On Ethics & Economics* ", Oxford : Blackwell, 1987, p.85

[24] Weyrauch W., " The 'Basic Law' or 'Constitution' of a Small Group " : *Journal of Social Issues*, 1971, Vol.27, n°2, p.58. L'article a été écrit sur la base d'une expérimentation avec la participation de 9 personnes isolées ensemble pour 3 mois.

détention plus supportable socialement. De la même façon que chaque groupe fermé construit ses propres lois de la vie sociale, les prisonniers font leur " constitution ". " La loi d'un petit groupe, y compris la famille, donne un programme de la vie ensemble qui est supporté par la logique du système dans son ensemble "[25]. La particularité de la " Loi " des détenus consiste dans l'impossibilité de l'appuyer sur la logique du système dans son ensemble. " La sub-culture prisonnière comporte les normes, les traditions, les rituels, la langue et les tics qui diffèrent de ceux qui sont imposés par la loi pénale et les règlements internes de la prison "[26].

Notre analyse qui en suit sera consacrée surtout au deuxième type de normes. D'abord, parce que ces normes se construisent en tant que dispositifs de coordination et d'interprétation mutuelle, dont la sociologie classique ne sait pas rendre compte. " Ici, les gens ont le droit de faire tout ce qu'ils veulent, dans certaines limites. Personne n'impose sa volonté, personne ne viole le droit à l'espace privé, personne ne force l'autre à faire quelque chose que celui-ci ne veut pas. Ce qui est important c'est de ne pas sortir des limites, de respecter les règles... Des règles qui ont été élaborées pendant dizaines d'années "[27]. Dans cette perspective, la sub-culture carcérale peut être envisagée comme l'expression de l'individualité des détenus, la volonté de produire leur société même sous contraintes externes très sévères. Par conséquent, l'étude de la sub-culture carcérale s'inscrit dans la recherche de la réponse à un défi global auquel la sociologie fait face depuis sa création. La tâche de la sociologie consiste à " donner la parole à ceux qui ne l'ont pas "[28].

Après avoir donné une définition fonctionnelle de la sub-culture, nous procédons à son esquisse structurelle. La production de la sub-culture comme ensemble de cadres institutionnels de la vie quotidienne d'un petit groupe est déterminée socialement. La composition du groupe, son organisation, sa position par rapport à la " grande " société caractérisent sa sub-culture. " Au lieu de se référer aux croyances afin d'expliquer la cohésion de la société, nous avons utilisé la société pour expliquer les croyances "[29]. En poursuivant un tel chemin de recherche, nous essayerons de tracer les liens explicatifs entre les particularités de l'organisation sociale du monde carcéral et

---

[25] Weyrauch W., *Op. cit.*, p.51

[26] Platek M., " Prison Subculture in Poland " : *International Journal of Sociology of Law*, November 1990, Vol.18, n°4, p.459

[27] Entretien n°7.

[28] Touraine A., " *Production de la société* ", Paris : Ed. du Seuil, 1993, p.38

[29] Douglas M., " *How Institutions Think* ", Syracuse : Syracuse University Press, 1986, p.40

les paramètres de la sub-culture carcérale. Par exemple, l'organisation sociale du monde des surveillants ne leur permet pas de développer une culture surveillante spécifique. Comme le montrent certains études, les surveillants développent les repères cognitifs individuellement, et ces repères varient d'un surveillant à l'autre[30].

Pour parler de la structure de la sub-culture carcérale, de ses paramètres de base, nous nous adressons à une grille d'analyse développée par Anthony Giddens. En particulier, il distingue la conscience théorique et pratique (toutes les choses que les individus connaissent tacitement, sans savoir en parler directement), extensive et intensive (invoquée souvent au cours de la vie quotidienne), tacite et verbalisée, formelle et informelle, faiblement et fortement sanctionnées[31]. Ainsi, la sub-culture carcérale pourrait-elle être décrite comme principalement pratique, intensive, tacite et verbalisée, informelle, fortement sanctionnée. Quant à son caractère pratique, nous avons rencontré plusieurs problèmes en demandant à nos interlocuteurs de théoriser un peu sur leur expérience de la vie en détention. Bien que les règles de la sub-culture carcérale soient soigneusement et clairement formulées, elles appartiennent toujours à la culture orale. L'idée d'élaborer un " Code " écrit de la vie carcérale n'a jamais été réalisée, malgré l'existence d'une procédure sophistiquée et quasi démocratique (le vote par une " assemblée " des " représentants ") de la mise en vigueur d'une nouvelle norme. Il faut prendre en compte ces particularités en choisissant la méthodologie de recherche sur la sub-culture carcérale.

2.1.3. A la recherche d'un modèle inédit de société

La vision habituelle du monde carcéral lui accorde la place d'une société " à part ". L'alternative à cette perspective proposée par Michel Foucault, dans laquelle la prison n'est qu'un chaînon dans la chaîne du pouvoir normalisateur, ne résiste guère à la critique qui met en avant le caractère complexe de la norme. Nous observons la *soumission volontaire* à la norme même dans la prison, - la sub-culture carcérale est bien l'invention des gens *soumis délibérément* à un pouvoir normalisateur quasi absolu. Il ne suffit pas de mentionner la norme afin d'expliquer le phénomène de discipline

---

[30] Chauvenet A., Orlic F., Benguigui G., " *Le monde des surveillants de prison* ", Paris : P.U.F., 1994, p.192-193. De l'autre côté, James Marquant a mis en avant quelques pratiques communes pour la plupart des surveillants dits " de carrière " : Marquant J., " Prison Guards and the Use of Physical Coercion as a Mechanism of Prisoner Control " : *Criminology*, Vol.24, n°2.

[31] Giddens A., " *The Constitution of Society. Outline of the Theory of Structuration* ", Cambridge : Polity Press, 1984, p.22

dans la prison et dans la société qui l'englobe, nous avons besoin de nous interroger sur son contenu social, ses sources et sa structure sociale. Si ce n'est plus la norme qui fait le lien entre la " petite " société carcérale et la " grande " société, revient-on à l'opposition entre " ici " et " là-bas ", si connue grâce aux recherches anthropologiques ?[32]

Sans prétendre trouver une solution généralisable aux autres sociétés, nous proposons de faire dans le contexte post-soviétique l'hypothèse suivante : *l'étude de la " petite " société carcérale nous donne des idées sur l'organisation de la société post-soviétique parce que celle-ci se décompose en plusieurs " petites " sociétés (pas nécessairement carcérales) et n'existe pas dans un espace normatif unifié et homogène, c'est-à-dire en tant qu'une " grande " société.* Autrement dit, la société post-soviétique *en général* fonctionne de la façon comparable à celle qui est propre pour la " petite " société carcérale. Le terme de " petite " société auquel nous nous adresserons souvent au cours de la recherche a plusieurs connotations qui peuvent nuire à la compréhension correcte de l'opposition entre la " petite " et la " grande " sociétés. En fait, on entend par la " petite " société une organisation sociale non institutionnalisée, privée de la médiation entre l'autorité d'Etat et la vie quotidienne des gens ordinaires, privé de la représentation politique des intérêts des gens ordinaires. Bref, il s'agit de la société non démocratique dont la modernisation est non achevée, ce qui autorise l'application de l'analogue moderne du terme latin *pittittus* (jeune, celui qui est moins âgé que les autres)[33]. Ainsi, en parlant de " petite " société, mettons-nous en relief le non achèvement de la modernisation, le caractère local, non institutionnalisé et informel de l'organisation sociale.

2.2. Hypothèses de recherche

En empruntant la voie de la recherche sur les cadres institutionnels du quotidien[34], nous avons élaboré une série d'hypothèses (Figure 2).

---

[32] " Un des principaux fondements sur lequel les écrits anthropologiques reposaient hier encore, à savoir que leurs objets et leur public étaient non seulement séparables mais moralement distincts, qu'il fallait décrire les premiers mais pas s'adresser à eux, informer le deuxième mais pas l'impliquer, s'est pratiquement désintégré " (Geeertz C., " *Ici et Là-bas. L'anthropologue comme acteur* ", Paris : Ed. Métaillé, 1996, p.132).

[33] Soulignons que certains criminologues voient les sources de la sous culture délinquante dans les particularités de l'organisation sociale du milieu juvénile, dans les difficultés de la transformation de l'adolescent en adulte, du garçon en homme etc. (Matza D., " *Deliquency and Drift* ", New Brunswick : Transaction Publishers, 1990, 2nd edition).

[34] Harold Garfinkel a exprimé d'une manière plutôt exagérée l'intérêt à l'étude des cadres institutionnels de la vie quotidienne : " dans les recherches sociologiques

2.2.1. Modernité inachevée :
le type idéal d'une " petite " société

La construction du type idéal[35] d'une société qui se caractérise par la non différentiation des sphères, la personnification des relations, la maîtrise imparfaite de la violence et la dualité des normes, permet de qualifier *la situation dans laquelle se trouve la société russe en tant que la modernité inachevée* (H.1). Autrement dit, la transformation de la " petite " société, locale et personnalisée, en " grande " ne s'est pas accompli. Une telle constatation ne porte aucun jugement de valeur, elle ne reflète qu'une organisation particulière structurelle et fonctionnelle de la société. Par conséquent, il faut éviter l'utilisation des adjectifs *primitive* ou *moins civilisée* pour la décrire. Comme Alain Touraine l'a remarqué avec raison à propos des sociétés en Amérique Latine, " De quel droit considère-t-on que le mélange de vie

---

n'importe quelle référence au 'monde réel' consiste dans la référence aux activités organisées de la vie quotidienne " (Garfinkel H., " *Studies in Ethnomethodology* ", Englewood Cliffs : Prentice Hall, 1967, p.vii).

35 Le type idéal (*Idealtypus*) sert à la sociologie de Max Weber de moyen de connaissance afin de décrire la réalité sociale. " Il n'est pas lui-même une 'hypothèse', mais il cherche à guider l'élaboration des hypothèses. Il n'est pas un exposé du réel, mais se propose de doter l'exposé de moyens d'expression univoques " (Weber M., " *Essais sur la théorie de la science* ", Paris : Librairie Plon, 1965, p.180). Ceci ne comporte aucun jugement sur le caractère souhaitable ou plutôt non souhaitable d'une société qui serait susceptible d'être décrite à l'aide des mêmes repères cognitifs que la société carcérale. Comme l'a souligné Weber, il faut savoir bien différentier les tableaux idéaux dans un sens purement logique et le modèle ou le devoir-être (*Ibid.*, p.183). C'est au lecteur que nous laissons la tâche d'apporter une évaluation normative. Grosso modo, il y a deux façons de construire le type idéal et de le rendre vérifiable empiriquement. Premièrement, on part de la fréquence d'utilisation de telle ou telle norme mesurée statistiquement. Après on essaye de vérifier si une norme statistiquement significative s'aperçoit en tant que le mode standard de comportement par les acteurs. Il s'agit, donc, de construire le type idéal à partir du type social dominant. " Des valeurs, des points de vue partagés par exemple de la population peuvent être dominants, s'ils déterminent une valeur, un mode standard de conduite sociale, s'ils servent de repère 'universel', de modèle contraignant 'pour tous' " (Levada Yu., *Op. cit.*, p.26). Deuxièmement, on s'adresse aux types que les individus eux-mêmes construisent au cours de leur activité quotidienne afin d'organiser l'interaction. Dans cette perspective, le chercheur utilise à ses propres fins les types idéaux qui existent déjà au niveau de la vie quotidienne. " Les objets de la pensée, construits par les chercheurs en sciences sociales se fondent sur les objets de pensée construits par la pensée courante de l'homme menant sa vie quotidienne parmi ses semblables et s'y référant… Plus les modèles de comportement sont standardisés et institutionnalisés, c'est-à-dire plus leur typicalité est approuvée par les lois, le folklore, les mœurs, et les habitudes, plus ils sont utiles tant pour la pensée scientifique que pour la pensée courante comme schème d'interprétation du comportement humain " (Schutz A., " *Le chercheur et le quotidien. Phénoménologie des sciences sociales* ", Paris : Méridiens Klincksieck, 1987, p.11, 82). Nous nous servons de ces deux sources dans la construction du type idéal de " petite " société : nous appuyons la recherche sur les résultats des enquêtes aussi bien que sur les résultats des entretiens.

privée et de vie publique est plus 'primitif' que leur séparation ? "[36]. L'autre différenciation courante, celle entre la société non industrialisée, la société industrielle et la société post industrielle ne nous semble pas non plus pertinente dans le contexte de notre étude, parce qu'elle met en avant l'organisation technique de la société. Par exemple, l'on peut imaginer une société industrialisée qui ne serait pas en même temps modernisée. Ainsi, pouvons-nous définir la Solidarité polonaise, le premier mouvement social dans les sociétés de type soviétique, comme " la lutte pour la modernisation et la croissance économique dans une société en pleine industrialisation "[37]. Nous préférons, donc, éviter les raccourcis ayant une connotation de valeur, de jugement, de technique. C'est pourquoi le choix du terme de modernité inachevée semble justifiable.

2.2.1.a. Non différenciation des sphères

La définition structurelle de la modernité implique la transformation de la société simple, sans dispositifs de séparation entre les différentes sphères d'activité quotidienne, en société complexe, comportant plusieurs sous-systèmes normatifs. Chaque sous-système possède un degré d'autonomie non négligeable par rapport aux autres, les interférences sont réduites à néant dans le cadre du type idéal de modernité.

" La différenciation fonctionnelle des sous-systèmes, en particulier la séparation de la politique et de la religion ou de l'économie et de la politique, la formation d'un univers de la science, de l'art, de la vie privée, sont bien des conditions de la modernisation "[38].

L'économie des conventions, quant à elle, parle des sphères d'activité (les *cités*) suivantes : marchande, industrielle, civique, domestique, d'opinion, d'inspiration. La cité écologique et la cité par projets ont été ajoutées à cette liste plus récemment[39]. Regardons de près les lignes de séparation entre les champs d'activité quotidienne.

La première ligne de séparation trace la frontière entre le marché et les autres sphères. Un bon fonctionnement du marché implique qu'il soit libéré de l'influence politique, sociale et communautaire. " Un

---

[36] Touraine A., " *La parole et le sang. Politique et société en Amérique Latine* ", Paris : Ed. Odile Jacob, 1988, p.159

[37] Touraine A., Dubet F., Wieviorka M., Strzelecki J., " *Solidarité* ", Paris : Fayard, 1982, p.273

[38] Touraine A., " *Critique de la modernité* ", Paris : Fayard, 1992, p.237

[39] Boltanski L., Thévenot L., " *De la justification. Les économies de la grandeur* ", Paris : Gallimard, 1991 ; Lafaye C., Thévenot L., " Une justification écologique ? Conflits dans l'aménagement de la nature " : *Revue Française de Sociologie*, Vol. XXXIV, n°4, 1993 ; Boltanski L., Chiapello E., " *Le nouvel esprit du capitalisme* ", Paris : Gallimard, 1999

marché autorégulateur n'exige rien de moins que la division institutionnelle de la société en une sphère économique et une sphère politique "[40]. Si la mise du " rideau de fer " entre le marché et le reste de société a été au cœur, selon Karl Polanyi, de la Grande Transformation que les pays occidentaux ont vécu au XIXème siècle, le fonctionnement du système de type soviétique nécessitait la pénétrabilité quasi complète de la frontière entre l'économie et la société. La symbiose entre la partie et l'Etat, point clé du système soviétique, se réalisait par le mélange des fonctions politiques, administratives et économiques[41]. Ceci explique d'ailleurs la forme dominante que la science économique a prise pendant l'époque soviétique, - l'économie politique, aussi éloigné des sciences économiques au sens moderne que des sciences politiques.

L'autre distinction importante concerne la vie privée et la vie publique. La possession d'un espace privé protégé constitue le point de départ de toute activité du Sujet. Cette possession permet à l'individu de sortir des limites d'un rôle et de garder son individualité à l'abri des exigences imposées. L'espace privé assure à l'individu " la liberté de garder son individualité à l'intérieur de n'importe quelle structure sociale "[42]. Ainsi, c'est dans sa vie privée que l'individu reste lui-même et ne joue aucun autre rôle que celui choisi librement. Il est important de noter que l'espace privé doit protéger l'individu non seulement des rôles imposés par la " grande " société, mais aussi de l'intervention parfois indiscrète de ses proches. En étudiant la culture populaire en Angleterre des années 50, Richard Hoggart a remarqué que " le groupe familial ne préserve pas l'intimité de ses membres les uns par rapport aux autres. Etre seul, penser seul, lire dans le calme est quasi impossible "[43]. Par conséquent, la démarcation réussie entre la vie privée et la vie publique comporte des dispositifs de protection contre l'entremise non voulue des proches, de ceux qui sont " à portée de main ". Autrement dit, nous pouvons parler du " droit de protection non seulement contre l'Etat, mais même contre le groupe primaire auquel l'individu appartient "[44].

La construction sociale de nombreuses sociétés exclut la séparation entre le privé et le public. Les sociétés d'Amérique Latine

---

[40] Polanyi K., " *La Grande Transformation. Aux origines politiques et économiques de notre temps* ", Paris : Gallimard, 1983, p.105

[41] Kornaï J., " *The Socialist System. The Political Economy of Communism* ", Princeton : Princeton University Press, 1992, p.39

[42] Hlopin A., " Fenomen 'dvoemyslija' : Zapad i Rossija. Osobennosti rolevogo povedenija " : *Obshestvennye nauki i sovremennost'*, mart 1994, n°3, c.54

[43] Hoggart R., " *La culture du pauvre. Etude sur la style de vie des classes populaires en Angleterre* ", Paris : Ed. de Minuit, 1970, p.69

[44] Shlapentokh V., " *Public and Private Life of the Soviet People. Changing Values in Post-Stalin Russia* ", Oxford : Oxford University Press, 1989, p.10

nous en donnent un exemple. La séparation des deux sphères n'a jamais été accomplie dans les sociétés soviétiques non plus. Les institutions totales, y compris la prison, nous servent d'illustration de la non différenciation à son extrême : la vie privée y est réduite à néant.

2.2.1.b. Rapports personnalisés

L'un des aspects de l'interpénétration des champs d'activité consiste dans le fait que le choix du partenaire au cours de l'interaction sociale n'est pas libre. Ce choix dépend de l'appartenance du partenaire potentiel à une chaîne de relations personnelles. Toutes les interactions s'effectuent en son sein, il n'est guère possible d'avoir un partenaire pour l'activité commerciale, un autre - pour l'activité civique, etc. L'exigence de la connaissance personnelle pour organiser n'importe quelle activité sociale fait de chaque membre d'une communauté locale le partenaire universel. Par conséquent, la communauté locale, quelle que soit sa forme : la famille, la communauté traditionnelle, les amitiés, les 'amis des amis', la Mafia, se clôt sur elle-même. La famille représente le type idéal des rapports personnalisés qui sont fermés par rapport au monde extérieur. R. Hoggart a mis en relief à propos des familles populaires anglaises " la valeur irremplaçable que [ses membres] accordent à la vie familiale " et " la fermeture du groupe domestique sur son intimité "[45].

Le rôle primordial de la famille explique l'utilisation du terme *domestique* afin de décrire les relations personnalisées. L'analyse de la cité domestique décrite par les " conventionnalistes " montre la façon de construire une " grande " société sans être sorti du modèle de la " petite " société. Dans la cité domestique, toutes les relations sociales reproduisent les relations domestiques. Ici, " la grandeur des gens dépend de leur position hiérarchique dans une chaîne de dépendances personnelles "[46]. Ainsi l'organisation sociale de la cité domestique comporte-t-elle trois éléments de base : l'orientation du présent vers le passé, la localisation des transactions et la chaîne des dépendances personnelles. " L'ordre domestique peut être caractérisé par un triple gradient, temporel (par la coutume et le précédent), spatial (par la proximité locale) et hiérarchique (par l'autorité) "[47].

L'ordre domestique admet les relations ayant une autre nature (marchandes, civiques, industrielles, etc.) à condition que celles-ci s'inscrivent dans la logique des rapports personnalisés. Regardons de

---

[45] Hoggart R., *Op. cit.*, p.66

[46] Boltanski L. Thévenot L., *Op. cit.*, p.116

[47] Thévenot L., " Equilibre et rationalité dans un univers complexe " *Revue économique*, mars 1989, Vol.40, n°2, p.185

près la construction des relations marchandes à l'intérieur de la cité domestique. Il y a plusieurs exemples de cet ancrage dans les sociétés en voie de modernisation mais aussi dans certains segments des sociétés modernisées. Une anthropologue américaine, Jane Ensminger, s'est intéressée à la façon d'organiser l'activité économique chez les Orma, une tribu africaine. Il est apparu que " les Orma essayent d'avoir au moins un membre de la famille au ranch ", dans lequel ses bestiaux sont placés pour élevage, ceci facilite le contrôle des conditions du traitement des troupeaux et réduit l'opportunisme des bergers[48]. Aussi, le développement du commerce dans les régions dans lesquels le commerçant n'a pas de proches ou de parents implique-t-il souvent l'organisation du mariage de sa fille avec un résident de la région en question. L'enracinement domestique sert également de dispositif marchand dans certains pays latino-américains, où " la 'famille élargie' s'est transformée en réseau de relations commerciales ou productives " [49] . Comme dans l'expérience d'Orma, l'ancrage domestique aide à réduire les coûts de transaction à l'intérieur de la communauté locale. En particulier, l'implication des proches dans les affaires commerciales réduit pour l'entrepreneur les coûts de contrôle et de prévention du comportement opportuniste de ses agents. La dépendance personnelle se transforme en garantie de l'exécution du contrat[50]. La même logique explique la volonté des banquiers, des diamantaires, des courtiers de former des communautés assez fermées qui servent d'appui dans leurs activités commerciales. La Bourse de New York (*New York Stock Exchange*), les banquiers de la ville de Londres, le réseau international des diamantaires peuvent être considérés comme exemples du business construit sur la base des rapports personnalisés[51].

Malgré cette symbiose possible entre l'ordre domestique et l'ordre marchand au niveau local, ses limites et contradictions internes deviennent manifestes aussitôt que les acteurs tentent de sortir du local et de généraliser leurs relations. Même la possession d'un réseau de connaissances très large ne change guère le fait qu'il n'y pas de transformation réelle de la " petite " société en " grande " dans les cadres domestiques. La référence à la chaîne des dépendances personnelles continue à s'effectuer au niveau " macro " social. Le principe fameux de la Mafia, *cosa nostra*, " il est l'un des nôtres ", est

---

[48] Ensminger J., " *Making a Market. The Institutional Transformation of an African Society* ", Cambridge : Cambridge University Press, 1992, p.116

[49] Soto H. de, " *L'autre sentier. La révolution informelle dans le tiers monde* ", Paris : La Découverte, 1994, p.13

[50] *Ibid.*, p.131

[51] Coleman J., " *Foundations of Social Theory* ", Cambridge : The Belknap Press of Harvard University Press, 1990, p.109-110

très pertinent dans ce contexte. La Mafia, phénomène au départ local et régional, s'est transformé en phénomène existant à l'échelle nationale et internationale sans avoir perdu son caractère personnalisé. " Pour être introduit dans la Mafia, on a besoin d'une présentation par un autre mafieux : c'est la même chose - *Questa è la stessa cosa - Cosa nostra* "[52]. Soit on est *in*, à l'intérieur du monde domestique, soit on est *out*, ce qui nous exclut de toutes relations sociales.

2.2.1.c. Maîtrise imparfaite de la violence

Le troisième repère sur la voie de la modernisation consiste dans la façon de maîtriser la violence au quotidien. Il y a plusieurs modes de gestion des conflits qui apparaissent au niveau de la vie quotidienne. La violence institutionnalisée qui se traduit par le monopole d'Etat sur la violence, ne représente qu'un mode parmi les autres. D'ailleurs, la violence institutionnalisée est le seul moyen de gestion des conflits qu'on admet dans la société modernisée. Afin d'esquisser brièvement tout l'éventail des moyens, nous nous adressons à une étude anthropologique de René Girard. Il s'intéresse aux étapes dans l'évolution de la maîtrise de la violence qui ont précédé l'institutionnalisation de celle-ci. Selon lui, la première étape implique la recherche d'une *victime de rechange*. " La violence inassouvie cherche et finit toujours par trouver une victime de rechange. A la créature qui excitait sa fureur, elle en substitue soudain une autre qui n'a aucun titre particulier à s'attirer les foudres du violent, sinon qu'elle est vulnérable et qu'elle passe à sa portée "[53]. Il est important de noter qu'en règle générale la victime de rechange n'appartient pas à la communauté locale à l'intérieur de laquelle la violence est née. Ce sont les individus extérieurs au monde domestique qui se transforment en cible des actes violents : les étrangers mais aussi le Roi, si ses actions ne s'inscrivent pas dans la même logique que les actions des autres membres de la communauté. Au fur et à mesure que la frontière entre la " petite " et la " grande " société commence à s'effacer, la violence change sa nature. S'il n'y a plus de différences entre les gens *in* et *out* (*crise des différences*), il faut les récréer à travers l'élaboration mythique d'une *victime émissaire*. " A la violence réciproque partout répandue, le mythe substitue la transgression formidable d'un individu unique "[54]. Selon Girard, le mythe d'Œdipe

[52] Padovani M., *Op. cit.*, p.45. Les études du marché basé sur les rapports personnifiés montrent l'existence du même problème : " La plus importante des barrières non financières à l'entrée… relève de la difficulté de pénétrer dans un réseau " (Lautier B., " *L'économie informelle dans le Tiers monde* ", Paris : La Découverte, 1994, p.56)

[53] Girard R., " *La violence et le sacré* ", Paris : Bernard Grasset, 1972, p.15

[54] *Ibid.*, p.115

s'explique plutôt par la logique de l'élaboration de la victime émissaire que par les raisonnements psychanalytiques.

La troisième étape qui précède l'institutionnalisation de la violence suppose la construction d'une *victime sacrifiable.* A la différence de la victime émissaire dont l'étrangeté a été reconstruite artificiellement, la victime sacrifiable ne se trouve ni à l'intérieur, ni à l'extérieur de la communauté. La victime sacrifiable prend la forme de doubles monstrueux incarnés potentiellement dans chaque membre de la " petite " société. " Les doubles [monstrueux] fournissent, entre la différence et l'identité, le moyen terme équivoque indispensable à la substitution sacrificielle, à la polarisation de la violence sur une victime unique "[55]. La communauté n'a plus besoin de chercher un ennemi externe ou d'expulser les " boucs émissaires " afin de canaliser la violence, il suffit de dévoiler progressivement les doubles qui se sont cachés derrière les apparences des gens bien connus personnellement.

2.2.1.d. Dualité des normes

Le comportement opposé, d'une part, par rapport aux membres de la communauté qui sont réellement *dedans*, et d'autre part, par rapport aux autres, étrangers qui sont *dehors*, permet de parler de la dualité des normes en tant que critère englobant de la modernisation inachevée. La dualité des normes va à contresens du mouvement de modernisation dont la conséquence majeure consiste dans l'effacement des différences entre les individus appartenant à diverses communautés. " Un certain dynamisme entraîne l'Occident d'abord puis l'humanité entière vers un état d'indifférenciation relative jamais connu auparavant "[56]. En langage de l'économie des conventions, il s'agit du principe de commune humanité. Ce principe implique que " les mêmes personnes pouvaient se référer à toutes les grandeurs, à la différence de l'hypothèse qui attache des systèmes des valeurs ou des cultures à des membres d'un même groupe social "[57]. Autrement dit, le degré de dualité des normes peut servir de mesure de l'avancement de telle ou telle société sur la voie de la modernisation. Plus les normes sont duales, plus on est loin de la situation de modernité, et vice versa. L'idée du degré nous semble importante car elle aide à éviter les jugements simplistes en noir et blanc sur la nature de la société en question. Au lieu de la qualifier en tant que modernisée ou non modernisée, il serait préférable d'évaluer le degré de sa proximité du type idéal de la société moderne.

---

[55] *Ibid.*, p.224

[56] *Ibid.*, p.261

[57] Boltanski L., Thévenot L., *Op. cit.*, p.188

Soulignons que la situation de dépendance, d'imposition des normes à une communauté crée des conditions particulièrement favorables à la dualité des normes. Les normes imposées s'associent avec un ennemi extérieur qui suscite l'hostilité, la haine, la violence, tandis que les normes autochtones s'associent avec la communauté elle-même et suscitent la soumission volontaire, la solidarité, la non violence. " Cet aspect est surtout visible dans le cas d'institutions 'totales' de Goffman. Ces organisations manifestent le principe de la solidarité à l'intérieur du groupe et de l'hostilité concernant tout ce qui est à l'extérieur "[58]. Plus la dépendance est manifeste, plus les normes se construisent de manière duale. Les ghettos juifs créés par les nazis pendant la Deuxième Guerre Mondiale représentent le cas extrême de la dualité des normes. Comme l'a montré Bruno Bettelheim, l'esprit de ghetto se traduit par l'ambivalence maximale. " Ils [les juifs des pays européens occupés par les nazis] se voyaient eux-mêmes dans la perspective du ghetto ; ils se voyaient comme une minorité entourée d'un ennemi tout-puissant "[59].

Pour parler de la dualité des normes dans le monde carcéral, il n'existe pas de terme qui s'imposerait d'une façon univoque. Comparons brièvement les avantages et les inconvénients de chaque terme. La sélection sera effectuée selon leur susceptibilité de rendre compte des particularités de la vie quotidienne en détention. Premièrement, la biologie de l'évolution traite le problème de l'ambivalence en partant de l'hypothèse que tous les êtres sociaux sont partagés en deux groupes : celui des altruistes et celui des égoïstes. La rencontre entre un altruiste et un égoïste met toujours le premier en position relativement désavantagée par rapport à celle du second : la norme de l'altruisme ne sait pas résister à l'agression égoïste. Par contre, les interactions entre deux altruistes leur donnent toujours plus par rapport à ce que les interactions entre deux égoïstes donnent à ceux-ci. Dans cette situation les altruistes tendent à former les groupes homogènes et fermés (*clusters*) pour réduire le risque de rencontre avec les égoïstes. " Le groupe élabore certains mécanismes qui lui permet de protéger les altruistes en tant que groupe et de rivaliser avec

---

[58] Smeilser N., " The Rational and Ambivalent in the Social Sciences " : *American Sociological Review*, February 1998, Vol.63, n°1, p.8-9. " Une institution totalitaire – un lien de résidence et de travail où un grand nombre d'individus, placés dans la même situation, coupés du monde extérieur pour une période relativement longue, mènent ensemble une vie recluse dont les modalités sont explicitement et minutieusement réglées " (Goffman E., " *Asiles. Etudes sur la condition sociale des malades mentaux et autres reclus* ", Paris : Ed. de Minuit, 1968, p.41. La traduction plus correcte du terme original de *total institution* serait une institution *totale*, comme l'ont remarqué plusieurs spécialistes).

[59] Bettelheim B., " *Le poids d'une vie. Essais-souvenirs* ", Paris : Robert Laffont, 1991, p.330

succès dans les cadres de la sélection naturelle "[60]. La logique évolutionniste explique la subdivision " naturelle " de la société en petits groupes relativement autonomes et fermés. Mais elle n'attribue à chaque acteur qu'un seul rôle en le transformant en une sorte d'automate. En outre, le contexte quotidien n'est guère pris en considération.

Deuxièmement, l'anthropologie sociale interprète la dualité des normes à l'aide de l'opposition entre *Nous* et *Eux*. L'organisation des relations sociales autour de deux pôles, Nous et Eux, est propre aux sociétés traditionnelles, elle représente une étape importante dans la transformation de la " petite " société en " grande ". Par exemple, l'opposition entre Nous et Eux a caractérisé les premières étapes dans la formation du mouvement ouvrier. Cette opposition est au cœur de la conscience communautaire, source majeure du mouvement ouvrier, qu'on peut décrire en tant qu'une " conscience défensive, tournée vers elle-même plus que vers la société, considérée comme un environnement hostile "[61]. Au niveau de la vie quotidienne l'opposition entre Nous et Eux prend la forme de la méfiance totale aux Autres, à la différence de la confiance qu'on fait aux Nôtres. " Face aux 'autres', la première réaction n'est pas la crainte mais la méfiance. On ne leur fait jamais confiance, même lorsqu'ils se montrent avenants ou bien disposés "[62]. Aussi, dans la conscience collective construite autour de l'opposition duale, la violence s'associe-t-elle avec les relations par rapport aux Autres, tandis qu'elle n'a guère de place dans les relations à l'intérieur de la communauté. " La question des identités collectives, de la définition d'un 'eux' et d'un 'nous', apparaît de manière centrale dans l'examen de la stigmatisation des étrangers comme violent : elle est associée à leur rejet hors de la cité "[63]. La nature uniquement traditionnelle de l'opposition duale entre Nous et Eux limite le champ de son application analytique et exclut la moindre référence au choix conscient et raisonnable des acteurs. Cette opposition correspond tout au début de la modernisation et elle perd sa validité au fur et à mesure que la société s'avance dans le chemin de la modernité.

Par contre, la troisième façon d'aborder la dualité des normes met en relief l'action consciente et libre. Cette façon consiste à décrire la

---

[60] Monroe K., " A Fat Lady in a Corset : Altruism and Social Theory " : *American Journal of Political Science*, November 1994, Vol.38, n°4, p.870-871. Une application de la méthode de la biologie de l'évolution aux sciences économiques a été élaborée dans Boyer R., Orléan A., " How Do Conventions Evolve ? " : *Evolutionary Economics*, n°2, 1992

[61] Touraine A., Wieviorka M., Dubet F., " *Le mouvement ouvrier* ", Paris : Fayard, 1984, p.29

[62] Hoggart R., *Op. cit.*, p.119

[63] Roché S., " *Le sentiment d'insécurité* ", Paris : P.U.F., 1993, p.142

dualité dans les termes de la sociologie de l'action : l'interaction des *acteurs* change sa nature aussitôt qu'un d'eux se transforme en *adversaire*. Il s'agit ici du schéma explicatif élaboré par Alain Touraine pour étudier les acteurs collectifs : *I / O / T*, ou Identité (acteur) - Opposition (adversaire) - Totalité (enjeu du conflit). Impliqué dans un conflit pour la gestion des ressources culturelles, l'acteur construit en même temps son identité et son opposition à l'adversaire[64]. L'ensemble des normes " identitaires " ne coïncide point avec celui des normes " oppositionnelles ". D'ailleurs, la logique I/O/T nécessite qu'il y ait un troisième ensemble de normes, respectées par l'acteur et l'adversaire (ce que Touraine appelle la Totalité). Par exemple, les normes " totales " prennent la forme de la culture industrielle dans le cas du conflit entre le mouvement ouvrier et le patronat. Les valeurs de progrès, de développement économique sont communes pour l'acteur et son adversaire. " L'acteur ouvrier ne peut se définir dans le mouvement ouvrier que par son opposition à l'acteur patronal et *par son appartenance à la culture industrielle* "[65]. Si l'acteur collectif ne reconnaît aucun cadre normatif commun, alors il se transforme en *anti* mouvement social. La violence commence à régner dans le conflit à la suite de cette disparition des cadres normatifs communs. Autrement dit, la violence devient la norme sociale aussitôt que la maîtrise de la dualité des normes s'affaiblit. " La violence fraye son chemin dans les zones où se côtoient et se heurtent des acteurs qui, ne se reconnaissant pas mutuellement, peuvent se passer les uns des autres, mais dont les rencontres éventuelles, n'étant plus structurées par un conflit fondamental, et pas davantage régulées par des normes, risquent de se réduire à des interactions à l'issue imprévisible "[66]. Or, les relations entre les détenus et les surveillants manquent par définition de cadres communs, ce qui rend le modèle " acteur - adversaire " peu applicable à notre analyse.

L'effondrement du cadre commun fait naître un autre modèle des relations duales, celui qui différencie les *amis* des *ennemis*. Les sciences politiques fournissent à ce quatrième modèle un vaste champ d'application. Selon un politologue allemand du début de XXème siècle, Karl Schmitt, les relations opposées, d'une part, avec les amis, d'autre part, avec les ennemis, constituent la *differentia specifica* de toutes relations politiques. " L'ennemi politique est l'autre, l'étranger, et il suffit, pour définir sa nature, qu'il soit tel qu'à la limite des conflits avec lui soient possibles qui ne sauraient être résolus ni par un ensemble de normes générales établies à l'avance, ni par la sentence

---

64 Touraine A., " *Sociologie de l'action* ", Paris : Ed. du Seuil, 1965, p.160-164

65 Touraine A., Wieviorka M., Dubet F., *Op. cit.*, p.57, nous soulignons.

66 Wieviorka M. et alliés, " *Violence en France* ", Paris : Ed. du Seuil, 1999, p.53

d'un tiers, réputé non concerné et impartial "[67]. Il est important de noter la volonté des combattants de sortir des limites de tout ce qui est acceptable, normal, humain. Nous voyons ici " une prétention effrayante à faire refuser à l'ennemi sa qualité d'être humain, à le faire déclarer hors la loi et hors humanité "[68]. La référence explicite aux normes ne caractérise, donc, que les relations entre les amis. Ceci ne veut pas dire que les relations avec les ennemis sont privées de toute connotation normative. Les " règles du jeu " avec les ennemis existent, mais elles sont radicalement opposées à celles avec les amis. En particulier, les " règles du jeu " avec les ennemis incluent le recours à la violence (chaque partie du conflit est consciente de cette éventualité), le principe " la force appuie le droit ", le principe " celui qui n'est pas fait prisonnier doit être anéanti ", etc. Il s'agit bien de normes car ces principes structurent les interactions, les rendent prédicables quoique de manière étrange. Nous trouverons certains éléments du modèle " ami - ennemi " dans le monde carcéral, surtout en ce qui concerne les relations entre les détenus et les surveillants. Mais il serait impossible de décrire de telle manière la sub-culture carcérale en entier : même les relations entre les détenus et les surveillants impliquent un degré non négligeable de coopération, des négociations, des services réciproques.

Pouvons-nous rendre compte de cette réciprocité personnalisée qui est présente dans le milieu carcéral à l'aide du concept de *réseau* ? Les liens sociaux organisés en réseaux comportent toujours l'aspect de personnification, ils ne sont pas nécessairement différenciés par les sphères d'activité, le centre de la vie sociale se trouve à leur intérieur. Ceci rend la discussion sur les réseaux pertinente notamment dans le contexte étudié. Si l'on prend en considération divers types de réseaux[69] : uniplex et multiplex (selon le nombre des liens unissant les mêmes acteurs, dans le réseau multiplex les frontières entre les champs d'activité sont plus pénétrables), actif et latent, basé sur le contact direct et basé sur les relations de type " amis des amis ", égocentriques et polycentriques, l'organisation en réseau couvre un large spectre de l'activité sociale. Le concept de réseau est devenu récemment populaire surtout en sciences économiques, ce qui s'explique par le caractère manifestement non traditionnel de cette forme organisationnelle, son orientation à un but, un projet. Le succès marchand de formes organisationnelles telles que la firme japonaise,

---

[67] Schmitt K., " *La notion de politique. Théorie du partisan* ", Paris : Flammarion, 1992, p.65

[68] *Ibid.*, p.97

[69] Voir, par exemple, Roché S., *Op. cit.*, p.174-180 ; Stephenson K., Hayden F., " Comparaison of the Corporate Decision Networks of Nebraska and the United States " : *Journal of Economic Issues*, September 1995, Vol. XXIX, n°3, p.848,855

le district industriel regroupant plusieurs petites et moyennes entreprises, est dû à leur capacité à se servir du potentiel économique du réseau[70]. Le réseau combinant la localité des relations et le modèle du choix rationnel ne nous permet-il pas de comprendre la soumission volontaire aux normes de la sub-culture carcérale ? La qualité nécessairement ouverte du réseau ne nous permet pas d'y répondre positivement : les groupes sociaux que nous allons découvrir dans la prison sont fermés par excellence. " Réseau - structure faiblement, voir pas du tout, hiérarchique, souple et non limitée par des frontières tracées *a priori*... Le bon réseau demeure ouvert et s'étend continûment pour le plus grand profit de tous "[71].

Alors, quel terme saisit-il le mieux la dualité des relations personnalisées dans la prison ? Il nous reste encore à essayer le terme de *Mafia*. La Mafia s'inscrit dans la logique de réseau décrite ci-dessus à l'exception de sa nature ouverte par rapport à l'extérieur. Nous nous référons à une " définition double du phénomène camorriste : à la fois les *clans* camorristes et les *réseaux* dans lesquels ils s'intègrent "[72]. La structure de Mafia en tant qu'une symbiose du clan, structure de l'ordre traditionnel, et du réseau, qui trouve sa place dans la société moderne, met en relief les éléments constitutif du type idéal d'une " petite " société valable pour notre étude : la non différenciation des champs d'activité, les rapports personnalisés, la violence non institutionnalisée, la dualité des normes. Pratiquement chaque principe de fonctionnement de la Mafia a une double nature : traditionnelle et moderne en même temps. Par exemple, les relations d'amitié reçoivent une nouvelle signification dans le cadre de l'organisation mafieuse. " L'amitié des Mafieux est presque privée des qualités auxquelles ce terme s'associe habituellement. Il met un voile sur ce qui est tout simplement un échange prosaïque "[73]. Il n'est possible ni de réduire la Mafia à la société traditionnelle, ni de l'associer avec la modernité, elle nous donne une image de la *modernité inachevée*. Donc, la qualification de la Mafia proposée par Pino Arlacchi nous semble la plus pertinente : elle est " un mélange étrange de tradition et de modernité "[74].

---

[70] Aoki M., " *Economie japonaise. Information, motivations et marchandage* ", Paris : Economica, 1991, p.245,260 ; Perrow C., " Small Firm Networks ", in Sjöstrand S.-E. (ed.), " *Institutional Change. Theory and Empirical Findings* ", Armonk : M. E. Sharpe, 1993.

[71] Boltanski L., Chiapello E., *Op. cit.*, p.156,181

[72] Cesoni M.-L., *Op. cit.*, p.366, nous soulignons.

[73] Gambetta D., *Op. cit.*, p.201

[74] Arlacchi P., " *Mafia et compagnies. L'éthique mafiosa et l'esprit du capitalisme* ", Grenoble : P.U.G., 1986, p.225

Afin de réduire pour le moment les connotations culturelles de la Mafia, tentons d'exposer sa structure à l'aide de la grammaire de l'économie des institutions. De ce point de vue, l'organisation mafieuse suppose un amalgame entre la cité domestique et la cité par projets. D'un côté, il s'agit d'un monde marqué par la scission profonde entre l'intérieur et l'extérieur. " Composé de chaînes de dépendances personnelles, le monde est ordonné par l'opposition de l'intérieur et de l'extérieur entre lesquels sont ménagés ou fermés des passages "[75]. De l'autre côté, les rapports personnalisés sont mobilisés pour atteindre un but, un projet choisi au détour de la contrainte traditionnelle. La mobilisation par projets se trouve au cœur de la cité par projets. " Le projet rassemble temporairement des personnes très disparates, et se présente comme un bout de réseau fortement activé pendant une période relativement courte, mais qui permet de forger des liens plus durables qui sont ensuite mis en sommeil tout en restant disponibles "[76]. Dans les deux cas les relations se construisent sur la base de la connaissance personnelle. Dans les deux cas les interactions sociales s'effectuent principalement à l'intérieur de la chaîne des connaissances personnelles. La seule différence pertinente concerne l'aspect dynamique des rapports personnalisés. Dans le premier cas, les relations sont préétablies et non susceptibles de se transformer dans le temps, dans le second, elles sont " électives " et susceptibles de se restructurer aussi vite qu'il est nécessaire pour atteindre un objectif. L'homologie relative de ces deux cités a amené Luc Boltanski et Eve Chiapello à faire " l'hypothèse d'une substitution ou plutôt d'une absorption de la logique domestique par la logique connexionniste " afin de tracer en grandes lignes l'évolution des sociétés occidentales[77]. Quant à la société carcérale, nous préférions parler d'un amalgame de deux cités : ni la logique domestique, ni la logique " par projets " ne domine l'autre de façon absolue. Il n'y a pas non plus de compromis, de réconciliation des deux logiques : chaque action n'exclut ni son interprétation domestique, ni son interprétation " par projets ".

2.2.2. Congruence de deux ensembles de normes informelles : dans la prison et dans la société soviétique

Nous avons défini la sub-culture carcérale en tant qu'ensemble de normes informelles volontairement élaborées et respectées qui servent à organiser la vie quotidienne en détention. Selon E. Goffman, un analogue de la sub-culture carcérale, la vie officieuse, existe dans

---

[75] Boltanski L., Thévenot L., *Op. cit.*, p.218

[76] Boltanski L., Chiapello E., *Op. cit.*, p.157

[77] *Ibid.*, p.205

n'importe quelle société. " Dans tout établissement social, nous voyons les membres refuser le schéma officiel de ce qu'ils doivent apporter à l'institution et de ce qu'ils peuvent en attendre... Chaque fois que se forme une société, une vie clandestine apparaît "[78]. Plus l'écart entre les intérêts de l'individu et ceux de l'institution est grand, plus il y a de chances qu'une sub-culture se forme à l'intérieur de l'institution et qu'une vie clandestine fleurisse. La société ne s'organise pas de manière duale, officielle et officieuse, si et seulement si trois conditions sont réalisables : l'individu bénéficie d'un bien-être ; l'individu trouve dans l'organisation un ensemble de 'joint values' dans lesquelles se confondent son propre intérêt et celui de l'organisation ; les activités de l'individu sont récompensées, y compris négativement [79]. Or, beaucoup de sociétés *réelles* ne remplissent pas une ou plusieurs de ces conditions. La société de type soviétique fait partie de la liste de telles sociétés. Ce qui rend incomplète tout étude de la vie soviétique au quotidien sans référence à sa partie officieuse qui est apparue en dépit des normes imposées par le haut.

Notre hypothèse concernant l'organisation institutionnelle de la vie carcérale et de la vie soviétique au quotidien consiste à supposer leur surprenante homologie. En termes goffmanniens, il s'agit d'une valeur considérable du " coefficient de perméabilité ". Ce coefficient reflète " la faculté selon laquelle les normes propres à l'institution et les normes du milieu environnant sont susceptibles d'interférer pour réduire l'opposition entre les deux milieux "[80]. La valeur importante supposée du coefficient nous permet d'emprunter une stratégie rhétorique, si manifeste dans les travaux anthropologiques de Benedict Ruth. Cette stratégie implique " la juxtaposition du familier et de l'exotique de telle façon qu'ils changent de place. La culture immédiatement accessible est présentée comme bizarre et arbitraire tandis que ce qui est culturellement éloigné est considéré comme logique et sans détour "[81]. Interprété par nous, la stratégie supposera qu'on voie la société de type soviétique à travers le prisme de l'organisation sociale du milieu carcéral. Par contre, si la valeur du coefficient tend vers zéro, on observe une dissonance entre deux ensembles normatifs. Le passage d'un environnement institutionnel à l'autre devient problématique suite à l'incompatibilité totale des règles du jeu " d'ici " et " de là-bas ". Plusieurs fragments de l'espace social n'interagissent les uns avec les autres. " On entend par dissonance

---

[78] Goffman E., *Op. cit.*, p.357-358

[79] *Ibid.*, p.233-235

[80] *Ibid.*, p.171

[81] Geertz C., *Op. cit.*, p.107

institutionnelle une disjonction des structures institutionnelles qui déterminent les modèles d'interactions et les façons d'envisager l'environnement naturel "[82]. En tenant compte de notre volonté de mesurer le degré d'avancement dans le chemin de la modernisation, considérons l'aspect mathématique de la conjonction/disjonction. Les mathématiques parlent de congruence afin de désigner les états comparables produits par des processus distincts. Prenons l'exemple des nombres 25, 7, 43, 61. Ils sont tous congruents malgré leur apparente dissemblance. La congruence se base sur la susceptibilité de chaque nombre de subir la même transformation : leur division par 6 (*modulo* 6) donne toujours le même reste 1[83]. Ainsi, la congruence des structures sociologiques se réalise-t-elle par la transformation possible d'un ensemble normatif en un autre par une séquence d'états intermédiaires. Plus le nombre d'états intermédiaires est important, moins les ensembles normatifs sont congruents. Par conséquent, nous pouvons reformuler notre hypothèse de départ de la manière suivante : *dans le cas soviétique, la structure institutionnelle du milieu carcéral est congruente avec celle de la société qui l'enveloppe car elles partagent certains traits et elles sont susceptibles d'être transformées* analytiquement *l'une en autre* (H.2).

La psychologie de Gestalt aide à éclaircir le mécanisme de la transformation analytique à partir d'un trait présent dans deux ensembles normatifs. Supposons que *b* est un attribut d'un ensemble et *R* désigne la place (la fonction, le degré d'importance, etc.) de *b* à l'intérieur de l'ensemble[84]. Comment décrire l'ensemble en n'ayant d'information que sur *b* et *R* : ?*Rb*. L'expérience précédente de l'observateur comporte une relation *aRb*. Bien que celle-ci ne corresponde que partiellement à la relation en question, ?*Rb* provoque *aRb*. Autrement dit, l'étude de certains éléments de la sub-culture criminelle évoque dans notre esprit d'observateur la logique de l'organisation de la vie quotidienne dont nous avions l'expérience pratique. Donc, la réflexion sur les liens possibles entre les hypothèses qu'un observateur fait et son expérience de la vie quotidienne permet de comprendre mieux son approche, les forces et les faiblesses de

---

[82] Thomas-Slayter B., " Structural Change, Power Politics, and Community Organizations in Africa : Challenging the Patterns, Puzzles and Paradoxes " : *World Development*, 1994, Vol. 22, n°10, p.1481

[83] Nous avons emprunté l'idée d'appliquer la notion de congruence à l'analyse socio-économique à Andreff W., " Convergence or Congruence Between Eastern and Western Economic Systems ", dans Dallago B., Brezinski H., Andreff W. (eds.), " *Convergence and System Change. The Convergence Hypothesis in the Light of Transition in Eastern Europe* ", Aldershot : Dartmouth, 1992

[84] Duncker K., " The Solution of Practical Problems ", dans Mandler J., Mandler G., " *Thinking : From Association to Gestalt* ", New York : John Wiley & Sons, 1964, p.264

celle-ci. Cet aspect est d'autant plus pertinent que les sciences sociales préfèrent cacher la personnalité de l'auteur derrière l'objectivité prétendue de l'analyse. L'anthropologie fait une exception remarquable. Ici, le fait que les données du travail sur le terrain ne peuvent être réexaminées (les sociétés étudiées sont éloignées et souvent inaccessibles aux autres observateurs) rend la validité des raisonnements étroitement liée à la personnalité de l'observateur[85].

En résumant la présentation de notre deuxième hypothèse, nous voulons souligner que dans la situation ordinaire le coefficient de perméabilité est élevé entre les institutions différentes de la vie quotidienne, y compris formelles et informelles, tandis que la dissonance entre l'organisation normative du milieu carcéral et celle de la vie quotidienne à l'extérieur de la prison reste grande. Par exemple, les mafieux ont consciemment maintenu la disjonction entre la société à l'intérieur et celle à l'extérieur de la prison. Chez eux, il y avait " un principe selon lequel on ne devait pas reproduire à l'intérieur de la prison les divisions et les haines du monde extérieur de Cosa Nostra "[86]. Or, c'est le contraire que nous supposons dans le cas étudié : les normes informelles du milieu carcéral et de la société qui l'enveloppe se rapprochent, alors qu'il y a une disjonction capitale entre les normes formelles et informelles dans la prison et dans la société qui l'enveloppe.

2.2.3. Particularités de l'autorité étatique dans la prison et dans la société soviétique

Selon la troisième hypothèse de notre recherche, la congruence de la sub-culture carcérale et de la " constitution " de la vie quotidienne des soviétiques s'explique par la congruence des relations d'autorité dans la prison et dans la société de type soviétique. Avant d'entrer dans les détails, il faut mettre en relief encore une fois le fait qu'il ne s'agit pas ici de prétendre faire des généralisations universelles, applicables aux études sur la prison dans n'importe quelle société. " Il n'y a pas de lois universelles dans les sciences sociales. Les relations causales impliquées dans des généralisations sont intrinsèquement instables en prenant en considération la connaissance [incomplète] que les acteurs ont sur les circonstances de leurs propres actions "[87]. Tout au contraire, c'est l'originalité du système soviétique qui permet le lien entre l'étude du système pénitentiaire et l'étude de la société qui l'enveloppe.

---

[85] Geertz C., *Op. cit.*, p.14

[86] Arlacchi P., " *Buscetta. La Mafia par l'un des siens* ", p.185

[87] Giddens A., " *The Constitution of Society* ", p.xxxii

En quoi cette originalité consiste-t-elle, si nous regardons de près les relations d'autorité, élément clé de toute construction sociale ?

Selon la définition habituelle, l'autorité d'un individu (ou d'une institution) sur les autres se traduit par la possession du droit de contrôler leurs actions. Le concept d'autorité n'évoque pas inévitablement l'imposition de la volonté par son détenteur, son pouvoir arbitraire. L'autorité a un caractère *volontaire* " si l'individu garde le contrôle sur une sphère de sa propre activité et le droit de confier l'exercice de ce contrôle à quelqu'un d'autre "[88]. C'est-à-dire que l'individu se soumet volontairement à l'autorité à condition qu'il ne soit pas capable de mieux réaliser ses intérêts en gardant le contrôle et que la portée de l'autorité soit bien limitée. James Coleman appelle ce type d'autorité *conjoint*, à la différence de l'autorité *disjointe* dont la seule raison d'être est la compensation que l'individu reçoit pour le transfert du droit de contrôle de ses actions[89]. A ce dernier type s'ajoute l'autorité *imposée* par la coercition qui refuse à l'individu même l'indemnisation : dans ces deux cas les intérêts des détenteurs de l'autorité, dits les Principaux, ne coïncident point avec ceux qui sont supposés soumis aux ordres des Principaux, dits les Agents (Figure 3). La disjonction rend la vie officieuse florissante en faisant naître en même temps le problème dit Principal et Agent, qui a occupé récemment une place significative dans le cadre de l'économie des institutions. Son problème central consiste à étudier les moyens de soumettre les Agents aux ordres du Principal dans une situation où, d'une part, leurs intérêts ne coïncident pas, et où d'autre part, le Principal ne possède pas toute l'information qui relève des actions des Agents (l'asymétrie d'information) et les coûts de contrôle sont élevés[90]. L'autorité imposée n'apparaît pas nécessairement illégitime. Tout simplement sa légitimité peut se baser sur les fondements autres que les considérations rationnelles[91].

La transformation éventuelle de l'autorité volontaire en relations entre le Principal et l'Agent suscite la dualité des normes et rend la frontière entre divers champs d'activité plus pénétrable. Premièrement, la non coïncidence des intérêts, voire leur opposition dans le cas de l'autorité imposée par la coercition, impliquent que l'interlocuteur devient un Autre dont le comportement ne s'inscrit pas

---

[88] Coleman J., *Op. cit.*, p.69-70

[89] *Ibid.*, p.72

[90] Stiglitz J., " Principal and Agent ", dans Eatwell J., Milgate M. and Newman P. (eds.), " *The New Palgrave: A Dictionary of Economics* ", London : Macmillan, 1987, p.968-969

[91] Rappelons que selon Weber, l'affirmation de la légitimité peut se baser sur les raisons (*grounds*) rationnelles, les rasions traditionnelles et les raisons charismatiques (Weber M., " *Economy and Society. An Outline of Interpretative Sociology* ", New York: Bedminster Press, 1968, Vol.1, p.215).

dans les mêmes cadres normatifs. Par exemple, la maximisation de l'utilité ne concerne que le Principal, ainsi que la norme de rationalité. Les actions de l'Agent sont décrites plutôt par la norme de rationalité en valeurs : il est libre seulement dans le choix des moyens pour atteindre les buts fixés par le Principal[92]. Un système d'équations qui décrit les relations entre le Principal et l'Agent nous sert d'illustration (Figure 4).

Deuxièmement, les relations entre le Principal et l'Agent contiennent toujours en germe le danger de l'expansion du contrôle. Le Principal a tendance à étendre son contrôle au-delà des limites négociées explicitement avec l'Agent. " L'extension du contrôle au-delà de la sphère concernée directement par les relations " représente le problème fondamental pour l'Agent[93]. L'expansion du contrôle brise les frontières entre les champs d'activité, y compris la frontière entre le public et le privé. Autrement dit, les relations entre le Principal et l'Agent reproduisent le modèle des relations sociales non modernes et constituent un obstacle à la modernisation. Ainsi, pouvons-nous préciser notre troisième hypothèse de la manière suivante : *les relations d'autorité dans la prison et dans la société de type soviétique sont congruentes parce qu'elles comportent les éléments clés du modèle Principal - Agent. L'omniprésence de ce modèle rend la sub-culture carcérale et la " constitution " de la vie quotidienne des soviétiques congruentes aussi* (H.3).

Le regard unifiant sur l'autorité dans la prison et dans la société à travers le prisme du modèle Principal - Agent nécessite qu'on corrige l'approche conventionnelle des études sur le monde carcéral. Celle-ci met en avant l'influence déterminante que la " grande " société a sur la " petite " société carcérale. " Le rôle de la société extérieure est surdéterminant dans la compréhension de la vie interne des prisons "[94]. Par exemple, ce sont les changement dans la société française du XIXème siècle qui ont servi à de Tocqueville d'appui dans ses arguments pour la réforme pénitentiaire. Son intérêt au nombre des récidives comme un indicateur intégral de la situation dans les prisons s'explique aussi par le souci d'insérer la prison dans le contexte de la " grande " société[95]. En simplifiant, nous pouvons résumer l'approche conventionnelle de telle façon : la " petite " société carcérale suit le chemin d'évolution de la " grande " société et

---

92 Sur la dualité des normes dans les relations entre le Principal et l'Agent, voir Olejnik A., " *Institucional'naja ekonomika* ", chapitre 8, lecture 16.

93 Coleman J., *Op. cit.*, p.152

94 Chauvenet A., Orlic F., Benguigui G., *Op. cit.*, p.10

95 Tocqueville A. de, Beaumont G. de, " Système pénitentiare aux Etats-Unis et son application en France ", dans Tocqueville A. de, " *Œuvres complètes* ", Paris : Gallimard, 1984, t.4, Vol.1, p.212-213

l'organisation de celle-là dérive de sa place fonctionnelle dans la " grande " société. Quant à notre approche de l'étude sur la prison, on essaie d'éviter de mettre le milieu carcéral et la société qui l'enveloppe en relation causales, quelle que soit leur nature. Par exemple, nous ne voulons pas postuler non plus que la société carcérale n'est qu'une forme élémentaire de la " grande " société, ce qui nous amènerait sur la voie du raisonnement de l'anthropologie classique de Durkheim, Lévi-Strauss, Malinowski (à propos des sociétés dites primitives). *Les deux sociétés sont congruentes non parce que la première dérive de la seconde, mais parce que les deux dérivent du même modèle d'autorité.* " Le système social de la prison ressemble beaucoup au *Gebeitsverband*, le groupe territorial qui vit sous l'autorité imposée par un petit groupe régnant. La reconnaissance de la légitimité ne s'accompagne pas par une obligation intériorisée de se soumettre "[96]. Ceci inscrit la société prisonnière et la société de type soviétique sur la liste des systèmes sociaux gouvernés soit par une autorité étrangère, soit par une autorité autochtone dont les liens avec la population sont quasi inexistants et/ou brisés. " Dans les pays où la Loi est imposée (*the forces of law come from outside*), les gens se sentent privés de leur représentation au processus législatif "[97]. La citoyenneté, élément clé de la démocratie, c'est-à-dire " le droit de participer, directement ou indirectement, à la gestion de la société "[98], n'a pas de place dans de tels systèmes sociaux.

Le concept de l'autorité imposée ne coïncide pas avec celui de l'autorité totale, qu'on observe dans les institutions totales. Mais il existe une relation causale entre deux types de l'autorité, la tendance permanente de la transformation de l'autorité imposée en autorité totale. Cette tendance s'explique par l'intérêt de l'Agent à profiter de l'asymétrie d'information qui existe entre lui et le Principal et à se comporter de la façon opportuniste (*shirking* - l'Agent devient le tire-au-flanc). Vu le danger permanent de l'opportunisme des Agents, le Principal tend à élargir la sphère de son contrôle, à le rendre total. L'équilibre entre la volonté des Agents de se comporter de la manière opportuniste et les efforts du Principal orientés vers la construction de l'autorité totale s'explique principalement par le degré de la non-coïncidence de leurs intérêts et par la dynamique des coûts liés au contrôle et à la collecte de l'information (Figure 5). Autrement dit, le

---

[96] Sykes G., " *The Society of Captives. A Study of a Maximum Security Prison* ", Princeton : Princeton University Press, 1958, p.48. La notion de *Gebeitsverband* a été élaborée par Max Weber dans " *The Theory of Social and Economic Organization* ", New York : The Free Press, 1964, p.149

[97] Brigham J., " The Other Countries of American Law " : *Droit et Société*, 1997, Vol. 36/37, p.365

[98] Touraine A., " *Qu'est-ce que la démocratie ?* ", Paris : Fayard, 1994, p.102

caractère imposé de l'autorité est une condition nécessaire, mais pas suffisante de sa " totalisation ".

Après avoir esquissé en grandes lignes l'idée de la congruence, nous abordons la question de ses mécanismes, ses voies de transmission dans le système social. Les analogies mathématiques, géométriques et chimiques ne nous suffisent pas afin d'expliquer l'utilisation par les détenus et les gens soviétiques ordinaires dans leur vie quotidienne de repères normatifs congruents. La première solution consiste à évoquer le concept d'habitus élaboré dans le cadre de la sociologie critique. " L'habitus est une capacité infinie d'engendrer en toute liberté des produits - pensées, perceptions, expressions, actions - qui ont toujours pour limites les conditions historiquement et socialement situées de sa production "[99]. La sociologie critique cherchera, donc, dans la société soviétique les conditions susceptibles de réactiver les habitus produits d'abord par le milieu carcéral ou par d'autres institutions totales. Une étude sur la construction de l'homme soviétique ordinaire suit bien la logique de la production et de la réactivation des habitus, bien que ce terme ne y soit pas explicitement utilisé. Yuri Levada avec ses alliées met en avant le rôle que l'expérience du service militaire (c'est-à-dire l'expérience d'une institution totale par excellence) a joué dans la socialisation à la soviétique. Ici, un phénomène propre à l'armée soviétique et, d'ailleurs, à l'armée russe, *dedovschina*, joue un rôle capital. La *dedovschina* implique la construction de chaînes de dépendances personnelles et l'appropriation de l'autorité informelle dans les groupes militaires par ceux qui sont plus anciens. " La *dedovschina* est un système de resocialisation, de transformation de l'individu "[100]. Si la première socialisation, selon Levada, a lieu à l'école et amène les jeunes soviétiques à intérioriser les valeurs modernes, la seconde socialisation par la *dedovschina* produit une morale plus " virile ", cruelle et *grosso modo* traditionnelle. En ce sens la *dedovschina* s'approche du " travail pédagogique " comme catégorie de la sociologie critique. " Travail pédagogique - travail d'inculcation qui doit durer assez pour produire une formation durable, i.e. habitus comme produit de l'intériorisation des principes d'un arbitraire culturel *capable de se perpétuer après la cessation de l'action pédagogique et par là de perpétuer dans les pratiques les principes de l'arbitraire intériorisé* "[101]. Le soldat qui a terminé son service

---

[99] Bourdieu P., " *Le sens pratique* ", Paris : Ed. de Minuit, 1980, p.92

[100] Levada Yu., *Op. cit.*, p.144. Les jeunes filles, selon les auteurs, sont socialisées par les jeunes hommes plus âgés, qui ont eu déjà l'expérience du service militaire.

[101] Bourdieu P., Passeron J.-C., " *La reproduction. Eléments pour une théorie du système d'enseignement* ", Paris : Ed. de Minuit, 1970, p.47, nous soulignons.

militaire quitte la caserne avec un habitus qui se perpétue après et sert à organiser sa vie quotidienne dans la société soviétique.

Une interprétation possible en termes psychologiques donne au concept d'habitus une viabilité complémentaire. La psychologie de Gestalt permet d'élaborer une dimension cognitive de l'habitus. Dans les termes de la psychologie de Gestalt, l'habitus reflète l'organisation particulière des *traces* dans la mémoire de l'individu. " Les traces [dans la mémoire] produites par des expériences 'similaires' ne sont pas indépendantes l'une de l'autre, elles forment un vaste système influençant les traces qui sont en cours d'apparition " [102]. L'organisation des traces en systèmes éclaircit la voie de la transportation de l'habitus d'un contexte social à l'autre. Une fois que le système de traces est formé par une disposition de Gestalt (*gestalt-disposition*), il commence à interférer avec les nouvelles expériences. " Si un processus ne concerne qu'une partie du système de traces, le système entier influera sur le processus de telle manière qu'il s'approche de celui qui a été à l'origine de la formation du système [disposition de Gestalt] "[103]. Les conditions nécessaires afin d'activer le système de traces par nouvelles expériences comportent la similarité, la proximité, la bonne continuation (*good continuation*), mais aussi la loi des contrastes (*the law of contrast*). Le caractère *transposable*, rappelons-le, pourrait expliquer la réactivation d'un habitus produit, par exemple, par une institution totale, dans un autre contexte social, non nécessairement congruent avec le premier contexte. " L'habitus fournit un moyen structurant pour la continuité de la vie *à travers les divers contextes d'action* "[104]. Autrement dit, il s'agit d'une disposition " *transposable sur un grand nombre de champs différents* "[105].

La psychologie sociale établit d'une façon explicite le lien entre les structures cognitives de l'individu et les patterns de son comportement quotidien. Ici, la notion d'archétype assure la liaison psychologique dans la vie quotidienne. Les archétypes dits sociaux, acquis au cours de la socialisation individuelle, déterminent les standards de la perception de la réalité socio-économique, du

---

[102] Koffka K., " *Principles of Gestalt Psychology* ", London : Routledge & Kegan Paul, 1935, p.473

[103] *Ibid.*, p.567

[104] Giddens A., " *In Defence of Sociology* ", p.57. Donnons quelques autres définitions appropriées : " Habitus – un ensemble de codes et de dispositions acquis de façon précoce et que l'individu met en œuvre *dans la diversité des circonstances* " (Dubet F., *Op. cit.*, p.76). " L'habitus opère *la réactivation* du sens objectivé dans les institutions " (Bourdieu P., *Op. cit.*, p.96), toujours nous soulignons.

[105] Bourdieu P., Passeron J.-C., *Op. cit.*, p.49

comportement social et individuel [106]. L'organisation de la vie quotidienne se reproduit par une série d'archétypes propres à chaque système socio-économique. Ainsi, l'habitus devient-il transposable non seulement dans l'espace social, mais aussi dans le temps social.

La force du concept d'habitus, son caractère transposable, constitue en même temps sa faiblesse qui rend impossible son application dans le cadre de notre recherche. L'universalisme de ce concept affaiblit ses liens avec le contexte social, le contexte de la vie quotidienne. Par exemple, l'habitus de *dedovschina* aurait eu tendance à se reproduire dans n'importe quelle société à condition que ses jeunes hommes aient fait leur service militaire dans une armée de type (post)soviétique. L'analogue burlesque de la *dedovschina*, le bizutage, n'a jamais joué de rôle comparable dans les sociétés occidentales. En outre, étant formé au niveau de l'expérience individuelle, l'habitus ne serait manifeste dans un nouveau contexte social qu'à condition que le nombre de ses porteurs soit suffisamment important. A la différence de l'expérience du service militaire, obligatoire pour tous les jeunes hommes à l'époque soviétique, celle de la vie en détention ne concernait qu'une partie marginale de la population soviétique (nous avons déjà évoqué quelques chiffres dans l'Introduction pour y revenir dans le sous chapitre 3.1.3 " Brève histoire du système carcéral en Russie "). Or, l'insignifiance relative de la population carcérale n'a pas réduit la portée de la sub-culture prisonnière et sa congruence avec la structure normative du quotidien soviétique, ce qui nous oblige à continuer la recherche d'un concept analytique plus approprié. Ainsi, sera-t-il susceptible de répondre aux exigences suivantes : le caractère transposable seulement sur les contextes congruents, la durabilité en fonction du degré de congruence, la validité psychologique et cognitive.

L'investigation sur la nature du transport des repères normatifs d'un contexte social à l'autre nous amène à la théorie de la tendance (*teorija ustanivki*) élaborée pendant les années 30-60 par un psychologue soviétique Dmitrij Uznadze (1886-1950) et ses disciples à l'Institut de psychologie de Tbilissi. Le terme de *tendance* décrit les processus qui se déroulent dans la sphère d'extra-conscience (*vnesoznatel'noe*, *extraconscious*). A la différence du concept freudien d'inconscience, l'extra-conscience suit les actions conscientes, et sert de réservoir pour le stockage de l'information concernant les actions qui ne méritent pas d'attention continue. Autrement dit, les actions habituelles, routinières correspondent à ce niveau de la conscience. La tendance reflète " une réaction initiale à la

---

[106] Diligenskij G., " Rossijskie arhetipy i sovremennost' " : *Vestnik fonda " Rossijskij obschestvenno-polititcheskij centr "*, n°2, 1996, c.45

situation dans laquelle le sujet est incité à prendre une décision "[107]. La répétition de la situation initiale fixe la tendance et la rend transposable sur d'autres contextes. La tendance concerne la perception de l'environnement matériel (le volume, le poids, la couleur, etc.) ainsi que l'organisation des interactions sociales (la routine[108], le modèle mental, etc.). Plusieurs expériences ont démontré non seulement la présence des tendances dans diverses sphères d'activité, mais leur qualité *inter modale*, c'est-à-dire la proximité de leurs paramètres dans des champs d'activité différents d'un individu donné, par exemple, la lecture d'un texte et la perception sensorielle d'un objet[109]. Le caractère profondément contextuel différencie la tendance de la trace et, par conséquent, de l'habitus. " La tendance peut se réactualiser aussitôt que les conditions favorables [qui renvoient à la situation initiale] apparaissent "[110]. Si le contexte congruent avec la situation initiale est absent, la tendance reste latente et perd progressivement sa capacité de se réactiver.

Indiquons encore un avantage du concept de tendance, - il s'inscrit dans la discussion sur la nature contraignante ou, par contre, libératrice de la norme. La tendance en tant qu'élément de l'organisation de l'espace social au quotidien aide le sujet à mieux maîtriser ses ressources cognitives. La tendance remplace l'attention dans les situations où les activités ne nécessitent pas le contrôle continu. Par exemple, les actions pendant les premières minutes après

---

[107] Uznadze D., " *Psihologicheskie issledovanija* ", Moskva : Nauka, 1966, c.150. Une traduction en Anglais de ce livre est disponible : Uznadze D., " *The Psychology of Set* ", New York : Consultants Bureau, 1966. – 251 p.

[108] La routine sert à l'acteur à optimiser l'utilisation des ses ressources cognitives. Les capacités cognitives des êtres humains sont naturellement limitées (*bounded rationality*), la vie quotidienne exige de savoir " fermer les yeux ", c'est-à-dire de ne pas faire attention à ses aspects moins importants. La transformation d'une partie remarquable de l'activité quotidienne en routine aide à concentrer les ressources cognitives sur les choses les plus importantes au moment donné. " Quelle que soit leur origine, les actions répétées se transforment en routines et quittent ainsi la sphère de l'attention réflexive et consciente " (Hodgson G., " *Economics and Institutions. A Manifesto for a Modern Institutional Economics* ", Cambridge : Polity Press, 1988, p.127). La thèse sur le rôle important de la routine se justifie davantage dans le milieu carcéral. Les aspects de la vie en détention sont si monotones et uniformes qu'ils prennent très vite la forme de routine. La prévisibilité et stabilité si recherchée à l'extérieur de la prison, prend à son intérieur une forme extrême et parfois insupportable. " Ici, le temps est très organisé. On fait de la gymnastique le matin, après on fait le lit, on se lave, on s'habille... Une petite pause et ensuite – le collège ou l'école professionnelle. Il n'y a presque pas de temps libre... C'est seulement le week-end qu'on peut communiquer avec autres " (Entretien n°32). Ainsi, la soumission à la routine s'effectue-t-elle spontanément et volontairement à l'extérieur de la prison, tandis que le pouvoir de la routine dans la détention acquiert un caractère imposé et tyrannique.

[109] Uznadze D., *Op. cit.*, c.228

[110] *Ibid.*, c.181

le réveil sont presque intégralement guidées par les tendances. Par conséquent, l'attention peut être considérée comme " acte par lequel l'événement ou l'objet qui relève de l'activité de l'individu se transforme en objet de son contrôle "[111]. Autrement dit, la tendance donne à l'individu ayant des ressources cognitives limitées un degré de liberté complémentaire (cf. le concept de la rationalité limitée de Herbert Simon[112]) : au lieu de disperser son attention sur plusieurs choses, l'individu la concentre sur celles qui sont capitales pour la réalisation de ses intérêts. Dressons un bilan de la comparaison de l'habitus et de la tendance dans le tableau ci-après :

Tableau 1

Caractéristiques de l'*habitus*	**Caractéristiques de la *tendance***
Durabilité dans le temps quasi absolue	Durabilité dans le temps limitée
Transposable quasi absolument	Transposable dans les contextes congruents
Exhaustivité : la reproduction quasi parfaite	Stabilité (la capacité de se réactiver) limitée
	Situation d'activation bien précisée
	Inter modalité (la proximité des paramètres dans divers champs d'activité) pour un individu donné

Bref, l'autorité dans la prison et dans la société soviétique forment des contextes sociaux congruents dont les conditions produisent des tendances similaires. Par suite, afin d'expliquer la portée signifiante de la sub-culture carcérale dans la société de type soviétique, nous n'avons pas besoin de supposer l'expansion des habitus produits dans le milieu carcéral. C'est la perception de l'autorité au niveau quotidien qui produit une structure normative comparable à la sub-culture carcérale. Comme G. Schiavo l'a remarqué à propos du contexte de l'apparition de la Mafia, " *dans des conditions comparables* [il s'agit de la spécificité de l'Etat en Sicile], n'importe qui aurait réagi de la même manière que les Siciliens "[113].

---

111 *Ibid.*, c.255

112 Pour une présentation de l'état actuel de la théorie de la rationalité limitée, voir Laville F., " Modélisation de la rationalité limitée: de quel outils dispose-t-on ? " : *Revue Economique*, Vol.49, n°2, mars 1998

113 Schiavo G., *Op. cit.*, p.68, nous soulignons.

2.2.4. Les caractéristiques du Sujet dépendent du contexte institutionnel

La notion de tendance fait le lien entre les particularités de l'organisation institutionnelle du quotidien et les caractéristiques du Sujet[114]. Quel que soit le Sujet, collectif ou individuel, quelle que soit

---

[114] " Le Sujet est la volonté d'un individu d'agir et d'être reconnu comme acteur " (Touraine A., " *Critique de la modernité* ", Paris : Fayard, 1992, p.241). Le Sujet existe en deux formes : comme mouvement social (l'acteur collectif) et comme acteur individuel. Dans sa première forme dont le mouvement ouvrier sert d'exemple classique où le Sujet conteste et essaye de changer les normes au niveau macro social. Le but de lutte ouvrière est " l'influence, c'est-à-dire la capacité de modifier à son avantage les règles du jeu " (Touraine A., Wieviorka M., Dubet F., " *Le mouvement ouvrier* ", p.39). Ainsi, le refus de se soumettre aux normes imposées et la production des normes dans les cadres de " grande " société distingue-t-elle le Sujet de la catégorie socioprofessionnelle ou de tout autre agrégat social. " Le Sujet n'existe que comme le mouvement social, que comme contestation de la logique de l'ordre, que celle-ci prenne une forme utilitariste ou soit simplement la recherche de l'intégration sociale " (Touraine A., " *Critique de la modernité* ", p.273). Mais, pour se constituer en Sujet, un groupe social a besoin d'appui sur les normes qui facilitent la coordination et, par conséquent, l'action collective. Par exemple, sans appui sur les normes de confiance et de comportement coopératif, l'apparition du mouvement social est mise en question suite au problème du " cavalier clandestin " (free-rider problem). Bien que tous les gens concernés pris collectivement aient intérêt à la formation d'un acteur collectif, ils préfèrent individuellement s'en abstenir. Robert Putnam appelle l'ensemble de normes qui favorisent l'action collective le capital social. Il a montré que son absence rend la production des normes par les acteurs eux-mêmes impossible (Putnam R., " The Prosperous Community. Social Capital and Public Life " : *The American Prospect*, Spring 1993, n°13 ; Putnam R. " *Making Democracy Work. Civic Traditions in Modern Italy* ", Princeton : Princeton University Press, 1993. Nous avons étudié la place des traditions de solidarité dans la formation du mouvement des mineurs en ex-URSS dans Olejnik A., " *La formation du mouvement des mineurs en ex-URSS. Une approche dans l'étude des mouvements sociaux* ", mémoire de D.E.A. de sociologie, sous la direction de Wieviorka M., Paris : E.H.E.S.S., 1994 [pour le compte rendu de cette recherche voir aussi Olejinik A., " Est' li perspektiva u social'nyh dvijenij v Rossii : primer shahterskogo dvijenija 1989-1995 " *: POLIS – Polititcheskie issledovanija*, 1996, n°3]).
Quant à la deuxième forme de l'existence du Sujet, l'acteur individuel, elle implique aussi la capacité de produire les normes, cette fois au niveau micro social représenté par la vie quotidienne. Ici, la capacité d'être Sujet implique sa sortie de l'ensemble des rôles qui lui sont imposés socialement. En se prêtant à une lecture psychanalytique, la construction du Sujet individuel prend la forme de différentiation entre le Je et le Soi comme ensemble des rôles (Touraine A., " *Critique de la modernité* ", p.309-315). Comment peut-on jouer plusieurs rôles tout en gardant son identité personnelle ? C'est la recherche d'un compromis entre les exigences normatives parfois opposées, l'articulation des normes distinctes dans le cadre de l'expérience sociale qui manifeste les actions du Sujet individuel. " L'acteur est tenu d'articuler des logiques d'action différentes, et c'est la dynamique engendrée par cette activité qui constitue la subjectivité de l'acteur et sa réflexivité " (Dubet F., " *Sociologie de l'expérience* ", Paris : Ed. du Seuil, 1994, p.105). Or, la recherche du compromis se traduit par la production des normes locales dont la portée est limitée dans l'espace et le temps.

sa conscience, positive ou négative, sa formation et ses actions dérivent du contexte institutionnel qui lui est propre. Notre quatrième hypothèse n'équivaut pas à une vision complètement déterministe selon laquelle le Sujet n'est pas capable de sortir des limites imposées par les normes. Cette vision ne tient pas compte de la nature duale des normes, contraignante et libéralisante en même temps. *Le Sujet change et construit les normes, mais à partir des éléments disponibles dans le contexte institutionnel donné et en s'appuyant sur des tendances produites par ce contexte* (H.4). Essayons d'interpréter sur la base de cette hypothèse la taxonomie des Sujets qui a été élaborée par la sociologie de l'action. Deux critères de classification sont pertinents : le caractère du Sujet (individuel ou collectif) et le caractère de sa conscience (positive, c'est-à-dire porteuse d'un projet positif de la société ou du quotidien, ou négative, c'est-à-dire orientée contre les règles du jeu existants) :

Tableau 2

		Le Sujet	
		Individuel	Collectif
La Conscience	Positive	La capacité de sortir des rôles imposés socialement	Le mouvement social
	Négative	Le refus de jouer tel ou tel rôle imposé socialement	L'antimouvement social

L'histoire du mouvement ouvrier nous donne un exemple de la dynamique évolutive des formes du Sujet. Alain Touraine avec ses alliés voit la séquence de celles-ci de la façon suivante (Figure 6)[115].

Le schéma rend visible le fait que le passage d'une forme de l'action à l'autre s'effectue en fonction de son contexte : organisationnel, institutionnel ou politique (le niveau de pouvoir). En outre, le système politique non rigide ainsi que l'ouverture du patronat aux négociations facilite le passage de la conscience négative à la conscience positive. “ Le mouvement ouvrier n'est pas négociateur ou révolutionnaire par nature, il devient l'un ou l'autre en fonction des caractéristiques du système politique ”[116]. La formation du premier mouvement social dans les sociétés de type soviétique, la *Solidarnösc*

Chaque individu vit à sa propre manière l'éclatement entre les logiques distinctes, et sa réponse normative est nécessairement originale et quotidienne.

[115] Touraine A., Wieviorka M., Dubet F., *Op. cit.*, p.56

[116] *Ibid.*, p.394

polonaise, nous sert d'exemple d'une autre séquence : " de haut en bas ", du niveau politique vers le niveau organisationnel. Ainsi, l'explication d'une telle évolution ne consiste pas dans les particularités de l'organisation sociale. " Le changement dans une société aussi proche du modèle totalitaire ne pouvait venir que du centre "[117]. L'autre spécificité polonaise, la confiance que les Polonais font à l'église catholique, a facilité aussi la formation de la conscience positive. Les tendances, produites par l'église catholique, de résistance à l'autorité imposée par la force se sont réactivées dans le contexte du mouvement de protestation n'ayant pas de vocation religieuse. " L'église est une force de résistance au pouvoir absolu... Elle joue donc un rôle foncièrement démocratique "[118].

La mise en contexte du Sujet nous permet de regarder ce qui se passe dans la prison soviétique sous une nouvelle optique. La transformation éventuelle d'un détenu en Sujet individuel essayant de maîtriser les cadres normatifs de sa vie quotidienne est bien au cœur de notre analyse. Les tentatives individuelles de maîtriser le quotidien, quels que soient leurs cadres institutionnels, sont toujours incomplètes et limitées, leurs chances de succès sont loin d'être assurées. " Le Sujet [individuel] ne triomphe jamais ", à l'exception du cas des génies[119]. Ce cas est très rare dans la vie ordinaire, mais a fortiori en détention. Nous ne pouvons nous référer qu'à quelques cas de résistance individuelle réussie à l'institution totale. Telle est, par exemple, l'expérience de la vie en camps de travail forcé staliniens de deux grands écrivains, Alexandre Soljenitsyne, le prix Nobel de littérature en 1970 et l'auteur de " L'archipel du Goulag ", et Varlam Chalamov, l'auteur des " Récits de la Kolyma ". Le passage à d'autres niveaux de l'action, institutionnel ou politique, n'est guère possible dans la prison suite aux répressions violentes de n'importe quel mouvement dans cette direction. Par conséquent, le contexte institutionnel interdit toute manifestation explicite du Sujet collectif. Néanmoins, la sub-culture carcérale en tant qu'ensemble de normes et de valeurs respectées par tous les détenus nous indique l'existence latente d'un Sujet collectif. " Il n'existe pas de classe en soi, il ne peut pas y avoir de classe sans conscience de classe "[120]. Dans le contexte carcéral, il y a une conscience sans action collective manifeste, ce qui empêche la transformation de la conscience négative en conscience positive. Le caractère négatif de la conscience se justifie par la structure de la plupart des normes de la sub-culture carcérale, - nous l'analyserons en plus de détails dans le sous chapitre 3.2.6 " Dualité

---

117 Touraine A., Dubet F., Wieviorka M., Strzelecki J., *Op. cit.*, p.41

118 *Ibid.*, p.79

119 Touraine A., " *Critique de la modernité* ", p.245,272

120 Touraine A., Wieviorka M., Dubet F., *Op. cit.*, p.52

des normes ". Ne pas faire telle chose, ne pas agir de telle manière, etc. La sub-culture carcérale ne comporte point de normes permissives et de normes qui habilitent. Même si la sub-culture carcérale ne porte guère un projet positif d'organisation sociale, sa contestation de l'autorité disjointe et imposée par la force ne doit pas être sous-évaluée. Les éléments de la résistance au pouvoir absolu qu'on trouvera dans la sub-culture carcérale sont apparu dès les années trente, historiquement bien avant les premières protestations manifestes dans les pays socialistes. Cette tentative de résistance mérite particulièrement l'analyse si l'on prend en considération la quasi absence d'acteurs sociaux contestataires dans l'ex-Union Soviétique mais aussi dans la Russie post-soviétique.

2.2.5. La congruence des normes formelles et informelles comme condition du développement socio-économique viable

La *differentia specifica* du système de type soviétique implique que la " constitution " de la vie quotidienne dans la prison et dans la société qui l'enveloppe sont congruentes, tandis que les deux " constitutions " ne coïncident guère avec les normes imposées par l'autorité formelle, voir contredisent celles-ci. Par conséquent, les acteurs sont bien dans la situation que Jean-Daniel Reynaud appelle " conflit des régulations ". " Les parties peuvent s'entendre en se reconnaissant une autonomie relative, soit en admettant que chaqun participe à la régulation (la négociation), soit en partageant le territoire "[121]. Regardons de près ces trois variantes. La participation commune à l'élaboration d'un compromis entre la régulation formelle et la régulation informelle donne au conflit la suite la plus pertinente. Il s'agit de restaurer la participation démocratique des gouvernés au processus de régulation. Seconde alternative, le partage du territoire afin d'assurer à chaque régulation concurrente un monopole territorial. Par exemple, " il y a des quartiers [à Palerme] qui n'ont jamais vu une voiture de police en dix ans "[122], sans que le taux de criminalité dans ces quartiers soit plus élevé. La dernière alternative, relativisation des régulations, fait penser au modèle de société que Richard Rose et alliés appellent " société de sablier " (*hourglass society*). L'autorité formelle et la population se mettent en accord sur leur vie quasi indépendante et autonome. " Un passage étroit sépare les individus de l'Etat. Les gens ordinaires ne se sentent pas capables d'influencer le

---

[121] Reynaud J.-D., " *Les règles du jeu. L'action collective et la régulation sociale* ", Paris : Armand Colin, 1989, p.100

[122] Padovani M., *Op. cit.*, p.201

gouvernement, mais celui-ci ne peut pas non plus intervenir dans leur actions "[123].

Le conflit des régulations a de nombreuses conséquences, ne mentionnons ici que celles sur le plan social et économique. Sur le plan social, le conflit des régulations se traduit par un conflit des rôles, formels et informels, l'interprétation desquels on attend de l'acteur. Ceci crée une " situation où l'un des rôles du sujet et les obligations qui en découlent contredisent les normes liées aux activités du même sujet dans les cadres de l'autre rôle social "[124]. Chaque acteur se dédouble, car il est obligé de jouer un rôle de malfaiteur et un rôle de bon génie en même temps. Pour préserver son intégrité, l'acteur finit par choisir un seul rôle, formel *ou* informel, dans lequel il s'investit. Généralement, il choisit le rôle qui correspond aux normes élaborées et appliquées volontairement, c'est-à-dire le rôle informel. Plus le conflit des régulations est ardent, plus l'appartenance à la vie informelle se justifie au niveau quotidien. " L'informalité se fait jour lorsque le droit impose des règles qui dépassent le cadre légal socialement accepté "[125].

Vu à travers le prisme des sciences économiques, le conflit des régulations se solde par l'augmentation des coûts liés aux interactions (*transaction costs*, les coûts de transactions). En particulier, il s'agit des coûts de négociations et des coûts de contrôle élevés. L'absence de repères acceptés par les parties d'un contrat complique le déroulement des négociations, il devient plus difficile de se mettre d'accord si les parties du contrat n'acceptent pas les mêmes règles du jeu. Par exemple, une partie essaye d'appliquer les normes de la Loi, l'autre suit les normes de la " constitution " informelle. Quant aux coûts de contrôle, le conflit des régulations favorise le comportement opportuniste : ce qui est acceptable du point de vue de la " constitution " informelle peut se transformer en " poursuite des intérêts égoïstes au détriment des intérêts collectifs (de l'entreprise, de l'Etat) " dans l'optique légale (par exemple, l'utilisation par un employé du matériel de bureau à ses propres besoins). Bref, " quand les règles formelles sont en conflit avec les règles informelles, leurs incitations respectives amèneront à l'augmentation des coûts du maintien et de la mise en vigueur des dispositions institutionnelles, à la réduction de l'étendue de l'activité économique dans cette communauté "[126].

---

[123] Rose R., Mishler W., Haerpfer C., " Getting Real : Social Capital in Post-Communist Societies " : *Studies in Public Policy*, 1997, n°278, p.9

[124] Yakovlev A., " *Sociologija ekonomicheskoj prestupnosti* ", Moskva : Nauka, p.81

[125] Soto H. de, *Op. cit.*, p.20

[126] Pejovich S., " Privatizing the Process of Institutional Change in Eastern Europe ", dans *Conference papers*, Cracovie : European Association for Evolutionary Political

Il est important de noter que la non congruence des normes formelles et informelles dans le cas soviétique ne représente qu'un cas parmi plusieurs autres. En outre, la non congruence accompagne non seulement l'autorité arbitraire dont les activités ne sont pas limitées par le contrôle et la participation civique, mais parfois aussi les efforts de changer radicalement les cadres formels, par exemple, dans les pays où l'évolution " naturelle " de la modernisation prend trop de temps et/ou dont les résultats ne sont pas évidents.

Sans correspondance assurée entre les normes informelles " *autochtones* " et les normes formelles " progressives ", " modernes ", " efficaces ", mais *étrangères*, le résultat des réformes radicales risquent d'être contraires aux anticipations. Dans le meilleur des cas, selon une expression devenue populaire en Russie des années 90, " nous avons essayé de faire pour le mieux mais cela a fait comme à l'accoutumée ". Avant de s'adresser à quelques exemples, on donne une formulation complète de notre cinquième, dernière, hypothèse : *la condition capitale pour la reproduction continue d'une société et son développement socio-économique soutenable consiste dans la congruence des normes informelles élaborées au niveau de la vie quotidienne et des normes formelles mises en vigueur par l'Etat. Toute reforme démocratique et marchande, quelque progressive que soit son idée au départ, est condamnée à l'échec si cette condition n'est pas remplie* (H.5).

Une expérience a été faite par les législateurs américains pendant les années 30, quand une Loi sur les réserves indiennes a été mise en vigueur (*Indian Reorganisation Act*). Selon cette Loi, la Constitution des Etats-Unis, apparemment beaucoup plus moderne que le droit coutumier des Indiens, était imposé à tout l'ensemble des réserves.

Malgré des anticipations de développement accéléré, les conséquences de la réforme constitutionnelle sont apparues très ambiguës. Les tribus dont le droit coutumier coïncidaient avec la Constitution des Etats-Unis ont vécu une période de modernisation rapide. Par contre, les tribus avec un droit coutumier non congruent avec la Constitution sont entrés en période de crise et de stagnation profonde. La conclusion que les auteurs de cette étude en tirent s'inscrit dans la logique de notre dernière hypothèse : " la congruence des normes culturelles et des formes gouvernementales est une condition nécessaire pour assurer la croissance économique "[127].

Economy, 1995, p.7. Au contraire, " les coûts de la mise en vigueur des droits de propriété sont réduits quand les gens utilisent les normes qui coïncident avec les principes du droit de propriété maintenus par l'Etat " (Eggertsson T., " *Economic Behavior and Institutions* ", Cambridge : Cambridge University Press, 1990, p.35).

[127] Cornell S., Kalt J., " Where Does Economic Development Really Come From ? Constitutional Rule Among the Contemporary Sioux and Apache " : *Economic Inquiry*, July 1995, Vol. XXXIII

Depuis l'époque du Moyen Age, l'histoire nous fournit maints exemples d'efforts, réussis ou non réussis, d'accélérer le développement par la voie " de l'importation institutionnelle ". " Dans bien des régions [de l'Europe médiévale], le droit romain, loin d'être la coutume du peuple, avait rencontré une opposition acharnée "[128]. L'adaptation du Code Civil napoléonien dans des pays si divers que la Belgique, les Pays-Bas, l'Italie, l'Espagne, le Portugal, l'Egypte, le Québec, la Louisiane ne s'est pas passée non plus sans ruptures plus ou moins manifestes entre les normes formelles et la " constitution " du quotidien. Parfois l'implantation d'un ensemble de normes est susceptible de créer une situation de blocage du système judiciaire. " Aussi longtemps que la Cour Fédérale (*Federal Court*) au Puerto Rico continue à fonctionner selon le Droit coutumier anglais (*Common Law*), la justice restera étrangère "[129] à la population de ce pays.

L'importation concerne non seulement les normes du Droit, mais aussi les stratégies du comportement économique, les structures organisationnelles et politiques. Quelle que soit la nature des institutions importées, la congruence des normes formelles et informelles demeure la condition capitale pour le bon fonctionnement de celles-là. Par exemple, les pratiques de commercialisation calquées des manuels occidentaux apparaissent souvent inefficaces dans les pays du tiers monde, à la différence des moyens de commercialisation autochtones, bien que ceux-ci soient trop traditionnels et non sophistiqués. " Le succès des commerçants informels en Amérique Latine est dû au fait qu'ils ne sont pas 'contaminés' par les techniques de gestion importées des pays plus développés... Les informels sont beaucoup plus proches de la philosophie du marketing que leurs concurrents du secteur formel "[130]. Si l'importation d'une stratégie commerciale se solde dans le pire des cas par une faillite, l'importation non réussie des structures politiques a des conséquences beaucoup plus graves. Bertrand Badie a montré que la diffusion du principe de territorialité propre à la conception occidentale du droit international était à l'origine de plusieurs conflits, surtout dans les régions où " les cultures communautaires donnent au territoire une signification fondamentalement différente de celle qu'on trouve dans

---

[128] Van Den B., " Réception ", dans Arnoud A.-J. (sous la direction de), " *Dictionnaire encyclopédique de théorie et de sociologie du droit* ", Paris : L.G.D.J., 1993, p.515

[129] Brigham J., *Op. cit.*, p.378

[130] Arellando R., " Les méthodes de commercialisation ", dans Arellando R., Gasse Y., Verna G. (sous la direction de), " *Les entreprises informelles dans le monde* ", Sainte-Foy : P.U.U.L., 1994, p.335-336

les cultures occidentales "[131], par exemple, en Afrique, au Moyen Orient.

De même, les éléments de l'importation et de l'exportation institutionnelle sont-ils facilement reconnaissables dans l'histoire russe depuis l'imposition du christianisme par la force d'Etat à la fin du IXème siècle (*kreschenie Rusi*). Les réformes de Pierre le Grand (la fin du XVIIème - le début du XVIIIème siècles) représentent le cas d'importation institutionnelle la plus conséquente et réfléchie. Leur résultat est très significatif : les contre réformes ont commencé aussitôt que son règne s'était terminé. Les contre réformes ont laissé exister " seulement celles des nouveautés qui ne contredisaient pas à l'ancien ordre "[132]. Le conflit déjà mentionné entre les *zapadniki* et les *slavijanofily* au XIXème siècle a comporté un débat sur les perspectives des modèles théoriques occidentaux comme moyen d'analyse des problèmes russes. Il y a une hypothèse selon laquelle le matérialisme et le marxisme, à la différence des autres courants de la pensée d'Occident, ont réussi à s'enraciner sur le sol russe suite à la congruence entre leur structure et celui de la conscience nationale[133]. De même, les réformes économiques des années 80 du XIXème siècle (les réformes de N. Bunge) se sont-elles révelées non réussies parce que le modèle sous-jacent importé d'agriculture n'a guère coïncidé avec l'ordre traditionnel.

" Les paysans ont rejeté la Russie 'officielle', ils voulaient qu'on les laisse tranquille. Leur culture impliquait l'indépendance et l'autonomie " [134]. Une situation grotesque, toujours liée au développement de l'agriculture, a marqué les années 60 du XXème siècle. Le point clé du programme agricole de Nikita Khrouchtchev, alors Premier Secrétaire du Parti Communiste de l'U.R.S.S., a consisté à reproduire le système américain de l'agriculture. Au bout du compte la réforme se solde par le fait de cultiver le maïs, tandis que " le système de valeurs, les principes organisationnels sur lesquels l'agriculture se base aux Etats-Unis ont été complètement ignorés "[135].

D'ailleurs, l'histoire de l'époque soviétique donne plus d'exemples d'exportation institutionnelle qued'importation. Etant devenu la deuxième puissance militaire et politique du monde, l'empire

---

[131] Badie B., " *L'Etat importé. Essai sur l'occidentalisation de l'ordre politique* ", Paris : Fayard, 1992, p.93

[132] Morozov Yu., " *Puti Rossii. Modernizacija neevropejskih kul'tur* ", Moskva : 1991, t.3, c.147

[133] Ahiezer A., " *Rossija : kritika istoritcheskogo opyta* ", Moskva : Filosofskoe obschestvo SSSR, 1991, t.2, c.11

[134] Gatrell P., " Economic Culture, Economic Policy and Economic Growth in Russia 1861-1914 " : *Cahiers du monde russe*, janvier – juin 1995, Vol. XXXVI, n°1-2, p.50

[135] Ahiezer A., *Op. cit.*, t.2, c.212

soviétique a commencé à imposer son modèle institutionnel aux autres pays. " Il n'y a pas… de limites fixées *a priori* aux régulations locales. C'est [leur] rencontre avec d'autres champs d'influence qui fixe les frontières "[136] de la portée de tel ou tel modèle institutionnel. La période d'après la Seconde guerre mondiale a été surtout marquée par l'expansion du modèle soviétique. Les pays d'Europe centrale et d'Europe de l'Est ont importé d'U.R.S.S. plusieurs institutions politiques, économiques et sociales, ce qui nous permet de parler du système de type soviétique. " L'exemple soviétique a joué un rôle important dans la mise en forme des éléments du socialisme classique (idéologie officielle, institutions, normes de comportement) "[137]. Il nous est difficile de qualifier cette importation de réussite. D'une part, les pays dit socialistes vivaient le même dédoublement de la vie sociale que nous l'avons supposé en U.R.S.S. Comme le montrent plusieurs recherches, l'organisation de la vie au quotidien dans les pays socialistes était quasi uniforme. " La configuration générale des réponses justifie l'influence omniprésente de la soviétisation sur l'expérience des pays de la mer Noire à la mer Baltique "[138]. D'autre part, les institutions soviétiques étaient toujours perçues comme étrangères, imposées par la force ou par un accident historique. Les réponses sur les origines souhaitables du modèle institutionnel à imiter données par les habitants de trois pays socialistes à la fin des années 80 sont significatives[139] :

Tableau 3

Origine souhaitable	Tchécoslovaquie	Hongrie	Pologne
Allemagne	31	38	37
Suède	32	34	21
Etats-Unis	14	10	30
Italie	9	9	0
France	5	2	7
U.R.S.S.	0	1	0

136 Reynaud J.-D., *Op. cit.*, p.136-137

137 Kornaï J., " *The Socialist System* ", p.374. Un autre témoignage, cette fois d'un observateur occidental, est aussi pertinent : " En ce qui concerne le développement des institutions sociales, l'influence de l'exemple soviétique était sans aucun doute immense " (Douglass D., " *Transitional Economic Systems : The Polish-Czech Example* ", New York : Monthly Review Press, 1972, p.7).

138 Haerpfer C., Rose R., " Adapting to Transition in the Eastern Europe. New Democracies Barometer – II " : *Studies in Public Policy*, 1993, n°212, p.73-77. Les auteurs ont utilisé 14 mesures diverses du comportement économique, des attitudes et des opinions politiques.

139 Rose R., " Between State and Market. Key Indicators of Transition in Eastern Europe " : *Studies in Public Policy*, 1991, n°196, p.13

Sur la liste des exemples d'importations institutionnelles nous ne trouverons que très peu de réussites. Le cas de la Chine en est un de plus saillants. Le succès des réformes marchandes des années 80-90 permet aux observateurs de parler de la construction du marché dans un pays où il n'y avait jamais eu de traditions marchandes fortes et dont la culture diffère beaucoup de celle de l'Occident. Une explication consistera à mettre en relief la congruence des normes informelles et des principes marchands, malgré leurs ressemblances apparentes. " Les traditions culturelles sont compatibles avec la mise au jour du marché civilisé (*full-fledged*) dans l'économie chinoise "[140]. En particulier, il s'agit de la correspondance (*fit*) entre, d'une part, la connaissance tacite et, d'autre part, les institutions formelles et les défis de technologie.

L'expérience chinoise nous aide à préciser l'hypothèse sur le fondement cognitif de la congruence. La ressemblance apparente n'est la condition ni nécessaire, ni suffisante pour la congruence des contextes institutionnels. C'est *la possibilité de construire une chaîne d'analogies* entre les normes formelles et les normes informelles qui rend les contextes congruents. Cet argument s'approche de celui de Claude Lévi-Strauss sur le bricolage dans la pensée. Si les normes importées font naître des analogies pertinentes, celles-là sont susceptibles d'être congruentes avec les normes informelles. Il s'agit de la " validation par analogie ", procédure nécessaire afin de rendre une institution sociale légitime[141]. En termes de la psychologie de Gestalt, la construction des chaînes d'analogies entre deux phénomènes apparemment dissemblables se fait selon la loi " de bonne suite ".

" Nous ne pouvons pas percevoir une mélodie dont chaque ton entre dans la conscience (*come to consciousness*) comme élément complètement nouveau "[142].

Quoi qu'il en soit, les importations réussies sont plutôt l'exception que la règle. Les analogies pertinentes ne surgissent pas dans tous les contextes et à tous les moments. Alors, comment expliquons-nous le recours permanent et omniprésent à l'importation institutionnelle ? En

---

[140] Hermann-Pillath C., " China's Transition to the Market : A Paradox of Transformation and its Institutional Solution ", dans Wagener H.-J. (ed.), " *The Political Economy of Transformation* ", Heidelberg : Physica-Vermag, 1994, p.237. Une autre évaluation va dans le même sens : " Les structures sociales et les représentations culturelles héritées d'une histoire étrangère au capitalisme ne lui sont pas forcement hostiles... La transformation capitaliste de l'économie peut se couler dans les modes d'action 'traditionnels', aussi 'irrationnels' soient-ils " (Bayart J.-F., " L'invention paradoxale de la modernité économique ", dans Bayart J.-F. (sous la direction de), " *La réinvention du capitalisme* ", Paris : Ed. Karthala, 1994, p.33-34).

[141] Douglas M., " *How Institutions Think* ", p.66,76

[142] Koffka K., *Op. cit.*, p.515

laissant de côté les cas de l'imposition d'une institution étrangère par pure contrainte, intéressons-nous aux actes d'importation volontaires. Regardons de près les intérêts de principaux acteurs de l'importation. Du côté de l'offre, la volonté d'exporter un modèle institutionnel malgré l'absence des droits de propriété dans ce domaine [143] s'explique par des tentatives d'élargir l'influence du pays - exportateur et d'assurer une dimension globale à l'autorité nationale. De plus, l'exportation du modèle institutionnel aide à réduire les coûts de transaction dans le commerce international et, donc, à augmenter les ventes des produits et des services nationaux à l'étranger. Du côté de la demande, l'importation permet également à certains acteurs de réaliser leurs intérêts. Ces acteurs comportent " une élite nouvelle dont la pérennité est liée à la sauvegarde, voir au renforcement des processus d'importation " et les intellectuels pour lesquels " le recours à la pensée occidentale [représente] le moyen de se défendre contre un pouvoir néo-patrimonial aussi bien que contre un traditionalisme "[144]. De plus, la stratégie d'importation enlève toute la responsabilité aux acteurs ayant l'autorité de faire et de changer la Loi, car ils se réfèrent à un modèle " de grand renom international ". Le recours à un modèle étranger cache les intérêts sous-jacent des réformateurs car dans cette situation ils ne sont point obligés à donner une justification de leur politique[145]. Autrement dit, l'importation leur aide à garder leurs droits dans le cadre du modèle Principal - Agent et à se débarrasser en même temps de leurs obligations. Or, quelles que bonnes que soient les justifications de l'importation au départ, cet acte est susceptible de servir à la reproduction du modèle Principal - Agent et, par suite, d'aboutir à la non congruence des normes formelles et informelles.

2.3. Sources

L'étude des normes du comportement quotidien, surtout des normes informelles, exige que le chercheur dispose d'un outillage très fin pour la collecte de l'information. Les normes informelles n'ont pas souvent d'expression discursive ce qui limite l'efficacité des enquêtes mais aussi celle des interviews et de l'intervention sociologique. " La

---

[143] Pour une discussion sur les perspectives de l'introduction des droits de propriété dans le domaine de culture, voir Brown M., " Can Culture Be Copyrighted ? " : *Current Anthropology*, April 1998, Vol.39, n°2

[144] Badie B., *Op. cit.*, p.152, 158-159

[145] Offe C., " Designing Institutions for East European Transitions ", dans Hausner J., Jessop B., Nielsen K., " *Strategic Choice and Path-Dependency in Post-Socialism. Institutional Dynamics in the Transformation Process* ", Aldershot : Edward Elgar, 1995, p.55

conscience pratique se compose de toutes les choses dont les acteurs connaissent tacitement le 'mode d'emploi' dans le contexte de la vie sociale sans être capable de leur donner une expression discursive "[146]. Une observation participante fournirait au chercheur toute l'information nécessaire afin d'analyser la dimension non discursive de la " constitution " du quotidien. Dégagée de l'anthropologie, l'observation participante comporte les éléments suivants : la présence prolongée du chercheur sur le site étudié ou au sein d'un groupe déterminé ; l'emprunt d'un rôle fonctionnel reconnu utile ou justifié par le milieu étudié ; la familiarité avec les situations banales et routinières ; l'accès à la documentation interne ; la connaissance des codes et des langages internes. Comme témoigne le chercheur qui a effectué une observation participante au sein d'un hôpital, Jean Peneff, " je cherchais à connaître non ce que les agents disent qu'ils font, mais ce qu'ils font effectivement "[147].

Malheureusement, nous n'avons pas pu effectuer d'observation participante au sein d'une institution pénitentiaire.

Bien qu'on soit l'un des premiers chercheurs externes par rapport à l'administration pénitentiaire russe à effectuer une étude sociologique à l'intérieur des pénitenciers, nous n'avons pas réussi à obtenir l'autorisation d'emprunter un rôle fonctionnel.

Il n'y a pas encore de travailleurs sociaux dans les prisons russes dont le rôle permettrait à un étranger d'être " ici " et " là-bas " en même temps. Les personnes travaillant à l'intérieur des murailles de la prison sont des fonctionnaires de l'administration pénitentiaire, y compris les psychologues dont le corps est en train de se former depuis le début des années 90 (1-2 psychologue par établissement). Ceci implique leur obligation de passer une procédure très longue d'admission, et aussi leur engagement pour le futur. Pour ces raisons, notre travail sur le terrain a été partagé en plusieurs séjours d'une durée d'une semaine à un mois dans 29 pénitenciers russes (dans la période allant de l'automne 1996 jusqu'à l'hiver 2000 [148]). La géographie de notre recherche, 8 régions (*oblast*) dont Arkhangelsk, Ivanovo, Kostroma, Mourmansk, Moscou, Toula, Vladimir et Yaroslav, rend ses résultats suffisamment représentatifs.

En outre, nous avons pu visiter cinq types de pénitenciers : une maison centrale (*tur'ma*), un centre de détention en régime commun (*kolonija obschego rejima*), un centre de détention en régime renforcé (*kolonija stogogo rejima*), un centre de détention de haute sécurité

---

[146] Giddens A., " *The Constitution of Society* ", p. xxiii

[147] Peneff J., " *L'hôpital en urgence. Etude par observation participante* ", Paris : Ed. Métailié, 1992, p.10

[148] En 2000 – grâce à une subvention accordée par la John D. and Catherine T. MacArthur Fondation (Chicago).

(*kolonija osobogo rejima*) et un centre de détention des jeunes (*vospitatel'naja kolonija*)[149]. Les premiers mois du travail sur le terrain, nous avons accompagné un haut fonctionnaire de l'administration pénitentiaire russe, le colonel Yurij Mukanov, pendant ses visites d'inspection. Ensuite, nous avons pu choisir nous-mêmes l'établissement à visiter aussi que la durée du séjour. Les particularités de l'organisation de notre travail sur le terrain expliquent les voies de collecte d'information qui ont été accessibles :

- Entretiens structurés avec des éléments d'entretiens non structurés, de l'observation ethnologique et de l'intervention sociologique ;
- Enquête par le questionnaire ;
- Travail avec les documents officiels et les sources secondaires.

Nous avons réalisé 41 entretiens structurés dont la liste et le guide se trouvent en Annexe. Le nombre total des entretiens dépasse 50, mais suite au refus de quelques interlocuteurs d'autoriser l'enregistrement et suite à des problèmes techniques nous n'avons retenu que 41 entretiens. Le guide d'entretien n'a pas toujours été rigoureusement respecté, surtout si certains aspects nouveaux apparaissaient en cours de conversation. " Les entretiens flexibles assurent une fidélité supérieure quand la correspondance entre les questions et le contexte d'action n'est pas claire pour les interviewés "[150]. Les entretiens flexibles et moins structurés ont été particulièrement pertinents pendant la première étape de la recherche. L'autre aspect important des entretiens consiste à les relier à l'auto-analyse des acteurs.

L'auto-analyse des acteurs, selon Alain Touraine, constitue le premier élément de l'intervention sociologique[151]. Par exemple, dans une correspondance avec l'interlocuteur n°3a (il s'agit au total d'une dizaine de lettres), nous avons discuté les textes retranscrits des entretiens avec lui-même et avec ses codétenus. L'interlocuteur a aussi été invité à faire une analyse de sa journée ordinaire. Nous avons demandé également à nos interlocuteurs n°35a et n°35b de réfléchir sur les résultats préliminaires de l'enquête après leur avoir présenté les hypothèses de la recherche. Au bout du compte, les entretiens ont servi à appuyer nos types idéaux sur les typologies élaborées par les acteurs eux-mêmes au cours de leurs activités quotidiennes. Ceci nous a aidé à repérer " les différents modes de classification verbale utilisés

---

[149] Art. 74 du Code d'application des peines de la Fédération de Russie (CAP) définit en total 6 types d'établissements pénitentiaires.

[150] Schober M., Conrad F., " Does Conversational Interviewing Reduce Survey Measurement Error ? " : *Public Opinion Quarterly*, Winter 1997, Vol. 61, n°4, p.588

[151] Touraine A., Wieviorka M., Dubet F., *Op. cit.*, p.93

par les individus pour organiser leur vision du monde "[152] et à approcher ainsi du programme de recherche élaboré par Alfred Schutz qui implique la construction des modèles explicatifs en utilisant les éléments déjà existant au niveau quotidien.

La qualité de l'information collectée au cours des entretiens dépend toujours de la confiance qui s'établit ou non entre le chercheur et l'interviewé. Nous avons essayé de ne pas poser des questions directes, non plus que celles qui auraient pu être jugées provocatrices. En se présentant toujours comme un universitaire, une personne étrangère par rapport à l'administration pénitentiaire, nous avons pu bénéficier d'une confiance plus grande que dans les autres cas. Par exemple, même les psychologues pénitentiaires sont considérés comme trop liés à l'autorité dans la prison, ce qui réduit la confiance qu'on leur porte, d'autant plus qu'ils portent le même uniforme que les autres fonctionnaires. " Je pense que le psychologue probablement ne doit pas porter l'uniforme. On peut déjà commencer par cela... "[153]. D'un côté, la nécessité d'avoir quelqu'un à qui on peut parler, qui sait écouter sans juger, est très manifeste chez les détenus. " Ici, je ne peux parler franchement à personne... On veut une communication humaine, une volonté de comprendre "[154]. De l'autre côté, les psychologues sont dans la plupart des cas incapables de satisfaire ce besoin, suite au manque de confiance, et suite au volume considérable de travail quotidien à leur charge qui n'a parfois rien à voir avec le métier de psychologue (du travail de bureau jusqu'à la maintenance des locaux). Dans ces circonstances l'entretien sociologique " prend souvent une dimension intime, proche de la relation psychanalytique "[155].

Les entretiens ont été complétés par une enquête réalisée dans les mêmes pénitenciers, mais sur un échantillon plus large (pour le questionnaire et les paramètres de l'échantillon, voir Annexe). Plus de 1000 formulaires ont été diffusés, dont 902 ont été remplis et traités. La majorité des catégories illicites des détenus que nous décrirons dans le sous chapitre 3.2.4 " Catégorisation illicite " est représentée dans l'échantillon. Comme dans le cas des entretiens, tous les questionnaires ont été distribués personnellement par l'auteur à la condition de l'anonymat complet. D'ailleurs, la qualité des données statistiques a été négativement influencée par un autre facteur. L'étude

---

[152] Piette A., " *Ethnographie de l'action. L'observation des détails* ", Paris : Ed. Métailé, 1996, p.51

[153] Entretien n°39.

[154] Lettre de l'interlocuteur n°3a.

[155] Rostang C., " *Prisons de femmes. Les échanges et les marges de manœuvre dans une institution contraignante* ", Thèse de doctorat en sociologie : Ecole des Hautes Etudes en Sciences Sociales, 1994, p.160

statistique d'une “ petite ” société amène nécessairement à une dissonance entre la valeur moyenne et la norme. On calcule la réponse moyenne à partir des normes locales dont la portée se limite à un segment de la structure sociale (un pénitencier, sa subdivision, une catégorie illicite de détenus). Par conséquent, la réponse moyenne ne coïncide guère avec la norme qui existe à l'échelle du monde carcéral entier. Dans ces circonstances, la recherche sociologique appliquée doit se baser sur la construction des régimes (*clusters*) ou sur le calcul des valeurs moyennes pour chaque segment de la structure sociale pris séparément. Mentionnons entre parenthèses qu'un problème analogue concerne aussi les études statistiques de la société (post)soviétique en général, ce qui justifie indirectement notre deuxième hypothèse. “ Il n'y a pas de solution univoque à la question de savoir quel pourcentage de réponses on peut faire correspondre à une norme ”[156].

Bien que, suite à des problèmes avec l'organisation de la recherche sociologique dans les prisons françaises nous n'ayons pas pu réaliser une étude entièrement comparable à celle dans les prisons russes, trois stages de cinq jours chacuns dans la Maison centrale d'Ensisheim (Haut Rhin), le Centre de détention de Melun (Seine et Marne) et le Centre de détention de Caen (Calvados) nous permettent néanmoins de faire quelques comparaisons. 59 détenus français (14 dans la maison centrale et 45 dans les Centres de détention) ont été invités à répondre aux mêmes questions que celles que nous avons posées aux détenus russes. Le choix des interlocuteurs répond aux exigences de la représentativité : nous avons choisi 10% de chaque catégorie des détenus selon la nature du délit que ceux-ci ont commis. A la différence de notre travail dans les prisons russes, les questionnaires ont été remplis par l'interviewer sur la base des réponses orales des interlocuteurs. Nous avons pu ainsi préciser telle ou telle réponse, adapter le questionnaire aux particularités de la situation dans les prisons françaises. Par conséquent, cette méthodologie d'interrogation augmente l'exactitude des résultats statistiques.

Au début de l'année 2001 nous avons passé quelques semaines dans les établissements pénitenciers de la République de Kazakhstan (à la demande de l'administration pénitentiaire de ce pays). 396 détenus de 12 établissements (dont un centre de détention de haute sécurité, un centre de détention en régime commun, sept centres de détention en régime renforcé et trois maisons d'arrêt). Ce travail nous a permis non seulement de compléter le tableau du monde carcéral post-soviétique, mais aussi d'avoir un aperçu du système soviétique de l'incarcération. A la différence de la Russie qui a commencé la réforme pénitentiaire au début des années 1990, le Kazakhstan fait les

---

[156] Dubov I. (pod redakciej), “ *Mental'nost rossijan. Specifika soznanija bol'chih grupp naselenija Rossii* ”, Moskva : Psihologitcheskij institut RAO, 1997, c.144

premiers pas dans cette direction. Donc, nous avons vu le système qui est resté presque sans changement depuis l'époque soviétique. Le moment pour la recherche a été bien choisi car l'administration pénitentiaire de la République de Kazakhstan essaye actuellement de rattraper son retard, elle s'engage dans les réformes de la prison très profondes et, selon certains observateurs, même plus radicales qu'en Russie.

Afin de pouvoir vérifier nos hypothèses sur la congruence des " constitutions " du monde carcéral et de la société soviétique, nous avons réalisé une série d'études sur la vie quotidienne des russes. Une équipe de chercheurs composée de Eugènie Gvozdeva (de la faculté sociologique de l'Université d'Etat Lomonossov de Moscou), Alexandre Hlopin, Sergei Patruchev (tous les deux - de l'Institut de politologie comparative de l'Académie des Sciences) et l'auteur a mené trois enquêtes, en 1996 (une enquête pilote), en mars 1998 et en juin 1999 (c'est-à-dire après la crise d'août 1998[157]). Les échantillons ont comporté respectivement 400 personnes de trois régions (Moscou, Perm, St-Petersbourg), 850 personnes de 6 régions (Moscou, Altaï, St-Petersbourg, Ivanovo, Asrtakhan, Perm) et 1351 personnes de 12 régions (Moscou, St-Petersbourg, Altaï, Primorié, Tver, Tchéliabinsk, Sverdlovsk, Novossibirsk, Lipetsk, Saratov, Astrakhan, Briansk). Les paramètres des deux derniers échantillons (voir Annexe), sauf le niveau d'éducation[158], permettent de parler de la représentativité de nos résultats. En outre, dans la période de novembre 1998 - juillet 1999, nous avons réalisé un sondage des entrepreneurs russes et une série d'entretiens avec eux[159]. L'échantillon de l'enquête était composé de 174 entrepreneurs de 7 régions (Moscou, Novossibirsk, Tver, St-Petersbourg, Primorié, Altaï, Briansk) dont 21% sont des chefs des petites entreprises, 57% - des chefs de moyennes entreprises et 22% - des chefs de grandes entreprises. 31 entrepreneurs ont été interviewés, dont 9 sont des responsables dans le secteur bancaire.

Finalement, nous avons consulté les documents officiels du Ministère des Affaires Intérieures (*MVD, Ministerstvo Vnutrennih Del*) et du Ministère de la Justice (*Ministerstvo Yusticii*), de même que certaines œuvres littéraires dont le sujet concerne la sub-culture carcérale. Ici, les ouvrages de Varlam Chalamov, qui a passé plus de

---

[157] Cette enquête a été réalisé grâce à une subvention de l'Osteuropa-Institut, Freie Universität – Berlin.

[158] Le pourcentage des gens ayant fait leurs études supérieures est près de 40%, ce qui dépasse visiblement le niveau reporté par le Comité d'Etat de la statistique (*GKS*).

[159] Ce travail a été fait dans le cadre d'un projet de recherche financé par l'*Ufficio Italiano dei Cambi* (Rome). Actuellement nous continuons cette recherche grâce à une subvention de l'*Institut des Hautes Etudes en Sécurité Intérieure* (Paris).

20 ans en camps de travail forcé à la Kolyma (Extrême Orient), nous ont servis de repères majeurs.

2.4. Limites de la recherche

Il existe certaines raisons qui interdisent de prétendre à l'objectivité absolue d'une recherche telle que la nôtre. Les limites de cette recherche ont une nature objective aussi bien que subjective. Quant aux limites objectives, il faut premièrement mentionner le fait que les maisons d'arrêt (*SIZO - sledstvennyj izoljator*) sont restées en dehors de notre étude : nous avons visité seulement deux établissements de ce type en Russie (3 - au Kazakhstan). La vie sociale de la population des prévenus n'a été étudiée qu'indirectement : nous avons posé aux condamnés des questions sur l'expérience de leur vie en détention préventive. Cette lacune est d'autant moins négligeable que les images de la surpopulation, de la violence, de mauvais traitements diffusées largement par les médias russes et internationaux correspondent principalement aux maisons d'arrêt. En outre, la durée de la détention préventive peut dépasser six mois et même un an (c'était le cas de plusieurs de nos interlocuteurs). Nous n'avons pas réussi à analyser soigneusement la structure sociale des maisons d'arrêt suite à l'exigence légale de se procurer une permission de rencontrer un prévenu auprès son juge d'instruction. Prenant en considération le grand nombre de publications négatives concernant la situation en *SIZO*, l'administration pénitentiaire russe s'est montrée moins ouverte à la recherche sur les maisons d'arrêt que sur les autres types de pénitenciers (quant aux maisons d'arrêt au Kazakhstan, il n'y a presque pas de cas de la surpopulation comparables à ceux en Russie).

La deuxième limite porte sur le monde des surveillants, adversaires principaux des détenus. Les simples surveillants, les surveillants-gradés et les membres de la direction qui sont réunis par un raccourci englobant " administration " (*administracija*), comme le montrent des études spécifiques[160], forment leur propre monde dans la prison. Ils n'apparaissent que d'une manière épisodique dans nos entretiens parce que l'analyse du monde des surveillants devrait être le sujet d'une autre recherche. A cette limite s'en ajoute une autre qui est liée aux questions de méthodologie. L'administration en tant qu'adversaire principal des détenus aurait pu jouer un rôle plus important dans notre étude si nous avions utilisé la méthode de l'intervention sociologique. Cette méthode, rappelons-le, consiste à faire venir assister aux discussions dans un groupe une série d'interlocuteurs qui représentent des adversaires réels pour les

---

[160] Voir, par exemple, Chauvenet A., Orlic F., Benguigui G., *Op. cit.*

membres du groupe. Autrement dit, " l'intervention sociologique crée un espace artificiel de débat "[161]. Or, la mise en avant du sujet *individuel* dans la prison, de même que le grand volume du travail organisationnel indispensable pour réaliser l'intervention sociologique, expliquent sa place marginale dans notre boîte à outils. D'ailleurs, les substituts de l'intervention sociologique - les entretiens et les sondages - sont toujours imparfaits comme sources d'information, il s'agit plutôt d'un pis-aller. Par exemple, parmi les inconvénients qu'on attribue habituellement aux sondages nous voulons mettre en relief leur incapacité de différencier les normes connues, les normes déclarées et les normes appliquées dans la vie quotidienne. La confusion entre divers types de normes diminue la valeur analytique des enquêtes réalisées dans les conditions de la dualité des normes dont l'une des manifestations est la double conscience (nous y reviendrons dans les sous chapitres 3.2.6 " Dualité des normes " et 4.2.6 " Double conscience "). Pour un individu ayant double conscience " la norme apparaît... à la fois sous sa variante nominale déclarée et comme une exigence 'étrangère' et 'vide de sens' "[162]. Par conséquent, la personne interrogée peut bien connaître et déclarer la norme sans l'appliquer dans sa vie quotidienne.

La cinquième et dernière limite objective concerne la période historique que nous essayons d'esquisser. Nous ne parlons que de la période soviétique et post-soviétique dans l'histoire du monde carcéral et de la société russe, il n'y a presque pas de références aux événements correspondant à la période d'avant la Révolution 1917. Bien qu'il existe des tentatives d'inscrire l'histoire soviétique dans les tendances propres à la société russe depuis ses origines[163], c'est le modèle d'organisation sociale dit soviétique qui nous intéresse : la démonstration de sa congruence avec le monde carcéral est au cœur de notre analyse. Quant aux limites subjectives, elles sont dues à des particularités des relations entre l'observateur et son sujet. Certaines de ses particularités sont propres à toute recherche sociologique, les autres n'apparaissent que dans le contexte carcéral. Un paradoxe ayant des racines herméneutiques implique que l'interprétation correcte des actions n'est possible qu'à condition de l'existence *ex ante* d'un espace normatif commun pour l'acteur et l'interprète. Par exemple, afin de suivre de près la pensée d'un auteur, un lecteur de son ouvrage doit partager avec lui certains valeurs et normes : " La correspondance

---

[161] Dubet F., *Op. cit.*, p.243. Pour la description de l'intervention sociologique voir aussi Touraine A., Wieviorka M., Dubet F., *Op. cit.*, p.92-94 ; Berelowitch A., Wieviorka A., " *Les Russes d'en bas. Enquête sur la Russie post-communiste* ", Paris : Ed. du Seuil, 1996, p.407-411.

[162] Levada Yu., *Op. cit.*, p.162 ; voir aussi Dubov I., *Op. cit.*, c.189

[163] Voir, par exemple, Ahiezer A., *Op. cit.* ; Morozov Yu., *Op. cit.*

correcte se produit par le travail du chercheur et du lecteur en tant que membres d'une communauté de partisans (*community of co-believers*) "[164]. Le sens pratique de ce paradoxe consiste dans le sentiment de sympathie qui se produit au cours de la recherche et qui relie ainsi l'observateur à son sujet. Dans notre cas, le partage de l'interprète avec ses acteurs (les détenus) d'un espace normatif a été facilité par la congruence des expériences de la vie quotidienne dans la société (post)soviétique et dans la société carcérale. Or, cette proximité spirituelle, si indispensable pour la compréhension et l'interprétation, va à contresens de l'objectivité et du caractère impartial de l'observateur. Le compromis entre ces deux exigences n'est pas toujours facile à trouver. Sa figure pourrait être esquissée de la façon suivante. " Il faut garder, il faut même créer la distance de l'analyse, porter un regard critique pour séparer les significations qui sont confondues dans l'événement, en même temps qu'il faut être porté par la sympathie qui pousse à découvrir un projet là où d'autres ne voient que désordre "[165]. Le va-et-vient que l'auteur faisait pendant les dernières années entre la Russie et la France lui a servi beaucoup pour trouver une bonne distance par rapport à son sujet et éviter l'enracinement trop profond dans le contexte étudié.

La nature duale de la structure sociale en détention crée aussi un autre danger. Le monde carcéral est profondément divisé en deux parties : le monde des surveillants et le monde des détenus. Donc, la recherche sur cette " société de sablier " risque de se réduire soit au regard sur les détenus à travers le prisme du monde des surveillants, soit au regard sur l'administration à travers le prisme du monde des détenus. " Un travail dans le cadre de la prison suppose un nécessaire parti pris : le monde de la prison est divisé en pro-surveillants et en pro-détenus "[166]. Cela va même plus loin, la congruence entre le monde carcéral et le monde soviétique donne à ce problème une dimension burlesque. L'observateur, en tant que membre du monde (post)soviétique, se positionne par rapport à l'autorité du côté des " détenus ". Mais, en tant que chercheur travaillant sur le monde carcéral, il risque d'être perçu par les détenus comme placé du côté de " l'autorité ". D'ailleurs, ce jeu de rôles contradictoires s'inscrit bien dans la logique du système social de type soviétique. Il suffit de rappeler une expression très populaire à l'époque soviétique : " Quand je suis le chef, tu es l'imbécile, quand tu est le chef - c'est moi qui est

---

[164] Garfinkel H., *Op. cit.*, p.89

[165] Touraine A., " *Comment sortir du libéralisme* ", Paris : Fayard, 1999, p.160. Clifford Geertz a exprimé autrement cet impératif : " Ecrire un texte qui puisse être en même temps un sentiment intime et un compte rendu distancié " (Geertz C., *Op. cit.*, p.18).

[166] Rostang C., *Op. cit.*, p.141

l'imbécile " (*Ya natchal'nik - ty dyrak, ty natchal'nik - ya durak*). Donc, dans le contexte (post)soviétique, le parti pris de l'observateur s'explique parfois par son expérience de vie en général.

Chapitre 3
La société carcérale en Russie

Après avoir esquissé les grandes lignes de notre recherche, nous procédons à la vérification des hypothèses formulées dans le sous chapitre 2.2 “ Hypothèses de recherche ”. Le chapitre 3 sera consacré à la construction d'un type idéal de la société carcérale en U.R.S.S., dans le chapitre 4 nous essayerons d'appliquer ce type idéal à une lecture de la société de type soviétique, et dans le chapitre 5 nous analyserons l'aspect dynamique de l'interaction des normes formelles et informelles.

3.1. Repères historiques

Il n'y a pas un type idéal de la société carcérale. Ses paramètres dépendent du contexte institutionnel dans lequel la prison existe. Bien qu'il y ait des traits communs dans les divers modèles de prison, dont le caractère disjoint de l'autorité, leurs détails peuvent varier considérablement. Même la “ règle d'or ” de la prison selon laquelle “ le niveau de la vie carcérale doit toujours être inférieur à celui de l'ouvrier le plus pauvre de la société ”[167], est appliquée dans chaque pays à sa manière, en fonction du niveau de vie moyen, du taux de la criminalité, de la politique criminelle et pénitentiaire, des autres facteurs socio-économiques et politiques. Or, au niveau de la vie quotidienne ce sont les détails qui comptent : l'organisation de l'espace carcéral, l'emprisonnement solitaire ou à plusieurs, les droits des détenus officiellement reconnus, etc. Il faut, donc, qu'on prenne en considération la pluralité des régimes pénitentiaires connus dans l'histoire et qu'on positionne par rapport à eux le système pénitentiaire en U.R.S.S.

3.1.1. Grands modèles du système pénitentiaire

La logique de l'évolution de la prison comme institution totale s'explique par sa nature duale, voir contradictoire. Deux missions lui sont attribuées depuis sa naissance, c'est-à-dire depuis la substitution de la mise en détention aux châtiments corporels et aux supplices. D'une part, la prison a une mission de sécurité publique qui se traduit par la séparation de la population criminelle du reste de la société, par

[167] Perrot M., “ Préface ”, dans Marchetti A.-M., “ *Pauvretés en prison* ”, Ramonville Saint-Agne : Erès, 1997, p.8

la mise sous surveillance de celle-là. La mission de sécurité publique implique que les conditions d'emprisonnement sont suffisamment dures pour que la détention représente une véritable punition pour les délinquants. " Le régime des peines doit être conçu de telle sorte que les couches précisément les plus menacées de devenir criminelles préfèrent encore végéter dans les conditions les plus misérables en liberté plutôt que sous le joug de la peine "[168]. Autrement dit, la règle d'or de la prison a ses racines dans la mission sécuritaire. D'autre part, la mission de réinsertion est aussi importante dans le fonctionnement des établissement pénitentiaires : il faut que les délinquants soient non seulement séparés et surveillés, mais qu'ils gardent des chances de revenir à la vie normale. La logique de réinsertion nécessite une tout autre approche à l'organisation de la vie en emprisonnement. " La longueur de la peine ne doit pas mesurer la 'valeur d'échange' de l'infraction, elle doit s'ajuster à la transformation 'utile' du détenu au cours de sa condamnation "[169]. La mission de réinsertion donne naissance au système dit progressif. La raison d'être de celui-ci consiste à faire varier la longueur de la peine et la dureté de ses conditions en fonction du comportement des détenus, de leur volonté de se soumettre à la discipline, de leur docilité en général. Le premier pénitencier dont le fonctionnement répondait aux exigences du système progressif est apparu au XVIIIème siècle en Australie (le bagne de l'île de Norfolk). Tous les bagnards commençaient leur terme de détention dans les conditions les plus dures pour arriver, par divers itinéraires et avec une vitesse variable, à la libération[170]. La condition clé de passage au régime de détention moins dur est la bonne discipline et le travail consciencieux.

Sur le plan formel, les deux missions sont dotées d'une importance égale. Par exemple, le Code de procédure pénale de la République Française donne une définition double de la raison d'être de l'administration pénitentiaire : " assurer la garde et l'entretien des personnes en détention " (Art. D188) et " assurer le respect de la dignité inhérente à la personne humaine et prendre toutes les mesures destinées à faciliter leur réintégration dans la société " (Art. D189). Mais en pratique le deuxième impératif de la politique pénitentiaire va souvent à contresens du premier, ce qui rend leur réconciliation difficile. La mission de réinsertion met en question la nature de la prison comme institution totale. Elle suppose la reconnaissance du degré d'autonomie non négligeable dont les détenus jouissent dans

---

[168] Rusche G., Kirchheimer O., " *Peine et structure sociale. Histoire et 'Théorie critique de régime pénal* ", Paris : Ed. du Cerf, 1994, p.89

[169] Foucault M., *Op. cit.*, p.247

[170] Tkachevskij Yu., " *Progressivnaja sistema ispolnenija ugolovnyh nakazanij* ", Moskva : Zercalo, 1997, c.16

leur vie carcérale. Cette autonomie est indispensable pour apprendre ou réactiver les normes de la vie dans une " grande " société. " Lorsque la prison est organisée autour de l'objectif prioritaire de réinsertion ou de traitement, elle intègre, à des degrés variables, la participation et la représentation des détenus "[171]. La résolution du conflit des missions dans les conditions de leur importance égale *de jure* est laissée *de facto* à la discrétion et à la bonne volonté des fonctionnaires de l'administration pénitentiaire. Quant à eux, les résultats de la réinsertion ne les touchent pas immédiatement, ces résultats sont éloignés dans le temps, tandis que l'accomplissement de la mission sécuritaire se perçoit de façon directe, il est bien contrôlé par les organismes de tutelle. " Si la société ne peut pas définir les priorités de manière univoque, l'importance primordiale de la garde est évidente pour les officiels [de l'administration pénitentiaire]... Il y a une tendance à regarder la réinsertion en tant que conséquence indirecte (*by-product*) de la réalisation réussie de la mission de garde et de maintien de l'ordre "[172].

Si le fonctionnement interne de la prison dérive de sa mission de sécurité publique, il y a plusieurs modèles qui concrétisent celle-ci. La liste des grands modèles de prison comporte le bagne, y compris les galères ; le système dit d'Auburn (Pennsylvanie) ; le système dit de Philadelphie ; le camp de travail forcé, y compris le camp de concentration (Figure 7). Regardons de près chaque modèle en mettant en avant leur impact sur l'organisation de la vie quotidienne des détenus. Historiquement, le bagne a précédé les autres modèles de prison. Le bagne ainsi que l'envoi sur les galères (pratique courante en France de 1680 jusqu'à 1810) a impliqué l'emprisonnement à plusieurs, où des dizaines, voire centaines de personnes partageaient le même espacé limité et tous les moments de leur vie quotidienne. De grands dortoirs et de grands lits (*taulas*) sont les éléments constitutifs du quotidien au bagne. Par exemple, le bagne de Brest prévu pour 2000 bagnards a accueilli en 1751 plus de 3500 personnes qui étaient placées sur les *taulas* qui servaient de lits pour une vingtaine de condamnés. La même atteinte brutale à l'espace privé a été observée au bagne de Rochefort, dont deux grandes salles ont pu contenir chacune 500 condamnés placés également sur les *taulas*[173]. De ce point de vue, la situation sur les galères a été encore pire. 200-300 galériens ont vécu sur des plates-formes mesurant 45 mètres de longueur et de moins 10 mètres de largeur, attachés aux bancs avec

---

[171] Chauvenet A., Orlic F., Benguigui G., *Op. cit.*, p.40

[172] Sykes G., *Op. cit.*, p. 18, 38

[173] Petit J.-G., Gastan N., Faugeron C., Pierre M., Zysberg A., " *Histoire des galères, bagnes et prisons. Introduction à l'histoire pénale de la France* ", Toulouse : Bibliothèque historique Privat, 1991, p.220-221

des chaînes. Sur chaque banc, 3-6 galériens ont mené leur vie côte à côte[174]. Ainsi, aucune intimité n'était-elle possible. Du modèle du bagne s'approche une invention pénitentiaire plus récente, - elle date du XXème siècle, - les camps de travail forcé staliniens et les camps de concentration hitlériens. Comme ce modèle sera examiné en détails dans les sous chapitres qui suivent, nous ne soulignons que son appartenance à la famille des modèles d'emprisonnement à plusieurs. De grandes baraques de centaines de personnes (200-400) sans dispositifs de séparation à l'intérieur, sont devenues un signe de celui-là[175]. Les premiers camps de travail forcé (*lagerja prinuditel'nyh rabot*) ont été créés en 1918, peu de temps après la Révolution d'octobre 1917, pour se transformer en système pénitentiaire, Goulag (*Glavnoe Upravlenie LAGerej*), en 1934. Il est important de signaler les liens explicites qui ont existé entre le modèle Goulag et les camps de concentration hitlériens. Pendant les années 1939-1940, il y a eu un échange actif des fonctionnaires de l'administration pénitentiaire entre les deux pays[176]. Sans doute, pouvons-nous y voir un exemple de l'importation institutionnelle d'un Etat totalitaire à l'autre.

D'ailleurs, la voie magistrale de l'évolution des systèmes pénitentiaires a laissé de côté l'emprisonnement à plusieurs au profit de l'emprisonnement solitaire, dont le système d'Auburn et celui de Philadelphie nous servent d'exemples. L'emprisonnement en cellules aide à assurer la séparation et la surveillance comme moyens principaux du maintien de l'ordre. Le criminel est ainsi séparé du moins coupable, - le principe dont avait déjà parlé Tocqueville a vu sa réalisation organisationnelle. L'isolement solitaire dans une cellule de jour et de nuit, sans travail commun, était propre au système de Philadelphie, tandis que l'isolement solitaire de nuit et le travail en commun dans les ateliers pendant la journée caractérisaient le système d'Auburn[177]. La solitude absolue du système de Philadelphie a suscité plusieurs troubles et maladies mentales : la seule occupation autorisée était la lecture de la Bible. En outre, le travail dans les cellules individuelles s'est révélé non efficace, à la différence du travail dans les ateliers : l'obligation de travailler était souvent la seule trace de la mission de réinsertion qui est restée dans la prison. Dans le cadre du système d'Auburn, les tentatives de ne laisser au détenu que son

---

[174] *Ibid.*, p.100

[175] Voir, par exemple, Durand Y., " *La vie quotidienne des prisonniers de guerre dans les stalags, les oflags et les kommandos 1939-1945* ", Paris : Hachette, 1987, p.52

[176] Rossi J., *Op. cit.*, c.182-183

[177] Tocqueville A. de, Beaumont G. de, *Op. cit.*, p.68 ; Rusche G., Kirchheimer O., *Op. cit.*, p.271-275. L'indication des origines des deux modèles est très relative : on trouve les éléments du système d'Auburn déjà dans les " maisons d'amélioration " en France vers 1791 (Petit J.-G. et alliés, *Op. cit.*, p.113).

espace privé, individuel, ne se limitaient pas à l'isolement cellulaire la nuit. La règle du silence a été imposée aux détenus pendant leur travail en commun. Notons aussi la volonté de l'administration pénitentiaire de faire respecter la règle du silence même quand il n'y avait pas de cellules individuelles pour chaque détenu. Voilà un extrait du Règlement de la Maison centrale de Nîmes (1824) : " Art. 8 : Lorsque les dortoirs sont fermés, les détenus observent le plus grand silence " [178] . En dépit de ces inconvénients, le système de l'emprisonnement cellulaire a un atout non négligeable du point de vue des détenus. Il assure une protection minimale de l'espace privé du détenu et constitue un lien avec les principes d'organisation de la vie quotidienne hors la prison. Quelques témoignages de nos interlocuteurs sont pertinents à ce propos : " L'emprisonnement cellulaire, c'est toujours mieux [que les baraques]... Je me suis senti bien à la colonie de haute sécurité, dans les cellules à trois, quatre personnes... *Pourquoi la vie était-elle mieux là-bas ?* - C'est plus tranquille là-bas. On trouve les siens... "[179]. " De mon point de vue, chaque détenu aura plus d'individualité [à condition de l'introduction du système cellulaire]... Ce sera plus facile de vivre quand on choisira le groupe... confortable "[180].

Malgré son caractère attractif pour l'administration pénitentiaire et pour les détenus, l'accès au système d'Auburn dans sa variante classique n'est réservé qu'aux sociétés riches et prêtes à orienter une partie de leurs revenues vers un secteur généralement non lucratif, tel que le système pénitentiaire. L'histoire de l'emprisonnement cellulaire depuis l'époque de Tocqueville justifie cette affirmation.

En 1834, il existait 11.000 cellules pour l'emprisonnement solitaire et il manquait encore 10.000[181]. En 1836, une décision a été prise selon laquelle tout nouveau pénitencier à construire devait prévoir l'isolement cellulaire et la Petite Roquette est devenu en 1841 le premier pénitencier français avec des cellules. En 1853, l'isolement cellulaire a été abandonné suite à son coût. La Loi du 5 juin 1875 a marqué le retour à l'isolement cellulaire comme base de la politique pénitentiaire, mais les contraintes budgétaires ne permettaient pas de la mettre en vigueur. Un siècle après, en 1949 l'administration pénitentiaire met en application le régime d'isolement cellulaire dans 7 maisons d'arrêt, en 1955 - dans 25 sur 163[182]. Même aujourd'hui il

[178] Petit J.-G. et Alliés, *Op. cit.*, p.162-167

[179] Entretien n°22. Les questions de l'auteur sont toujours en italique.

[180] Entretien n°23

[181] Tocqueville A. de, Beaumont G. de, *Op. cit.*, p.90

[182] Petit J.-G. et Alliés, *Op. cit.*, p. 133, 270, 301.

n'est pas rare de voir trois détenus vivre dans une cellule de 9m2, bien que la Loi exige l'isolation dans des cellules individuelles[183].

3.1.2. Le système carcéral en France

Avant de trouver la place du système carcéral soviétique dans cette taxonomie simplifiée, esquissons brièvement les paramètres principaux du système carcéral français. Cette esquisse nous servira de repère. Il y a trois types principaux de pénitenciers en France. La maison d'arrêt (la *SIZO - Sledstvennyj IZOljator* est son analogue russe) reçoit les prévenus et les condamnés dont le reliquat de peine est inférieur ou égal à un an. L'emprisonnement individuel de jour et de nuit est la règle dans les maisons d'arrêt. Le centre de détention accueille des condamnés qui sont considérés comme présentant les meilleures perspectives de réinsertion (l'analogue russe est la colonie de régime commun, la *koloniâ obschego regima*). Ici, l'isolement cellulaire n'est pratiqué que la nuit (cf. le système d'Auburn). La maison centrale (la *tur'ma*) reçoit les condamnés les plus sensibles, par exemple les détenus particulièrement signalés et les multirécidivistes. Comme dans le centre de détention, le régime implique l'isolement de nuit. Au total, il existe au 1er juillet 1998 187 établissements pénitentiaires dont 119 maisons d'arrêt, 24 centres de détention, 6 maisons centrales et 25 centres pénitentiaires (établissements mixtes comportant à la fois un quartier " maison d'arrêt " et un quartier " maison centrale " ou " centre de détention ")[184].

La population carcérale a comporté en 1998 57458 détenus (dont 4% femmes) soit 90 détenus sur 100000 de la population nationale (le taux de la population carcérale, *prison population rate*) ou 0,23% de la population active. 15441 surveillants, 1796 surveillants-gradés et 669 membres de l'administration sont chargés de la garde et de l'entretien. Seuls 10% des détenus sont mis en cellules individuelles. Quant à l'isolement cellulaire à plusieurs (de 2 à une dizaine détenus dans une cellule), un compromis entre le modèle d'Auburn et les considération économiques, " la règle est de ne mettre ensemble que des gens de la même nationalité (les étrangers représentent 23,6% de la population carcérale, - A.O.), de même religion, d'âges proches et aussi de même niveau culturel "[185]. L'évolution historique de l'effectif

[183] Observatoire international des prisons, " *Le guide du prisonnier* ", Paris : Ed. de l'Atelier, 1996, p.82

[184] Source : http::www.justice.gouv.fr/chiffres/ et Observatoire international des prisons, *Op. cit.*, p.18-21

[185] Seyler M., " *L'isolement en prison. L'un et le multiple* ", Paris : C.R.S.D.I.P., 1990, p. 148, 163.

des détenus, malgré des oscillations, montre une croissance lente, mais stable à long terme[186] (voir Tableau 4).

Tableau 4

Année	Nombre des personnes incarcérées
1870	60000
1920	12000
1946	67000
1956	19000
1960	26795
1970	29026
1977	30000
1980	35655
1988	49328
1996	55043
1998	57458
1999	53948

Toujours à titre de comparaison donnons, quelques chiffres sur le système pénitentiaire aux Etats-Unis. Il est composé de 1450 pénitenciers d'état et fédéraux dont 309 de " haute sécurité " (l'analogue américain des maisons centrales). 347000 employés dont 221000 gardiens assurent leur fonctionnement. L'effectif des détenus aux Etats-Unis dépasse largement celui de la France. Depuis les trente dernières années on observe une forte inflation de la population carcérale. En gros, celle-ci comportait en 1997 1731500 détenus, ce qui nous donne le taux de la population carcérale égal à 680, soit 1,34% de la population active (Tableau 5)[187].

Tableau 5

Année	Nombre des personnes incarcérées
1975	379383
1995	1584401
1997	1731500
1999	1860520

[186] Petit J.-G. et Alliés, *Op. cit.*, p. 10-11, 322 ; Observatoire international des prisons, *Op. cit.*, p.13 ; http::www.justice.gouv.fr/chiffres/

[187] Wacquant L., " Crime et châtiment en Amérique de Nixon à Clinton " : *Archives de politique criminelle*, n°20, 1998, p.125-127 ; US Bureau of Justice Statistics (pour 1999).

3.1.3. Le système carcéral en Russie

A la différence de la France et des Etats-Unis, l'emprisonnement cellulaire n'a jamais joué le rôle primordial en Russie. Avant la Révolution d'octobre 1917 (l'administration pénitentiaire est apparue en 1879), le système de Philadelphie était appliqué seulement dans les prisons militaires, tandis que le modèle du bagne (*katorga*) concernait la majorité absolue des détenus. Après la révolution, c'est le modèle du camp de travail forcé qui est devenu dominant. L'isolement cellulaire n'existe que dans les prisons (*tur'ma*), dans les maisons d'arrêts (*SIZO*) et dans les quartiers disciplinaires des autres types de pénitenciers (*PKT - Pomeschenie Kamernogo Tipa*, l'analogue du Quartier de Haute Sécurité, QHS ; *ChIZO - Chtrafnoj IZOljator*, l'analogue du Quartier Disciplinaire). D'ailleurs, il ne s'agit pas de cellules individuelles. Par exemple, les cellules en *SIZO* accueillent d'une dizaine à une ou deux centaines de prévenus. " Prenons le régime de haute sécurité. Là-bas - c'est un système cellulaire. Chez nous, il y avait 14 cellules dans une baraque. Chacune pour 14 personnes " [188]. De plus, en règle générale les cellules sont surpeuplées : il n'est pas rare de voir une trentaine de détenus être mis dans une cellule pour 10-15 personnes. Bien que le nouveau Code d'Application des Peines comporte une norme sur le caractère souhaitable de la détention cellulaire, la situation n'a pas beaucoup changé[189]. La crise budgétaire des années 90 ne laisse pas d'espoir de changements radicaux dans les années qui viennent. Autrement dit, le système pénitentiaire russe se fonde sur le principe d'emprisonnement à plusieurs.

L'autre trait caractéristique consiste dans l'existence de certains éléments du système progressif. La catégorisation des détenus a été introduite déjà par les premiers décrets du Ministère de la Justice (*NKY, Narodnyj Kommissariat Yusticii*) dès 1918. Le premier Code d'Application des Peines mis en vigueur en 1924 définissait trois catégories de détenus : débutant, moyen et supérieur, le passage d'une catégorie à l'autre s'effectuait en fonction de la discipline des détenus et de leur appartenance aux classes : ouvrier, paysan, petite bourgeoisie, etc. Le système progressif a été abandonné en 1933 afin de réapparaître après la mort de Staline, en 1958[190]. Par exemple, le CAP en vigueur différencie les pénitenciers selon leur régime (commun, renforcé, de haute sécurité). En outre, à l'intérieur de

---

[188] Entretien n°21

[189] " *Ugolovno-ispolnitel'nyj kodeks Rossijskoj Federacii* ", Moskva : Infra M, 1997, c.vi

[190] Tkachevskij Yu., *Op. cit.*, c. 29-35

chaque pénitencier les détenus sont traités de trois manières diverses (*uslovija soderjanija*) : commune, allégée et renforcée. Si le régime de détention est prescrit au détenu par la sentence de la Cour en fonction de la nature de son délit, le type de traitement ne dépend que de sa discipline en prison[191]. En prenant en considération les deux piliers du système pénitentiaire russe décrits ci-dessous, nous le classifions comme *une combinaison du système progressif et du modèle des camps* (le CAP en vigueur a privé le travail en détention de son caractère d'obligation). L'emprisonnement à plusieurs y coexiste avec la différenciation manifeste des détenus.

L'emprisonnement à plusieurs et la catégorisation des détenus rendent *sociale* la vie en réclusion. Le système cellulaire isole les détenus l'un de l'autre et ne leur permet pas d'établir des relations sociales. Par contre, la détention à plusieurs donne une dimension sociale à chaque action du détenu. C'est dans ces conditions que nous pouvons parler de *société* carcérale. “ La prison est une société à l'intérieur d'une société ”[192]. Une langue, une culture, des catégories sociales, des normes sont bien présents dans les deux cas. Mais la coïncidence de la société carcérale et de la société qui l'enveloppe n'a rien de naturel, elle ne se produit qu'à des conditions bien particulières. Ainsi, le travail forcé en commun (d'abord aux bagnes, ensuite aux camps de travail forcé) explique-t-il la proximité de la société carcérale de la communauté d'ouvriers, l'artel (*rabotnaja artel'*), qui exista en Russie aux XVème - XVIème siècles. La “ constitution ” de l'artel comportait les éléments qu'on associera dans les sous chapitres suivants au type idéal de la société carcérale en Russie : un contrat implicite entre ses membres, les barrières de sortie, l'égalitarisme, un système de sanctions, un argot, la fermeture par rapport à l'extérieur, la règle “ chacun doit se comporter d'une façon compréhensible aux autres ”[193].

Les paramètres de la société carcérale russe laissent supposer qu'il s'agit d'une “ grande ” société. Au 1er janvier 1999 le système pénitentiaire en Russie est composé de 731 colonies (tous les régimes, commun, renforcé et de haute sécurité, sont confondus), 191 maisons d'arrêts, 13 maisons centrales, 63 colonies de jeunes.

Environ 900000 détenus, y compris 255000 prévenus, sont mis sous la surveillance de 300000 employés de l'administration pénitentiaire. Les femmes représentent 4,4% de la population carcérale, les jeunes âgés de moins 18 ans - 2,2%. Aujourd'hui, ceci correspond au taux de la population carcérale égal à 730, soit 1,42%

---

[191] Art. 74, 80, 121, 123, 125 du CPP de la Fédération de Russie

[192] Sykes G., *Op. cit.*, p.xii

[193] Ovchinskij V., Ovchinskij S., *Op. cit.*, c.15 ; Morozov Yu., *Op. cit.*, t.2, c.78

de la population active - presque le même rapport qu'aux Etats-Unis, tandis que la dynamique dans ces deux pays diffère[194] :

Tableau 6

Année	Nombre des personnes incarcérées
1912	183000
1924	86000
1927	200000
1933	800000
1936	839406
1937	16000000
1942	18000000
1970	3000000
1980	4000000
1999	900000
2000	1060085

La Russie, aussi que le Kazakhstan, l'autre pays post-soviétique auquel nous allons nous référer, font partie de la liste des pays les plus punitifs.

Bien que leur population carcérale soit loin de celle à l'époque de Staline, aujourd'hui le nombre des gens incarcérés (en chiffres absolus et relatifs) dans ces deux pays est plus grand que dans la plupart des autres pays du monde, à l'exception remarquable des États-Unis (voir Tableau 7 pour la liste des pays les plus punitifs)[195].

[194] Rossi J., Op. cit., c.449 ; Anisimkov V., " *Tyuremnaja obschina : vehi istorii* ", Moskva : 1993, c.25

[195] Home Office Research, Developpment and Statistics Directorate, *Research Findings*, n.116, " World Prison Population List. 2nd Edition ", 2000

Tableau 7

Pays	Population carcérale	Taux de la population carcérale
Russie	1060085	730
États-Unis	1860520	680
Biélorussie	58879	575
Kazakhstan	82945	495
Bahamas	1401	485
Belize	1097	460
Bermuda	286	445
Kyrgyzstan	19875	440
...		
Chine	1408860	110
Canada	32970	110
...		
France	53948	90
Italie	51427	90
...		
Indonésie	55026	25

3.2. La " petite " société : la modernisation non achevée

Malgré son importance quantitative, la société carcérale reste " petite " du point de vue de sa structure et de son organisation sociale. La transformation du monde prisonnier en " grande " société, c'est-à-dire sa modernisation, est loin d'être achevée. Quatre critères structurels : le degré de la différenciation des sphères d'activités, le degré de la personnification des relations, le degré de la dualité des normes, le degré de l'institutionnalisation de la violence, nous servent de repères dans la démonstration de cette affirmation.

3.2.1. L'absence de frontière public - privé

L'emprisonnement à plusieurs porte atteinte aux zones d'autonomie fondamentale dont le non respect risque de détruire la personnalité du détenu. Sans espace privé, dans lequel l'individu peut sortir des rôles imposés pour devenir son maître, le détenu perd le contrôle sur ses actions. Ainsi, l'autorité imposée et disjointe se reproduit-elle au niveau micro social : la destruction de l'espace privé ruine la capacité d'agir de manière autonome et, par conséquent, réduit les chances que l'individu commence à maîtriser le transfert du contrôle sur ses actions. L'expansion du public sur les zones d'autonomie fondamentale s'effectue en trois directions principales : l'organisation spatiale qui exclut l'espace privé, la surveillance totale et la soumission des actions au contrôle minutieux.

La vie dans une baraque (au bagne, au camp de travail forcé, à la colonie pénitentiaire) implique le partage de tous les moments de la vie quotidienne, y compris les plus intimes, avec les codétenus. Jusqu'aux années 60 le détenu soviétique était privé même d'une place personnelle pour dormir : il partageait avec des dizaines codétenus les *nary*, grands lits sans dispositif de séparation, analogiques aux *taulas*. Voilà le schéma d'une baraque typique des camps de travail forcé à l'époque de Staline (pour 200-300 détenus, voir Figure 8)[196]. Autrement dit, chaque habitant de la baraque ne disposait que 0,8 - 1,5 m2 d'espace vital. Les *nary* existent encore dans certaines cellules surpeuplées des maisons d'arrêts (*SIZO*). " Dans une cellule surpeuplée on ne peut dormir que avec quelqu'un d'autre à côté. Jamais seul "[197]. Le Code de Procédure Pénale mis en vigueur en 1961 a substitué les *nary* à un lit individuel à deux niveaux,

---

[196] D'après Rossi J., *Op. cit.*, t.1, c.24

[197] Entretien n°28 (Il s'agit d'une cellule à 150 prévenus dans la *Butyrka*, fameuse maison d'arrêt moscovite).

chkonka (1,8x0,5 m)[198]. Ce type de lit continue à exister de nos jours. D'ailleurs, l'organisation spatiale de la baraque d'aujourd'hui ne diffère pas beaucoup de celle qu'on vient de décrire. Chaque subdivision de la colonie pénitentiaire (*otrjad*, 40-150 détenus) a un grand dortoir sans dispositif de séparation à l'intérieur (voir Figure 9 pour le schéma d'un dortoir typique). Les lits, *chkonka*, se trouvent à deux niveaux, il y a toujours un - deux lits à côté et un - deux lits au-dessous ou au-dessus. Les détenus n'ont généralement pas le droit de choisir leur voisins, - c'est l'officier, responsable de l'*otrjad* qui montre leur place aux détenus.

L'incapacité de maîtriser son espace vital est à l'origine de nombreux conflits. D'un côté, la personne la plus proche du détenu du point de vue de l'espace physique n'entre pas nécessairement dans son espace social. " Il me reste encore 12 ans à passer ici. On [l'administration] me met d'un côté un jeune. Avec lui, nous avons une vision du monde tout à fait différente... Je ne peux rien faire. Lui aussi, il ne peut rien faire non plus "[199]. Pire encore, la surpopulation prive parfois le lit de son caractère individuel : deux détenus partagent le même lit en fonction de leur emploi du temps de travail : " Les gens, zut (*blja*), arrivent de l'atelier - ils partagent la même *chkonka*. Quand un détenu est dans l'atelier, l'autre dort sur la *chkonka* "[200] et *vice versa*. De l'autre côté, le Règlement interne des pénitenciers interdit aux détenus de fractionner l'espace du dortoir afin de réduire ainsi l'impact négatif du voisinage non voulu. En outre, il est interdit aux détenus de personnaliser l'espace vital en affichant des photos, des cartes postales en-tête de leur lits. " Il est interdit de : mettre des rideaux sur le lit ; changer de lit sans autorisation préalable de l'administration ; afficher des photos, des reproductions, des cartes postales, des coupures de journaux et de presse sur les murs, les tables de nuits et les lits "[201]. " [L'administration] ne nous a pas autorisé à aménager des 'sections' pour 4-6, 8 personnes. Elle nous a fait casser la dernière cloison. Nous arrivons après le travail, par exemple, nous voulons nous reposer. Et nos voisins, eux, aiment écouter de la musique. Ça gêne beaucoup... Chaque personne humaine voudrait avoir son coin "[202].

---

198 Abramkin V., Tchijov Yu., " *Kak vyjit' v sovetskoj tjur'me* ", Krasnojarsk : Vostok, 1992, c.86

199 Entretien n°36

200 Entretien n°38

201 " *Pravila vnutrennego rasporjadka ispravitel'nyh utchrejdenij* ", Moskva : 1997, c.5 (§33 du Règlement).

202 Entretien n°1a

La réaction naturelle au déroulement de la vie quotidienne uniquement dans l'espace public consiste soit dans la recherche de ce que Erving Goffman appelle " free places ", " l'espace que l'individu revendique pour lui seul, où il cherche à assurer... une certaine indépendance et des droits tacitement reconnus qu'il ne partage avec aucun autre "[203], soit dans la mise en valeur de petites possessions matérielles en tant que preuve d'autonomie. Le modèle du camp de travail forcé offre au détenu quelques opportunités qui l'aident à trouver un territoire quasi privé. D'abord, l'exercice de certains métiers implique un travail solitaire ou en petits groupes. L'un de nos interlocuteurs, mécanicien en systèmes de chauffage, reste tout seul dans un petit atelier qui est devenu pour lui une sorte d'espace privé [204]. Les bibliothécaires, les menuisiers, les *zavhoz* (le responsable de l'entretien des locaux de l'*otrjad*), les *dneval'nye* (l'homme de ménage au bâtiment administratif) jouissent du privilège d'avoir un " bureau " personnel. La plupart des autres sont obligés de chercher l'espace privé sur leurs lits. Parfois la seule manière de rester seul est " de vivre sur son lit et de bouger le moins possible "[205]. " *Qu'est-ce que vous faites pour qu'on vous laisse tranquille, pour rester tout seul ?* - Je me couche sur le lit et je me couvre la tête "[206]

De même, les promenades à l'extérieur des locaux représentent-elles un moyen d'éviter les contacts non voulus. L'espace de la colonie est divisé en plusieurs zones locales (voir Figure 10 pour le plan d'une colonie typique). Depuis les années 1970, les détenus peuvent pendant leur temps libre se déplacer sans restrictions dans les limites de la zone locale de leur *otrjad*. Un terme argotique très populaire chez les jeunes Russes pendant les années 90, *tusovka*, a son origine dans les promenades des détenus dans les zones locales. Suite à la dimension de celles-ci (environ 150-400 m2), il ne reste au détenu qu'à faire plusieurs va-et-vient sans arrêt, dans la solitude ou en petite compagnie (*tusovat'sja*). " Je sors à l'extérieur... J'aime marcher à l'air... J'aime la solitude. Elle me manque beaucoup " [207]. Les restrictions aux déplacements à l'intérieur de la colonie mais à l'extérieur des zones locales sont très mal supportées par les détenus. Parfois des copains d'un détenu, donc, son " territoire réservé " (encore un terme de Goffman signifiant " les espaces avec accès réservé à un groupe ") ne se trouvent pas à la portée de sa main, mais dans une autre subdivision (*otrjad*). La volonté de négocier

[203] Goffman E., *Op. cit.*, p.298

[204] Entretien n°13

[205] Rostang C., *Op. cit.*, p.76

[206] Entretien n°19

[207] Entretien n°9

l'ouverture des zones locales, si manifeste dans maintes colonies visitées, n'est que le revers de la lutte pour l'autonomie et le droit de contrôler les contacts sociaux au niveau de la vie quotidienne.

L'absence de dispositifs institutionnels de protection de l'espace privé met en valeur la possession de petites choses. L'organisation *à sa façon* du monde matériel, le contrôle sur celui-ci, servent au détenu de substituts imparfaits d'autonomie sociale. Vu sous cette optique, le contenu de la table de nuit devient le signe de l'indépendance relative du détenu. Il y a même une expression concernant ce mode de vie : " moi et ma table de nuit " (ayant souvent une connotation péjorative). " Si une personne vit de la manière 'moi et ma table de nuit', il a créé, dit-on, son petit communisme, il n'y a pas de problèmes "[208]. " Depuis que je suis ici, je ne me suis jamais adressé à personne, je me suis toujours débrouillé moi-même. Je n'ai donné de prétexte à personne... Je vis comme un escargot... J'ai une table de nuit, j'ai une *chkonka*. J'arrive, je me couche... Quoi d'autre... "[209].

D'ailleurs, même la maîtrise de ce monde matériel très restreint n'est jamais parfaite. Des restrictions sur la possession des objets, de même que des fouilles régulières portent atteinte aux dispositifs matériels de l'autonomie. La liste des objets dont la possession est autorisée au détenu est *exhaustive*, elle comporte 19 points[210]. Par exemple, l'eau de toilette, les machines à écrire, les appareils photo, l'équipement vidéo, les crayons de couleurs, sont autant d'objets parmi d'autres interdits dans la prison. " Les possessions matérielles sont si importantes pour la conception que l'individu a de lui-même que leur privation signifie un danger très sérieux pour sa personnalité "[211]. La transparence de la frontière public - privé rend la surveillance facile et omniprésente : non seulement les fonctionnaires de l'administration pénitentiaire y sont engagés, mais également tous les détenus. Dans le contexte institutionnel de la prison, les gens commencent à se surveiller l'un l'autre, volontairement ou non. L'emprisonnement à plusieurs transforme la surveillance, un comportement très mal vu dans les autres contextes, en stratégie naturelle du comportement au quotidien. " Le système des camps fonctionne sur la base de dénonciation... Il n'y a que ça. Tous le monde se surveille, dénonce, bigle, regarde avec indiscrétion "[212]. Même, l'une des couches supérieures dans la hiérarchie informelle des

---

[208] Entretien n°1b

[209] Entretien n°36

[210] " *Pravila vnutrennego rasporjadka ispravitel'nyh utchrejdenij* ", c.22-23 (les Annexes nn°1, 2 au Règlement)

[211] Sykes G., *Op. cit.*, p.69

[212] Entretien n°23

détenus, à laquelle nous reviendrons dans le sous chapitre 3.2.5 " Surveillant illicite : la figure du *smotrjaschij* ", s'appelle le *smotrjaschij*, c'est-à-dire celui qui regarde. De toute évidence, elle porte la marque de la surveillance omniprésente.

Le contrôle minutieux des actions au quotidien de même que l'absence d'espace dans lequel l'individu peut être son maître rapproche la structure psychologique du détenu de celle de l'enfant. Selon le modèle d'Erikson, la transformation de l'enfant en adulte capable d'agir de manière autonome comporte trois étapes (Figure 11). La situation de dépendance met en question l'accomplissement des deux dernières étapes, la première étape sera discutée dans le sous chapitre 3.4 " Norme de confiance "[213]. La soumission complète au contrôle de l'autorité supprime l'initiative du détenu. De plus, le fait même de la mise en détention pour un délit nourrit un sentiment de culpabilité (pas nécessairement par rapport à la victime). Voilà, par exemple, les raisonnements d'un détenu qui a commis le meurtre de son frère. " Soit ça s'est produit par hasard. Non, pas par hasard, - je faisait mon devoir de père. Bien que j'aie commis un délit, je ne regrette rien de ce qui s'est passé. C'était un salaud, quoiqu'on ne parle d'un défunt de cette façon, bien qu'il ait été mon frère... Ce qui est vraiment pénible - mes enfants souffrent de ma non responsabilité, de ma bêtise... Les enfants souffrent par ma faute... Je n'ai pas su m'arrêter, mais ce sont mes enfants qui en ont souffert. Juste après mon arrestation, mon fils a été mis en prison aussi. On a envoyé l'autre à un internat "[214]. Quant aux preuves du sentiment de confusion, au total 13,1% des détenus interrogés dans le cadre de notre enquête décrivent en ces termes leur situation habituelle. Le profil des réponses des détenus aux questions du test psychologique standard MMPI diffère beaucoup de celui de l'adulte et comporte quelques éléments de celui de l'enfant. Ainsi, " le statut de dépendance du prisonnier représente un danger très sérieux pour sa perception de lui-même comme membre de la société d'adultes "[215].

3.2.2. Relations personnalisées

La mise en détention place l'individu dans une situation non seulement de stress psychologique (plusieurs de nos interviewés ont vécu un choc psychologique pendant les premiers jours de leur arrivée à la *KPZ - Kamera Predvaritel'nogo Zaklutchenija* qui précède la maison d'arrêt), mais aussi dans celle de stress social. Une étude sur

---

[213] Giddens A., *Op. cit.*, p.57

[214] Entretien n°16

[215] Sykes G., *Op. cit.*, p.76

l'expérience des premiers mois de la vie à l'étranger montre que ce changement moins radical de contexte social cause néanmoins " une augmentation statistiquement valable et cliniquement considérable du stress émotionnel "[216]. Les liens sociaux auxquels l'individu s'est habitué, y compris les plus intensifs auparavant, se détruisent et le laissent sans support social. Même les relations familiales n'échappent pas à la crise : 21,6% des détenus russes dans notre échantillon sont divorcés, 50% n'ont jamais été mariés[217].

Le détenu est obligé de ne compter que sur lui-même dans la résolution de ses problèmes quotidiens, la mise en emprisonnement se traduit pour lui par une atomisation quasi complète. Les résultats de notre enquête montrent la destruction profonde de l'espace social habituel. Malgré l'emprisonnement à plusieurs, 25% des détenus décrivent leur situation personnelle en termes de solitude :

Tableau 8

Qu'est-ce que vous ressentez le plus souvent ?	Russie, % ([218])	Kazakhstan	France
N (nombre des réponses)	881	391	56
Espérance du bien	40,8	53,5	x
Résolution d'améliorer sa vie	32,5	41,7	51,8
Fatigue	27,5	37,3	17,9
Solitude	25	25,3	19,6
Agacement	22,4	15,6	23,2
Commisération (*sostradanie*)	10,6	13,6	x
Inquiétude	9,9	9,7	3,6
Confusion	3,2	3,3	8,9
Patience	x	49,9	64,3

[216] Furukawa T., Sarason I., Sarason B., " Social Support and Adjustment to a New Social Environment " : *International Journal of Social Psychiatry*, 1998, Vol.44, n°1, p.58

[217] *Situation familiale de nos répondants :*	Russie, N=902	Kazakhstan, N=396	France, N=59
Marié(e)	21,6	26,8	28,8
Divorcé(e)	21,6	21,2	25,4
Célibataire	50	41,7	37,3
Veuf(veuve)	2,4	2	6,8
Pas de réponse	4,3	8,3	1,7

[218] Comme il était possible de choisir plusieurs variantes pour répondre à certaines questions, la somme totale des réponses peut parfois dépasser 100%. Les réponses des détenus français se sont toujours détachés par une trame de fond grise.

Inquiétude ou confusion (voir les caractéristiques de la conscience d'enfant)	13,1	13	12,5

Comparons les paramètres du soutien social dans la prison et dans la société russe en général :

Tableau 9

Sources (A anticipées et R réelles) du soutien social ([219])		*Dans la prison, %*				
France		Kazakhstan		Russie		
A	R	A	R	A	R	
N	59		391		880	
Moi-même, personne d'autre	47,4	26,3	69,1	15	75	20,1
Proches, membres de la famille	57,6	52,6	22,5	44,9	26,3	58,9
Amis	17	22,8	13	20,4		
Gens autour de moi, kollectiv	8,5	10,5	7,2	21,7	5,7	19,3
Etat	1,7	0	0,8	0,5	1,5	1,3
Smotrjaschij (leader informel)	x	x	4,9	6,7	4,6	6,1
Administration de la prison	27,1	15,8	4,6	5,2	3	4,6
Travailleurs sociaux	17	14	x	x	x	x

Sources (A anticipées et R réelles) du soutien social		Dans la société russe		
		A [98]	R [98]	R [99]
N		850		1351
Moi-même, personne d'autre		49	42	63,1
Proches, membres de la famille	44	41	25,7	
Amis		27	18	6,9
Gens autour de moi, kollectiv		6	4	5,1
Etat		5	4	5,6
Smotrjaschij (leader informel)		x	x	x
Administration de la prison		x	x	x
Travailleurs sociaux	x	x	x	

L'anticipation du support social est visiblement inférieure dans la prison à celle qu'on a dans la société qui l'enveloppe, quel que soit le paramètre utilisé. Les prisonniers comptent sur eux-mêmes et ne croient pas à l'appui social, et institutionnel. Par contre, le besoin d'être aidé se sent plus fort dans la détention, ce que indiquent les

[219] Question A : " Qui vous sert d'appui dans une situation difficile ? ". Question R : " Qui vous a aidé réellement dans une situation difficile ? ". Ici et dans le reste du texte nous marquons par [98] les résultats de l'enquête réalise en mars 1998 et par [99] les résultats de l'enquête réalisée en juin 1999.

réponses à la question sur l'aide réellement obtenue. D'un côté, l'autonomie anéantie du détenu fait naître une demande très forte d'aide, d'appui dans des activités autrement banales (par exemple, l'achat de produits de consommation), de l'autre côté, la destruction des liens sociaux rend l'aide peu probable et plutôt exceptionnelle[220]. Ce dilemme entre la destruction d'anciens liens et la nécessité de soutien social implique la recherche d'une nouvelle socialisation, adaptée aux conditions d'emprisonnement. La nouvelle socialisation se construit à partir des relations personnalisées et ne dépasse guère leur limites. Par exemple, dans les camps de concentration nazis la différence entre la baraque, communauté " mécanique " produite par simple coprésence dans le même espace limité, et la camaraderie, " les liens noués par chaque prisonnier de guerre, non pas avec la masse des hommes qui l'entourent, mais avec quelques uns, auxquels il est particulièrement attaché en fonction des circonstances exceptionnelles vécues en commun "[221], a été manifeste. Or, notre hypothèse consiste à affirmer que *tout ce qui est social dans le monde carcéral est en même temps local, personnalisé, enraciné dans le face à face*. La " petite " société ne comporte que des gens qui se connaissent personnellement, soit de manière directe, soit par l'intermédiaire de chaînes des connaissances personnelles parfois très longues. Regardons de près quelques preuves qui nous permettent de définir négativement aussi bien que positivement la structure sociale de la " petite " société.

Commençons par une définition positive de celle-ci. La personnification des relations aide les détenus à tracer un portrait complet de l'interlocuteur, qui ne se réduit pas aux traits apparents, actualisés dans le lien concret. Le face à face porte de l'information sur l'*ensemble* des rôles qui forment le " répertoire " du vis-à-vis. Ce sont des détails qui comptent dans la relation de face à face. " Le détail se donne comme un 'surplus' qui permet de faire pénétrer des

---

220 Gresham Sykes a remarqué que environ 40% des détenus de la prison de haute sécurité ne recevaient aucune visite de l'extérieur pendant des années (Sykes G., *Op. cit.*, p.65).

Avez-vous eu les visites de vos proches la semaine dernière ?	Russie, N=131	Kazakhstan, N=396	France, N=59
Oui	17,6	19,7	59,3
Non	43,5	51,3	40,7
Pas de réponse	38,9	29	0

221 Durand Y., *Op. cit.*, p.156

'mondes' plus ou moins actualisés et plus ou moins potentialisés, à l'intérieur d'autres mondes "[222]. A la différence de l'homme ordinaire, le prisonnier apprend vite à savoir connaître l'interlocuteur au bout de quelques minutes de conversation et même de simple observation. Les gestes, les petits mots, la manière de se tenir, les yeux, la voix disent parfois plus sur la nature de l'interlocuteur que ses mots et phrases. " Ça s'apprend avec des années passées ici, la capacité de différencier les gens au bout d'une demi heure - une heure "[223]. " Je sais dire sans faute le degré d'honnêteté de quelqu'un de neuf aussitôt qu'il apparaît à la porte "[224]. " Je connais un mec, comment dirais-je, qui a passé beaucoup de temps ici. Un regard à lui suffit pour dire tout sur un néophyte. Celui-ci vient d'être incarcéré, - celui-là connaît déjà tout "[225].

La personnification de la relation met en relief le lien, et surtout l'absence de celui-ci, entre l'apparence de l'interlocuteur et les aspects cachés, non visibles de son comportement. " La conversation ne se réduit pas aux mots, elle comporte les émotions, les sentiments. C'est bien de voir son interlocuteur. Il arrive souvent qu'on s'écrive avec un détenu d'une autre cellule. Tout va bien, tout va même super bien. Hélas, la rencontre personnelle t'apprend qu'on est des gens complètement différents… Et tu commences à penser qu'il serait mieux de continuer la correspondance sans le voir [ton interlocuteur] "[226]. En outre, l'impression que le détenu donne aux codétenus à son arrivée leur fait connaître la position voulue par celui-là au sein de la communauté prisonnière (voir le sous chapitre 3.2.4 " Catégorisation illicite "). Un personnage du fameux film soviétique, " Les gentlemen de la fortune " (*Djentelmeny udatchi*), ressemblant à un criminel très dangereux, qui s'est échappé de prison, joue à la demande de la police le rôle de celui-ci dans la communauté prisonnière. Bien qu'il lui manque beaucoup de la connaissance profonde du monde criminel, il essaye de jouer, non sans succès, sur les apparences. Un de nos interviewés justifie les conditions de la pertinence d'une telle stratégie. " Ce dont tu parles ne joue pas de rôle important. La chose capitale est ton comportement. Ta manière de te comporter, de parler. Si tu t'assois et commences de murmurer… On ne te pose pas beaucoup de questions. On parle un peu et on regarde. D'où viens-tu, quel délit as-tu commis - de telles questions ont peu d'importance… *Quel type d'information est-il nécessaire pour avoir*

[222] Piette A., *Op. cit.*, p.170
[223] Entretien n°3a
[224] Entretien n°23
[225] Entretien n°28
[226] Lettre de l'interlocuteur n°3a. Plusieurs utilisateurs de l'Internet pourraient souscrire à cette observation.

une idée sur l'interlocuteur ? - L'information de la part des gens qui vivaient à côté de lui "[227].

Autrement dit, la connaissance personnelle sert de garantie quasi unique de l'interprétation correcte des intentions et des actions d'autrui. Dans le milieu carcéral, où les autres dispositifs d'interprétation font défaut (les engagements contractuels ou civiques, la position institutionnelle), la connaissance personnelle les remplace.

Comme le montre la dernière phrase, le " savoir donner une bonne impression " ne suffit jamais, en raison de l'exigence sous-jacente de fournir des références pertinentes, c'est-à-dire de justifier sa réputation. Les relations personnalisées n'excluent pas, donc, leur généralisation, toujours non achevée parce qu'elle se produit à partir de chaînes des relations locales. D'ailleurs, ceci ne rend pas la réputation moins efficace dans l'émission à chaque nouvel interlocuteur d'un détenu de l'information concernant les intention et les actions possibles de celui-ci. " 10-15 ans passent, je peux le confirmer personnellement, et tu croises le même détenu de nouveau. Ça [son comportement auparavant] devient explicite même au bout de 10 ans, il ne peut rien faire. Il sera traité de la façon qu'il a mérité "[228]. " Il y avait un détenu qui a fait à son arrivée une bonne impression. Mais on avait découvert qu'il y a 15 ans il était ... [homosexuel passif]. *Quelqu'un l'a reconnu ?* - Oui, on l'a reconnu, oui... On n'échappe jamais à ça "[229].

Afin d'expliquer le caractère durable de la réputation, nous pouvons évoquer, premièrement, la densité des chaînes de relations personnalisées et le fait qu'elles se recouvrent en partie (*overlapping*). Il vous suffit de connaître un détenu dans une colonie pour qu'il réactive ses connaissances et vous fournisse toute l'information nécessaire concernant n'importe quel autre détenu. La recherche de l'information prend la forme de *ksiva* ou *maljava*, petit mot diffusé clandestinement avec des convois de prisonniers d'un pénitencier à l'autre, d'une région à l'autre. Ce système s'appelle la " radio des camps " (*lagernoe radio*). " Il y a des convois chaque jour, l'information se diffuse chaque jour. Tout ce qui concerne la prison se diffuse momentanément. *Alors, combien de temps faut-il pour envoyer un message de Moscou, disons, à Arkhangelsk ?* - La durée du voyage ordinaire de Moscou à Arkhangelsk, - un jour, 24 heures. *Un jour vous suffira pour obtenir l'information nécessaire ?* - Oui, à l'aise "[230]. " C'est très simple. S'il [le détenu de la part de qui on veut

[227] Entretien n°33

[228] Entretien n°3a

[229] Entretien n°22

[230] Entretien n°23. Arkhangelsk se trouve environ à 1500 km au nord de Moscou, au bord de la mer Blanche.

obtenir un renseignement] est dans une autre colonie, dans un mois, dans deux mois, quand *maljava* aurait fait un aller-retour, tout sera connu "[231]. A l'intérieur de la prison, l'information se diffuse encore plus vite au moyen de " l'alphabet morse " : une séquence des frappes au mur de la cellule correspond à une lettre (Tableau 10)[232]. Le terme argotique *probit'* (littéralement, sonner) signifie qu'on demande de l'information en utilisant " l'alphabet morse " ou toute autre voie de la " radio des camps ".

Tableau 10

	1	2	3	4	5
I	*A*	*B*	*V*	*G*	*D*
II	*E*	*J*	*Z*	*I*	...

1ère frappe (numéro de ligne)
2ème frappe (numéro de colonne)

Deuxièmement, le haut niveau de récidive en Russie (voir Tableau 11[233]) et le principe d'application territoriale de la peine (d'habitude le condamné reste dans la région où il a commit le délit) augmentent la probabilité que les détenus se croisent plusieurs fois pendant leur(s) terme(s) de détention. " *Vous avez déjà fait la connaissance de tout le monde dans votre otrjad [un mois après l'arrivée] ?* - Oui. *Avec les 70 personnes ?* - Bien sûr. Avec certains nous nous sommes rencontrés dans la *SIZO*, je connaissais quelques personnes avant même la détention, - on est compatriotes "[234]. " Là-bas [dans la *SIZO*] il y avait beaucoup de monde de ma ville, ce qui facilitait la vie - on trouvait des intérêts communs, des connaissances communes. Il était plus facile de s'adapter là-bas "[235].

Tableau 11

	% de récidive
1992	38,8
1993	37,1
1994	35,2
1995	33,5
1996	33
1997	33,3
1998	33,7

231 Entretien n°33
232 Rossi J., *Op. cit.*, t.1, c.222
233 Source : http::www.gks.ru " *Russia in figures – 1999* ".
234 Entretien n°32
235 Entretien n°34

La force de la personnification en tant que le soutien majeur des interactions devient sa faiblesse aussitôt que nous nous intéressons aux actions collectives dont la portée déborde les relations locales et aux éléments de la conscience collective. La personnification a son revers, sa définition négative. Les réponses à la question " Qu'est-ce que vous entendez par la solidarité " montrent que la capacité d'agir solidairement s'affaiblit au fur et à mesure qu'augmente la distance spatiale entre les participants potentiels de l'action solidaire :

Tableau 12

	Russie	France
N	719	57
Capacité d'aider ses proches	34,2%	68,4
Espoir d'un comportement réciproque	28,5	10,5
Soutien des revendications justes	24,9	15,8
Capacité d'aider la personne qui se trouve dans la même situation que moi-même	17,3	24,6

La conception de solidarité non personnalisée, le support des revendications justes *quelle que soit leur origine*, recueille moins du quart des suffrages des détenus. Le sens de l'appartenance à une collectivité, à un sujet collectif peut se manifester aussi dans les réponses à la question sur la portée du sentiment de responsabilité :

Tableau 13

Vous sentez-vous responsables de	% de réponses					
	Russie		Kazakhstan		France	
N	902		396		59	
	Oui	Non	Oui	Non	Oui	Non
Vos propres actions	86,9	2,5	88,4	2,3	91,5	6,8
Actions de vos enfants	60,8	15,1	63,6	9,8	76,3	20,3
Actions des proches, des membres de votre famille	43,3	33,9	42,7	26,8	45,8	49,2
Actions des vôtres	34,7	41,6	38,4	31,3	39	50,8
Evénements qui se passent dans la colonie	24,6	50,3	32,1	34,3	37,3	59,3
Actions de vos ancêtres	15,6	57,9	17,7	48,7	20,3	78

Actions des leaders informels de la colonie	12,3	60,1	12,9	50,5	x	x
Actions des gens autour de vous	9,3	63	11,9	53	x	x
Actions du gouvernement	5,7	66,7	7,6	57,3	18,6	78

Autrement dit, il y a une corrélation très forte entre, d'une part, le degré de la proximité spatiale et temporelle d'une action et, d'autre part, la volonté d'en prendre la responsabilité. La responsabilité de tout ce qui dépasse le local, le personnel est rejetée.

3.2.3. Catégorisation licite

La tendance à personnaliser les relations sociales explique des particularités du système progressif qui sont propres à la prison soviétique. Le système progressif suppose que la population pénitentiaire se subdivise de façon explicite en plusieurs sous catégories, en fonction de la nature du délit commis par le condamné et de sa discipline à l'intérieur de la prison. Par exemple, pendant les années 30 les détenus étaient classés en deux catégories : les " amis du peuple " et les " ennemis du peuple "[236]. La première comportait les détenus de droit commun, y compris les voleurs récidivistes. La mission de réinsertion n'était appliquée qu'à cette catégorie de détenus : les postes et les tâches les plus faciles leur étaient réservés. La deuxième catégorie était composée principalement de détenus politiques (article 58^{1-11} du Code Pénal 1926 " Les crimes contre-révolutionnaires "), dont la réinsertion n'était pas à l'ordre du jour.

Or, ni la nature du délit, ni la position du détenu dans la hiérarchie licite imposée par l'administration ne déterminent de manière exhaustive et univoque sa position réelle au sein de la communauté prisonnière. C'est dans les cas exceptionnels que la nature du délit entre en ligne de compte lors de l'évaluation du détenu. Même dans ces cas, la gravité de tel ou tel délit vue par les détenus diffère beaucoup de sa qualification par le Code Pénal. Les violeurs font exception, surtout s'il s'agit du viol d'un enfant. " On n'a jamais respecté les violeurs. On requérait (*sprachivali*) contre les violeurs d'enfants... J'ai requis parfois moi-même. Et j'ai assisté maintes fois à ça... dans la cellule-même. On a cassé les bras, dans la cellule. C'est un morceau de viande qui aurait été rejeté de la cellule si les

---

[236] Rossi J., *Op. cit.*, c.105 ; Chalamov V., " *Sobranie sotchinenij v 4-h tomah* ", Moskva : Hudojestvennaja literatura, 1998, t.1, c.374

surveillants ne nous avaient pas arrêtés à temps… Contre les violeurs d'enfants de 12-13 ans. Les enfants sont les enfants "[237]. " [On requérait] contre les [violeurs] de petits enfants. On les transforme par la force en homosexuels passifs (*opuskajut*). *Avez-vous jamais rencontré un tel détenu ?* - Si, j'en ai rencontré. *Y a-t-il ici tels détenus ?* - Non, je n'en ai pas rencontré. Tenez, j'en ai rencontré un. Il a violé une fille de 6 ou 8 ans… Il a été mis tout de suite dans une cellule séparée "[238].

Quant aux autres types de délits, ils ne sont pas pris en considération au niveau de la vie quotidienne. " Ce sont les caractéristiques de la personne qui importent vraiment. D'où qu'il vienne : quel que soit son délit - l'article 158 [du Code Pénal - le brigandage] ou l'article 162 [le pillage] - peu importe "[239]. " Au début, j'ai pensais que si tu avais tué, par exemple, un policier, on te respecterait… Non. Si tu as volé un porte-monnaie ou tu as tué quelqu'un - ça ne fait pas de différence.

Ce sont les caractéristiques capitales de la personne, sa vraie nature, qui comptent "[240]. L'insignifiance des catégories licites ne signifie pas que les détenus n'ont pas intérêt à les connaître. L'information sur la nature du délit sert parfois à vérifier ce que le détenu a raconté à propos des autres sujets au cours de son " apparition " initiale. Autrement dit, la vérification de l'information donnée par le détenu sur son délit aide ses codétenus à s'assurer de l'honnêteté minimale de celui-là. " Tu entres dans une cellule, - on se renseigne (*probivajut*) nécessairement sur ce dont on t'incrimine. Quoi que tu racontes. Habituellement tes coaccusés sont au courant de ça, ou quelqu'un d'autre. On se renseigne tout de suite. On lit ton acte d'accusation "[241]. La transparence des détails du délit présumé va à contresens non seulement de la présomption de non culpabilité, mais aussi de la nécessité de protéger l'espace privé du détenu. Par exemple, en France il y une règle selon laquelle " le surveillant ne doit pas chercher à connaître les délits commis par les détenus "[242] et ne doit pas diffuser non plus l'information concernant ceux-là. Quant aux colonies soviétiques, les détails du délit étaient exposés dans un livret individuel du détenu qui se trouve dans le cabinet du responsable de l'*otrjad*. Le contenu du livret est connu non seulement des

[237] Entretien n°18

[238] Entretien n°30

[239] Entretien n°33

[240] Entretien n°20

[241] Entretien n°18

[242] Marchetti A.-M., *Op. cit.*, p.69

surveillants, mais de certains détenus aussi (qui font le ménage dans le cabinet du responsable, par exemple). Le savoir commun sur les détails des délits de tout le monde nous sert de preuve supplémentaire du non respect de la frontière privé - public dans la prison.

3.2.4. Catégorisation illicite

La réputation personnelle du détenu signale aux interlocuteurs son appartenance à telle ou telle catégorie dans une hiérarchie illicite développée spontanément par les détenus.

La catégorisation illicite sert d'exemple de la production des normes par les individus eux-mêmes et de la soumission volontaire de ceux-ci aux normes. Si le modèle de l'emprisonnement n'exclut pas la formation de la société des détenus, c'est-à-dire s'il s'agit de n'importe quelle variante de l'emprisonnement à plusieurs, la première preuve de l'autonomie de cette société consiste dans l'élaboration des typologies qui se départent de celles imposées par l'autorité formelle. Dans son étude de la société prisonnière américaine Gresham Sykes parle de treize catégories servant aux détenus américains d'appui dans la coordination de leurs interactions[243]. Les détenus qui transmettent l'information sur la vie interne de la communauté prisonnière aux surveillants reçoivent le surnom très parlant de " rat ". Des rats s'approche un autre type de détenus, le *center man*, qui intériorise les normes, les valeurs et les types de comportement imposés par les surveillants. Le " gorille " n'hésite pas à utiliser la force physique et la violence afin de s'approprier les choses pour lesquelles il a un intérêt. Les *hipsters*, quant à eux, n'utilisent la violence que par rapport aux détenus plus faibles, qui ne savent pas résister à l'agression, les " gringalets ". Les " marchands " recherchent partout le profit, même au détriment de la solidarité entre les détenus. Le surnom de " poison " est utilisé pour discerner un nouveau venu, un détenu non initié aux règles de la vie prisonnière. Les " vauriens " (*punks*) et les " pédés " représentent les homosexuels passifs dans la prison, les premiers ont été convertis en homosexuels par la force, les seconds avaient eu des tendances homosexuelles avant leur arrivée en prison. Les " dompteurs de boules " (*ball busters*) se caractérisent par la désobéissance manifeste par rapport aux ordres de surveillants, ils portent la valeur du refus total du système licite. Les détenus " pénibles " (*tough*) cherchent des querelles plutôt aux codétenus qu'aux surveillants. Finalement, les " vrais hommes ", dont le comportement est très respecté essayent de garder leur intégrité sans

[243] Sykes G., *Op. cit.*, p.87-105

se soumettre complètement aux surveillants et sans entrer en conflit manifeste avec ceux-ci.

Le système de castes a une longue histoire dans les prisons russes. Les catégories illicites existaient dans les bagnes russes bien avant la Révolution d'octobre 1917[244]. L'audace et la cruauté différenciaient les *ivans* des autres catégories de bagnards et leur assuraient le rôle de tierce partie dans les conflits entre les joueurs aux jeux de cartes. Les *hrapy* (le russe contemporaine garde une trace de ce terme dans l'adverbe *nahrapom*, - d'un seul coup, sans souci des moyens) préféraient faire agir les autres dans leurs intérêts. Le surnom de *chuler* était attribué aux grands joueurs aux cartes, et les traces de ce terme sont également présentes dans le russe contemporain. Les *asmadei* étaient l'analogue russe des " marchands " : ils essayaient de transformer en marchandise tout ce qu'ils avaient entre les mains. La position dépendante par rapport aux centres d'autorité illicite dans la prison était décrite par le terme *chpanka.* Les petits gangs de rue composés principalement de jeunes de 8-16 ans ont gardé le nom de *chpana* pendant la période soviétique. La catégorie des *jigany* comportait les détenus ayant enfreint les normes et les règlements élaborés dans le milieu carcéral. Enfin, la plus diversifié fut la catégorie des voleurs (*vory*), qui réunissait plus de 25 sous catégories selon la spécialisation : voleurs dans les maisons, voleurs à la tire (*pickpockets*), voleurs par effraction, etc.

Bien qu'elle soit moins diversifiée, la catégorisation s'est renforcée dans le contexte des camps de travail forcé. Les anciennes catégories ont disparu, de nouvelles ont pris leur place. Nous ne parlerons plus loin que des catégories qui continuent à exister jusqu'à maintenant. Quel que soit le type de pénitencier, où qu'il se trouve, les catégories que nous allons décrire ci-après sont omniprésentes. Autrement dit, il s'agit de catégories générales, propres à la " petite " société de la prison dans son entier (Figure 12). " J'arrive à une colonie, j'entre dans une baraque, je vais dans un dortoir. La place que le détenu occupe me dit tout sur sa nature. Les pédérastes habitent ici, les " couleurs " habitent là... Ici, c'est la place des " coqs ", par là - la place des " hommes ", là-bas - les voleurs... "[245].

-Les *blatnye* (*pripotelye* - dans les colonies des jeunes), porteurs de la sub-culture prisonnière comme une alternative aux normes imposées par l'autorité pénitentiaire. Ils respectent les normes et les valeurs illicites même quand ils en sont sévèrement punis par l'administration.

---

[244] Gurov A., " *Krasnaja Mafija* ", Moskva : Samocvet, 1995, c.91-94 ; Anisimkov V., *Op. cit.*, c.18-19

[245] Entretien n◦21

-Les " vrais hommes " (*mujiki, pacany* - dans les colonies des jeunes), qui essayent d'acquérir de l'autonomie en gardant une distance par rapport aux surveillants aussi bien que par rapport aux *blatnye*. " L'homme, le vrai homme, c'était le deuxième grade après les *blatnye* "[246]. Les *mujiki* voient dans le travail la solution de leurs problèmes en incarcération. Le travail commun leur donne aussi le sens de la solidarité. " Les normes traditionnelles consistaient tout d'abord... dans l'humanité et l'aide aux 'hommes', aux travailleurs (*rabotjagi*) "[247].

-Les marginaux du monde carcéral, les " couleurs " (*masti, chers't, neputevye*), n'ont pas les droits de citoyens à la cité carcérale. Ils sont exclus de la vie sociale commune et leurs interactions ne s'effectuent qu'à l'intérieur de leur catégorie. Les " couleurs " sont toujours mis de côté, en marge de l'espace carcéral. " Il y avait une cellule spéciale pour les 'couleurs'. *C'était la décision de l'administration ?* - Oui, l'administration en a décidé ainsi pour éviter des problèmes "[248]. Les marginaux représentent de quelques pour-cent jusqu'à quelques dizaines de pour-cent de la population carcérale. Une tendance récente consiste en " l'inflation " de leur nombre. " Il y a probablement plus de la moitié de ceux qui sont inférieurs aux *putevye*. Je dirais 60 pour-cent. Les 'rats' et les autres "[249]. " Pas un sur deux, non. Peut-être, un sur trois... Pas la moitié des 'rabaissés' "[250]. Les marginaux se subdivisent en de nombreuses sous catégories :

- Les " boucs " et les " piverts " (*kozly, djatly*), qui collaborent ouvertement avec les surveillants. Les " boucs " comptent sur l'appui de l'administration dans leur vie quotidienne, les autres détenus leur reprochent souvent des dénonciations. " Ils dénoncent pour un paquet de cigarettes. Deux 'piverts' se rencontrent, - et commencent une bagarre. Tous les deux cherchent un surveillant. Le second balance le premier et reçoit un paquet de cigarettes. Le premier balance le second et reçoit aussi un paquet de cigarettes. Tous les deux sont contents. Ils se promènent ensemble "[251]. Le cas des " boucs " montre bien le conflit entre le principe de personnification et le caractère général des catégories. D'une part, " être un 'bouc', - c'est pénible "[252]. D'autre part, " Il n'y a pas de mauvais postes, il y a de mauvaises gens. Le *zavhoz* [le responsable du maintien des locaux, un poste officielle

[246] *Ibidem*

[247] Entretien n°25

[248] Entretien n°32

[249] Entretien n°34

[250] Entretien n°20

[251] Entretien n°33

[252] *Ibidem*

impliquant le contact permanent avec l'administration] est le *zavhoz*. S'il fait bien son boulot, - on ne lui dira rien. S'il travaille avec l'administration - ce sont ses problèmes personnels "[253].

- Les détenus condamnés pour crimes économiques (par exemple, pour spéculation à l'époque soviétique) aussi bien que les responsables du trafic omniprésent même en prison, portent le nom péjoratif de *baryga* ou *baryjnik*. " Avant son emprisonnement, il était coopérateur [petit commerçant à l'époque de Gorbatchev, quand les coopératives étaient la seule forme d'entreprise privée reconnue par la Loi] ? Alors il est nul. Les pickpockets contribuent [matériellement, voir le sous chapitre 3.4.2 " Fonds communs "] à notre cause commune, tandis que ces types - jamais. *Et en ce qui concerne les spéculateurs ?* - Non plus. Un *baryga* est un *baryga*. *Qu'est-ce que vous entendez par baryga ?* - Celui qui a fait du commerce... Un employé dans un magasin est un *baryga*. Il a trompé tout le monde : moi, vous aussi... Une tricherie avec le poids et la qualité des produits, n'est-ce pas ? *Quelle était la place des baryga dans la hiérarchie illicite ?* - Inférieure par rapport aux 'hommes' "[254].
- La sous catégorie des *fuflyjniki* est composée de joueurs de cartes qui refusent de payer leur dettes de jeu ou ne peuvent pas le faire. La notion de dette est sacralisée dans le milieu carcéral et la non reconnaissance de la dette repousse le joueur à l'extérieur de la cité. " Il n'a pas gagné suffisamment pour retourner la dette et il continue à jouer en perdant. Ça s'appelle *fuflo*. Le *fuflyjnik*, dit-on, est pire que le pédéraste. Il s'est mis dans une situation pénible - il faut payer... Il cherche de l'argent par ci, il cherche de l'argent par là. Bref, la personne s'abaisse. Il est déjà perdu, cette personne est capable de tout, de toute saleté... Un homme normal a peur de lui "[255].
- Les détenus qui ne savent pas se soigner et se maintenir propres s'appellent les " diables " (*tcherti*). " Ils sont toujours sales, - ils ne se lavent pas, ils ne font pas de lessive "[256].
- Les " rats " en Russie (*krysy*), à la différence des " rats " aux Etats-Unis, sont puni de petits vols commis dans la prison : le vol d'un paquet de cigarettes de la table de nuit, le vol d'un pantalon dans l'établissement hospitalier pénitentiaire, etc.
- Les " coqs " (*petuhi*, les rabaissés - *opuschennye*, les pédérastes - *pederasty*) ont été convertis par la force en homosexuels

[253] Entretien n°12

[254] Entretien n°22. A l'époque soviétique les emploies des magasins avaient l'accès privilégié aux produits en pénurie et en profitaient parfois au détriment du reste de la population.

[255] Entretien n°21

[256] Entretien n°33

passifs. Ils sont sanctionnés de cette manière brutale pour les crimes jugés capitaux par la communauté des détenus : le viol des petits enfants, la dénonciation ayant entraîné des conséquences graves, les petits vols avec récidive, etc. Les détenus rabaissés au niveau le plus bas dans la hiérarchie illicite représentent en même temps une partie non négligeable de la population carcérale. “ Quand je suis arrivé à une colonie pour la première fois, en 1970, il y avais eu 3 ‘coqs’ sur toute la colonie, c'est-à-dire sur 1200 personnes. Seulement trois ! Après j'avais vu leur effectif augmenter jusqu'à 23. En 1973, quand j'étais venu dans une autre colonie, là-bas il y avait eu un *otrjad* spécial composé de ‘coqs’. Il avaient vécu séparément, l'administration les avait gardé à distance des autres. Et maintenant ? Il y en a beaucoup dans chaque *otrjad* ”[257]. Le stigmate d'homosexuel passif alerte chaque nouvel interlocuteur potentiel du “ coq ”. Les délits commis par les “ coqs ” sont si mal vus que non seulement le contact social, mais même le contact physique peut entraîner la “ contamination ” d'un interlocuteur insouciant : celui-ci passe à une catégorie inférieure. “ Oui, je ne suis pas un bon chrétien, je ne suis pas prêt à manger avec lui [le détenu rabaissé] dans la même tasse. J'essaye de les traiter pas mal, je leur laisse fumer des cigarettes… Mais je ne prendrai jamais une cigarette après eux ”[258]. Voilà pourquoi les “ coqs ” sont séparés des autres détenus même dans l'espace physique sans parler de l'espace social. “ Les pédérastes connaissent leur place. Ils dorment à côté, ils mangent à côté… Leurs *chkonka* sont à côté, leurs tasses sont à côté. Il leur était interdit d'entrer dans une cantine. Il leur était interdit de dormir dans un dortoir. Ils dormaient dans un couloir, ou ailleurs… Ils ne pouvaient rien, ils n'avaient aucun droit… Voilà pourquoi on appelle ça ‘désinfecter quelqu'un’ : tout le monde sait qu'il est pédéraste - on ne lui parlera jamais ”[259]. Les normes assurant la séparation sociale sont surtout manifestes et sophistiquées dans le milieu des jeunes détenus. Ils font attention à des petites touches quelles fortuites qu'elles soient. “ *Comment se transforme-t-on en neputevye ?* - Ta fourchette, ta cuillère, ta tasse a touché dans une cantine celle d'un *neputevyj*. Si tu continues à manger, alors… ”[260]. “ Tu t'assois, ta tasse touche celle d'un *neputevyj*. Ça compte déjà. Par contre, si ton plateau touche celui d'un *neputevyj*, - ça ne compte pas. *Il y a six personnes autour d'une table. Ce n'est pas facile d'éviter les petits contacts. Qu'est-ce que je dois faire si j'ai faim ?* - C'est tout à fait normal. Mais tu restes et tu

---

[257] Entretien n°21
[258] Entretien n°13
[259] Entretien n°21
[260] Entretien n°30

ne manges pas. D'ailleurs, ça dépend. Voilà une soupe, voici un plat du jour. Si ta tasse de soupe a touché celle d'un *neputevyj*, tu ne peux pas manger la soupe "[261].

La structure hiérarchique des catégories, son enracinement dans les chaînes de relations personnalisées, la rigidité des normes régulant les interactions entre leurs représentants laissent supposer la nature traditionnelle de la cité prisonnière. Le monde carcéral se réduit-il complètement au monde domestique ou bien la tradition est-elle un élément parmi d'autres dans la construction sociale de celui-là ? Il semble qu'une procédure d'initiation aux règles du jeu illicites ressemble beaucoup aux rites d'initiation propres aux sociétés traditionnelles. Une personne qui arrive pour la première fois dans une cellule de maison d'arrêt ignore tout ce qui n'est pas apparent. La signification de tel ou tel comportement, de tel ou tel geste ou un simple mot ne va pas de soi et risque d'apparaître opposée aux intentions du néophyte. Le nouveau venu " doit mettre en question presque tout ce qui semble aller de soi pour les membres du nouveau groupe. Il est exclu des expériences constituant le passé du groupe. Il est un homme sans histoire "[262]. Dans la société traditionnelle la solution qui aide à éviter l'incertitude liée à l'arrivée d'un néophyte consiste à le faire parcourir dans une forme symbolique toutes les étapes de l'évolution de la " petite " société[263]. Le nouveau venu est obligé d'apprendre par la pratique (*learning-by-doing*) la signification des normes et des catégories illicites. En prenant en considération le haut niveau de récidive chez les délinquants soviétiques, l'initiation à la sub-culture carcérale ne s'effectue qu'une seule fois, lors de leur première arrivée, souvent à l'âge de moins 18 ans. " Aujourd'hui nombreux sont ceux qui ne sont pas passés par cette école [du pénitencier des jeunes], bien qu'elle soit nécessaire. Ça reste pour toute la vie... Ce que tu a vécu toi-même "[264].

L'étude d'un pénitencier de jeunes montre plusieurs variantes du traitement des nouveaux venus qui sont susceptibles d'être interprétées en termes de rite d'initiation. Les pénitenciers des jeunes, *maloletka*, ont la réputation d'un lieu pénible, d'une part, suite à

---

[261] Entretien n°33

[262] Schutz A., *Op. cit.*, 224. Un cas extrême de l'ignorance des nouvelles règles du jeu chez les gens qui ont changé de sexe a été étudié par Harold Garfinkel (Garfinkel H., *Op. cit.*, p.123 et suivants).

[263] Girard R. *Op. cit.*, p.389-391. D'ailleurs, on trouve les rudiments des rites d'initiation au sein d'organisations apparemment plus modernes. Par exemple, il y a " une relative exploitation du travail des débutants (internes), profitant au système hospitalier et au corps médical en son entier qui abandonne les tâches les moins prestigieuses à ses néophytes " (Peneff J., *Op. cit.*, p.156).

[264] Entretien n°16

l'omniprésence du contrôle de l'administration, d'autre part, suite aux multiples épreuves (*propiska*) que les jeunes détenus sont obligés de passér. " Quand je suis arrivé dans la cellule, il y avait des 'anciens' qui avaient passé déjà un an ou plus dans la prison. C'était une tradition. Elle se transmettait d'une génération à l'autre. Les *propiski* diverses… C'était pénible. Beaucoup ne supportaient pas ça. Même, il n'y a pas beaucoup d'adultes qui les supporteraient "[265]. Soulignons qu'il s'agit d'un emprunt à la langue russe officielle : la *propiska* est une procédure licite et très bureaucratisée que le nouveau venu dans une ville doit accomplir afin de régulariser son séjour. Cette procédure dans les capitales (Moscou, St-Petersbourg) était jusqu'à maintenant si sévère qu'il était quasi impossible pour un provincial d'y obtenir un titre de séjour (un tampon dans le passeport soviétique). Donnons quelques exemples des rites d'initiations pratiqués dans les pénitenciers de jeunes :

" On pose un garçon sur un banc. On lui met une veste sur la tête en lui permettant de regarder par la manche de celle-ci. Après on lui pose des questions sur les signes zodiacaux. Aussitôt que le non initié dit le Sagittaire, on lui verse une bouteille d'eau par la manche. *Mais alors il n'est pas possible de deviner le sens de l'épreuve ?* - Pratiquement impossible… Voilà un exemple. On te met sur un journal et on te demande de devenir fou. Habituellement le non initié commence à faire des bêtises, tandis qu'il faut simplement se mettre à côté du journal. Encore un exemple. On te met une serviette sur les yeux et on te demande de reconnaître les objets que tu touches. La blague consiste à te proposer de toucher deux coudes savonnés. Tu as le sentiment que tu touches le derrière de quelqu'un, c'est-à-dire que tu deviens un pédéraste sans l'avoir voulu. Après on te laisse enlever la serviette et on te donne l'impression que tu as réellement touché le derrière. C'est seulement quand on m'a expliqué tout, que ça me faisait rire, pas avant… Ça peut faire naître chez quelqu'un je ne sais quels complexes d'infériorité "[266]. Or, le sens de l'épreuve n'implique pas de deviner : soit on le sait, soit on le sait pas. Soit on est déjà initié et on justifie son droit de citoyenneté à la cité carcérale, soit on est encore un étranger[267].

D'ailleurs, afin d'entrer dans le monde carcéral, la procédure de la *propiska* ne représente qu'une voie parmi d'autres. Autrement dit, il n'y a pas d'obligation incontournable de passer par le rite d'initiation. Dans le milieu des détenus adultes, on préfère expliquer les règles au lieu de les imposer par la force ou l'humiliation. Parfois les détenus

---

[265] Entretien n°3a

[266] Entretien n°34

[267] Abramkin V., Tchijov Yu., *Op. cit.*, c.91

adultes essaient même de se distancier de règles du jeu qui existent dans les colonies des jeunes en soulignant le caractère trop rigide, cruel de ceux-ci. “ Les gens qui en viennent [des colonies des jeunes], ils tiennent aux règles, à leurs propres règles. Ils ont des règles très particulières. Elles sont autres que les nôtres, - plus strictes, plus dures ”[268]. Ceci ne veut pas dire qu'un nouveau venu sera admis tout de suite à la société illicite. L'initiation existe, mais elle prend des formes plus humaines et moins contraignantes. “ Quand un nouveau détenu est arrivé dans une colonie, même s'il a eu déjà l'expérience de la vie en détention - les détenus qui tiennent aux normes criminelles [*blatnye*] observent son comportement. Comment est-ce qu'il se comporte dans telle ou telle situation, quels sont ses mouvements, ses gestes, ses contacts, etc. S'ils voient que le nouveau détenu se comporte comme il faut, - ils l'admettent dans leur milieu ”[269].

Paradoxalement, le détenu devient fréquemment initié bien avant sa première arrivée en prison, ce qui nous sert d'argument pour notre hypothèse sur le haut degré de perméabilité de la société carcérale et de la société soviétique. “ *Qui est-ce qui t'a expliqué les règles ?* - On me les avait expliqué quand j'étais libre. J'avais déjà connu pas mal de choses avant mon arrivée ici. J'avais connu une personne que j'ai rencontré ici. Ça me facilitait la vie ”[270]. L'autre source d'information sur la vie cachée de la prison consiste dans une image créée par des œuvres artistiques et populaires sur le monde criminel. Nous reviendrons à l'analyse du phénomène de la culture *blatnaja* dans la société soviétique dans le sous chapitre 4.2.7 “ Congruence des normes ”, il nous suffit ici de mentionner les tentatives de se référer à la sphère de l'imaginaire afin de construire les relations réelles. “ *Qu'est-ce que tu lis maintenant ?* - Des livres. Sur le monde criminel. Sur les règles qui sont respectées maintenant... *Essayes-tu de reproduire les choses que tu apprends ainsi ?* - Non, pas forcément. Mais si je lis un livre qui comporte certains conseils, je vais les garder dans ma tête. Ici il faut qu'on évite le non respect des règles (*bespredel*) ; pour acquérir de l'autorité, il faut l'appuyer par l'intelligence... *Quelle musique écoutes-tu ?* - Moi, j'écoute principalement les chansons *blatnye*... '*Lesopoval*', Krug... ”[271]. Nous avons été vraiment surpris quand nos jeunes interlocuteurs ont fait référence à un livre de récits sur la vie carcérale dans la prison

---

[268] Entretien n°25

[269] Entretien n°21

[270] Entretien n°30. Nous trouvons le même type de raisonnement dans le discours de l'interlocuteur n°32.

[271] *Ibidem*. Le pop groupe “ *Lesopoval* ”, comme le chanteur Mihail Krug sont connu pour leurs chansons sur la vie dans les camps de travail forcé.

soviétique qui nous servait aussi de source d'information dans notre travail (il s'agit du livre de Valerij Abramkin et Yurij Tchijov)[272]. Cette référence est d'autant plus surprenante que le livre a été publié en province, loin de Moscou, à tirage très limité. Donc, les observations de Diego Gambetta sur le rôle de l'image médiatique dans la construction de la Mafia restent pertinentes dans le cas étudié.

Si néanmoins le néophyte a besoin d'aide pour trouver de bons repères de son comportement, il la recevra. Il est important de noter les efforts de rendre explicites pour le nouveau venu les choses qui vont de soi pour les initiés. " La première étape [après l'arrivée dans une cellule], c'est : ne va pas par là, tu peux t'asseoir ici... Aussitôt que la personne entre, on doit tout lui expliquer. Ici, c'est la place du *blatnoj*, par là... "[273]. La mise en avant de l'explication et, par conséquent, de la compréhension incite le détenu à faire son choix d'une stratégie de vie carcérale. En utilisant la grammaire de l'économie des conventions, il s'agit de l'élaboration par chaque détenu de son " projet ". " Chaque nouveau venu faisait d'abord la connaissance de la vie ici. On ne lui demandait pas de décider tout de suite. On lui expliquait, on l'initiait. 'Alors, as-tu tout compris ? - Oui, j'ai compris'. Ceci est autorisé, cela est interdit. On expliquait tous les détails. 'Veux-tu vivre de telle façon ? - Vis ainsi. Veux-tu vivre comme un homme ? - Vis comme un homme. Veux-tu vivre autrement ? Es-tu suffisamment fort pour ça ? - Vis comme ça. Comment veux-tu vivre ? - Je veux vivre ainsi... - Vas-y "[274]. En résumant notre esquisse des catégories illicites, nous pouvons confirmer notre hypothèse de départ concernant l'amalgame des deux cités : domestique et par projets. La différentiation élaborée spontanément par les détenus n'exclut ni son interprétation domestique, ni son interprétation dans l'optique des projets. Mais un compromis entre les deux logiques n'est pas achevé dans le cadre de la " petite " société carcérale.

3.2.5. Le surveillant illicite : la figure du smotrjaschij

L'emprisonnement à plusieurs et la différenciation illicite impliquent la nécessité d'une figure dans la structure sociale dont les fonctions comportent l'organisation de la vie communautaire au sens large. L'ordre des choses (le nettoyage a toujours été effectué par les détenus eux-mêmes) et l'ordre public (la catégorisation a rendu les conflits entre groupes inévitables) doivent être assurés soigneusement

---

[272] Entretien collectif n°33. Tous nos interlocuteurs ont lu ce livre !

[273] Entretien n°29

[274] Entretien n°18

au niveau de la vie quotidienne. Le contrôle des surveillants dans le cadre de l'emprisonnement à plusieurs n'est jamais assez omniprésent pour exclure toutes autres sources d'organisation. Dans les prisons russes avant la Révolution d'octobre 1917 il y avait l'institution du doyen de cellule (*kamernyj starosta*). Il était élu par tous les détenus d'un pénitencier et sa fonction principale consistait à représenter leurs intérêts dans les relations avec l'administration. Les prisons soviétiques gardèrent au début cette institution, mais à partir du début des années 30 l'administration introduisit son droit de veto quant aux candidatures des détenus. En 1938 les élections du doyen furent supprimées et l'administration commença à le nommer unilatéralement[275].

Si l'institution du doyen exista principalement dans les prisons militaires et dans les maisons d'arrêt, la mise en vigueur du système de camps de travail forcé a fait naître dans les années 30 une nouvelle institution, celle de voleur légal (*vor v zakone*). Ce terme bizarre et contradictoire s'explique, d'une part, par l'origine de cette institution : les voleurs légaux étaient recrutés dans une catégorie de voleurs, les *urki* (voleurs grands et audacieux). D'autre part, il s'explique par la fonction de maintien de l'ordre sur la base des normes illicites : leur corps s'appelle aussi la Loi. Une autre explication met en avant le désir des voleurs légaux de ne pas violer personnellement la loi officielle, si besoin est, ils préfèrent faire la violer par les autres. " Je respecte le Code Pénal ", - dit un fameux personnage de la littérature soviétique des années 30, escroc, Ostap Bender. Enfin, il y a une hypothèse, d'ailleurs jamais ni prouvée, ni réfutée, selon laquelle les voleurs légaux ont été parfois appuyés dans leurs actions par le comité de la sécurité d'Etat (*OGPU - Ob'edinennoe Glavnoe Polititcheskoe Upravlenie*, qui fut organisé le 15 novembre 1923 et précéda le *KGB - Komitet Gosudarstvennoj Bezopasnosti*) qui en faisait un moyen d'influence sur la vie prisonnière au quotidien. Par exemple, les observateurs indiquent une " ressemblance surprenante entre les recommandations de l'*OGPU* concernant le travail dans le monde criminel et les normes illicites des voleurs légaux ",[276] dont le refus de tout engagement politique. Cela va même plus loin, le serment des voleurs légaux commençait par une phrase analogue au serment du membre du Parti Communiste : " Moi, comme vrai *pacan*, je suis entré dans la voie de la vie criminelle… ".

Quoi qu'il en soit, les relations des voleurs légaux avec l'administration pénitentiaire, l'interaction des deux branches du

---

[275] Rossi J., *Op. cit.*, c.391 ; Chalamov V., *Op. cit.*, t.1, c.267

[276] Podlesskih G., Terechenok A., " *Vory v zakone : brosok k vlasti* ", Moskva : Hudojestvennaja literatura, 1995, c.162

pouvoir, licite et illicite, éclaircissent la dynamique interne de cette institution. D'une part, les voleurs légaux portent les normes et les valeurs de la sub-culture carcérale en tant qu'alternative aux règles du jeu officielles. Le rejet total de tout ce qui est formel, licite, officiel caractérise leur mode de vie. Les normes suivantes composaient le code de comportement du voleur légal : la vie hors des intérêts de la société licite ; le refus de servir l'Etat, quel que soit le régime politique ; ne jamais travailler de ses mains ; l'adaptation à n'importe quelles circonstances ; la cruauté par rapport aux traîtres ; l'honnêteté par rapport aux autres voleurs légaux, le soutien mutuel ; la négligence de toute propriété ; être toujours bien connecté et maintenir les relations dans le milieu[277]. " Le voleur ne possédait rien. Il était obligé de vivre sur le compte des autres détenus (*arestantov*). Il lui était même interdit de se marier, parce qu'autrement il aurait pensé plus à sa famille qu'aux détenus "[278]. L'interdiction de tout enracinement social autre que l'enracinement dans la société carcérale a suscité de nombreuses tensions dans le milieu des voleurs légaux. Par exemple, les années 60-80 ont été marquées par un conflit entre les voleurs légaux d'origine russe et les voleurs légaux d'origine géorgienne. Les premiers tenaient aux normes traditionnelles, tandis que les seconds acceptaient la famille et la propriété comme soutien de l'activité du voleur légal[279].

D'autre part, les ressources administratives dans une institution totale sont si riches qu'il y a toujours le désir de les utiliser au moins partiellement dans l'organisation de la vie quotidienne. La période d'après la seconde guerre mondiale a rendu manifeste le conflit entre le refus de l'autorité licite et la volonté de collaborer avec elle. Le contexte institutionnel était le suivant : au début de la guerre les voleurs légaux ont été mis devant un choix. Soit ils acceptaient d'aller au front, c'est-à-dire ils acceptaient de servir l'Etat, soit ils risquaient d'être exécutés comme déserteurs. Certains voleurs légaux avaient pris les armes et même avaient fait une carrière militaire remarquable. Leur retour en prison, de même qu'un alourdissement des peines pour vol[280], avaient fait naître en 1948, dans la prison de transit de Vanino (région de Primorié), une nouvelle Loi des voleurs, *sutchij zakon*. Sa plus grande innovation consistait en l'autorisation de la collaboration

---

[277] *Ibid.*, c.233-235

[278] Entretien n°18

[279] Podlesskih G., Terechenok A., *Op. cit.*, c.87, 207

[280] L'alourdissement des peines a été si sévère que même les juges hésitaient à appliquer la Loi. Par exemple, la peine pour un vol non qualifié d'une propriété privée a augmenté par 20 (de 3 mois à 5-6 ans de prison) : Solomon P., " *Criminal Justice under Stalin* ", Cambridge : Cambridge University Press, 1996, p.405-413.

avec l'administration[281]. Les voleurs légaux convertis, *suki*, avaient accès aux positions dominantes dans la hiérarchie *licite* des camps : *zavhoz*, contremaîtres, chefs d'équipe, etc. Le rite de passage des voleurs légaux à la nouvelle foi, élaboré par le leader des *suki*, le Korol' (le " Roi "), reproduisait plusieurs des éléments décrits par René Girard : il fallait faire parcourir aux " orthodoxes " toutes les étapes que les *suki* étaient obligés de passer. " Le rite de passage : baiser un couteau ou la mort. Le Korol' a mis ses anciens camarades dans la même situation - la vie ou la mort - dans laquelle lui, le Korol', a montré sa faiblesse du point de vue des 'orthodoxes'. Alors, soit ils prouvent leur courage aussi ! L'épreuve est la même "[282]. Une série de guérillas avait suivi la mise en vigueur de la nouvelle Loi : la défense des " orthodoxes " n'a jamais permis à la nouvelle Loi de se transformer en " ciment " de la société carcérale.

D'ailleurs, la dualité des rapports que les voleurs légaux ont maintenu avec l'autorité licite dans la prison ne change guère leurs fonctions organisationnelles à l'intérieur de la cité carcérale. Dans le contexte de la société prisonnière il y a nécessité *fonctionnelle* de cette position. " *Quelle était la fonction clé du voleur légal dans la colonie ?* - Que l'ordre existe, que tout le monde vive correctement, qu'il y ait de l'aide matérielle (*gret'*), qu'il n'y ait pas d'incidents pénibles "[283]. En outre, de nombreux récits, qui s'approchent parfois des contes, montrent que la portée de l'autorité des voleurs légaux ne se limitait pas aux murailles de la prison. Cette autorité restait pertinente dans le monde criminel en entier. " Autrefois, si une vielle dame avait été volée dans un marché aux puces - si on avait tiré sa pension de retraite de sa poche - elle pouvait ne pas appeler la police, il lui suffisait de s'adresser à un voleur légal. Sa bourse serait retournée très vite, comme l'exige notre Loi "[284]. Autrement dit, le maintien de l'ordre à la cité carcérale et criminelle était le souci principal des voleurs légaux. Cet ordre se basait sur les normes de la sub-culture carcérale dont la reproduction était à leur charge. La liste complète des fonctions du voleur légal comporte : l'élaboration de nouvelles normes au cours des réunions communes, locales, régionales ou nationales, (*shodka*) en fonction du contexte licite changeant ou d'un précédent ; l'organisation des réunions communes ; l'exercice de la justice (voir le sous chapitre 3.5.3 " Justice illicite ") ; la propagande du mode de vie criminel ; l'organisation d'un fond commun (voir le sous chapitre 3.4.2 " Fonds communs ") ; l'aide

[281] Anisimkov V., Op. cit., c.30 ; Chalamov V., *Op. cit.*, t.2, c.60-63

[282] Chalamov V., *Op. cit.*, t.2, c.65

[283] Entretien n°24. Le verbe *gret'* vient de l'entraide, " qu'on se serre les coudes ".

[284] Entretien n°25

matérielle aux détenus ; l'organisation du racket des acteurs de l'économie illicite ; l'organisation du service de renseignements ; la prise en charge des contacts avec le monde extérieur[285].

La procédure très compliquée et sophistiquée du " couronnement " (*koronovanie*) n'a jamais permis de dépasser le seuil de quelques milliers de voleurs légaux sur toute l'Union Soviétique. Un *blatnoj* ne pourrait devenir un voleur légal " couronné " qu'à la condition de :

-L'accomplissement avec succès des " épreuves " ;

-La présentation des recommandations d'au moins deux voleurs légaux, ces derniers portant la responsabilité de leur protégé pendant toute sa carrière criminelle ;

-L'avis favorable de la réunion des voleurs légaux (*shodka*).

Voilà pourquoi il y avait eu environ 3500 voleurs légaux au début des années 50, environ 600 au début des années 80, environ 300 au début des années 90 (après la dissolution de l'U.R.S.S.)[286]. La " rareté " des voleurs légaux a rendu insaisissable leur présence au niveau de la vie quotidienne des détenus. " Il y avait les voleurs, mais ils ne jouaient pas de rôle important. Ils étaient mis dans des cellules, ils étaient si peu nombreux... Ils ne jouaient aucun rôle dans les colonies, surtout en Ukraine. Même dans les colonies de régime renforcé, on ne les voyait pas. Tout simplement, je ne les voyais pas. De 1967 jusqu'aux années 90 je n'ai vu aucun voleur légal "[287]. " *Aviez-vous l'expérience de la vie dans une colonie où il y avait un voleur ?* - Non. Un voleur a été une fois de passage, mais il n'est pas sorti de la cellule "[288]. Seuls quatre ou cinq de nos quarante et un interviewés ont rencontré personnellement un ou plusieurs voleurs légaux. Dans ces conditions la gestion de la vie quotidienne restait non assurée.

Le relais a été pris par les *avtoritety* (littéralement - les gens de grand renom, les " autorités ") dont les fonctions étaient quasi identiques à celles des voleurs légaux, mais ils n'étaient pas obligés de passer la procédure du " couronnement ", et surtout par les surveillants illicites, *smotrjaschie*. Bien que les *avtoritety* soient beaucoup plus nombreux que les voleurs légaux (leur nombre atteignait dix - vingt mille sur les un - deux millions de personnes de la population carcérale[289]), ce sont leur lieutenants (*namestniki*), *smotrjaschie*, qui assuraient l'organisation réelle du quotidien. Chaque

---

[285] Gurov A., *Op. cit.*, c.160-163 ; Abramkin V., Tchijov Yu., *Op. cit.*, p.97

[286] Gurov A., *Op. cit.*, c.112 ; Podlesskih G., Terechenok A., *Op. cit.*, c.238-252 (la liste complète des voleurs).

[287] Entretien n°18

[288] Entretien n°36

[289] Gurov A., *Op. cit.*, c.165

cellule de la maison d'arrêt (6-150 prévenus), chaque subdivision (*otrjad* - 40-120 détenus), chaque baraque (80-400 détenus), chaque pénitencier (800-2000 détenus), chaque sphère d'activité importante (cantine, jeux de cartes, etc.), chaque ville ou parfois même bourg plus ou moins important a son propre *smotrjaschij* (Figure 13).

Commençons une brève esquisse de la figure du *smotrjaschij* par une analyse sémantique de ce terme. Comme nous l'avons déjà remarqué, le verbe *smotret'* signifie regarder, observer, voire surveiller. Autrement dit, le *smotrjaschij* est quelqu'un qui surveille le maintien de l'ordre au niveau de la vie quotidienne. Des associations avec les surveillants apparaissent chez les détenus aussi, surtout chez les détenus ayant passé de nombreuses années dans la prison. " Je me souviens, j'ai rencontré en 1997 pour la première fois un *smotrjaschij*, guignant, lorgnant... "[290]. " Prenons l'exemple des *smotrjaschie*. Pour moi, c'est rigolo. Le responsable de l'*otrjad* me surveille, les surveillants me surveillent, l'administration me surveille. Les surveillants et les guignants sont partout. Mais quand il y a de plus un surveillant de notre milieu... "[291].

Comme le montre déjà la première citation, le surveillant illicite n'est apparu que récemment. Bien qu'il soit difficile de donner une date précise, d'autant plus qu'elle varie d'une région à l'autre, nos interlocuteurs ne rencontraient pas de *smotrjaschij* avant 1985. La présence des surveillants illicites est devenue manifeste surtout à partir des années 1991-1994. " Ça a commencé récemment. Je suis arrivé pour la première fois - ça commençait, pendant les années 80. En 1985, peut-être "[292]. " J'ai rencontré un *smotrijaschij* en 1994. *Où ?* - Je suis arrivé à une colonie de régime renforcé à Revda [région de Sverdlovsk]... Il y avait déjà quelqu'un qui surveillait la cantine... Bref, il y avait des surveillants de tout. Ça m'a fait penser alors à une crèche. Et je leur ai dit qu'ils ne me touchent pas "[293]. Le scepticisme des détenus ayant fait une longue carrière carcérale par rapport aux surveillants illicites s'explique en partie par le fait que, à la différence des voleurs légaux et des *avtoritety*, les *smotrjaschie* sont recrutés non seulement dans le milieu des *blatnye*, mais aussi des autres couches de la population carcérale. Les " hommes " et parfois même les " couleurs " peuvent devenir surveillants illicites. " Lui [*smotrjaschij*], il n'est pas nécessairement *blantoj*. Pas nécessairement. Je ne dirais

[290] Entretien n°18. Les associations analogiques sont présentes aussi dans Entretiens nn°22, 23.

[291] Lettre de l'interlocuteur n°3a

[292] Entretien n°21

[293] Entretien n°22

pas qu'il est du milieu des voleurs. Tout simplement, il est du milieu des détenus "[294].

Quant à la procédure de nomination à la position de surveillant illicite, elle n'est pas rigide et uniforme non plus. En général, il y a deux voies de délibération. La première, répandue dans les colonies, implique la nomination de chaque surveillant illicite par l'*avtoritet* ou par le voleur légal qui surveille la région dans lequelle se trouve le pénitencier. L'*avtoritet* nomme une personne de sa confiance à la position de *smotrjaschij* de la colonie qui, à son tour, choisit l'équipe de *smotrjaschih* aux niveaux inférieurs. " Le surveillant illicite est nommé par la personne qui connaît la situation... Bref, par l'*avtoritet* " [295]. Le surveillant illicite appuyé par le renom de l'*avtoritet* s'appelle *polojenec* (littéralement - le lieutenant). " Le lieutenant surveille la colonie, tandis que le voleur légal surveille toute une région. L'échelle de l'activité [du voleur] est plus grande. La responsabilité du lieutenant est locale "[296]. La personne qui a nommé son lieutenant porte la responsabilité des ses actions et essaye de contrôler le maintien de l'ordre. Le contrôle prend la forme de visites d'inspection des voleurs légaux et des *avtoritetov*. " Ils [voleurs légaux] ont nommé une personne pour qu'elle surveille la colonie. Ensuite c'est à cette personne de nommer les surveillants illicites dans les subdivisions, etc. Une fois, le voleur légal est arrivé et a commencé à parler avec les hommes : qu'est-ce qui se passe et comment. Ils ont tout raconté. Alors le voleur a appelé les surveillants illicites et les a frappé. L'ordre s'est rétabli "[297]. A son tour, le lieutenant porte la responsabilité des actions des *smotrjaschih* nommés par lui. En règle générale, le surveillant illicite doit tenir le lieutenant au courant de toute décision importante. " S'il y a quelque chose de sérieux, on s'adresse au lieutenant. Le surveillant illicite, selon nos règles, doit faire connaître au lieutenant qu'il a pris telle décision dans telle situation. 'Jora [le prénom du lieutenant], on a décidé dans le cas X de telle manière...' Le lieutenant doit être au courant "[298]. Une faute grave commise par le *smotrjaschij* s'appelle un *kosjak*, normalement elle entraîne sa démission. Plusieurs de nos interlocuteurs n'arrêtaient pas de souligner que la surveillance illicite

[294] Entretien n°18
[295] Entretien n°16
[296] Entretien n°24
[297] Entretien n°22
[298] Entretien n°21. Les propos d'un surveillant illicite (l'interlocuteur n°24) confirment cette procédure de prise de décision.

signifie une grande responsabilité. “ Si l'on prend cette responsabilité, il faut vraiment veiller. Surveiller signifie souffrir ”[299].

La deuxième voie de délibération, moins répandue, suppose les élections du surveillant illicite par les détenus (les “ couleurs ”, surtout les “ coqs ” n'ont pas le droit de vote). “ Ce [*smotrjaschij*] n'est pas un imbécile, s'il a été élu par tout l'*otrjad*. Si les gens l'ont nommé, c'est qu'il l'avait mérité, on pouvait lui faire confiance ”[300]. De toute façon, la nomination du surveillant illicite “ par le haut ” n'exclut pas sa validation “ par le bas ” : le lieutenant choisit habituellement comme son candidat un détenu ayant une bonne réputation dans son milieu.

Après avoir décrit les origines sociales du surveillant illicite, nous pouvons aborder la question de ses fonctions. Comme on l'a déjà remarqué, le surveillant illicite personnalise l'ordre maintenu par les détenus eux-mêmes. Les réponses à la question “ Pensez-vous qu'on peut confier l'autogestion dans une colonie aux représentants des détenus ? ” (N=581 en Russie) concrétisent cette image :

Tableau 14

Non	32,5%
Oui, on peut la confier aux *avtoritety*	27,4
Oui, on peut la confier aux représentants élus par les détenus	15,3
Oui, on peut la confier aux détenus ayant les fonctions licites (*zavhoz*, etc.)	5,7
Oui, on peut la confier aux *smotrjaschie*	7,6
Pas de réponse	11,5

Les représentants de l'autorité illicite ont reçu la majorité, c'est-à-dire 35%, des suffrages. “ L'administration est là maintenant, mais elle va partir dans un quart d'heure. Les détenus restent tout seuls, qui va contrôler la situation ? C'est pourquoi il y a des gens, que les autres respectent, qui peuvent arrêter quelqu'un s'il en est besoin ”[301].

L'autorité illicite sert aux prisonniers de protection et d'appui dans leur vie quotidienne. A la différence de l'autorité licite, celle-là s'approche du type conjoint de l'autorité.

Comme le montrent les réponses à la question “ Pouvez-vous vous adresser, si besoin est, pour trouver aide et protection à ” :

---

[299] Entretien n°24

[300] Entretien n°1

[301] Entretien n°12

Tableau 15

	Rus.	Kaz.	Fr.
N	617	375	55
Oui, à l'*avoritet*	37,9	20,3 ([302])	x
Non, je ne peux pas m'adresser à aucune institution indiquée ci-après	22,7	33,3	x
Oui, au *smotrjaschij*	21,4	26,9	29,1 ([303])
Oui, aux détenus ayant les fonctions licites (*zavhoz*, etc.)	9,1	6,9	
Oui, à l'administration du pénitencier	16,7	16	81,8
Oui, au procureur (au magistrat)	2,3	2,7	25,5
Oui, à l'avocat	x	x	43,6
Oui, au juge d'application des peines	x	x	49,1

Essayons de tracer une sorte de description fonctionnelle du poste de surveillant illicite. Ce " manuel du bon surveillant " comportera les obligations suivantes :

-Le maintien de la situation sociale dans les limites acceptables du point de vue des normes et des valeurs de la sub-culture carcérale. La non intervention de l'autorité illicite ou son absentéisme est souvent décrite en termes de le *bespredel* (sans limites, littéralement - la lutte sans règles). " Imaginez-vous qu'est-ce qui se produirait s'il y avait *bespredel* et des bagarres partout ? *J'imagine. Alors, qui est-ce qui maintient la situation dans les limites ?* - Les *smotrjaschie*, par exemple. Toutes les questions sont résolues en douceur "[304]

Æ L'exercice de la justice. Le surveillant illicite joue le rôle de tierce partie ou de tiers arbitre dans les conflits et les différends entre les détenus. " Deux détenus se disputent pour rien. Ce n'est pas la

[302] Même à l'époque soviétique, il n'y avait pas de voleurs légaux et d'*avtoritet* de la nationalité kazakh (ils avaient surtout la nationalité russe, géorgienne et arménienne). Par contre, les surveillants illicites sont bien présents dans chaque république ex-soviétique.

[303] " A un autre détenu ".

[304] Entretien n°39

raison du conflit qui compte, et on ne cède jamais parce que chacun a de la dignité. Il doit exister une tierce partie qui pourrait dire : 'Arrêtez-vous, vous vous disputez pour rien. Laissez-vous tranquille l'un l'autre' "[305]. " Tu résous toutes les questions dans la cellule. Par exemple, s'il y a un conflit, je me renseigne auprès de ses parties : 'Qu'est-ce qui se passe ? Pourquoi la bagarre ?' J'examine cette affaire et punis celui qui a commencé la bagarre. Le *smotrjaschij*, il joue un rôle positif. Quand trop de personnes sont mises ensemble, quelqu'un doit veiller à l'ordre, un tiers arbitre doit exister "[306]. " Prenons un exemple de la vie quotidienne. Il y a deux lits côte à côte. La nuit, un détenu a frappé en dormant son voisin. Alors, comment traiter cette situation ? Aller voir avec une telle question le directeur d'établissement ? Non. Aller voir le responsable de l'*otrjad* ? Non plus "[307].

-L'organisation du fond commun pour aider les détenus infortunés.

-L'organisation du service de renseignements. " Vous comprenez, je suis obligé d'être au courant de chaque chose. Je ne collecte pas des informations pour punir les gens, pour les accuser. Je les collecte afin de savoir à quoi je peux faire confiance dans les paroles de quelqu'un. Rien d'autre "[308].

Si l'on compare cette liste avec celle des responsabilités du voleur légal, on trouve leur similarité, sauf les fonctions législatives qui relèvent de la compétence exclusive des voleurs légaux. Donc, la vie quotidienne dans la prison s'organise autour de la figure du *smotrjaschij*.

3.2.6. Dualité des normes

L'ordre dans la vie quotidienne des détenus n'implique guère l'égalité et la symétrie des obligations. Au contraire, la condition capitale de sa stabilité consiste dans la non réciprocité, l'asymétrie radicale des droits et des obligations. Chaque catégorie de détenus a sa propre configuration de droits et d'obligations, leur équilibre n'est toujours qu'une situation provisoire. Ainsi, les normes illicites (*ponjatija*) diffèrent-elles d'une couche de la population carcérale à l'autre. C'est le respect de leur dissymétrie qui appuie l'ordre et assure sa stabilité. " Chacun a son niveau de vie ici. Moi, par exemple, je jugerai selon un critère, quelqu'un d'autre - selon un autre critère. *Pouvez-vous dire que les gens se réfèrent à des normes illicites*

[305] Entretien n°27b

[306] Entretien n°18

[307] Entretien n°29

[308] Entretien n°27b

diverses ? - Oui "[309]. " La catégorie illicite, la place dans la hiérarchie illicite sont déterminantes. Le détenu construit sa conversation selon ces facteurs. Ils influent sur tout discours, sur les méthodes de la résolution des conflits "[310]. " La vie est moralement plus facile dans les colonies de haute sécurité. *De haute sécurité ?* - Si, sans aucun doute. Premièrement, les gens de là-bas ont une grande expérience de la vie. *Chacun connaît sa place...* Les gens comprennent ce qu'on peut faire et ce qu'on ne peut pas "[311]. Par conséquent, le " savoir connaître sa place " est la première chose qu'il faut apprendre dans la cité carcérale. Autrement, l'interprétation correcte au cours de l'interaction n'est pas assurée.

Dans ce contexte, il serait préférable de parler *des* corps des normes illicites au lieu *du* corps. Il y a les normes particulières des hommes, les normes des voleurs légaux, mais aussi les normes qui structurent les interactions entre les représentants des catégories distinctes : le voleur / l'homme, l'homme / le " coq ", etc. Regardons d'abord quelques normes qui structurent les relations dans le milieu des voleurs légaux en prenant en considération le fait que les lieutenants (*polojenec*) et les surveillants illicites (*smotrjaschij*) s'y réfèrent également dans leurs interactions. Surtout, soulignons la dualité des normes valables à l'intérieur et à l'extérieur de cette communauté. D'un côté, l'honnêteté absolue dans les relations à l'intérieur de la communauté. " Les lois traditionnelles des voleurs impliquaient tout d'abord l'honnêteté et la justice par rapport à leurs camarades "[312]. De l'autre côté, " il est permis de faire par rapport aux autres tout ce qui aide à rendre l'autorité des voleurs plus solide "[313]. La philosophie traditionnelle des *blatnye* suppose que tous les détenus se divisent *grosso modo* en deux groupes. Le titre d'êtres humaines ne s'applique qu'à ceux dont la vie s'organise autour des normes du milieu des *blatnye*. Les autres portent le nom péjoratif de *fraer*. " Le mensonge, la tromperie font la loi dans les relations avec le *fraer*. Celui-ci a été crée pour le tromper "[314]. Un autre observateur participant de la vie interne des camps de travail forcé staliniens, Jacques Rossi, exprime le point de vue des *blatnye* encore plus

---

[309] Entretien n°1

[310] Entretien n°3b

[311] Entretien n°18. Nous trouvons des idées comparables dans les entretiens nn°16, 19, 28.

[312] Lettre de l'interlocuteur n°3a. Voir aussi Rossi J., *Op. cit.*, t.1, c.60

[313] Gurov A., *Op. cit.*, c.109

[314] Chalamov V., *Op. cit.*, t.2, c.17

brutalement : “ Le *fraer* est un gibier qu’il faut chasser ”[315]. Pendant les années 30-50 le pillage des *fraery*, leur meurtre si besoin est, n’ont guère été l’exception. Peut-être, la distance qui séparaient les *blatnye* du reste de la population carcérale explique-t-elle l’évaluation complètement confuse que nos interviewés donnent à leur capacité d’influer sur la vie du monde carcéral. Par exemple, la moitié des interrogés (43%, N=504) pensent qu’ils peuvent influer sur les décisions prises dans leur milieu, tandis que l’autre moitié (43,5%) pensent le contraire.

Voilà les réponses à la question “ Les décisions prises dans votre milieu correspondent-elles à vos intérêts ? ” :

Tableau 16

	Russie	France
N	504	59
Ces décisions ne dépendent pas de mes intérêts	28,6%	x
Ces décisions ne contredisent pas mes intérêts	22,6	30,5
Ces décisions lèsent parfois mes intérêts	15,9	40,7
Ces décisions contredisent mes intérêts	8,7	
Ces décisions correspondent parfaitement à mes intérêts	7,7	15,3
Pas de réponse	16,5	13,6

Comme le laissent supposer ces résultats, un droit de parole est réservé principalement aux détenus ayant l’autorité illicite.

“ *Qu’est-ce ça veut dire - ne pas perdre l’honneur ?* - Dans notre vie (*po nachej jizni*) ? - *Oui.* - Ceci veut dire que tu acquiers une certaine autorité, comment dirais-je, que tu as un droit de parole ”[316].

C’est la possession de l’autorité qui assure une marge de liberté et d’autonomie suffisamment large, qui appuie le respect de soi-même. Quant aux “ vrais hommes ”, la dualité n’est pas étrangère à la constitution de leur vie quotidienne non plus.

Une étude superficielle pourrait donner à l’observateur l’impression de l’esprit non contradictoire de cette constitution.

---

[315] Rossi J., *Op. cit.*, t.2, c.434

[316] Entretien n°30

Voilà, par exemple, le degré de l'accord de nos interviewés avec les normes qu'on considère habituellement comme éléments clés de la constitution des " vrais hommes "[317] (Tableau 17 ; la question posée - " Etes-vous d'accord à propos des normes ci-après ? ").

Au Kazakhstan dont le monde carcéral comme nous avons déjà remarqué est plus proche du modèle soviétique, les détenus donnent aux normes informelles l'appui plus grand qu'en Russie (signalons spécialement le haut score de la norme qui assure l'intégrité de la communauté prisonnière, " Ne fais aucune chose qui serait susceptible de nuire à nous tous ").

Tableau 17

	Russie		Kazakh.	
N	712		396	
	Oui	Non	Oui	Non
Ne pille pas ton prochain	82,9	3,7	83,8	1,8
Sache te défendre	80,1	2,3	83,1	0,8
Ne dénonce pas les autres	76,7	6,2	79,3	4,3
Ne fais aucune chose qui serait susceptible de nuire à nous tous	75,4	6,9	85,9	2,3
Ne guigne pas les autres	75	5,6	75,5	4,3
Ne règle pas des différends après avoir bu	70,8	6,3	74	4,8
Ne pose pas les questions de trop	68,8	11,7	72,7	7,3
Démens les mauvaises rumeurs te concernant. Sinon elles sont vrais	66,9	10,4	73,5	5,8
Ne perd pas trop en jouant aux cartes	66,6	8,1	66,7	8,1
Ne t'adresse pas à l'administration pour régler des conflits	61	17,7	64,9	15,2
Ne prends pas les couteaux. Chacun a le droit d'inviolabilité de la personne	58,1	17,3	65,9	8,6
N'aie pas de contacts avec les " coqs "	51,9	20,6	56,6	18,9
Ne demande pas de la nourriture en supplément à la cantine	38,9	37,1	42,4	31,6

Mettons en relief la réticence à refuser totalement le recours à l'administration dans la vie quotidienne.

[317] Pour une liste plus complète, voir Anisimkov V., *Op. cit.*, c.13

“ Pour l’homme, s’adresser à l’administration ou non - cela lui est égal. Tandis que le *blatnoj* n’ira jamais voir l’administration, c’est pénible pour lui ”[318]

Le système progressif renforce la dépendance du détenu vis-à-vis de l’administration dont la position reste prépondérante au moment de la prise de décision concernant la libération conditionnelle (*UDO - Uslovno-Dosrotchnoe Osvobojdenie*). Dans ce contexte, la dualité des rapports entre les détenus et l’administration, qui consiste dans la dépendance totale et le refus aussi total, se transforme en dualité des normes. Les contacts avec l’administration, aussi bien que la volonté de profiter de la liberté conditionnelle, ne sont tolérés que dans le comportement des hommes. “ Pour les hommes, cela n’a jamais été pénible de profiter de la liberté conditionnelle. Un homme est un homme. Il a une famille, des enfants. Par contre, s’il se considérait comme *blatnoj*, comme porteur de la sub-culture des voleurs, c’était désastreux pour lui d’en profiter. En général, la jouissance de tout bien fourni par l’administration ou le pouvoir soviétique était pénible. Elle était interdite ”[319]. La dualité des normes structurant les relations avec l’administration met parfois le détenu dans la situation du choix entre deux impératifs d’action. Soit on s’adresse à l’administration, soit on n’arrive pas à se défendre. Ainsi le détenu hiérarchise-t-il les normes en les adaptant à ses propres besoins. Il cherche un compromis individuellement, car la dualité des normes illicites ne permet pas de le rendre généralisable. “ Même le Code Pénal n’exclut pas la situation où le respect d’une norme t’amène à la violation de l’autre. Ici, c’est pareil. Tu respectes une norme illicite et viole l’autre. *Quelles normes illicites vous ne violez jamais ?* - Ne pille pas les tiens, ne dénonce pas, ne demande pas de nourriture en supplément ”[320].

Indiquons également l’attribut[321] “ ton proche ” et sa variante “ les siens ” dans la norme “ Ne pille pas ton proche ” comme une preuve complémentaire de la dualité des normes. Il n’est pas interdit de piller, il est interdit de piller *le proche*, *le sien*. “ Ne prends pas les choses d’autrui - on peut requérir contre celui qui le fait. Quand vous êtes libre, vous pouvez emprunter une voiture à votre voisin, Ivan Ivanovitch. Il n’ira pas se plaindre à la Cour. Tandis que ici… Tenez, si vous sortiez de prison et rencontriez Ivanov, qui est aussi un ex

---

318 Entretien n°38

319 Entretien n°18

320 Entretien n°33

321 Selon une approche structuraliste, l’attribut détermine le groupe affecté par la norme (Crawford S., Ostrom E., “ A Grammar of Institutions ” : *American Political Science Review*, September 1995, Vol.89, n°3, p.584).

détenu, vous n'iriez pas le piller. Par contre, si Ivanov faisait l'autorité illicite à la prison, lui, il peut vous piller. Vous - non "[322]. " Avant même les braqueurs n'étaient pas respectés [dans le milieu carcéral]... Un braqueur ne demande pas à la victime qu'on dévalise qui elle est. C'est peut-être quelqu'un qui vient de sortir de prison, qui a passé toute sa vie en détention. Moi, je ne me permettrai jamais de le faire... "[323]. Autrement dit, il faut savoir bien choisir la victime d'un délit. L'ordre n'implique pas la suppression totale de la délinquance, il implique sa canalisation, son *orientation vers les autres*. Le choix de la victime s'effectue en fonction de sa non appartenance au nombre des proches, des siens. " Auparavant, les brigands et les voyous n'étaient pas respectés. *Pourquoi ?* - Parce que. Qui est-ce qui est un voyou ? Le voyou. Il est sans principes et frappe les hommes "[324]. La connaissance personnelle, l'expérience de la vie carcérale (" Un détenu comprendra vite un autre détenu "[325]) et l'appartenance à la même catégorie illicite sont les conditions nécessaires pour qu'un détenu se transforme en sien. Les réponses à la question " Qui est-ce qui peut devenir pour vous le sien (*svoj*) ? " justifient cette supposition :

Tableau 18

	Rus	Kaz	Fr
N	817	367	54
Je ne fais pas la différence entre les miens et les autres	35,3	40,9	5,6
Un proche	32	26,4	77,8
Une personne qui partage ma vision du monde. Caractéristiques propres aux représentants de la même catégorie illicite	21,4	19,6	16,7

[322] Entretien n°2

[323] Entretien n°3a

[324] Entretien n°18

[325] Entretien n°27b

Une personne qui s'occupe de la même chose que moi. Caractéristiques propres aux représentants de la même catégorie illicite	10,3	11,4	13,7	
Un compatriote (originaire de la même région que moi)	7,3	4,6	7,4	
Une personne avec laquelle j'ai passé plusieurs années en détention	5,8	3,5	11,1	
Quelqu'un recommandé par une personne que je connais bien	0,4	1,1	x	

Le relativement haut niveau des interviewés qui ont choisi la première variante de la réponse ne doit pas nous tromper. On a déjà mis en avant la difficulté sémantique qui nous empêche de trouver un terme univoque.

Les couples de termes Nous / Eux, les Siens / les Autres, Ami / Ennemi ont leurs avantages et inconvénients, ils sont présents dans le discours scientifique aussi bien que dans le discours quotidien. Donc, le terme de Siens ne définit pas de façon exhaustive la dualité des normes. “ *Les relations à l'internat étaient-elles dures ?* - Non, pas forcément. Il n'y avait pas de cruauté par rapport aux camarades de classe. On essayait de vivre ensemble paisiblement, de s'aider les uns les autres. Par contre, de la part de l'administration, de la part des anciens il y avait bien de la cruauté ”[326].

Enfin, les relations des hommes avec les “ couleurs ”, surtout avec les “ coqs ” nous servent d'illustration de la dualité extrême des normes. Les “ coqs ” personnifient pour les détenus les autres, les étrangers à la cité carcérale. Si les hommes n'ont pas droit à la parole à l'échelle de la cité carcérale, ils en jouissent dans leurs relations avec tous les “ couleurs ”. Les représentants des “ couleurs ”, quant à eux, ne peuvent s'imposer qu'à l'intérieur de leur communauté. “ Le

[326] Entretien n°25. Ici, la dualité prend la forme de l'opposition entre les anciens et les cadets.

pacan ne peut pas vivre tranquillement, il n'a pas suffisamment d'autorité. Il peut imposer sa volonté seulement aux inférieurs [dans la hiérarchie illicite], aux 'couleurs', par exemple, pas aux supérieurs "[327].

Ce qui est autorisé aux hommes dans leurs relations avec les " coqs ", ne suscite pas les droits réciproques de ceux-ci. L'asymétrie des normes et des droits est bien enracinée dans la vie quotidienne. " De leur [aux 'coqs'] donner quelque chose - sans problèmes. Mais de prendre quelque chose de leur part - jamais... Un 'coq' ose insulter un homme ? Dieu l'en garde ! Le vrai homme qui se respecte lui-même est obligé de casser la tête de celui-là tout de suite. Même si le 'coq' a simplement forcé la voix... "[328]. " Si quelqu'un fait partie des 'couleurs' - toutes ses connaissances sont là-bas... Comment puis-je le mettre sur pied, faire respecter ses paroles ? Qu'un 'coq' prenne la parole ? ! "[329].

Le conflit des normes est si manifeste qu'il rend impossible le compromis même au niveau individuel. La sympathie personnelle ne change pas les relations entre deux détenus appartenant à des catégories distinctes.

" Pour moi, ça suffit de ne pas manger avec sa cuiller, de ne pas descendre à son niveau. Néanmoins on est très bons copains [avec un 'coq']. Je ne fume pas après lui. Quant à lui, il fume après moi. En général, il mange et fume après moi. Je peux manger et fumer après un homme, c'est acceptable. Je préférais avoir faim, que de manger après un 'coq'... Peut-être, si on était libre, il serait acceptable pour moi de manger après lui. Je ne sais pas. J'ignore comment il faut se comporter par rapport au 'coq' au-dehors de la prison "[330].

En résumant notre brève analyse de la dualité des normes, nous pouvons relativiser l'unité de la société carcérale. Celle-ci se divise en plusieurs couches, catégories, groupes et ne forme guère un ensemble homogène. " Ici, les gens ne vivent pas dans un tas unique. Ils vivent dans plusieurs petits tas... Chacun a ses propres normes illicites en plus des choses qu'on essaye tous de respecter "[331].

Bien qu'il s'agisse d'une " petite " société, la société carcérale se décompose en nombreuses " sociétés " encore moindres. Ce n'est pas l'échelle de la société qui définit sa nature, mais son fonctionnement interne. La " grande " société, cité, ne se produit qu'à condition de

---

[327] Entretien n°33

[328] Entretien n°21

[329] Entretien n°30

[330] Entretien n°20

[331] Entretien n°27a

l'existence d'un corps normatif unifié et valable pour tous ses citoyens.

3.2.7. Image des relations entre les sexes. L'homosexualité dans la prison

L'utilisation de l'homosexualité passive en tant que moyen de différenciation, en tant que stigmate des parias du monde carcéral nous invite à réfléchir sur les particularités de l'image de la sexualité dans le contexte de l'emprisonnement. Un des concepts modernes des relations amoureuses implique le statut égal de leurs participants.

Cela va même plus loin, si l'égalité et la liberté des participants ne sont pas assurées *ex ante*, elles deviennent la raison d'être de la relation amoureuse. " L'amour est un des lieux ou apparaît le sujet "[332].

Les relations amoureuses ne se réduisent donc pas à la seule sexualité, bien qu'elle y joue un rôle essentiel. Un autre type idéal de la sexualité, propre aux sociétés traditionnelles, se traduit par le statut radicalement inégal des participants, par leur comportement non réciproque, voir par la soumission de la femme au désir sexuel de l'homme.

" La sexualité 'nue', 'pure' est en continuité avec la violence "[333]. L'image de la sexualité chez les détenus soviétiques s'approche-t-elle du premier type idéal ou bien du second ?

Les observateurs participants de la vie prisonnière mettent en relief l'opposition radicale entre l'image de l'homme et celle de la femme dans la sub-culture carcérale. Le rôle d'homme consiste à imposer sa volonté à la femme, à la faire obéir, *à la soumettre à son autorité.* " Cet être inférieur, la femme, n'existe que pour satisfaire aux désirs animaux du voleur, pour servir de cible à ses blagues brutales et d'objet à ses coups au moment où le voleur fait la noce. Un objet vivant que le voleur prend en possession temporaire "[334].

La volonté de l'homme d'imposer son autorité à la femme marque aussi l'image des relations sexuelles. " Faire l'amour signifie pour la plupart des détenus l'imposition obligatoire de son désir. On pense que la femme doit résister. Autrement elle est considérée comme prostituée "[335].

L'argot criminel rend la dualité du comportement - l'imposition *versus* la résistance - manifeste. Un des synonymes de femme est bien

---

332 Touraine A., " *Critique de la modernité* ", p.329

333 Girard R., *Op. cit.*, p.169

334 Chalamov V., *Op. cit.*, t.2, c.43

335 Rossi J., *Op. cit.*, t.1, c.107

la prostituée. Ainsi pouvons-nous proposer une lecture machiste de la sub-culture carcérale dont la dualité prend alors une nouvelle dimension : la rupture entre les deux sexes. La frontière qui sépare le monde masculin du monde féminin n'est pas transparente, à la différence de celle qui sépare le public et le privé en prison.

Le rejet du rôle féminin et la volonté de l'associer avec une sanction sont surtout manifestes au Kazakhstan :

Tableau 19

" *Qu'est que vous pensez des relations homosexuelles dans la prison ?* "	Russie, N=131	Kazakhstan, N=396
Je les rejette complètement	36,6%	40,4
C'est normal quand ces relations ont le caractère volontaire	26	15,4
Je ne sais pas	13	19,9
C'est une sanction appliquée à ceux qui ne respectent pas nos normes	7,6	20,2
Pas de réponse	16,8	4

L'image duale de la sexualité dans le contexte de l'abstention sexuelle non volontaire (la population carcérale d'un pénitencier ne comporte que les représentants du même sexe) produit une série de tabous.

Le moindre mouvement susceptible de faire naître des associations au rôle féminin peut amener au déclassement du détenu, à son transfert dans la catégorie des " couleurs ". " Récemment il y a eu un conflit chez nous. Un détenu avait mis en dormant, probablement par hasard, sa main sur son voisin. Ce dernier a mal interprété ce geste... "[336].

" Il y a un mouvement chez les jeunes - les pédés (*golubye*), je sais pas comment les appeler scientifiquement. Ils font du sexe oral, vous le savez. Chez eux, ça inspire du respect d'être homosexuel. Si tu ne fais pas du sexe ici, tu n'es plus un homme. Je les écoute et je commence à penser que soit c'est moi qui suis idiot, soit c'est le monde à l'envers "[337].

En ce qui concerne le milieu des jeunes détenus, il produit un tabou encore plus bizarre. La découverte que quelqu'un se masturbe entraîne son déclassement, - il devient " coq ". " Les 'coqs'

[336] Entretien n°10

[337] Entretien n°21

comportent ceux qui font du sexe oral, du sexe anal. Même si quelqu'un tout simplement se masturbe - on le traite comme 'coq' "[338].

Le seul plaisir sexuel accessible pour les jeunes détenus (les visites des jeunes filles sans parloir y sont interdites) apparaît interdit par le tabou.

La rupture entre le monde masculin et le monde féminin est si profonde que le double jeu (du rôle féminin et du rôle masculin simultanément) est exclut. Soit la sexualité existe dans la prison dans sa forme pure et brutale, soit elle n'existe pas du tout.

Le premier cas ne s'applique qu'aux relations voleur / " coq ", homme / " coq ". Comme en témoigne un surveillant, qui a même observé des tentatives (non réussies, d'ailleurs) de transformer les coins où habitent les " coqs " en sorte de maison de prostitution pour les détenus " respectables "[339]. Dans l'optique de la sub-culture carcérale le " coq " est aussi méprisable et étranger que la prostituée. Le premier autant que la seconde attirent et canalisent la violence.

[338] Entretien n°34

[339] Entretien n°40

3.3. Sur la violence en prison

Dans les sociétés modernes la justification principale de l'existence de la prison consiste à institutionnaliser la violence. L'Etat monopolise la violence et c'est l'institution pénitentiaire qui lui sert pour matérialiser ce monopole. Or, nous avons besoin de retoucher l'image de la prison en tant que dispositif de la violence institutionnalisée aussitôt qu'on s'intéresse au modèle soviétique de la société. D'une part, l'administration pénitentiaire n'agit pas toujours dans les cadres normatifs fixés par la Loi et possède une marge de manœuvre non négligeable au niveau de ses actions quotidiennes. La discrétion de l'autorité licite dans la prison renforce sa perception par les détenus comme autorité disjointe et purement contraignante voire hostile. D'autre part, l'emprisonnement à plusieurs génère la violence à l'intérieur de la prison.[340] " La prison. Une pression permanente. Tout ça met l'homme dans une situation anormale. Bien sûr, son système psychique est loin d'être en équilibre. Il y a une pression morale permanente. Le poids d'une pierre se fait sentir. On est débordé parfois par cette pression. Elle s'accumule sans arrêt, s'accumule. On cherche toujours un moyen pour la faire baisser, sinon - un stress, une crise psychologique éclate. Vous me comprenez ? L'homme s'est énervé. Et voilà des conflits quotidiens : tu n'as pas mis les pantoufles en ordre, tu mets ta couverture sur mon lit quand tu fais le tien, tu as pris quelques chose sans l'avoir demandé, etc. Dans une situation habituelle, ces conflits ne sont pas pris au sérieux. Par contre, ici, ils peuvent pousser les gens à l'extrême. On peut casser la tête, jusqu'à couper la gorge... Il y a des moments où quelqu'un perd patience et une crise éclate. *Il lui semble que quelqu'un d'autre est coupable* "[341]. Quant à la violence générée à l'intérieur de la prison, sa maîtrise consiste parfois à trouver une victime de substitution, une victime sacrifiable, ce qui contredit l'impératif de l'institutionnalisation. Autrement dit, ni la violence licite, ni la violence illicite ne sont complètement institutionnalisées dans la prison de type soviétique.

---

[340] Bien que plusieurs criminologues soient contre l'idée de " l'accumulation " de la violence, ils sont d'accord avec le fait que certains lieux dont la prison sont plus violents que les autres. " Ce n'est pas l'agressivité qui s'accumule comme l'eau derrière un barrage, mais c'est tout simplement que l'organisme manque de stimulation, il a besoin d'activité. Ce besoin d'action se manifestera tout naturellement de façon agressive... chez des individus qui ont appris à se conduire agressivement " (Cusson M ; " *Délinquants pourquoi ?* ", Paris : Arman Colin, 1981, p.149). Quel que soit la nature de l'accumulation de l'agressivité, la prison lui sert de réservoir.

[341] Entretien n°18

3.3.1. Conceptions de la violence

Au contraire d'un point de vue commun, pour un observateur externe aussi bien que pour un observateur participant, l'espace d'emprisonnement ne semble pas spécialement violent. " Ce milieu n'est pas plus violent que le monde extérieur "[342]. C'est-à-dire que la violence ne saute pas aux yeux dans la prison, y compris dans la prison soviétique. Au début des années 30, l'administration pénitentiaire soviétique a proposé à un groupe d'artistes, avec Maxime Gorkij en tête, de visiter le chantier du canal Bélomor-Baltes dont la construction a été réalisée par des prisonniers. Les artistes furent si impressionnés qu'ils vantèrent en nombreuses œuvres le système des camps de travail forcé et ses mérites en matière de réinsertion[343]. Il serait trop simpliste d'y voir un résultat de la contrainte ou d'une illusion créée consciemment par l'administration pénitentiaire. Il faut prendre en compte l'ignorance de plusieurs aspects de la violence dans n'importe quel discours sur la prison. Même les données statistiques semblent justifier la non violence du milieu carcéral : le taux de criminalité enregistrée dans la prison a été en 1995 3,67 sur 1000 détenus, tandis que celui dans la société russe - 29,92 sur 1000 personnes de la population active, soit huit fois plus élevé que celui-là (voir Tableau 20 pour la dynamique de la quantité totale des crimes enregistrés par type d'établissement pénitentiaire)[344]. Comment expliquer cet aveuglement, conscient ou inconscient, statistique ou discursif, de la violence, compte tenu du fait que le monde carcéral pourrait nous servir d'encyclopédie de celle-ci : presque toutes ses formes y sont présentes ?

Tableau 20

	Dans les colonies	Dans les maisons centrales	Dans les colonies des jeunes
1992	2588	24	157
1993	3012	15	139
1994	2785	12	91
1995	2280	0	93

Tout d'abord, il faut qu'on exclut l'hypothèse de la violence symbolique selon laquelle " le passage de techniques brutales d'imposition à des techniques plus subtiles "[345] peut expliquer

---

342 Chauvenet A., Orlic F., Benguigui G., *Op. cit.*, p.118

343 Rossi J., *Op. cit.*, t.1, c.27.

344 Tkatchevskij Yu., *Op. cit.*, c.83 ; http::www.gks.ru " *Russia in figures – 1999* ".

345 Bourdieu P., Passeron J.-C., *Op. cit.*, p.12

l'impression de la non violence. Dans l'optique de la sociologie critique, l'ignorance du côté violent de la prison ne peut se produire qu'à condition de l'intériorisation par des observateurs externes des repères de jugement qui existent en milieu carcéral. Moins la société s'intéresse au problème de la violence carcérale, licite et illicite, moindre est la distance qui sépare celle-là de la société prisonnière. Ce raisonnement pourrait nous servir de bonne preuve de notre hypothèse sur la congruence de la société soviétique et de la " petite " société prisonnière, si on ne trouvait pas des lacunes de perception similaires dans bien d'autres contextes sociaux. En occultant la discrétion de l'autorité licite dans les prisons américaines, de Tocqueville et de Beaumont lui donnent l'excuse suivante. " Comment maintenir parmi les criminels un silence absolu, si on ne les domine sans cesse par la terreur d'un châtiment prompt et rigoureux ? "[346]. Cela va même plus loin, la transformation imaginaire de la prison en milieu non violent implique la capacité quasi absolue de l'autorité licite dans la prison à imposer ses règles du jeu, parce que selon la sociologie critique " la répression physique vient en effet sanctionner les échecs de l'intériorisation d'un arbitraire culturel "[347]. Si c'était le cas, la sub-culture carcérale n'existerait point.

Une explication alternative consiste à inscrire l'ignorance de la violence carcérale dans un contexte institutionnel particulier. Par exemple, un acte peut être considéré comme violent à l'extérieur de la prison, tandis que à son intérieur il n'attire pas d'attention suite à son caractère habituel et attendu. " La violence n'est jamais réductible à l'image de la pure objectivité, tout simplement parce que ce qui est conçu ou perçu comme 'violent' varie dans le temps et l'espace "[348]. Plusieurs études du sentiment de l'insécurité justifient l'hypothèse selon laquelle il n'y a pas de correspondance stricte entre un acte et sa perception comme violent ou non. " L'individu victime d'un acte de violence ressentira les conséquences de cet acte suivant l'inscription de l'acte dans une structure de perception qui lui préexistera "[349]. La non congruence du monde carcéral et de la " grande " société implique que le détenu ne perçoive pas la violence carcérale de la même façon qu'il réagit à la violence à l'extérieur de la prison. Dans ce milieu violent par définition, on augmente consciemment le seuil de tolérance de la violence, tout comme l'on arrête de réagir aux souffrances des autres pendant la guerre. " *Peut-on parler d'une diminution de la violence, y compris la violence des mots, des gestes,*

[346] Tocqueville A. de, Beaumont G. de, *Op. cit.*, p.192
[347] Bourdieu P., Passeron J.-C., *Op. cit.*, p.51
[348] Wieviorka M., et alliés, *Op. cit.*, p.19
[349] Roché S., *Op. cit.*, p.204

des regards ? - Chez nous, si l'on pense à la violence, ce sont seulement des bagarres qui sautent aux yeux "[350]. Par contre, le discours de nos interlocuteurs nous fournit certaines preuves de la non perception de la violence non seulement dans le milieu carcéral, mais aussi dans la société (post)soviétique. " Si l'on fait attention à chaque chose... Ici tout se passe de la même façon qu'à l'extérieur de la prison. Par exemple, on vous pousse dans le métro ou dans un bus... Moi, je suis toujours tolérant par rapport à ces choses, je ne fais pas attention à telles mesquineries. Il ne faut réagir que s'il y a quelque chose de grave "[351]. Soulignons que l'emprisonnement à plusieurs suscite plus de conflits au niveau de la vie quotidienne que les modèles de l'emprisonnement cellulaire. Ainsi, les bousculades sont-elles *physiquement* inévitables dans la situation où une centaine personnes sont mises ensemble dans un espace vital très réduit (quelque centaines de mètres carrés) et mal aménagé du point de vue du respect de la frontière public - privé[352].

Une solution institutionnelle des micro conflits dans le milieu carcéral n'est pas toujours assurée pour deux raisons. Premièrement, l'accent sur la mission sécuritaire exclut la volonté de l'administration pénitentiaire d'intervenir dans des moindres conflits entre les détenus. L'administration n'intervient que si le conflit risque de produire un délit grave qui mettrait en question l'efficacité de son travail. Or, les perspectives d'aggravation d'un conflit sont souvent surévaluées. " Les disputes se produisent à la moindre occasion, les querelles atteignent tout de suite un tel degré qu'il semble que leur seule solution possible consiste à prendre des couteaux "[353]. Le cas de Victor Mantulin, notre interlocuteur qui a commis un meurtre en prison suite à la non intervention d'un surveillant, nous sert d'illustration. " Il y a des conflits divers, tout comme à l'extérieur. Il arrive qu'une conversation tranquille suffise pour résoudre le conflit. Il arrive qu'une bagarre devienne inévitable. Je me souviens d'un conflit dans une colonie de haute sécurité. Avec le *zavhoz* (capo), mon compatriote. Il m'avais mis plusieurs fois au mitard. Il faisait des procès verbaux à l'occasion de n'importe quelle mesquinerie, par exemple, que j'étais sorti en pantoufles dans une zone locale. L'administration me punit de 15 jours de mitard. Pendant ces 15 jours,

[350] Entretien n°13

[351] Entretien n°26

[352] Une étude de la violence des collégiens a montré que les couloirs étroits, mal éclairés et non aménagés sont une des sources majeures des micro conflits dans la vie quotidienne d'un collège (Peralva A., " *La violence au collège : une étude de cas* ", document de travail du C.A.D.I.S., 1996, p.17).

[353] Chalamov V., *Op. cit.*, t.1, c.50

on me donne de la nourriture un jour sur deux. Je me tus. La deuxième fois exactement la même situation se reproduit : un procès verbal sous prétexte que mon veston n'était pas boutonné d'une manière conforme. On me met de nouveau au mitard. J'en ai assez. Je ne l'ai pas égorgé tout de suite, je lui avais d'abord montré un couteau. 'Encore une fois, et je vais t'égorger'. Lui, il sourit et dit que je n'oserai pas le faire. Le responsable de notre *otrjad* a écouté cette conversation. Il me fait venir et demande : 'De quoi tu as menacé ?'. Je m'explique et je répète que si le *zavhoz* continue à me faire des p.-v., je l'égorgerai. Je l'ai dit directement au responsable. 'Va te faire foutre', a-t-il répondu. Je continue à me taire et j'attends la prochaine fois. Le *zavhoz* me met au mitard pour la troisième fois. Quand j'en suis sorti, je ne pouvais plus supporter ça "[354].

Les preuves de l'absentéisme de l'administration ne manquent pas non plus dans le discours des autres interlocuteurs : " Un détenu [qui a perdu une somme importante en jouant aux cartes] demande à l'administration de le protéger [contre la persécution de la part des autres joueurs]. 'Va te faire foutre, espèce de bouc, - répond-on. Tu as perdu, - va travailler, prends un travail le plus pénible, mais paie. Pour que l'administration le cache ou le protège ? Jamais. 'Tu nous as demandé une autorisation de jouer et de perdre ? Va te faire foutre, va payer' "[355].

Deuxièmement, l'existence des catégories multiples de détenus empêche l'institutionnalisation des conflits, car celle-ci implique le traitement égal des parties concernées, quelle que soit leur appartenance sociale licite ou illicite. Au contraire, certaines catégories illicites servent de cibles afin de canaliser la violence générée au niveau de la vie quotidienne.

Le destin des " coqs " est surtout pertinent dans ce contexte, - ils attirent la violence des couches supérieures de la population carcérale. " Auparavant il [le 'coq'] ne pouvait pas lever les yeux, il te laissait toujours passer "[356]. " On sait ici qui est-ce qu'on peut insulter. Tandis que je me souviens d'une situation où ton appartenance avait peu d'importance. Qui que tu sois, - tes injures ne restaient pas sans réponse. Il y a même eu une règle dans les colonies de régime renforcé : qui que ce soit qui te dise des injures, tu le frappes tout de suite. Cette règle n'existe plus "[357], - les insultes sont réservées principalement aux " coqs " et autres parias du monde carcéral.

[354] Entretien n°3a
[355] Entretien n°21
[356] Entretien n°16
[357] Entretien n°13

Autrement dit, la logique de la recherche d'une victime de substitution, d'une victime sacrifiable domine la logique de l'institutionnalisation de la violence. Par conséquent, les micro conflits se transforment en source de violence non institutionnalisée dont la maîtrise ne correspond guère au type idéal de la modernité.

La logique de la tolérance forcée permet de faire un lien entre la présence de la violence, licite et illicite, en emprisonnement et son ignorance dans le discours des détenus comme dans celui des observateurs extérieurs.

La situation de l'emprisonnement, à plusieurs suppose l'inflation des conflits au niveau de la vie quotidienne. Ni la structure sociale, ni le modèle de l'autorité ne permettent d'y trouver une solution institutionnelle. Donc, la violence dans tous ses états devient inévitable.

" La violence est une action, [...], traduction d'une conflictualité qui ne trouve pas d'autres canaux pour s'exprimer, pas de modalités de traitement politique des aspirations qu'elle met en forme, et qui prennent l'allure d'une subjectivité frustrée ou interdite d'expression "[358].

Mais l'omniprésence de la violence empêche sa perception adéquate : on ne fait attention qu'aux actes les plus violents en laissant de côté la violence verbale, gestuelle et même les délits qu'on criminalise à l'extérieur de la prison.

Selon notre hypothèse, à laquelle nous reviendrons dans les sous chapitres 4.2.5 et 4.2.6, la façon de maîtriser et de percevoir la violence que nous venons d'esquisser caractérise aussi la société soviétique en général. La congruence de la société carcérale et de la société soviétique s'explique moins par la violence symbolique de la sub-culture carcérale que par la comparabilité de l'organisation sociale des deux sociétés.

3.3.2. Particularités des relations d'autorité licite

Le caractère purement contraignant et disjoint, voir hostile, de l'autorité licite constitue un des obstacles essentiels à la maîtrise moderne de la violence. Regardons de près le rôle de l'autorité licite dans l'organisation de la vie quotidienne en incarcération.

De ce point de vue, il faut mettre en relief trois éléments qui caractérisent le fonctionnement de l'administration pénitentiaire. Premièrement, soulignons sa toute-puissance intra-muros : l'autorité licite peut intervenir dans n'importe quel aspect de la vie quotidienne des détenus.

---

[358] Wieviorka M. et Alliés, *Op. cit.*, p.19

“ Ils [l’administration] font ce qu’ils veulent faire. C’était comme ça auparavant. C’est comme ça aujourd’hui. Ce sera comme ça dans l’avenir. L’administration (*natchal’stvo*) mène le bal. Personne, ni les détenus, aucune sub-culture carcérale ne peuvent bouleverser le pouvoir, comprenez ? Tout dépend de l’administration ”[359]. Le titre illicite du directeur du pénitencier, le maître (*hozjain*), reflète bien la capacité des membres de l’administration d’imposer leur volonté aux détenus sans aucune contrainte. Nos interlocuteurs ont souligné cet aspect à plusieurs reprises. “ Je ne me sens pas du tout protégé ici. Si quelqu’un [de l’administration] voulait me faire quelque chose, il le ferait sans aucun doute ”[360].

L’autorité licite peut créer pour un détenu des conditions insupportables en même temps qu’elle peut faciliter beaucoup sa vie en emprisonnement. “ L’administration décide tout ”[361].

Depuis les questions les plus simples concernant l’attribution d’un lit à chaque détenu jusqu’à la prise de décision sur sa liberté conditionnelle ou son transfert dans un autre pénitencier-subdivision, toutes relèvent de la compétence exclusive de l’administration.

Une enquête sociologique réalisée dans 317 pénitenciers aux Etats-Unis nous fournit une preuve statistique du rôle capital de l’administration dans la vie quotidienne des détenus. Ses résultats supportent “ la théorie du contrôle administratif selon laquelle la violence collective résulte de la gestion instable, divisée ou inefficace d’une autre manière ”[362].

Deuxièmement, les cadres légaux ne limitent guère la toute-puissance de l’administration pénitentiaire. Celle-ci jouit d’une marge de manœuvre importante même dans la construction moderne de la société où il y a divers mécanismes de contrôle externe sur les actions de l’autorité licite, y compris le système de contrôle mutuel (*checks and balances*) qui transforme le principe de différentiation des sphères d’activité en dispositif de l’organisation institutionnelle.

“ Non seulement l’ensemble des règles professionnelles et des moyens mis en œuvre par les surveillants dans le but de contrôler la population pénale ne font pas l’objet d’un cadre formel reconnu, mais bien souvent ils s’inscrivent en faux contre les textes ou ils les violent ”[363].

---

[359] Entretien n°18

[360] Entretien n°27a

[361] Entretien n°38

[362] Useem B., Reising M., “ Collective Actions in Prisons : Protests, Disturbances and Riots ” : *Criminology*, November 1999, Vol. 37, n°4, p.735

[363] Chauvenet A., Orlic F., Benguigui G., *Op. cit.*, p.123

Le seul moyen de priver l'administration pénitentiaire de l'arbitraire dans la gestion de la vie quotidienne des détenus consiste à la mettre sous contrôle d'un autre pouvoir total. La situation dans les colonies de travail forcé à l'époque de Staline prouve bien cette hypothèse. Malgré l'apparence du Goulag en tant qu'un " Etat dans l'Etat ", la discrétion de son administration était bien délimitée. Le traitement inhumain des détenus s'expliquait moins par l'arbitraire de l'administration pénitentiaire que par les particularités de la politique du pouvoir central et des lois en vigueur. " Tout ça n'a pas été arbitraire. Il a toujours fallu un ordre. Dans des cas très importants, on a obligé tous [les détenus] à signer les actes "[364]. Donc, pour combattre une autorité totale, on a besoin d'une autre autorité totale, encore plus omniprésente et toute-puissante que la première.

Les autres contextes institutionnels n'excluent pas l'opportunisme de l'administration pénitentiaire. Cela va même plus loin, un modèle de pouvoir centralisé, mais non total, implique un certain degré d'arbitraire dans les actions de ses subordonnés, y compris dans les relations entre le pouvoir central et ses lieutenants dans les diverses sphères dont l'administration pénitentiaire.

Les coûts de contrôle et la complexité des tâches à contrôler rendent indispensable la stratégie de " fermer les yeux " au comportement opportuniste des subordonnés. Illustrons ce point en termes de la théorie des jeux. On se permet de donner une interprétation proche de notre sujet au modèle élaboré par Elinor Ostrom[365].

Admettons qu'il y a deux subordonnés sous tutelle d'Etat et qu'ils ont le choix entre deux stratégies : se concentrer sur la réalisation des tâches données par la tutelle ou bien se comporter de façon opportuniste en profitant de la marge de manœuvre afin de réduire leurs efforts. Les gains respectifs des deux joueurs sont représentés dans la matrice ci-après. Le jeu a deux équilibres de Nash (11, -1) et (-1, 11) qui ne coïncident pas avec l'équilibre de Pareto (10, 10)[366].

---

[364] Chalamov V., *Op. cit.*, t.1, c.88. Le passage du télégramme officiel du 10.01.1939 signé par Staline confirme ce point : " Le recours à la force physique dans la pratique du *NKVD* (Le Ministère de l'Intérieur), qui a été autorisé par le Comité Central (du Parti Communiste) en 1937, permettait la révélation de plusieurs ennemies du peuple. Le Comité Central est persuadé qu'il faut continuer à appliquer cette méthode, à titre d'exception, comme correcte et opportune par rapport aux ennemies dangereux " (cité dans Solomon P., *Op. cit.* p.258).

[365] Ostrom E., " *Governing the Commons. The Evaluation of Institutions for Collective Action* ", Cambridge: Cambridge University Press, 1990, p.11

[366] On entend par équilibre de Nash une issue du jeu telle qu'aucun joueur ne peut augmenter son gain de manière unilatérale. On entend par équilibre de Pareto une issue du jeu telle qu'aucun joueur ne peut augmenter son gain sans diminution du gain de l'autre joueur.

Tableau 21

		Second subordonné	
		Se concentrer sur l'activité productive selon les règles imposés par l'Etat	Se comporter de façon opportuniste
Premier subordonné	Se concentrer sur l'activité productive selon les règles imposés par l'Etat	10, 10 [P]	-1, 11 [N_2]
	Se comporter de façon opportuniste	11, -1 [N_1]	-2, -2

Supposons maintenant que l'organisme de tutelle essaye de contrôler les actions des subordonnés et de punir de deux unités d'utilité le comportement opportuniste. Alors, il faut entrer en ligne de compte la probabilité (y) de la punition juste et la probabilité (x) de la punition injuste, car l'organisme de tutelle ne dispose jamais toute l'information concernant les actions des subordonnés. Si x>25% et y<75% l'intervention de l'Etat ne peut qu'aggraver la situation : seul équilibre de Nash coïncide avec l'issue la moins optimale (-2, -2). Par conséquent, dans certaines situations, l'Etat a l'intérêt à s'abstenir d'intervenir dans les actions de ses lieutenants, tout comme les lieutenants s'abstient souvent d'intervenir dans les affaires de la base (*rank-and-file*).

Tableau 22

		Second subordonné	
		Se concentrer sur l'activité productive selon les règles imposés par l'Etat	Se comporter de façon opportuniste
Premier subordonné	Se concentrer sur l'activité productive selon les règles imposés par l'Etat	10-2x, 10-2x [P]	-1-2x, 11-2y
	Se comporter de façon opportuniste	11-2y, -1-2x	-2y, -2y [N]

Soulignons que la fermeture de la prison par rapport au monde extérieur augmente la valeur de x quand l'Etat essaye d'imposer les cadres légaux à l'administration pénitentiaire. " Il me semble qu'il est très difficile de définir tout ça [les actions de l'administration] par la Loi. Ceci rendrait la tâche de l'administration beaucoup plus compliquée "[367]. A son tour, celle-ci tente de conserver l'image de la " boîte noire " associée à la prison, ce qui lui permet de continuer à jouir d'autonomie non négligeable. Dans une conversation privée et non enregistrée, le sous colonel Gorjunov, directeur par intérim d'une colonie de régime renforcé au nord de la Russie, se souvient avec nostalgie de la période où aucun organisme d'Etat (sauf le ministère de tutelle, c'est-à-dire le Ministère de l'intérieur) n'avait le droit d'intervenir dans les affaires des représentants de l'administration pénitentiaire : ni la police routière (*Gosudarstvennaja Avtodorojnaja Inspekcija - GAI*), ni le contrôle sanitaire, ni les pompiers.

Troisièmement, les actions quotidiennes des surveillants et des représentants de l'administration pénitentiaire se construisent souvent selon l'impératif de la dualité extrême des normes que nous avons attribué à la sub-culture carcérale. La non efficacité de la contrainte légale ne signifie point que l'administration agit sans aucune référence aux cadres normatifs. Les normes de la " petite " société se substituent aux règles légales, ainsi que la dualité des normes se substitue à l'impératif du respect des droits de base de chaque personne humaine. Le prix à payer pour le non respect des cadres légaux consiste dans la reproduction du modèle de la " petite " société. Aussi paradoxal que cela puisse paraître, les actions de l'administration suivent la logique de la sub-culture carcérale, contre laquelle celle-là est censée lutter.

Suite au manque d'information pour appliquer tous les critères de la " petite " société au monde de l'administration pénitentiaire, on se bornera à une étude de la dualité des normes qui servent à organiser ses actions quotidiennes. Tout comme les " couleurs " sont privés de la citoyenneté à la cité carcérale, l'administration refuse de reconnaître l'appartenance des détenus à la communauté humaine et leur accorde le statut de parias. *Grosso modo*, deux classes de gens existent du point de vue de l'administration, - les gens " normaux " et les détenus. " Il y a un fonctionnaire et il y a un détenu. Une clôture et une marche à trois tailles de l'homme ordinaire de hauteur les séparent. Si l'on est citoyen ordinaire, on peut essayer de parler [avec l'administration] d'égal à égal, tandis qu'ici... "[368]. Il est important de noter que cette catégorisation illicite " les êtres humaines versus les détenus " ne contredit guère la catégorisation licite : le système

---

[367] Entretien n°27a

[368] Entretien n°1b

pénitentiaire soviétique s'est passé de la Loi fixant les droits des détenus (nous traiterons cette question plus en détails dans le sous chapitre 5.2.1). Peut-on imaginer une meilleure preuve de la reconnaissance par l'Etat de l'autonomie de l'administration pénitentiaire dans les questions concernant le traitement des détenus ?

L'expulsion des détenus à l'extérieur de la communauté humaine semble donner de l'indulgence aux fonctionnaires dont le comportement par rapport aux détenus dépasse toutes les limites acceptables. Pour eux, les vols, l'humiliation, les insultes sont admis aussitôt qu'il s'agit des relations avec les " autres ", c'est-à-dire avec les détenus. " Eux [certains membres de l'administration du pénitencier], ils volent des produits alimentaires de notre cantine. Il y a eu les conserves de porc (*tuchenka*), - ils les emportaient en gros sacs chez eux. Ils voient un camion se garer, - ils commencent tout de suite à le décharger. Voilà pourquoi l'on ne voit jamais ici de la semoule, du riz, du sarrasin "[369]. La production clandestine dans la prison nous sert d'autre exemple du racket pratiqué par l'administration. Dans chaque pénitencier, il existe une production clandestine de petits objets et souvenirs (stylos, planches à pain, etc.), des couteaux, des panneaux de boiserie, parfois même des armes à feu (pistolets Makarov, *PM*). Les détenus utilisent ces objets produits clandestinement afin de faire du troc avec des surveillants et des contremaîtres, voire de faire par leur intermédiaire un petit commerce à l'extérieur de la prison. N'importe quelle production clandestine est interdite dans la prison, mais l'administration la tolère en règle générale parce que celle-là constitue pour elle une source de revenus non négligeable, sous la forme de la " taxation " illicite des œuvres des détenus. " Ils s'approprient les biens de consommation (*chirpotreb*), zut, ils s'approprient tout... *Comment utilisent-ils ces produits ?* - Je ne sais pas où ils les déposent, pour revendre, peut-être... Imagine, tu trouves ça normal ? D'ailleurs, d'un point de vue, c'est bien pour nous... Tu caches un couteau, tu affiles une pique, - on ne te dit rien... Ils se sont accoutumés à confisquer. Que diras-tu : on te donne un ordre, soit tu m'apportes un couteau, soit.... C'est normal ? Si tu ne l'apportes pas, tu iras au mitard ! "[370].

Cela va même plus loin, la violence vue à travers le prisme des relations duales perd son caractère exceptionnel et se transforme en règle du comportement quotidien. La violence unilatérale est utilisée souvent pour l'objectif parfaitement licite qui consiste à assurer la discipline et la docilité des détenus. Ainsi, l'arbitraire de

---

[369] Entretien n°38

[370] *Ibid.*, soulignons que le caractère délicat du sujet n'a pas permis à plusieurs autres interlocuteurs de s'exprimer franchement.

l'administration pénitentiaire crée-t-il les conditions nécessaires pour son abus du pouvoir, tandis que la dualité des normes forme les conditions suffisantes. " Il y a l'administration pénible, qui essaye d'humilier la personne, sa dignité humaine. Ils torturent physiquement. On t'amène au mitard, on t'enferme, on te met les menottes. Pour rien, - tu ne leur plais pas. On te frappe jusqu'au moment où tu défèques, tu te pisses dessus. On m'a frappé avec un manche hydraulique. Vous l'avez vu, le manche avec un écrou métallique ? J'étais jeune. On commence à te frapper. Ils veulent savoir combien de temps tu peux te tenir. Ils attendent le moment où tu commenceras à les supplier. Dans une heure, dans deux heures... Si tu perds conscience, ils répandent de l'eau froide sur toi, ils te laissent... Les vrais tortures de Gestapo... Il y avait le régime renforcé. Et l'administration suivait de près la Loi et *elle allait même bien au-delà de la Loi. Autrement dit, elle a torturé seulement les coupables des infractions disciplinaires ?* - Oui, ils ont torturé pour les infractions. *Il n'y avait pas des tortures purement arbitraires ?* - Non, il n'y en avait pas "[371]. Le discours de certains membres de l'administration prouve leur résolution à aller au-delà de la violence légitime, si besoin est. Un jeune officier, responsable d'*otrjad*, nous a confié dans une conversation privée sa volonté de mettre les détenus à " leur place " par tous les moyens disponibles. Il est intéressant de noter dans son discours l'usage d'une expression : " battre dans les W-C " (*motchit' v sortire*), dont il s'est servi pour parler d'un combat sans règles et sans pitié par rapport à l'adversaire[372].

En parlant des années 70-80, mais surtout du début des années 90, nos interlocuteurs ont souvent utilisé le mot *bespredel* (sans limites) afin de décrire les actions de l'administration. " Si les surveillants, les jeunes soldats, avaient froid, ou bien s'ils s'ennuyaient, ils commençaient à se réchauffer en te frappant. Je m'en souviens bien "[373]. " Il y avait beaucoup de *bespredel* au début des années 90. *En quoi a-t-il consisté ?* - Ils se sont habitués à vivre sans responsabilité : à humilier quelqu'un, à le frapper, à jouir de leur position privilégiée, de leur épaulettes. Ils nous considèrent comme des esclaves "[374]. Les colonies du régime de haute sécurité

---

[371] Entretien n°18

[372] Si bizarre que cela paraisse, mais le Président de la Fédération Russe a également utilisé dans son discours public la même expression à propos de la guerre en Tchétchénie.

[373] Entretien n°13. Jusqu'au début des années 90 les fonctions de simple surveillant dans les colonies étaient attribuées aux jeunes gens qui faisaient leur service militaire obligatoire dans l'armée intérieure (*VV – Vnutrennie Vojska*), les " chapeaux rouges " en argot populaire.

[374] Entretien n°24

spécialement créées pour accueillir les détenus les plus sensibles, qui refusent de se soumettre à la discipline imposée par l'administration, les " cygnes blancs " en argot carcéral (*belyj lebed'*), ont la réputation de lieu où l'administration peut aller bien au-delà de la Loi afin de " rééduquer " les détenus, dont la plupart appartient à la catégorie des *blatnye*. " Quand un 'cygne' a été ouvert à Ercevo [région d'Arkhangelsk] en 1990, on nous y avait mis. Là, on t'expliquait toutes les choses d'une façon très arbitraire. On nous rangeait dans un couloir et on nous faisait passer entre deux lignes de surveillants qui nous donnaient des coups de verges "[375].

Le non respect de la dignité humaine des détenus, leur traitement en tant " qu'autres ", comme des êtres non humains, suscite chez les prisonniers une réaction symétrique. Ils mettent en question la nécessité de se référer à l'autorité licite afin d'organiser leur vie quotidienne, cette dernière s'associe dans leur esprit avec une contrainte pure qu'il faut tourner à la première occasion. " Du point de vue du détenu, tous ces chefs (*natchal'niki*) symbolisent l'oppression et la contrainte "[376]. Si l'administration considère les détenus comme autres, ils la considèrent de la même manière. Dans cette situation, la seule stratégie raisonnable suppose la méfiance par rapport aux étrangers (*tchujie*) dont les représentants de l'administration servent de personnification. Voilà les réponses de nos interviewés à la question " Faites-vous confiance à l'administration de votre pénitencier ? " (Tableau 23). Soulignons qu'il s'agit de la confiance à l'institution qui détermine tous les aspects de la vie quotidienne dans la prison !

Tableau 23

	Russie, N=712	Kazakhstan, N=396	France, N=59
Oui	21,1	25,3[377]	59,3
Non	70,6	69,9	37,3
Pas de réponse	8,3	4,8	3,4

C'est là que nous trouvons l'origine de la norme " Ne t'adresse pas à l'administration pour régler des conflits " qui constitue un des éléments de la sub-culture carcérale.

[375] Entretien n°38

[376] Chalamov V., *Op. cit.*, t.1, c.141

[377] Sans doute, le niveau de la confiance plus élevé au Kazakhstan qu'en Russie s'explique-t-il par le contrôle plus sévère effectué dans le modèle soviétique par le Ministère de tutelle (celui de l'intérieur jusqu'au début de l'an 2001 au Kazakhstan), ceci réduisait la discrétion de l'administration.

“ Si je m’adressais à l’administration, les autres détenus me prendraient pour une balance, ils me regarderaient avec soupçon ”[378].

Quand la nécessité absolue rend le contact avec l’administration inévitable, il y a toute une série de précautions et de dispositifs de contrôle.

Les prisonniers, surtout ceux appartenant à la catégorie des *blatnye*, sont obligés de prévenir leurs codétenus et/ou d’être accompagnés lors de leur visite chez le représentant de l’administration. “ S’il s’agit d’une cause commune, pourquoi pas [contacter l’administration] ? Mais, bien sûr, je tiendrai au courant les gens ayant l’autorité [illicite] ”[379].

“ Auparavant si l’administration faisait venir quelqu’un dans ses locaux (*chtab*), celui-ci n’y allait pas tout seul. S’il n’y allait pas faire des dénonciations, il ne viendrait pas tout seul. Il propose à n’importe quel autre détenu de l’accompagner. ‘Il faut qu’on discute ensemble’ ”[380].

“ Auparavant personne ne parlait à l’administration tout seul. Il faut prendre quelqu’un d’autre en compagnie. Sait-on jamais ce qu’il dit à l’administration ! On peut convertir en homosexuel passif (*opustit’*) pour ça. Si le détenu est *blatnoj*, il pourrait être déclassé pour une visite non accompagnée. On lui dirait : ‘Ecoute, tu vas dans les cabinets [de l’administration] et on ne sait pas de quoi tu parles là’. On était très sévère auparavant sur ce point ”[381].

La fosse qui sépare les détenus des fonctionnaires de l’administration pénitentiaire exclut tout compromis avec les intérêts de ces derniers.

“ Il y a toujours de la place pour un compromis. Si vous ne pouvez pas nous nourrir, donnez-nous au moins la possibilité de cuisiner. Les plaques chauffantes sont interdites… Ils ont enlevé toutes les plaques chauffantes. On n’arrive jamais au compromis ”[382].

Or, c’est le refus de chercher le compromis que les détenus reprochent surtout à l’administration.

En répondant à notre question “ Qu’est-ce qui rétablirait votre confiance à l’administration du pénitencier ? ” les détenus choisissent dans la moitié des cas la volonté de l’administration de tenir compte de leurs intérêts :

---

[378] Entretien n°20

[379] Entretien n°1a

[380] Entretien n°21

[381] Entretien n°18

[382] Entretien n°14

Tableau 24

	Russie	Kazakhstan
N	902	396
La volonté de l'administration de tenir compte de nos intérêts	41,1	41,9
Les actions de l'administration dans les cadres de la Loi	20,7	21,7
Le respect personnel des membres de l'administration	15	14,4
Rien ne rétablira ma confiance dans l'administration	11,8	16,4
Pas de réponse	11,4	5,6

Soulignons que seulement un quart de nos interviewés évoquent les garanties légales du respect de leurs intérêts. Paradoxalement, mais un élément du modèle de la " petite " société, les relations personnalisées, s'oppose dans l'esprit des détenus à un autre, qui consiste dans la dualité des normes. S'agit-il de transformer l'administration en " sienne " en personnalisant les relations avec elle ? Le modèle de " petite " société se reproduit, donc, dans la conscience, ce qui complique son abandon. Nous trouvons quelques preuves de cette hypothèse dans une discussion des résultats de notre enquête avec un surveillant illicite. " Moi, je choisirais la variante 'Le respect personnel des membres de l'administration'. *Qu'est-ce que vous entendez par ça ?* - En premier lieu, leur capacité de nous traiter convenablement (*normal'no*), de tenir leur parole. *Faire des choses qu'ils ont promis ? Est-ce une chose rare ici ?* - Très rare. Prenons l'exemple avec la cantine (*larek*). Ils nous ont promis que la situation se normaliserait. Rien ne suivait… *Vous dites que la condition clé du respect consiste à tenir parole.* Oui, s'il [le membre de l'administration] se comporte en homme (*po mujski*). *Qu'est-ce que ça veut dire - en homme ?* - Je ne sais pas… Quand tu lui parles, il ne te considère pas dans le cadre du modèle 'administration - détenu (*zek*)'. Je peux dire ça comme ça… Ils ne se comportent pas de manière humaine, en hommes. Autre exemple - avec le mitard. Le responsable de l'*otrjad* ne dit pas la vérité au directeur, il te reproche consciemment des choses imaginaires "[383].

En résumant notre étude de l'autorité licite, il faut qu'on mette en relief la dualité profonde de sa perception par les détenus. D'une part, la toute-puissance de l'administration et son contrôle minutieux de

[383] Entretien n°35a. La prise de décision concernant la punition du mitard relève de la compétence du directeur.

tous les aspects de la vie quotidienne en incarcération expliquent la dépendance totale des détenus vis-à-vis d'elle. " L'individu, s'il ne se constitue pas en sujet, est constitué comme Soi par les centres de pouvoir qui définissent et sanctionnent ses rôles "[384]. De l'autre côté, l'abus du pouvoir et le traitement des détenus comme des êtres inférieurs, reflété dans l'argot des surveillants par le terme péjoratif de *zek*, *zetchara* (du sigle officiel *Z/K, Zakljutchennyj Kanalarmeec* désignant le détenu dans les colonies de travail forcé créées pour la construction du canal Bélomor-Baltes, en usage courant pendant les années 30-60[385]), suscite les conduites de refus de l'autorité licite. La dépendance totale vis-à-vis du pouvoir licite et son refus aussi total se trouvent au cœur du fonctionnement de la société carcérale et, nous le verrons plus loin, du modèle soviétique de la société.

3.3.3. Maîtrise illicite de la violence

Le vecteur de la violence générée par l'autorité licite est colinéaire avec un autre vecteur de violence, qui reflète la violence produite à l'intérieur de la société carcérale.

L'organisation de l'espace et du temps carcéral provoquent la génération quotidienne des conflits. Envisageons de près les deux sources de la violence : la première est liée à la transparence de la frontière public - privé, la seconde aux difficultés d'organisation du temps libre qui est d'ailleurs très réduit selon l'emploi du temps officiel[386]. La transparence de la frontière public - privé relativise la notion de propriété individuelle. La table de nuit sert à celle-ci de seul dispositif physique de protection.

Sans doute, l'appartenance de la norme " Ne pille pas ton proche " au noyau dur de la sub-culture carcérale s'explique-t-elle par la volonté d'élaborer un dispositif normatif de la protection de la propriété individuelle.

Par conséquent, la situation d'emprisonnement facilite les petits vols et suppose leur punition en même temps. Notons que la punition des voleurs internes à la communauté carcérale est la plus sévère. Quel que soit le dommage causé par le vol, - parfois il ne s'agit que de quelques cigarettes, les détenus considèrent le vol comme crime capital. Partant, " la sanction primaire, la sanction majeure est bien

---

[384] Touraine A., " *Critique de la modernité* ", p.270

[385] Rossi J., *Op. cit.*, t.1, c.130-131

[386] Selon le Règlement - type, le temps libre ne doit pas dépasser une heure par jour (" *Pravila vnutrennego rasporjadka ispravitel'nyh utchrejdenij* ", c.25).

l'exclusion "[387] du voleur de la cité carcérale, son déclassement et la marginalisation conséquente.

Le flagrant délit d'un voleur donne l'occasion de canaliser la violence, de l'orienter vers le " rat " (*krysa*). " Si quelqu'un m'avait volé, je lui aurais cassé sur la tête un - deux tabourets sans avoir demandé la permission à personne... *Sans jugement ?* - A quoi bon ? Je l'ai attrapé, ça suffit. C'est une vérité évidente. On s'adresse au *blatnoj* dans des cas plus compliqués. On frappe les mains du voleur de coups impitoyables, - c'est de la vérité évidente "[388]. " Peut-être, me suis-je heurté à la violence une - deux fois. On a chopé un gars qui avait volé quelque chose. On lui donnait des coups, comme d'habitude "[389].

Notons que les supplices des voleurs sont très bien acceptés par l'opinion publique dans la cité carcérale. " Il ne faut pas hésiter à appliquer la force plus souvent. Auparavant il y avait moins de pillage (*krysjatnitchestvo*, 'fraude'). *Auparavant ?* - Oui, maintenant on les ['rats'] punit moins sévèrement "[390]. La violence doit trouver son " paratonnerre ".

Le châtiment du voleur ne se réduit pas aux coups impitoyables, surtout quand il s'agit d'une récidive. Les codétenus peuvent décider de convertir le " rat " en homosexuel passif (*opustit'*). La conversion se produit souvent dans les maisons d'arrêt, où le manque de l'espace vital et la rotation permanente des prévenus rendent les punitions plus cruelles. " Quand un homme arrive de la maison d'arrêt (*SIZO*), il sait bien que s'il faisait quelque chose de malhonnête, un vol ou une dénonciation, on devrait le punir très sévèrement, par exemple, le convertir par la force en homosexuel passif "[391]. " Maintenant le voleur sait qu'on lui donne des coups sur la tête, au pire. Qu'il s'agisse d'une première fois ou d'une récidive. Avant, il avait peur que, s'il avait été torturé pour la première fois, il serait inévitablement converti en homosexuel passif pour la seconde "[392]. Cela va même plus loin, la conversion par la force en homosexuel passif signifie que le voleur servira de cible pour la violence quotidienne toute sa vie carcérale. Nous avons déjà remarqué que les homosexuels passifs portent le stigmate de parias, ce qui encourage la violence quotidienne par rapport à eux. Voilà pourquoi les détenus considèrent même le

---

[387] Reynaud J.-D., *Op. cit.*, p.39

[388] Entretien n°38

[389] Entretien n°39

[390] Entretien n°36

[391] Entretien n°29

[392] Entretien n°16

meurtre comme une sanction moins cruelle que la conversion en homosexuel passif. Les détenus ayant passé plusieurs années en emprisonnement refusent d'appliquer cette sanction bien que le coupable l'ait mérité. Ils y voient le *bespredel* (sans limites), le non respect de la dignité humaine, cette fois admis par les détenus eux-mêmes. " Il n'y a pas de punition par la bitte, - dit-on. Auparavant c'était rare. Auparavant si quelqu'un était converti en homosexuel passif, c'était le *bespredel* "[393]. " Si quelqu'un a converti l'autre en homosexuel passif, même le coupable d'un vol, on pouvait casser les mains au premier. Bien qu'il ait fait ça pour punir le voleur. Les êtres humains n'acceptent pas ce châtiment… C'est du *bespredel*. Je peux, s'il est coupable, le tuer. Il est plus humain de tuer le coupable que le convertir en homosexuel passif. Si je le convertissais en homosexuel passif, les autres se serviraient de lui pour essuyer leurs pieds toute sa vie. C'est bien pire. C'est mieux de le tuer. Autrement on casse toute sa vie, on le condamne à l'enfer "[394].

L'autre crime qui suscite un châtiment aussi violent, voire la conversion par la force en homosexuel passif, consiste dans le refus de régler sa dette de jeu.

Les jeux de cartes, interdits officiellement dans la prison, constituent un élément important de sa vie clandestine. Chaque fouille régulière découvre l'existence de plusieurs jeux de cartes fabriqués clandestinement. Il y a toute une technologie de fabrication des cartes à partir des matériaux accessibles dans la prison : des vieux livres, des journaux, des morceaux de papier, etc. L'intérêt des détenus pour les jeux de cartes s'explique par le manque d'autres loisirs.

Les terrains de sport sont très rares dans les colonies (on n'a vu qu'un terrain de sport non aménagé dans les pénitenciers visités !), sans parler des salles de sport. Les bibliothèques sont mal équipées. Quant à l'emploi du temps, il ne permet pas souvent de profiter des films, des émissions intéressantes à la télévision.

Comme nous l'a expliqué un surveillant illicite responsable des jeux de cartes dans une colonie du régime renforcé au Nord de la Russie, il y a une règle qui limite la mise selon les revenus mensuels et la position du joueur dans la hiérarchie illicite[395].

Quand les cartes sont temporairement inaccessibles, on utilise pour jouer n'importe quel autre dispositif, y compris les allumettes.

---

[393] Entretien n°1a

[394] Entretien n°3a

[395] Entretien n°41

L'importance du jeu de cartes se reflète dans l'existence de maintes règles minutieuses. " Les jeux de cartes des *blatnye* se différencient par un nombre inhabituel de règles "[396].

Leur non respect, surtout le refus ou l'incapacité de payer la dette, provoque l'attribution du stigmate de *fuflyjnik*, et parfois - la conversion par la force en homosexuel passif.

" Auparavant, si tu avais fait quelque chose de grave, on pouvait te convertir en homosexuel, en pédé. *Vous souvenez-vous de cette période ?* - Bien sûr, c'était jusqu'au début des années 90. On pouvait faire ça pour une perte. Maintenant le perdant se promène librement, comme si rien ne s'était passé. Avant soit on lui aurait cassé la tête, soit on l'aurait converti en homosexuel. C'était une honte ! Comment ne pas payer sa dette ? La dette doit être payée. Point. Si tu dois payer aujourd'hui, après minuit on pouvait te faire n'importe quoi. Après minuit on ne te considère plus comme un être humain "[397].

Le risque de viol augmente si le perdant essaye de trouver abri auprès de l'administration.

En expliquant l'inflation récente de l'effectif des " coqs ", un de nos interviewés met en avant la volonté de punir ceux qui cherchent refuge auprès de l'administration après avoir commis un délit contre la communauté carcérale : " Ils cherchent refuge dans les quartiers de haute sécurité. Ils se cachent là-bas. De toute façon, il faut punir ceux qui refusent de payer la dette de cartes. On les punit ainsi, bien que ce soit inhumain "[398].

La sévérité du châtiment, aussi bien que son caractère inévitable, sont deux facteurs clé du respect des normes de la sub-culture carcérale.

La majorité des détenus pensent que le respect des normes informelles leur importe plus que le respect de la Loi, bien qu'il s'agisse d'une institution totale !

L'infraction des normes informelles, *kosjak*[399], apparaît comme plus dangereuse que l'infraction de la Loi. Voilà les réponses à la question " L'infraction de quelles normes considérez-vous comme la plus dangereuse ? " :

---

[396] Chalamov V., *Op. cit.*, t.2, c.35

[397] Entretien n°18

[398] Entretien n°21. Nous trouvons les mêmes raisonnements dans le discours des interlocuteurs n°41.

[399] Abramkin V., Tchijov Yu., *Op. cit.*, c.109. Par exemple, l'expression " *zaporot' kosjak* " signifie " violer une norme informelle (*ponjatie*) ".

Tableau 25

	Russie		Kazakh.		France
	770		396		59
Les normes imposées par l'administration du pénitencier	25,6%		29,6		33,9
La Loi	24,4		16,5		35,7
Les normes que mes parents m'ont appris à respecter	21,2		20		x
Les normes informelles dans les relations avec les surveillants	x		x		28,6
Les normes dont le respect est assuré par les *avtoritety*	19,6	37,3	15,2	43,2	x
Les normes de notre milieu	13,4	37,3	18,9	43,2	16,1
Les normes dont le respect est assuré par les surveillants illicites (*smotrjaschie*)	4,3	37,3	9,1	43,2	x

Autrement dit, les particularités de la maîtrise de la violence dans le cadre de la " petite " société aident à minimiser le nombre des infractions et à faire respecter la " constitution " de la vie quotidienne.

C'est l'absence de la frontière entre public et privé et la personnification des relations qui servent de garanties majeures du caractère inévitable du châtiment.

Or, une telle façon de lutter contre la criminalité n'est applicable qu'à l'échelle la " petite " société.

Les délinquants sont expulsés à l'extérieur de la cité carcérale, ce qui réduit le taux de criminalité en son sein. Notons l'existence d'une régression infinie : la société expulse les criminels à son extérieur, c'est-à-dire en prison ; la société prisonnière expulse ses propres délinquants à l'extérieur de la cité carcérale, etc. On ne supprime pas ainsi le crime, - on l'expulse en créant des " réserves " pour la violence.

Démontrons l'hypothèse que l'efficacité de la maîtrise illicite de la violence diminue de manière spectaculaire au fur et à mesure qu'on s'éloigne du modèle de " petite " société.

La transparence de la frontière entre les sphères d'activité distinctes facilite la prise du délinquant : ses actions aussi bien que ses possessions sont bien en vue.

" A l'extérieur de la prison, il est difficile de trouver un voleur. Si quelqu'un est volé, seul Dieu sait qui l'a fait. Par contre, ici tout est en vue.

Il y a une centaine de personnes, tu les connais, ils te connaissent, vous communiquez souvent. Si quelqu'un a volé quelque chose, ça sera connu. Tôt ou tard, au bout du compte tout sera découvert. C'est l'impunité qui pousse les gens vers le crime à l'extérieur de la prison. Là, seulement un petit pourcentage des vols est poursuivi "[400].

La personnification des relations aide à anticiper les actions possibles de tel ou tel codétenu, y compris les infractions. En outre, la transparence de la frontière public - privé ne permet pas de cacher les objets volés, leur possession ne peut être que publique.

" J'ai mis dans ma table de nuit une boîte de cigarettes. Ensuite elle a disparu. Tu commences à te renseigner sur les personnes qui étaient présentes à ce moment au dortoir.

Avez-vous trouvé le voleur ? - Bien sûr.

Admettons, personne n'a de cigarettes dans l'*otrjad*. Toi, tu fumes des *Prima* [des cigarettes pas chères]. Tu vois que quelqu'un d'autre fume des *Prima*, tandis que ta boîte de *Prima* a disparu. Tu lui demandes une cigarette, pour t'assurer. De la même façon, on peut toujours découvrir la balance. Quelque chose s'est passé, ensuite quelqu'un est sorti, ensuite l'administration a appelé quelqu'un d'autre "[401].

Un de nos interviewés nous a décrit un cas plutôt caricatural. " Un détenu est parti à l'hôpital. Là, il y a des récépissés des vêtements. Un autre détenu a vu les récépissés du premier : les vêtements en bon état, les jeans, les chemises... Le second détenu a volé les récépissés du premier. Quand il est sorti de l'hôpital, il a pris les choses du premier détenu. Avant, il était mal habillé, tandis que à la sortie de l'hôpital, il mettait un bon pantalon noir, de bonnes chaussures.

On a pensé qu'il avait gagné ça aux cartes. Personne ne s'intéresse à ça. Seulement, après que le premier détenu a découvert la perte, il a envoyé un messager. Pour que celui-ci se renseigne. Alors, on lui explique la situation. La poste prisonnière marche bien. Le surveillant illicite a fait venir le voleur, on a battu celui-ci. Tout s'est bien terminé pour lui, - il aurait pu être converti en homosexuel passif "[402]

[400] Entretien n°27b

[401] Entretien n°33

[402] Entretien n°37

L'efficacité des poursuites illicites des délinquants fixe dans la conscience des détenus un lien durable entre le stimulus (l'infraction d'une norme informelle) et la réaction (le châtiment). L'application des normes de la sub-culture carcérale est toujours *requise*. " On requiert toujours contre celui qui a fait une infraction ", - disent les prisonniers. " Auparavant on pouvait requérir contre chaque gros mot " [403], qu'il s'agisse d'une réprobation injuste ou d'une interprétation trop libre. " Auparavant chaque mot de ce type prononcé publiquement était sévèrement puni. Je pense que n'importe quel affront doit être puni par la force physique. Si quelqu'un est vexé, il peut mettre le vexateur à sa place. C'est ce que je pense "[404]. Rappelons à ce propos la norme informelle qui exige du détenu qu'il démente les mauvaises rumeurs le concernant.

La violence ne disparaît pas de la cité carcérale, mais sa structure sociale la canalise vers les " couleurs " qui sont devenus les victimes sacrifiables suite aux infractions commises. Soulignons encore une fois la violence extrême des châtiments. Le modèle de la prison soviétique relativise même la valeur de la vie humaine. Pour une infraction donné, le " Code Pénal " illicite prévoit souvent une punition plus sévère que le Code Pénal soviétique, qui a souvent été critiqué pour son caractère peu humain. " Chez nous, sous le régime de haute sécurité, rien ne disparaît de la cuisine. Le moindre doute suscitera l'exécution capitale des cuisiniers. Si l'on apprend que les cuisiniers font du trafic, - on les tuera sans avoir demandé d'explications "[405]. La procédure de la mise à exécution mérite d'être discutée plus en détails en prenant en considération son degré de complexité et de sophistication. " Pour punir un *kosjak*, il y a eu [à l'époque soviétique] dans les colonies les bourreaux, les condamnés aux peines de 25 ans d'emprisonnement. Ils exécutent le délinquant, tandis que leur peine officielle n'augmente que de deux - trois ans. Les gens respectaient les règles parce qu'ils avaient peur d'être égorgés "[406].

Bien que les détenus subissent la violence de l'Etat et de l'administration pénitentiaire, ils n'hésitent pas à l'appliquer davantage. La violence est bien acceptée et parfois même bienvenue sous réserve qu'elle cible une victime justifiable du point de vue de la sub-culture carcérale. " Seul un petit pourcentage de détenus subissent la violence et sont exécutés. Ce sont les gens qui emmerdent les

403 Entretien n°16

404 Entretien n°25

405 Entretien n°21

406 *Ibid.*, la règle d'absorption des peines permet au meurtrier de ne pas augmenter sensiblement leur durée.

autres, soit suite à des conséquences particulières, soit suite à leurs traits personnels tels que la hauteur, l'insolence... En règle générale, le recours à la violence est toujours justifié : celui qui n'a fait rien de grave ne subit jamais la violence. S'il la subit, c'est à cause de son caractère, d'une faute commise. Par exemple, on ne te force jamais jouer aux cartes. Si tu y joues quand même, il faut que tu saches les conséquences possibles. On ne pense pas à ça en jouant aux cartes "[407]. *Grosso modo*, les détenus excusent le recours à la violence parce qu'ils y voient le seul moyen de maintenir l'ordre. Ainsi, les valeurs d'ordre sont-elles supérieures dans la " petite " société aux valeurs de la vie humaine. " Auparavant la prison apprenait à vivre aux détenus. N'insulte personne, ne t'assois pas sur le lit d'un autre... *La prison apprenait l'ordre aux gens*. Si tu prends les choses d'autrui - tu seras puni. Sévèrement. Le châtiment est plus sévère que des coups "[408]. Une discussion sur la place de la foi religieuse en prison met en relief le sacrifice des valeurs humanistes aux valeurs d'ordre. La conversation a fait naître le paradoxe suivant : selon notre interlocuteur, c'est en prison que les dix commandements chrétiens ont le plus de légitimité. " *Les commandements sont-ils plus vrais en prison ?* - Oui. Afin de faire que l'homme respecte une norme, vous devez l'imposer. Nous remplissons les obligations, parce qu'on peut requérir contre ceux qui ne les respectent pas. En ce qui concerne les sanctions, je mettrais la force physique à la première place "[409].

D'ailleurs, l'évolution récente de la société carcérale, dont les origines seront analysées dans le sous chapitre 3.5.3 " Justice illicite ", nous permet de parler d'un mouvement vers une maîtrise plus moderne de la violence. Depuis l'apparition des surveillants illicites (*smotrjaschie*) au début des années 90, la société carcérale a commencé à s'éloigner du modèle de " petite " société selon le critère de la maîtrise de la violence. C'est à eux de décider le recours à la violence, de définir le châtiment pour tel ou tel délit. " En règle générale, le surveillant illicite décide s'il faut donner au coupable des coups ou non. Pour créer un précédent, pour que la punition ait une résonance publique... Ça facilite les choses "[410]. Le supplice perd son importance primordiale en tant que socle de l'ordre dans la cité carcérale. L'administration pénitentiaire, quant à elle, remarque aussi une baisse de la violence dans le milieu prisonnier suite à son institutionnalisation partielle. " Depuis ces cinq - six dernières années les châtiments corporels perdent leur importance. Les détenus

[407] Entretien n°7
[408] Entretien n°13
[409] Entretien n°2
[410] Entretien n°10

commencent à résoudre les conflits autrement "[411]. La comparaison des réponses de nos interviewés à deux questions, " Continuerez-vous les relations avec une personne désagréable mais utile ? " [A] et " Pouvez-vous respecter une personne dont les actions correspondent plus ou moins à l'idéal du surveillant illicite, mais qui est personnellement désagréable ? " [B], confirme l'hypothèse de l'institutionnalisation partielle de la violence. L'autorité des surveillants illicites est moins personnalisée que les relations dans le milieu prisonnier en général :

Tableau 26

	Russie, N=902		Kazakhstan, N=396		France, N=59
	A	B	A	B	A
Oui	46,9	47,8	52	53,3	23,7
Non	47,7	42,8	44,9	40,2	72,9
Pas de réponse	5,4	9,4	3	6,6	3,4

3.3.4. Bespredel : le manque de repères normatifs comme source de la violence

La maîtrise de la violence, institutionnalisée ou non, n'est jamais complète en prison. Quelle que soit l'origine de la violence non maîtrisée - les actions de l'administration ou bien les conflits entre les détenus générés quotidiennement, elle s'appelle en argot carcéral tout comme en argot populaire *bespredel* (sans limites). " *Qu'est-ce que vous entendez par le bespredel ?* - Quand tout se passe contrairement à ma volonté. Oui, contrairement à mes intérêts "[412].

Donc, c'est l'incapacité des détenus d'influer sur leur situation, sur le choix des règles du jeu, qui définit de façon négative le contenu du terme de *bespredel.* L'incapacité de trouver les cadres appropriés aux conflits, dont la reproduction quotidienne, on l'a vu, reste inévitable dans le monde carcéral, ne leur laisse qu'une seule issue, la violence pure et non maîtrisée.

" Un conflit social suppose que les adversaires en présence aient en commun certaines valeurs culturelles et même certaines formes de régulation institutionnelle de leur conflit "[413]. Au contraire, dans les

[411] Entretien n°3b

[412] Entretien n°20

[413] Touraine A., " *La parole et le sang. Politique et société en Amérique Latine* ", p.331

situations de *bespredel* “ il n’y a pas de règle fixe pour désamorcer la tension ou pour sortir d’une situation de violence ”[414].

A la différence de la violence comme un moyen du maintien de l’ordre, la violence résultante du non respect des règles constitue une menace très sérieuse à celui-ci. Le moindre conflit privé des dispositifs de canalisation de la violence, institutionnels ou non, risque de mettre en question l’ordre général.

Des incivilités, “ infractions à l’ordre conçu rencontrées dans la vie quotidienne, [...] sont vécues comme des menaces à l’ordre. [...] Par ordre conçu nous entendons l’ordre social (et non juridique) tel qu’il devrait être, dans l’esprit des individus ”[415]. Les incivilités dans la prison incluent les bousculades, les insultes verbales, le refus de se maintenir propre, le refus d’arrêter de fumer dans une salle de télé, etc. Par exemple, les bousculades, même pas faites exprès, se transforment vite, dans les conditions du *bespredel,* en bagarres.

Le manque de moyens afin de gérer le conflit oblige le détenu soit à s’engager dans une spirale de violence, soit à “ fermer les yeux ” sur les situations provocantes, même au prix de sa marginalisation.

“ J’essaye de ne pas faire attention aux autres. Pour éviter les situations où quelqu’un bouscule l’autre, celui-ci répond ‘Ecoute, fais attention’, celui-là réagit à son tour ‘Ferme ta gueule, ne commande pas’, et ainsi de suite. Tous les petits conflits commencent comme ça ”[416]. Peut-être la volonté de “ fermer les yeux ” sur les autres en dit-elle plus long sur le confort de la vie sociale dans une “ petite ” société que maints autres critères.

Si l’escalade du conflit devient quand même inévitable, l’absence de stratégie unique pour en sortir est mise en avant dans les réponses à la question “ Comment réagiriez-vous à une incivilité ? ” :

---

[414] Peralva A., *Op. cit.*, p.35

[415] Roché S., *Op. cit.*, p.110, 142

[416] Entretien n°20

Tableau 27

	Rus.	Kaz.	Fr.
	902	396	55
Je me défendrais moi-même (cf. la norme " Sache te défendre ")	33,8 ([417])	59,8	x
J'utiliserais mes connaissances (le réseau des 'siens')	16,9	9,8	x
Je m'adresserais à l'*avroritet* ou au surveillant illicite	16	12,1	x
On se mettrait d'accord	13,4	7,1	12,7
On réunirait les efforts avec ceux qui font face au même problème	5,1	3,3	x
Je m'adresserais à l'administration	4,7	5,6	67,3
Je me résignerais	2,2	0,8	x
Je m'adresserais au juge ou au procureur	0,3	0	40
Pas de réponse	7,2	1,5	

Autrement dit, il y a au moins quatre stratégies que les détenus choisissent avec une probabilité plus ou moins égale pour désamorcer la tension. " *S'il y a des conflits, comment les résolvez-vous ?* - On peut se battre, on peut se réconcilier, on peut prendre un thé ensemble en discutant la situation. Il est préférable de parler tranquillement "[418]. " Je résous les conflits moi-même. *Comment ?* - Ça dépend. Avec certains on se bat, ils sont d'ailleurs peu nombreux, avec certains autres on essaye de parler "[419].

Les situations de *bespredel* mettent en valeur la force physique qui n'a presque aucune importance dans la plupart des autres cas. " La force physique attire le respect, quelles que soient les capacités intellectuelles de ces gens. Les gens faibles sont expulsés. C'est la loi de la jungle. Je n'étais pas d'accord avec le fait qu'il faut se battre à chaque occasion. On n'arrive à établir l'ordre qu'en l'appuyant par la force physique "[420]. Or, la seule règle absolument respectée dans les situations de *bespredel* suppose que " la force appuie le droit ".

Les racines de cette règle plongent dans la société prémoderne. " Le jugement par combat " (*trial by battle*) a été largement appliqué à l'époque médiévale, quand " la demande des droits de propriété sur les terres (*a claim to land upon a writ of rights*) était traitée par un

---

[417] Cette variante a été absente dans un nombre des questionnaires diffusés en Russie.

[418] Entretien n°32

[419] Entretien n°20

[420] Entretien n°9

combat physique entre les parties concernées ou entre leurs représentants (*hired champions*) "[421]. Il est intéressant de remarquer l'expression " la force appuie le droit " dans le discours de quelques uns de nos interlocuteurs. Par exemple, un jeune détenu (l'interlocuteur n°30) a formulé spontanément cette règle afin de décrire son expérience de la vie dans la maison d'arrêt (*SIZO*).

La référence à la détention préventive comme à un des exemples les plus manifestes du *bespredel* n'est guère accidentelle. Les maisons d'arrêt sont des lieux où la sub-culture carcérale fait défaut. Aussi, " les prisons de transit se distinguent-elles par le degré maximal de *bespredel* "[422]. Dans le milieu de détenus, une prison de transit à Moscou, *Krasnaja Presnja*, est connue surtout pour le non respect des règles. Intéressons-nous aux particularités de la structure sociale qui font fleurir le *bespredel.* Premièrement, ce sont des lieux avec une population instable, dont le taux élevé de rotation ne permet pas de rendre les relations personnalisées durables. Les prévenus passent dans la maison d'arrêt de quelques mois jusqu'à un - deux ans, pendant leur détention préventive ils changent souvent de cellule et n'ont pas le temps de s'enraciner socialement. En outre, le pourcentage élevé de nouveaux venus non initiés aux normes de la sub-culture carcérale (*pervoprohodtchiki*) complique aussi la résolution des conflits liés aux incivilités. " Parfois on voit arriver des gens tellement bêtes... 'Ceci est noir', - dit-il. Mais moi, je vois bien que c'est blanc. On ne le changera jamais. Il va comme une bête sauvage, et il me bouscule. 'Fais attention, toi. Tu ne vois pas les gens ?' - dis-je. Quant à lui, tout lui paraît égal. Il continue à marcher "[423].

Paradoxalement, le même argument concernant l'instabilité de la population reste valable pour décrire la situation dans une autre institution totale, l'armée soviétique. Le service militaire dure deux ans, et pendant cette période il arrive assez souvent que les soldats changent leur collectif militaire. La règle " la force appuie le droit " unit le phénomène de *dedovschina* propre à l'armée soviétique et le phénomène de *bespredel.* Un de nos interlocuteurs ayant fait récemment son service militaire a décrit son expérience sous les drapeaux en termes de *bespredel* (bien qu'il s'agisse des unités de parachutistes, qui constituent l'élite militaire) : " Tout se basait sur la force physique. J'étais à Koursk, Briansk, Tver, etc. *Ici, c'est plus*

---

[421] James P., *Op. cit.*, p.62-63

[422] Abramkin V., Tchijov Yu., *Op. cit.*, p.122

[423] Entretien n°1a

facile à vivre. Là-bas, il y avait la *dedovschina*... C'est la force physique pure, l'humiliation... la pression, physique ou morale "[424].

Deuxièmement, la lutte de l'administration pénitentiaire contre la sub-culture carcérale se solde parfois par un résultat inattendu : on prive les détenus des mécanismes illicites de la régulation des conflits, tandis que les mécanismes licites restent conjoints et inefficaces. Quel exemple brillant d'une " conséquence imprévue de l'action consciente ", selon l'expression fameuse de Friedrich August von Hayek[425]. Par exemple, l'administration donne tout son appui aux capos (*bugry*), les détenus chargés de commander aux autres détenus. La pratique qui implique le transfert du pouvoir discrétionnaire aux représentants des détenus est très répandue dans les colonies de jeunes. Mais, au lieu du respect des normes formelles, l'administration voit fleurir le *bespredel*. " Là-bas [dans une colonie des jeunes], il y avait les *bugry*, les capos. Ils faisaient du *bespredel.* La lutte pour la survie était quotidienne. Là-bas, c'était beaucoup plus pénible qu'ici "[426]. Les *bugry* jouissent du pouvoir discrétionnaire parce que, d'une part, l'administration manque de moyens afin de les contrôler minutieusement, et d'autre part, elle les protège contre le contrôle social assuré par la sub-culture carcérale.

Troisièmement, la probabilité du *bespredel* augmente dans les grands pénitenciers, c'est-à-dire au fur et à mesure que l'accroissement du nombre des participants aux interactions sociales rend le modèle de " petite " société inefficace dans la maîtrise de la violence. Les colonies de travail forcé de l'époque stalinienne nous servent d'exemple. D'ailleurs, la peur des " grands nombres " reste déterminante pour la conscience prisonnière, - les dispositifs illicites de l'organisation de la vie quotidienne apparaissent radicalement insuffisants aussitôt qu'on fait face au *grand nombre* d'acteurs sociaux. " Il y a 5 personnes ici [il s'agit de la détention cellulaire], deux, trois. Là-bas, dans une colonie, il y a plus de mille personnes. Soit je bouscule quelqu'un d'autre, soit on me bouscule. J'ai peur de ça. Même si je ne bouscule personne, - quelqu'un me bousculera. Par hasard, exprès ou pas exprès... Il y a des situations conflictuelles partout. Ici, je peux les éviter "[427]. Autrement dit, le *bespredel* reflète

---

[424] Entretien n°8

[425] Cité dans Langlois R, " Rationality, Institutions, and Explanation ", in Langlois R. (ed.), " *Economics as a Process. Essays in the New Institutional Economics* ", Cambridge: Cambridge University Press, 1986, p.236.

[426] Entretien n°3a. Cette observation se justifie aussi par le témoignage de l'interlocuteur n°31.

[427] Entretien n°3a

le prix que la " petite " société paye pour son incapacité de se constituer en " grande " société.

3.4. Norme de confiance

La situation d'incarcération implique, semble-t-il, la transparence d'intentions et d'actions qui est indispensable pour la construction des relations fondées sur la confiance[428]. L'absence de frontière public -

---

[428] Son statut institutionnel reste vague : la confiance est-elle un état d'esprit, une valeur, un affect ou une norme ? Sans doute les quatre définitions ont-elles le droit d'existence et sont-elles corrélées. Par exemple, la confiance a souvent une expression affective manifeste. " Pour la plupart des gens, l'affirmation qu'on ne peut pas faire confiance à l'interlocuteur laisse l'impression qu'il était furieux dans ses relations avec eux et qu'il avait de la haine " (Garfinkel H., *Op. cit.*, p.51). De l'autre côté, la confiance comme état d'esprit influe sur l'élaboration du plan d'interaction. " La confiance est l'anticipation des actions des autres influençant le choix de l'acteur dans la situation quand une action doit se réaliser avant que les actions des autres soient connues " (Ostrom E., " A Behavioral Approach to the Rational Choice Theory of Collective Action " *: American Political Science Review*, March 1998, Vol.92, n°1, p.12).
Aussi, la confiance peut-elle être considérée comme valeur traditionnelle. " La tradition donne à la 'confiance de base' (*basic trust*) si importante pour la continuité d'identité un point d'ancrage " (Giddens A., " *In Defence of Sociology. Essays, Interpretations and Rejoinders* ", Cambridge : Polity Press, 1996, p.35). D'ailleurs, la confiance perd son caractère imposé et supporté par la tradition au fur et au mesure qu'une société s'avance sur la voie de la modernisation.
Sans prétendre réduire la confiance à une seule dimension, nous nous concentrons sur la confiance en tant que norme appliquée volontairement qui permet aux acteurs d'organiser leurs interactions au quotidien. Plusieurs interactions sophistiquées impliquent l'existence de la confiance entre leurs parties. Par exemple, n'importe quelle transaction avec l'utilisation de la monnaie en tant que moyen de paiement s'appuie sur la confiance : la confiance à la banque qui émet les moyens de paiement et la confiance au partenaire qu'il va respecter les délais de payement. " A l'exception des transactions de troc (barter), presque toutes transactions économiques laissent la possibilité de la tricherie " (Milgrom P., North D., Weingast B., " The Role of Institutions in the Revival of Trade : the Law Merchant, Private Judges, and the Champagne Fairs " : *Economics and Politics*, March 1990, Vol.2, n°1, p.6). C'est l'institution du fidéicommis qui rend le rôle majeur de la confiance explicite et le met en relief. " La confiance du disposant (creator of the trust) en groupe d'administrateurs (trustee) se trouve au cœur de toute institution du fidéicommis (trust) " (James P., " *Introduction to English Law* ", London : Butterworths, 1989, p.499). Ce n'est pas par hasard que le mot trust décrit en anglais les relations de confiance et le fidéicommis en même temps. Ainsi, la lecture de la confiance comme une norme doit-elle mettre en avant la correspondance entre l'apparence des acteurs, y compris leur promesses, et leur comportement réel. De ce point de vue la définition de la confiance en termes de " correspondance indubitable " proposée par H. Garfinkel nous semble la plus appropriée. " Pour organiser ses activités quotidiennes, l'individu suppose, suppose que les autres le supposent aussi, et suppose que les autres le supposent concernant ses actions de la même manière qu'il le suppose concernant les actions des autres, que les relations de correspondance indubitable consistent dans les relations sanctionnées entre les apparences actuelles d'un objet et l'objet voulu que l'individu perçoit d'une façon particulière " (Garfinkel H., *Op. cit.*, p.50).

privé, ainsi que la personnification des relations augmentent le volume d'information disponible sur les partenaires sociaux et facilitent l'interprétation mutuelle de leurs intentions. Or, le paradoxe que nous décrivons plus en détails ci-après consiste dans l'absence quasi totale de la norme de confiance dans le cadre de la " petite " société carcérale. Comment peut-on l'expliquer sur le plan théorique avant de procéder à une analyse empirique ? La différentiation des sphères d'activité plus ou moins accomplie " fractionne " la norme générale de confiance en plusieurs sous normes : la confiance dans les affaires, la confiance dans la vie privée, la confiance aux institutions publiques, etc. Par conséquent, moins les sphères sont différenciées, moins la norme de confiance est fractionnée. Dans la prison, cas extrême de la non différentiation, soit la confiance existe sous la forme totale, soit elle n'existe pas du tout. Ici, la transparence des actions dans une sphère d'activité ne suffit pas. Il faut qu'il y ait la transparence, la non opacité transcendantale. En répondant à notre interrogation concernant la compréhension de la confiance, seul un de nos interlocuteurs a procédé au " fractionnement " : " Je la définirais de la façon suivante. Si j'avais une somme d'argent très importante, je n'aurais pas peur de la laisser en présence de celui à qui je fais confiance "[429]. La plupart des autres ont mentionné la nécessité de partager tous les aspects de sa vie, y compris les plus personnels, avec la personne de confiance. " Elle [la confiance] implique qu'on partage tout, sans réserve. Qu'on fait une chose commune. La chose commune... "[430]. " Je peux partager [avec la personne de confiance] tout ce que j'ai dans l'âme. Il y a des gens à qui je peux parler des choses plus neutres, non personnelles... Je ne dois pas avoir peur que la personne de confiance me traitera mal "[431]. " Une chose est de confier une affaire, l'autre chose [est] de confier ton âme. Il me semble qu'il faut avoir des

L'anticipation de la correspondance indubitable entre l'apparence et les actions réelles des autres est bien présente dans le discours des acteurs quand nous leur posons la question sur la compréhension de la confiance. La confiance est " la possibilité de croire ce que le partenaire me dit et de ne pas contrôler ses actions " (Entretien n°9*. Par le signe [*] nous avons marqué les entretiens réalisés avec les entrepreneurs russes en novembre 1998 – juillet 1999, pour plus de détails, voir le sous chapitre 2.3 " Sources "). La confiance apparaît quand " l'interlocuteur dit la même chose qu'il pense et qu'il fait. Il dit exactement la même chose qu'il a en tête " (Entretien n°21*). " J'entends par confiance une telle coopération avec le partenaire, quand il est suffisamment ouvert sur le plan financier, économique et technique " (Entretien n°3*). Autrement dit, afin de construire les relations de confiance, les acteurs ont besoin de rendre transparents leurs plans et de tenir leurs promesses. Or, la transparence d'intentions et d'actions constitue, comme nous l'avons déjà souligné, la raison d'être de la norme en tant que telle.

[429] Entretien n°16

[430] Entretien n°20. Cf. le terme italien de *cosa nostra*.

[431] Entretien n°27a

relations très intimes pour que je puisse faire confiance… J'ai besoin de la [personne de confiance] connaître et de la comprendre sans réserve "[432]. Notre hypothèse consiste, donc, à supposer l'existence d'une contradiction dans le cadre du modèle de la " petite " société prisonnière. D'une part, ce modèle facilite la confiance en brisant les frontières entre les sphères d'activité distinctes. D'autre part, il rend la confiance transcendantale et augmente ainsi les exigences quant aux conditions de celle-ci. Il apparaît que le contexte institutionnel carcéral ne satisfait guère à ces exigences.

3.4.1. Confiance dans le milieu carcéral

Plusieurs observateurs ont remarqué la norme de méfiance qui règne dans le monde prisonnier. En fait, c'est un monde particulièrement hostile aux relations amicales et solidaires. Là-bas, il n'y a " pas d'amis, au mieux [il y a] des alliés et des entraides provisoires "[433]. Cela va même plus loin, le caractère manifestement méfiant du milieu carcéral a été à l'origine d'un modèle de base en théorie des jeux dont le nom, le " dilemme du prisonnier " (*Prisoner's Dilemma*), reflète bien la mise en question de la confiance dans la prison. Le choix difficile d'un prévenu soupçonné du même délit qu'un autre prévenu consiste soit à faire confiance à celui-ci et à refuser toute inculpation, soit à ne lui pas faire confiance et à avouer sa culpabilité. Si un seul prévenu avoue, il gagne sa libération au prix d'un alourdissement de la peine du second, tandis que si les deux avouent ensemble, ils minimisent la durée de leurs peines. Illustrons-le par une histoire racontée par un de nos interviewés. " Deux jeunes hommes de 18 ans, moscovites, ont été mis en examen. Le premier était mis en détention préventive, tandis que le second était en liberté conditionnelle. Pour tous les deux c'était leur première expérience de poursuite judiciaire. Ils avaient volé une cassette d'une voiture, par sa fenêtre ouverte. Le premier s'était enfui, le second avait été rattrapé. Celui-ci avouait leur culpabilité commune… "[434]. Construisons une matrice afin d'interpréter le dilemme du prisonnier dans les termes de la théorie des jeux. Soit R, le gain de chaque joueur quand tous les deux refusent l'inculpation, est égal à trois unités d'utilité. T, le gain du joueur qui avoue quand l'autre refuse, est égal à cinq unités. Alors, le joueur qui refuse l'inculpation, obtient S=0. K, le gain de chaque joueur quand tous les deux avouent, est égal à une unité :

[432] Entretien n°26

[433] Marchetti A.-M., *Op. cit.*, p.123

[434] Entretien n°18

Tableau 28

		Second Joueur	
		Refuser	Avouer
Premier Joueur	Refuser (=coopérer)	R=3, R=3 [P]	S=0, T=5
	Avouer (=ne pas coopérer)	T=5, S=0	K=1, K=1 [N]

Le seul équilibre de Nash (1, 1) ne coïncide pas avec l'équilibre de Pareto (3, 3), ce qui justifie l'impossibilité de faire confiance en prison. Le dilemme du prisonnier sert d'outil analytique important pas seulement dans le cadre des études du monde carcéral. " Plusieurs modèles sophistiqués d'interactions politiques, sociales et économiques se fondent sur le dilemme du prisonnier "[435].

Les résultats de notre sondage confirment l'hypothèse selon laquelle le contexte institutionnel d'emprisonnement se montre hostile à la confiance. Entre deux jugements, " On peut faire confiance aux gens " et " Il faut être prudent avec les gens ", seulement 14,7% de nos interviewés choisissent le premier et 79% - le second, c'est-à-dire qu'ils sont méfiants envers les gens qu'ils ne connaissent pas personnellement. La question directe, " Faites-vous confiance aux gens autour de vous ? " (aux codétenus), donne des résultats comparables à ceux-là :

Tableau 29

	Peut-on faire confiance aux gens ?		*Faites-vous confiance aux gens autour de vous ?*		
	Oui	Non	Oui	Non	Ne sais pas
Russie N=902	14,7	79	13,6	42,7	41,4
Kazakhstan N=396	17,7	74,7	14,4	55,6	27,3
France N=59	45,8	54,2	20,3	79,7	-

Le manque de confiance ne signifie pas que les détenus considèrent cette norme en tant que quelque chose de superflu. Au contraire, ils y voient le socle de toute construction sociale. C'est la norme de confiance qui arrive en tête de la liste des réponses à la question concernant les fondements idéaux de la société russe (" Sur quels fondements la société russe (kazakh, française) doit-elle se construire ? ").

De l'autre côté, elle n'est que sixième en France, où le niveau de la confiance aux gens *en général* est trois fois plus élevé qu'en Russie (le

---

[435] Axelrod R. " *The Evolution of Co-operation* ", London : Penguin Books, 1990, p.28

niveau de la confiance aux codétenus dans les trois pays est presque le même !).

Tableau 30

	Russie	Kazakhstan	France
N	337	374	55
La liberté	41,2%	45,5	72,7
La confiance	36,5	37,7	45,5
L'égalité	32,6	38,8	60
La famille	32,4	31,8	61,8
L'empathie (le respect de l'opinion d'autrui)	27,6	18,5	20
Le travail	25,5	26,7	41,8
La Loi	22,6	18,7	52,7
La tradition	18,1	13,4	23,6
La morale	15,4	14,2	50,9
La propriété	10,1	9,1	3,6
Le profit	4,2	3,5	5,5

Le défaut de confiance se sent bien au niveau de la vie quotidienne. Il prive le détenu de tout soutien social. Dans une situation difficile, les détenus ne comptent que sur eux-mêmes. " Je ne fais confiance qu'à moi-même. Je ne fais confiance à personne d'autre "[436]. " La seule chose qui importe vraiment - il ne faut faire confiance qu'à soi-même " [437]. Une telle posture explique des " commandements de détenu ", formulés pour la première fois pendant les années 30. Ils comportent trois impératifs : " Ne crois pas ", " N'aie pas peur ", " Ne demande pas "[438]. Les trois commandements forment un ensemble cohérent. La méfiance aux autres rend inutile l'anticipation d'une aide de leur part. Ce n'est pas la peine de les solliciter. L'autosuffisance voulue implique que le détenu se prépare toujours au pire, donc, il n'a pas de peur. Quoi qu'il arrive, le détenu idéal doit être prêt à franchir tous les obstacles de manière autonome. Ainsi, la prison formerait-elle des surhommes si ce n'était pas si dur de respecter les commandements dans la vie quotidienne.

L'apprentissage de la méfiance commence aussitôt qu'on met l'individu en prison ou dans une autre institution totale. Il fait partie de l'initiation à la vie carcérale. " Le temps passé ici m'a appris à redouter tout le monde, à être méfiant "[439]. " On ne peut se confier à personne. *Alors, je vous demanderai ce qu'est pour vous la confiance ?* - Quand je suis sûr que mon interlocuteur ne transmettra

---

[436] Entretien n°6

[437] Entretien n°19

[438] Chalamov V., *Op. cit.*, t.1, c.21 ; Rossi J., *Op. cit.*, t.1, c.50

[439] Lettre de l'interlocuteur n°3a

pas aux autres les choses je lui ai confiées. Voilà pourquoi on te prévient dans les maisons d'arrêt (*SIZO*) qu'il ne faut pas trop dire. Tout ce que tu racontes de toi-même est susceptible d'être transmis à un juge d'instruction et d'être utilisé contre toi. Il faut que tu gardes le silence "[440]. Comme nous l'a confirmé l'interlocuteur n°25 dont l'expérience ne se limite pas à la prison, - il avait passé d'abord plusieurs années d'enfance et d'adolescence dans un internat, - la méfiance envers les autres était bien le résultat de la structure sociale formée par l'institution totale. Quelque denses que soient les relations personnalisées, la " petite " société n'est guère protégée contre l'expansion de la méfiance. Ainsi, Mary Douglas a-t-elle raison de remarquer que " le caractère limité de l'échelle (*smallness of scale*) ne compte pas pour la nature coopérative d'une communauté "[441].

Intéressons-nous aux particularités de la construction sociale de " petite " société qui interdisent la référence à la norme de confiance. Premièrement, la " petite " société ne peut pas assurer le respect minimum d'autrui qui prend au niveau de la vie quotidienne la forme du tact, de l'étiquette, de la bonne distance. La transparence de la frontière public - privé prive les relations interpersonnelles des repères qui marquent la bonne distance. Le manque de tact en devient la conséquence inévitable. Or, " le tact - une convention latente et contextuelle entre les participants de l'interaction - semble être le mécanisme principal qui maintient les relations de confiance "[442]. La maladresse détruit la confiance même par rapport aux personnes les plus proches, sans parler des gens mis ensemble contrairement à leur volonté.

Deuxièmement, les tentatives de l'autorité licite d'effectuer le contrôle omniprésent et minutieux de la vie quotidienne des détenus suscitent des incitations aux dénonciations. La dépendance vis-à-vis du pouvoir tout-puissant incite certains détenus à gagner ses faveurs au détriment des codétenus. La politique d'appui et de protection des balances permet à l'administration de réduire à zéro le risque des actions collectives, de battre la sub-culture carcérale. " Les dénonciations (*stukatchestvo*) sont le moyen le plus sûr pour détruire la résistance des opprimés et des exploités "[443]. La peur d'être dénoncé par les codétenus atomise les actions de protestation, qu'il s'agisse, dans les termes introduits par Albert Hirschman dans son livre " *Exit, Voice and Loyalty* ", de la " sortie " (*exit*), c'est-à-dire des tentatives d'évasion, ou de la " parole " (*voice*), qui consiste à

---

[440] Entretien n°28

[441] Douglas M., *Op. cit.*, p.31

[442] Giddens A., " *The Constitution of Society* ", p.75

[443] Rossi J., *Op. cit.*, t.2, c.371

formuler des revendications et de contraindre l'administration à les respecter. L'histoire de la prison soviétique a connu très peu d'exemples d'évasions collectives, bien que la surveillance dans les colonies de travail forcé ne soit jamais comparable à celui dans les prisons. " Le danger principal [lié à l'évasion] n'a rien à voir avec le convoi, les surveillants. Il concerne les actions des codétenus... L'évasion de groupe avec un nombre de participants supérieur à deux - trois est pratiquement impensable "[444]. Les détenus perçoivent bien le risque de dénonciation. " Il y a soixante dix personnes [dans l'*otrjad*] dont trente dénoncent "[445]. En prenant en considération ce risque, les détenus essayent de minimiser le nombre de gens engagés dans telle ou telle affaire illicite. La vie sociale, déjà fragmentée suite à l'existence des catégories illicites, se divise en segments encore plus petits. " Si je faisais maintenant quelque chose dans une baraque, l'administration ne s'en inquiéterait pas. Elle sait que mes actions seront dénoncées tout de suite... Il faut qu'on se retire toujours dans un endroit à l'abri des regards indiscrets "[446].

Troisièmement, un cercle vicieux apparaît suite à la contradiction entre la fermeture sur soi-même comme stratégie raisonnable de la vie en détention, et la nécessité de partager tous les aspects de la vie en tant que la condition clé de la confiance. D'une part, la règle " chacun pour soi " minimise le risque des poursuites de la part de l'administration. D'autre part, cela exclut le retour vers la norme de confiance. La transparence des frontières entre les sphères d'activité n'autorise que l'existence d'une seule forme de confiance, - la confiance totale. Or, la fermeture sur soi-même rend celle-ci impossible. Un de nos interlocuteurs a mis cette perspective en relief. " Du point de vue des traditions criminelles, la chose la plus importante dans la prison est la confiance en la personne. Quoi qu'il dise, peut être même qu'il exagère, qu'il ne décrit que des fantaisies, - tout d'abord vient la confiance. Parce qu'on ne connaît pas assez des gens, ici. On ne peut pas regarder son âme, savoir tout sur sa vie avant la détention. Voilà pourquoi on a besoin de faire confiance... Si tu n'as pas de preuves sûres, tu ne peux rien reprocher. *Ici, la confiance est forcée.* Si tu supposes qu'il dénonce, tu dois bien fonder ton accusation. Autrement, comment peux-tu te méfier de lui ? La vraie confiance n'existe pas ici. En personne. Il n'y a qu'une apparence de la confiance, une illusion... "[447]. En résumant, le contexte de l'institution totale fait naître la demande de la confiance en même

---

[444] Chalamov V., *Op. cit.*, t.1, c.563-564
[445] Entretien n°33
[446] Entretien n°21
[447] Entretien n°25

temps qu'il exclut sa production et reproduction. La volonté de faire confiance et l'impossibilité de le faire sont la face et le revers de la " petite " société.

3.4.2. Fonds communs

Une preuve objective et statistiquement observable des problèmes liés à la norme de confiance consiste dans la dynamique des fonds communs (*obschak*) créés illicitement par les détenus afin d'aider ceux qui se trouvent dans une situation matérielle difficile (placés au mitard, à l'hôpital, transférés récemment d'un autre pénitencier, etc.). Les fonds communs existaient déjà avant la Révolution d'octobre 1917. Les détenus pour des crimes politiques, quelles que soient leurs convictions idéologiques, donnaient volontairement 10% des ballots de produits alimentaires à un fond commun[448]. D'ailleurs, cette pratique ne concernait pas concerné les détenus de droit commun. La pratique de l'entraide a été reprise pendant les années 30 sous la forme des *kombedy*. Les détenus transmettaient volontairement 10% de leurs ballots de produits alimentaires et 10% des sommes virées sur leurs comptes par les proches aux pauvres du monde carcéral, qui étaient privés de l'aide de l'extérieur[449]. Pendant les années 30-40 les fonds communs n'existaient que dans les maisons d'arrêt. Soulignons l'homonymie entre le terme d'argot carcéral et le sigle officiel largement utilisé au début de la collectivisation, *KOMitety BEDnoty* (les " comités de pauvreté " créés à la campagne pour la défense des intérêts des paysans pauvres), ce qui servira d'argument additionnel dans notre discussion sur le degré de perméabilité entre le monde carcéral et la société soviétique. Le terme d'*obschak* (littéralement - une chose commune) est apparu à la fin des années 40 - au début des années 50 afin de désigner un impôt illicite imposé par les *blatnye,* dont le volume variait de 1/3 à 2/3 du salaire mensuel des " hommes "[450]. La raison d'être de l'*obschak* selon l'idéologie criminelle consiste, d'une part, à donner appui matériel à la cause commune, à la défense des intérêts communs, d'autre part, à aider les détenus défavorisés.

La dualité de la confiance en milieu carcéral se traduit par une dualité du fonctionnement des fonds communs. Il faut commencer par la mise en avant de la discontinuité des pratiques de l'entraide. Comme le montre déjà notre bref aperçu historique, les fonds communs n'ont pas existé toujours et partout (dans toutes les régions,

---

448 Rossi J., *Op. cit.*, t.1, c.162

449 Chalamov V., *Op. cit.*, t.1, c.269

450 Anisimkov V., *Op. cit.*, c.35

dans tous les types d'établissements pénitenciers). Par exemple, les témoignages de certains de nos interlocuteurs montrent qu'il n'y avait pas d'*obschak* dans plusieurs régions de l'URSS pendant les années 70. " Pendant les années 70, il n'y avait pas d'*obschak*. J'étais en détention et je ne le voyais pas. Maintenant y contribuent ceux qui ont du travail et qui reçoivent un salaire régulier. Moi, je donne ce que je considère nécessaire "[451]. " Auparavant, il n'y avait aucun *obschak*. J'étais en détention en Ukraine pendant les années 70, je ne le voyais pas. J'étais dans une colonie de haute sécurité. J'ai l'expérience de la vie dans cinq colonies de haute sécurité, il n'y avait pas d'*obschak*. Mais on aidait directement ceux qui avaient été mis au mitard. On les soutenait... L'*obschak* a disparu, semble-t-il, dès 1959, quand on a commencé à séparer les régimes [de détention, selon le nouvel Code d'application des peines] "[452]. Autrement dit, les fonds communs n'ont pas leur propre dynamique, leur évolution suit les changement dans la politique de l'autorité licite.

Ensuite, il existe une tension entre deux principes, volontaire et obligatoire, de la contribution au fond commun. La contribution volontaire n'est possible qu'à condition d'un haut niveau de confiance. En règle générale, les donateurs, les " hommes ", sont ignorants en ce qui concerne la gestion quotidienne des fonds communs, bien que tout le monde sache quelle table de nuit sert de dépôt au fond commun (les portions du thé, les morceaux de savon, les dentifrices, d'autres petits objets, la monnaie). Ce sont les *blatnye* et les surveillants illicites qui gèrent les fonds communs. Tout comme dans le cadre d'un fidéicommis, les détenus confient à leurs représentants la gestion d'une partie de leurs ressources au profit d'un groupe de bénéficiaires. La confiance est au cœur de ces relations. " Si je peux, je contribue. Par exemple, on fait des travaux de réparation dans les locaux de l'*otrjad*. C'est une cause commune. Si quelqu'un ne peut pas contribuer financièrement, il peut contribuer par son travail. Personne n'est obligé de contribuer. Tout dépend de la volonté de la personne "[453]. " L'*obschak* est une chose sacrée. C'est une chose volontaire. Personne, s'il est honnête, ne demandera 'Donnez pour l'*obschak*' "[454]. Par contre, le défaut de confiance se solde très vite par le refus de contribuer volontairement à l'*obschak*. " Auparavant il y avait plus d'entraide. S'il y avait eu une portion du thé, - on l'utilisait ensemble. Maintenant celui qui l'a prend le thé tout seul, les

---

[451] Entretien n°13
[452] Entretien n°18
[453] Entretien n°1b
[454] Entretien n°12

autres sont laissés de côté "[455]. Les fonds communs que nous avons pu voir donnent l'impression d'une crise profonde : quelques portions du thé, quelques stylos sur une centaine de bénéficiaires potentiels. Les détenus ne peuvent pas (suite à l'absence de travail due à la crise économique), et, encore plus important, ne veulent pas, donner pour la cause commune. Le niveau de la confiance impersonnelle en milieu carcéral explique bien ce refus.

3.4.3. Niveau de la confiance en tant qu'indicateur sociologique

Le caractère indispensable de la confiance pour un bon fonctionnement de la société de même que la variabilité de son niveau dans divers contextes institutionnels facilite la transformation du niveau de la confiance en indicateur clé de la situation sociale. Pour que le niveau de la confiance puisse nous servir de " thermomètre " social, on a besoin de rendre cet indicateur plus opérationnel. En particulier, il faut s'interroger sur la manière de poser les questions concernant la confiance, sur l'échelle pour évaluer le niveau de la confiance et sur l'interdépendance entre les diverses formes de la confiance (personnalisée, impersonnelle, institutionnelle, observée dans telle ou telle sphère d'activité, etc.).

La façon conventionnelle de mesurer le niveau de la confiance implique qu'on pose la question suivante : " Pensez-vous qu'on peut faire confiance aux gens autour de soi ? ". En posant ainsi la question, " nous ne pouvons pas facilement attribuer les variations du niveau de la confiance soit aux variations de l'efficacité des contextes institutionnels relevants, soit aux normes et aux valeurs qui sont indépendantes du contexte institutionnel "[456]. Autrement dit, le tact dans les relations quotidiennes peut-être assuré soit spontanément par les acteurs eux-mêmes (ce sera le cas de la confiance comme norme sociale), soit par les institutions formelles qui amènent les acteurs à respecter la bonne distance et remplir leurs obligations (ce sera le cas de la confiance résultant du contexte institutionnel). Afin de différencier ces deux voies de production de la confiance, il faut compléter la question sur le niveau de la confiance impersonnelle (formulée ci-dessous) par celle sur le niveau de la confiance institutionnelle : " Faites-vous confiance à l'Etat/à l'administration/etc. ? ".

Ensuite il est nécessaire d'élaborer une approche qui nous permette de dire sur la base des données empiriques s'il s'agit de la

---

[455] Entretien n°35. Une portion de thé (~50 g) suffit pour préparer un thé très fort que les détenus appellent *tchefir*.

[456] Moore M., " Truth, Trust and Market Transactions : What Do We Know ? " : *The Journal of Development Studies*, October 1999, Vol.36, n°1, p.78

confiance totale, propre aux sociétés traditionnelles et prémodernes, ou bien de la confiance moderne. Le dernier cas implique que la confiance se produit séparément dans chaque sphère d'activité (marchande, civique, domestique, etc.) et son niveau dépend chaque fois de facteurs distincts. Par conséquent, une société s'approche du modèle traditionnel s'il y a une corrélation forte entre les niveaux de la confiance dans les diverses sphères d'activité. Au contraire, une société s'approche du modèle moderne si la corrélation n'existe pas.

En ce qui concerne l'échelle d'évaluation du niveau de la confiance, il y a au moins deux alternatives. D'une part, on peut l'élaborer à partir d'un modèle théorique. Tel est la démarche de James Coleman qui se réfère au modèle de la théorie des jeux suivant :

Tableau 31

		Second Joueur	
		Honorer la confiance [P]	Tromper la confiance [1-P]
Premier Joueur	Faire confiance	G	L
	Ne pas faire confiance	0	0

Soit L (*loss*, L<0) est la perte du premier joueur si le second trompe sa confiance, alors G (G>0) est le gain du premier jouer si le second honore sa confiance (la matrice ne reflète que les utilités du premier joueur). Le premier joueur connaît la probabilité P avec laquelle son partenaire social honorera sa confiance et la probabilité (1-P) avec laquelle il trichera. Calculons l'utilité anticipée (*expected utility*) associée à deux stratégies possibles du premier jouer : $EU_{\text{faire confiance}} = G \times P + L \times (1\text{-}P)$; $EU_{\text{ne pas faire confiance}} = 0 \times P + 0 \times (1\text{-}P) = 0$

Alors, pour que le premier joueur fasse confiance, $EU_{\text{faire confiance}} > EU_{\text{ne pas faire confiance}}$ soit $P/1\text{-}P > L/G$. Le niveau de confiance minimal (la probabilité P évaluée subjectivement) dépend des valeurs L et G de la façon suivante (Figure 14)[457].

Bien que ce modèle ne s'applique qu'au cas de la confiance impersonnelle, une famille de modèles analogiques pourrait être élaborée pour couvrir les autres cas. D'autre part, l'échelle d'évaluation du niveau de la confiance peut être construite empiriquement, sur la base des comparaisons entre les sociétés, les régions, les organisations, etc. L'approche *ordinale* (nous empruntons ce terme à la théorie économique) suppose, donc, l'étude d'une déviation par rapport au niveau moyen pour un échantillon, à la

[457] Coleman J., *Op. cit.*, p.99-100

différence de l'approche *cardinale* qui nécessite la connaissance d'un niveau transcendantal de la confiance comme point de repère.

Dans le cadre de notre recherche, nous avons utilisé trois indicateurs pour mesurer la confiance. Premièrement, on a posé la question sur la confiance impersonnelle dans sa forme habituelle. Deuxièmement, on s'est interrogé sur la confiance institutionnelle, c'est-à-dire la confiance à l'administration. Troisièmement, on a introduit dans une partie des enquêtes une question concernant la confiance aux surveillants illicites et le degré de sa personnification. On a évalué les résultats en comparant le niveau de la confiance dans les différents pénitenciers. Voilà le pourcentage de détenus qui pensent qu'on peut faire confiance aux codétenus selon l'établissement pénitentiaire :

Tableau 32

Etablissement	N	%
Le centre de détention de Caen	16	37,5
La colonie de régime renforcé n°2 de Ust-Kamenogorsk (Kazakhstan)	50	34
La colonie de régime commun n°2 de Talitsa (région d'Ivanovo) [1] ([458])	17	33,3
La colonie de régime commun de Kolomna (région de Moscou) [2]	29	27,6
La colonie de haute sécurité d'Archaly (Kazakhstan)	25	24
La maison d'arrêt de Semipalatinsk (Kazakhstan)	23	21,7
La colonie de régime renforcé de Talitsa (région d'Ivanovo) [3]	23	21,7
La colonie de régime renforcé n°20 de Ust-Kamenogorsk (Kazakhstan)	33	21,2
Le centre de détention de Melun	29	20,7
Niveau moyen (France)	**59**	**20,3**
La maison d'arrêt d'Ivanovo [4]	20	20
La maison centrale de Vladimir	15	20
La colonie des femmes d'Ivanov [5]	31	19,4
La colonie de régime renforcé de Kohma (région d'Ivanovo) [6]	21	19
La colonie de haute sécurité de Murmashi (région de Murmansk) [7]	32	18,8
La colonie de régime renforcé de Plavsk (région de Toula) [8]	38	18,4
La colonie de régime renforcé n°11 de Stepnogorsk (Kazakhstan)	22	18,2
La colonie de régime renforcé de Skarlahta (région d'Arkhangelsk) [9]	34	17,6
La colonie de régime commun n°6 de Talitsa (région d'Ivanovo) [10]	18	16,7

458 Légende du Graphique 1.

La colonie de régime commun de Zelenograd (Moscou) [11]	37	16,2
La colonie de régime renforcé de Severoonejsk (région d'Arkhangelsk) [12]	85	13,9
Niveau moyen (Kazakhstan)	**396**	**14,4**
La colonie de régime renforcé de Toula [13]	42	14,3
La colonie de régime commun de Vladimir	29	13,8
La colonie de régime commun de Kostroma	58	13,8
Niveau moyen (Russie)	**902**	**13,6**
La colonie de régime renforcé n°18 de Stepnogorsk (Kazakhstan)	26	11,6
La colonie de régime commun de Toula [14]	36	11,1
La colonie de régime renforcé n°15 de Semipalatinsk (Kazakhstan)	40	10
La colonie des jeunes d'Aleksin (région de Toula) [15]	79	8,9
La colonie de régime commun de Murmansk [16]	23	8,7
La colonie des jeuns d'Ikcha (région de Moscou) [17]	36	8,3
La colonie de régime renforcé d'Ercevo (région d'Arhangelsk) [18]	37	8,1
La colonie de régime commun n°5 de Yaroslav	37	8,1
La colonie de régime renforcé de Murmashi (région de Murmansk) [19]	25	8
La maison d'arrêt de Murmansk [20]	13	7,7
La colonie de régime renforcé d'Astana (Kazakhstan)	39	7,7
La colonie de régime commun n°3 de Ust-Kamenogorsk (Kazakhstan)	54	7,4
La colonie de régime commun n°1 de Yaroslav	35	5,7
La maison d'arrêt de Ust-Kamenogorsk (Kazakhstan)	38	5,3
La maison d'arrêt d'Astana (Kazakhstan)	21	4,8
La colonie de régime renforcé n°14 de Semipalatinsk	25	4
La colonie des femmes de Mojaisk (région de Moscou) [21]	35	2,9
La colonie des femmes de Pribrejnyj (région de Vladimir)	16	0
La maison centrale d'Ensisheim	14	0

Le niveau de la confiance à l'administration varie aussi significativement selon l'établissement pénitentiaire :

Tableau 33

Etablissement	N	%
Le centre de détention de Caen	16	87,5
Niveau moyen (France)	**59**	**59,3**
Le centre de détention de Melun	29	55,2
La maison d'arrêt de Ust-Kamenogorsk (Kazakhstan)	38	52,6
La maison d'arrêt de Semipalatinsk (Kazakhstan)	23	47,8
La colonie de régime commun de Toula	36	44,4
La colonie de régime commun n°3 de Ust-Kamenogorsk (Kazakhstan)	54	44,4
La colonie des femmes d'Ivanovo	31	41,9
La colonie de régime renforcé de Plavsk (région de Toula)	38	39,5
La maison centrale d'Ensisheim	14	35,7
La colonie des femmes de Mojaisk (région de Moscou)	35	34,3
La colonie de régime renforcé de Murmashi (région de Murmansk)	25	32
La colonie des jeunes d'Aleksin (région de Toula)	79	31,6
La maison d'arrêt de Murmansk	13	30,8
La colonie de régime renforcé n°15 de Semipalatinsk (Kazakhstan)	40	30
La colonie de régime renforcé n°14 de Semipalatinsk	25	28
Niveau moyen (Kazakhstan)	**396**	**25,3**
La colonie de haute sécurité d'Archaly (Kazakhstan)	25	24
La colonie de régime renforcé d'Astana (Kazakhstan)	39	23,1
La colonie de régime commun de Murmansk	23	21,7
Niveau moyen (Russie)	**712**	**21,1**
La colonie de régime renforcé de Kohma (région d'Ivanovo)	21	19
La colonie de régime commun de Zelenograd (Moscou)	37	18,9
La colonie de haute sécurité de Murmashi (région de Murmansk)	32	18,8
La colonie de régime renforcé d'Ercevo (région d'Arhangelsk)	37	16,2
La maison d'arrêt d'Astana (Kazakhstan)	21	14,3
La colonie des jeuns d'Ikcha (région de Moscou)	36	13,9
La colonie de régime renforcé de Talitsa (région d'Ivanovo)	23	13
La colonie de régime renforcé de Toula	42	11,9
La colonie de régime renforcé de Skarlahta (région d'Arkhangelsk)	34	11,8
La colonie de régime renforcé de Severoonejsk (région d'Arkhangelsk)	85	10,6

La colonie de régime renforcé n°11 de Stepnogorsk (Kazakhstan)	22	9,1
La colonie de régime renforcé n°18 de Stepnogorsk (Kazakhstan)	26	7,7
La colonie de régime renforcé n°20 de Ust-Kamenogorsk (Kazakhstan)	33	6,1
La colonie de régime commun n°6 de Talitsa (région d'Ivanovo)	18	5,6
La colonie de régime commun n°2 de Talitsa (région d'Ivanovo)	17	5,6
La colonie de régime renforcé n°2 de Ust-Kamenogorsk (Kazakhstan)	50	4
La colonie de régime commun de Kolomna (région de Moscou)	29	3,4
La maison d'arrêt d'Ivanovo	20	0

Quelques observations s'imposent aussitôt que nous procédons à la comparaison. Tout d'abord remarquons l'existence d'une corrélation positive (0,04 en Russie et 0,06 au Kazakhstan) entre la confiance impersonnelle et la confiance à l'administration. Quoique la corrélation ne soit pas très étroite, elle prouve notre hypothèse sur la proximité de la société carcérale du modèle traditionnel de la société. En outre, nous pouvons comparer l'importance relative de deux sources de la confiance, sociale et institutionnelle.

Quand deux sources se renforcent, la confiance à l'administration et la confiance impersonnelle sont toutes les deux supérieures à la moyenne. Au contraire, le bas niveau de la confiance impersonnelle et de la confiance institutionnelle signifie qu'aucun mécanisme n'assure le respect des intérêts et des obligations mutuels au niveau de la vie quotidienne. Finalement, les cas intermédiaires, le haut niveau de la confiance impersonnelle et le bas niveau de la confiance institutionnelle et *vice versa*, se distinguent par la substitution entre deux sources de la confiance.

En argot carcéral, les colonies avec le haut niveau de la confiance institutionnelle et le bas niveau de la confiance impersonnelle reçoivent l'attribut " rouge " (*krasnye*). L'adjectif " noir " (*tchernye*) est attribué aux colonies avec le haut niveau de la confiance impersonnelle et le bas niveau de la confiance institutionnelle.

La vie quotidienne dans les colonies rouges est soumise au contrôle minutieux et omniprésent de l'administration, tandis que les détenus ont une marge de liberté au niveau de la vie quotidienne plus grande dans les colonies noires.

Il est intéressant de noter que les détenus eux-mêmes utilisent souvent le niveau de la confiance en tant qu'un critère de différenciation entre les colonies noires et rouges : " Si les gens t'approchent [à ton arrivée à une colonie], s'intéressent à toi, posent des question - d'où viens-tu, quelle est ta peine, qui est arrivé avec toi, bref, si l'on te prête attention, cela te dit déjà beaucoup de choses [sur la situation dans la colonie] "[459].

Tableau 34

Le niveau de la confiance à l'administration / *Le niveau de la confiance impersonnelle*	Haut	Bas
Haut	Bas niveau de tension sociale, l'administration contrôle la situation [la colonie de haute sécurité de Plavsk]	La colonie dite " rouge ", proche du type idéal de l'institution totale [la colonie de régime commun de Toula, la colonie des jeunes d'Aleksin]
Bas	La colonie dite " noire " dans laquelle la vie illicite fleurit et les *smotrjaschie* assurent le contrôle social [la colonie de régime commun de Kolomna]	Haut niveau de tension sociale, la situation risque de basculer vers le *bespredel* [la maison d'arrêt d'Astana]

Quelque schématique que soit ce tableau (voir aussi Graphique 1 pour la distribution des établissements pénitentiaires en Russie selon leur type[460]), il a passé une épreuve de validité. Les résultats de notre sondage ont confirmé dans la plupart des cas la réputation des pénitenciers. Cela va même plus loin, nous avons pu signaler la situation critique dans deux pénitenciers de la région d'Arkhangelsk sans avoir eu *ex ante* l'accès à l'information d'initié. En résumant, l'étude empirique confirme que la confiance joue le rôle d'indicateur intégral de la situation sociale. La correspondance entre l'intention et

---

[459] Entretien n°24

[460] La situation seulement dans 10% des pénitenciers visités peut être décrite en termes d'optimum social. Tandis que la majorité, 43%, plus ou moins correspondent au type idéal de la colonie " noire " (29% - celui de la colonie " rouge ").

l'action, qui se trouve au cœur de n'importe quelle norme, est surtout mise en relief dans le cadre des relations de confiance. L'ensemble des indicateurs de confiance nous fournissent l'information concernant le degré du " confort social " assuré par tel ou tel contexte institutionnel, de même que celle concernant les évolutions possibles du modèle social en question. Par exemple, du point de vue du confort social, le haut niveau de la confiance impersonnelle et de la confiance institutionnelle semble préférable : le tact au niveau de la vie quotidienne est soutenu autant par le haut (par l'intervention de l'autorité licite) que par le bas (par les normes et les valeurs spontanément respectées). Les communautés marchandes avec de fortes traditions de confiance mutuelle nous servent d'exemple[461].

3.5. Est-il possible de rester Sujet en prison ?

L'étude de la confiance constitue en même temps l'élément crucial de la mise en contexte du Sujet. Le défaut de confiance rend la solidarité fragile, sans solidarité viable la transformation du sujet individuel en sujet collectif devient impossible. Donc, la répression ouverte des protestations collectives des détenus n'est qu'un obstacle à la construction du sujet collectif parmi maints autres, pas nécessairement aussi manifestes. Quant au sujet individuel, sa construction ne va pas de soi non plus dans le contexte de l'institution totale. Comme nous l'avons déjà remarqué, l'environnement méfiant et l'impossibilité de l'appui sur l'autorité licite dans l'organisation de la vie quotidienne supposent un degré d'autonomie comparable à celui qu'on attribue habituellement au type idéal du surhomme. Par exemple, le " vrai homme " (*real man*), le détenu le plus respecté dans les prisons américaines, " essaye de ne jamais s'énerver (*to play cool*), de contrôler toutes ses émotions dans son stoïcisme dur et silencieux. Ces traits trouvent leur apothéoses dans la figure légendaire du cow-boy ou du gangster. La société des détenus a institutionnalisé la vertu de la dignité - la capacité de maintenir l'intégrité de soi-même - dans une série de normes "[462]. Or, le prix de cette autonomie est très élevé en prison, la plupart des détenus ne sont pas prêts à le payer. " Il est pénible de supporter tout ce cauchemar tout seul. Je me transforme en vrai loup-garou. Je ne veux pas dépendre de qui que ce soit. Je mangerai plutôt la soupe de prison (*balanda*) et je me contenterai de

---

461 Voir Caillé A., " Présentation " : *Revue du MAUSS*, second semestre 1994, n°4 ; Orléan A., " Sur le rôle respectif de la confiance et de l'intérêt dans la construction de l'ordre marchand ", *Ibid.*

462 Sykes G., *Op. cit.*, 101

ce que j'ai "[463]. Alors, que devient-il le sujet dans le contexte de l'institution totale ?

3.5.1. Etre libre et être en liberté

L'histoire de la prison soviétique n'est pas marquée par de larges mouvements de protestation. A part la série des grèves qui a suivi la mort de Staline en 1953, les prisons soviétiques n'ont pas connu de révoltes comparables à celles du début des années 70 en France. Une liste fragmentaire des protestations collectives comporte, en particulier, la révolte de Vorkouta (1936), la révolte de Leningrad (1941), les révoltes de Vorkouta et de Magadan (1947), la révolte de Vorkouta (1948). Les revendications ont porté principalement sur l'assouplissement du régime : la protection contre les tirs discrétionnaires des surveillants, la limitation de la journée de travail à 9 heures (pendant les années 30-40 la durée du travail dépassa 12-14 heures), la suppression des limitations sur la correspondance, la suppression du port obligatoire des numéros, l'ouverture des baraques la nuit, " le respect de la dignité humaine des détenus "[464]. Une révolte plus récente, celle dans la colonie de régime commun de Vladimir (juillet 1993), s'est caractérisée aussi par la mise en question du régime, des limitations sur les visites des proches[465]. D'ailleurs, la révolte ne représente que le cas extrême de la protestation collective. La prise d'otages, le refus de travailler, la grève de la faim, le refus d'aller à la cantine, aux bains, sont des formes moins violentes de protestation. " Auparavant, s'il y avait eu les bains comme ça [sans eau chaude pendant l'été, sans eau froide pendant l'hiver], personne n'y serait allé. Ils [l'administration] auraient mis les bains en ordre "[466].

Quelle que soit leur forme, les protestations collectives restent isolées. La statistique concernant l'application de deux articles du Code Pénal de la Fédération de Russie, l'article 77^1 (désorganisation du fonctionnement de l'établissement pénitentiaire) et l'article 77 (troubles de masse), prouve l'absence d'un acteur collectif bien constitué[467] (Tableau 35).

---

[463] Lettre de l'interlocuteur n°3a

[464] Rossi J., *Op. cit.*, t.1, c.117-118

[465] Tkatchevskij Yu., *Op. cit.*, c.82

[466] Entretien n°22

[467] Tkatchevskij Yu., *Op. cit.*, c.82

Tableau 35

	1992	1993	1994	1995
Nombre total des infractions (art. 77) (1)	32	23	19	6

Tout en devant être prise en considération, la volonté relativement élevée de participer aux protestations collectives, mesurée dans le cadre de notre sondage par la question directe " Soutiendrez-vous les codétenus dans le cas des protestations collectives ", ne doit pas nous tromper :

Tableau 36

	Russie, N=902	Kazakhstan, N=396
En principe oui, mais ça dépend des revendications	43,7	55,1
Ne sais pas	17,3	11,6
Oui, sans aucun doute	13,9	13,6
Non	12,2	8,6
En principe oui, mais ça dépend des personnalités	8,9	9,6
Pas de réponse	4,1	1,5

Comme l'a montré la discussion de ces résultats avec les détenus, la peur des répressions violentes détermine n'importe quel discours sur les protestations collectives dans le milieu carcéral. " Les gens qui organisent [les protestations] élaborent une stratégie, ils considèrent toutes les éventualités... Si les forces de police spécialisée (*OMON*) sont appelées, il y a des victimes, il faut minimiser leur nombre... Voilà pourquoi on cherche habituellement des voies plus loyales : on s'adresse à l'administration, on essaye de parler tranquillement. Si l'administration ne réagit pas, nous la prévenons de l'éventualité des protestations, d'un litige adressé au procureur... "[468]. Quoi qu'il en soit, la prise en compte des répressions violentes ne semble pas expliquer la rareté des actions collectives qui ne prennent pas la forme des protestations. Par exemple, nous avons découvert que les détenus n'organisent presque jamais de fêtes collectives, y compris la fête la plus respectée par les Russes, le jour du Nouvel An. Les sondages réguliers du Centre Russe d'études de l'opinion publique (*VCIOM - Vserossijskij Centr Izutchenija Obschestvennogo Mnenija*) montrent que la majorité absolue des Russes, 94%, fêtent le jour de Nouvel An[469]. La préparation de cette fête commence un - deux mois à

[468] Entretien n°35a. Par exemple, 52 victimes ont résulté de l'émeute de Vladimir (dont cinq tués).

[469] Enquête du VCIOM réalisée 17-20 décembre 1999, source : http::www.polit.ru, le 27 décembre 1999

l'avance. Quant aux détenus, ils ne peuvent pas réunir les ressources suffisantes afin d'organiser au moins un pot dans leur collectivité de base, l'*otrjad.* Les réponses à la question " Vous souvenez-vous d'actions collectives visant à améliorer les conditions de détention ? " confirment la rareté des actions collectives au niveau de la vie quotidienne, y compris les plus bénignes (Tableau 37). Il ne fait aucune doute que c'est le contexte général de méfiance qui s'ajoute à l'impact destructif de l'autorité licite et qui complique aussi la mobilisation sociale.

Tableau 37

	Russie	Kazakh.
N	642	372
Oui, les travaux de réparation dans les locaux de notre *otrjad*	41,3	42,2
Non, je ne m'en souviens d'aucune	31,8	14
Oui, la discussion collective des problèmes qui nous tous concernent	23,1	36,3
Oui, l'organisation collective des loisirs	11,1	12,9
Oui, le fond commun (*obschak*)	9,5	12,4
Oui, les revendications collectives	8,9	15,1

La constitution explicite du sujet collectif n'est guère possible dans la prison pour les raisons externes et internes à la communauté prisonnière, ce qui donne au refus de l'institution totale des formes plutôt individuelles. Peut-on penser la liberté des actions, quoiqu'elle soient individuelles, dans l'institution totale ? Par ailleurs, cette question a une portée plus générale, car la contradiction entre les déterminants sociaux et la volonté d'agir librement existe dans tous les contextes institutionnels. " Le sujet est l'effort de transformation d'une situation vécue en action libre, il introduit de la liberté dans ce qui apparaît d'abord comme des déterminants sociaux "[470]. Le contexte de la prison accentue seulement la dialectique de la liberté et des déterminants institutionnels, sans pourtant être sa source majeure. Un témoignage de Varlam Chalamov est pertinent de ce point de vue. " D'être libre et d'être en liberté n'est pas la même chose. Je n'étais jamais en liberté, mais j'étais néanmoins libre toute ma vie adulte "[471]. Alors, comment rester libre à l'intérieur de la prison ?

Bien que la question soit formulée de manière paradoxale, sa réponse ne l'est point. L'impératif de la liberté en détention consiste à maintenir l'intégrité de soi-même, à essayer de ne pas changer sous la pression des conditions défavorables et pénibles. " En colonie aussi bien qu'en liberté, je reste moi-même. Je ne change pas, si je peux

[470] Touraine A., " *Qu'est-ce que la démocratie ?* ", p.23-24
[471] Chalamov V., *Op. cit.*, t.1, c.231

dire ainsi "[472]. " Tout simplement je veux rester un homme normal. Qu'on ne me respecte pas, soit. Mais que je puisse rester un homme normal à mes propres yeux. Je n'ai besoin de rien d'autre "[473]. L'intégrité de soi-même comme but terminal admet une pluralité de moyens qui aident à l'atteindre. Sans avoir l'intention de dresser leur liste exhaustive, intéressons-nous à certains d'entre eux : avoir sa dignité et la faire respecter par les codétenus, contrôler ses émotions et ses désirs, maîtriser les logiques différentes et souvent contradictoires en les transformant en sa propre expérience, ne pas céder à la routine imposée par l'autorité licite et essayer de personnifier le temps et l'espace carcéraux. Bref, " la capacité de l'administration à contraindre et soumettre par la force les détenus devient illusoire aussitôt qu'on commence à parler des activités quotidiennes dans la prison "[474].

La sub-culture carcérale institutionnalise la vertu de la dignité : l'impératif " Sache te défendre " occupe la première place dans la hiérarchie des normes illicites. Il exige du détenu qu'il puisse se défendre, physiquement et moralement. " La notion de dignité est très respectée dans le milieu de détenus. L'homme qui a sa dignité est toujours prêt à se défendre contre n'importe quelle atteinte, dans n'importe quelle situation "[475].

Il serait trop simpliste de voir la force physique comme seul appui de la dignité. Celle-là ne commence à jouer de rôle primordial que dans les situations de *bespredel*. D'un côté, le détenu dispose de plusieurs moyens de se défendre, outre la force physique. " Ici, la force physique ne joue aucun rôle. Soit, il est comme Sylvester Stallone. Si je ne peux pas le battre en face-à-face, j'en ferai le tour. Au bout du compte, l'homme dort parfois. Si faible que je sois, on peut toujours tuer moralement, par des mots "[476].

De l'autre côté, c'est la volonté de se défendre qui compte. Le détenu qui s'engage dans un combat avec un adversaire visiblement plus fort gagne le respect des codétenus. Tandis qu'une fois que le détenu a refusé de se défendre, cela suscite sa transformation progressive en victime permanent de la violence quotidienne. Il attirera les insultes, les bousculades, les autres formes de la violence quotidienne. " Si l'on te frappe, disons, sans raison, tu dois lui répondre. Soit, tu es plus faible que lui, de toute façon tu dois riposter.

---

[472] Entretien n°21

[473] Entretien n°3a

[474] Sykes G., *Op. cit.*, p.49

[475] Entretien n°7

[476] Entretien n°3a

Ensuite… il ne faut jamais admettre qu'on t'humilie. Si tu ne l'admets pas une fois, la prochaine fois on ne t'offensera pas "[477].

Le contrôle des émotions et des désirs constitue l'autre pilier du concept de la dignité. La mise en détention se traduit par l'impossibilité de satisfaire divers besoins, y compris parfois les besoins de base.

La quantité et surtout la qualité de la nourriture prisonnière n'ont jamais été suffisantes pour bien nourrir un homme adulte. Voilà, par exemple, la composition des rations journalières des différentes catégories licites de détenus pendant les années 30-50[478] :

Tableau 38

Type de ration, en grammes	*Pain*	*Sucre*	*Bouillie d'avoine*	*Poisson*	*Viande*	*Légumes*	*Gras*	*Huile*	*Farine*
Ration de base	450	7	80	132	21	500		9	6
Ration de punition	400		35	80		420		5	5
Ration de faim	300		35	73		400		5	
Ration des prévenus	400	9	35	73	18	400		5	5
Ration de prison	600	14	60	80	18	420		5	5
Ration de convoi	700	15		167					
Ration des capos	600	25	138	173	48	913		20	10
Ration des ingénieurs	800	32	170	223	69	1080		27	13
Ration d'adolescents	450	25	100	170	50	500	66	20	200

L'argot populaire donne un raccourci péjoratif à toute nourriture mal cuisinée et peu substantielle, *tjuremnaja balanda* (la soupe de prison). L'insuffisance de la nourriture devient une épreuve pénible pour les détenus. Sont-ils capables de contrôler leur besoins pour éviter, d'une part, la dépendance de l'administration, qui " achète " les dénonciations par le moyen des rations supplémentaires, voire des paquets de cigarettes, d'autre part, la mendicité auprès des codétenus et la perte du visage humain qu'elle entraîne ? " Il y a ceux qui sont prêts à retourner leur veste à chaque occasion. Ils travaillent pour l'administration, la vendent aux détenus, les vendent ensuite à l'administration… Chez eux, il existe le dédoublement de la personnalité. Afin de satisfaire leur faim, ils sont prêts à faire n'importe quoi "[479]. Quant à la mendicité dans le milieu carcéral, elle est également mal vue. " Il arrive qu'on s'assoit en face et te regarde

[477] Entretien n°27b

[478] Rossi J., *Op. cit.*, t.2, c.472-473. La ration de punition était destinée aux détenus qui n'avaient pas rempli la norme journalière, la ration de faim – aux détenus qui ne travaillaient pas.

[479] Entretien °18

manger. Ils s'humilient devant toi pour que tu leur laisses quelque chose à manger, que tu leur donnes quelque chose. Ici, les gens perdent parfois complètement leur dignité humaine. Cela est intolérable "[480].

L'élément suivant de la dignité prisonnière consiste dans un " bricolage normatif ", c'est-à-dire dans la réconciliation des logiques contradictoires de la vie quotidienne en détention. Tout d'abord, il s'agit de savoir résister à la réduction complète de sa vie soit à la logique licite, imposée par l'administration, soit à la logique illicite, dont les valeurs sont portées par les *blatnye*. Or, " l'acteur construit une expérience lui appartenant, à partir des logiques de l'action qui ne lui appartiennent pas et qui lui sont données par les diverses dimensions du système "[481]. Les actions des *blantye* sont entièrement déterminées par la sub-culture carcérale, tandis que les actions des " boucs " se réduisent à la reproduction des normes officielles. Ce sont les hommes, la catégorie la plus nombreuse des détenus, qui profitent d'une marge de manœuvre non négligeable dans leur vie quotidienne : ils essayent de passer entre le Scylla et le Charybde de deux autorités sans approcher aucune d'elles. " L'homme, il vit de sa manière. Il tient aux normes illicites (*ponjatija*) en même temps qu'il ne refuse pas d'appliquer les lois de l'administration. Il vit, il travaille pour lui-même, pour personne d'autre "[482]. En outre, il y a une sorte de pacte jamais explicité entre les hommes, l'administration et les *blatnye*. L'administration accorde l'autonomie relative aux hommes en échange de leur travail avec zèle. A leur tour, les *blatnye* respectent aussi l'autonomie des hommes en échange de leurs contributions au fond commun. Le prix de l'autonomie relative des hommes prend, donc, la forme d'une double taxation : de la part de l'Etat dont les intérêts sont représentés par son lieutenant, l'administration pénitentiaire, et de la part des autorités illicites. Autrement dit, le contexte d'emprisonnement prive l'expression " la liberté coûte cher " de son caractère métaphorique.

La soumission incomplète à l'autorité licite se traduit aussi par la non acceptation de la routine en tant que base unique de l'organisation de la vie quotidienne. L'idéal carcéral implique l'intériorisation totale des normes formelles, leur transformation en routines. Quelques bonnes que soient les normes formelles, leur substitution accomplie par les routines n'est possible qu'à condition de la transformation parallèle des gens en automates. Au bout du compte, la métamorphose de la routine en l'alfa et l'oméga de la vie quotidienne réfute l'idée de

[480] Entretien n°20

[481] Dubet F., *Op. cit.*, p.136

[482] Entretien n°33

l'utiliser dans l'enseignement de la discipline comme moyen de réinsertion. L'éducation du bon citoyen ne se réduit point à l'intériorisation des normes parce que celle-ci le prive de l'autonomie et du sens de la responsabilité. En suivant ces raisonnements, Bruno Bettelheim reproche à certaines victimes des Nazis la philosophie du " comme d'habitude ", forme extrême de la mise en routine de la vie quotidienne. " La philosophie de 'comme d'habitude' (de ne pas partir, ne pas s'évader, ne pas quitter sa maison, son travail...) a amené des millions de Juifs à vivre dans des ghettos où non seulement ils travaillaient pour les Nazis, mais encore leur fournissaient des contingents de frères juifs choisis par eux et destinés aux chambres à gaz. Ceux qui sont restés par routine se vouaient à leur propre destruction "[483]. Les détenus sont-ils conscients de ce danger ?

Afin de trouver une réponse à cette question, on se permet de reproduire un grand extrait de notre correspondance avec un détenu. Nous lui avons demandé de décrire sa journée ordinaire dans la maison centrale. On laisse ses paroles sans rédaction et sans coupures.

" Il peut sembler que ma journée commence toujours de la même façon. Cela n'est pas vrai. Je me réveille un quart d'heure avant qu'on sonne le réveil. Quand j'entends le bruit de grands pots avec un petit déjeuner. Tout d'abord, je jette un coup d'œil par la fenêtre sur le soleil. Si le ciel est clair et le soleil brûle, je suis de bonne humeur, malgré les barreaux et la porte fermée. Je me lave, je brosse mes dents et commence à faire le thé (*tchefir*). J'ai la flemme de faire de la gymnastique, bien qu'il le faille. A six heures le réveil sonne et on commence à distribuer du pain et de la bouillie. J'allume une cigarette et je commence à détruire (sic) le thé. Je le détruis et lui, il me détruit lentement à son tour. La cigarette et le *tchefir* ont signé un pacte contre moi, j'ai peur qu'ils me battent. Je bois le thé et je me dis des gros mots. Après le thé, je fais le ménage. Maintenant on peut aborder la bouillie. Ici, la bonne humeur disparaît un peu. Comment la regarder sans larmes ? La crise dans le pays s'est reflété très vite sur notre nourriture. Elle n'avait jamais été bonne, mais maintenant... Très vite, afin de ne pas sentir le goût, j'en ai terminé avec la bouillie. Il me semble qu'elle nuit plus à ma santé que les cigarettes et le *tchefir*. C'est bien que le pain ait une saveur, j'en prends encore une tranche, j'y mets du sel et je le mange avec de l'eau chaude. Après en avoir terminé avec le petit déjeuner, j'allume une cigarette, je m'allonge sur un lit (*chkonka*), j'écoute la radio et j'attends un passage de contrôle. En l'attendant, je peux sommeiller une petite heure. Mais il ne faut pas rater le passage de contrôle, autrement on n'évitera pas des ennuis. Le sommeil du matin est merveilleux.

[483] Bettelheim B., *Op. cit.*, p.315

L'humeur redevient bonne. Je ferme les yeux, - je ne vois ni les barreaux, ni la porte. Le soleil brûle, je m'assois au bord d'un lac... J'entends un moteur de bateau bruire. Le bruit ne semble pas être habituel. Oui, la porte s'ouvre avec un grand fracas métallique. On contrôle ma présence. Maintenant je peux deux - trois heures faire le va-et-vient sans arrêt (*tysovat'sja*) dans la cellule. Il n'y a rien d'autre à faire. J'ai lu tous les livres disponibles. On distribue un journal avant le déjeuner, il y aura peut-être des mots croisés. Ça me donnera du casse-tête. En faisant les cent pas, j'écoute la radio et j'apprends qu'est-ce qui se passe sur notre terre. Toutes les nouvelles donnent l'impression d'un pessimisme extrême. Pourquoi les gens ne veulent-ils pas voir du bien dans ce monde ? Même moi, je le vois à travers mes barreaux. Bizarre. Un bruit dans le couloir me détourne de ces pensées tristes. Je m'approche de la porte et je tends l'oreille. Une fouille a commencé. La porte s'ouvre, les surveillants entrent dans ma cellule. On m'amène dans le couloir et on m'assoit près d'un mur. Au bout d'un quart d'heure je reviens dans ma cellule. Je commence à ranger les choses. Voilà, il y a une occupation jusqu'au déjeuner. Les photos sont sorties d'une chemise. J'y jette un coup d'œil et les souvenirs m'émeuvent. J'essaye de ne pas les regarder souvent, pour rester tranquille. Ici, je ne peux pas décrire mes émotions... Voilà, le déjeuner fait déjà du bruit dans le couloir. On me donnera une soupe de prison (*tjuremnaja balanda*). Pour les gens normaux, ordinaires le déjeuner est un plaisir. Pas ici et pas pour moi. Je mange parce que c'est une nécessité vitale. Après le déjeuner, j'ai deux heures pour m'allonger et pour rêver, ensuite on m'amènera à une promenade. Je n'y suis pas allé depuis longtemps, il faut que j'y aille. Regarder la neige. Je ne me suis pas promené sur la neige cette année. Pendant l'hiver, je ne vais pas souvent à la promenade. Je déteste quand il fait froid. J'en ai eu assez au mitard. C'est une merveille que mon âme ne se soit pas encore transformé en morceau de glace. Par ailleurs, peut-être que ce n'est qu'une impression... Après la promenade, je suis froid. Aujourd'hui j'irai au douche. Je l'adore. En l'attendant, je fais un thé (*tchefir*) et j'essaye de me réchauffer. Je n'ai plus de cigarettes, il faut que je les fasse moi-même avec des mégots. Je ne jette jamais les mégots, je les garde dans une boîte. Je ne travaille pas, donc, je ne vais pas non plus à la cantine. Maintenant je suis tout seul, mon codétenu est parti à une colonie. La solitude me soigne. C'est rare que j'arrive à rester tout seul. Ce terrible œil dans la porte ! Je le déteste le plus dans la prison ! Je ne peux pas m'y habituer, malgré les années passées en prison. Il semble que je n'aurai jamais d'œil dans ma porte à ma sortie de prison. Je déteste aussi l'aboiement. Ma bonne humeur disparaît aussitôt que j'entends les chiens aboyer. Je ne sais pourquoi, mais l'aboiement s'associe dans ma conscience avec les Nazis et les camps de concentration. On va aux bains. Quand tu es dans les bains tout seul, c'est fantastique. Personne ne te bouscule. Seulement cet œil détesté dans la porte... Il n'est rien prévu d'autre pour aujourd'hui. Seulement le dîner. Mais il ne mérite pas qu'on en parle... "[484].

Nous trouvons dans ce discours les traces de deux stratégies de lutte contre la routine omniprésente : la retraite dans l'imaginaire et l'interprétation non routinière des événements apparemment très routiniers (la fouille, par exemple). La prison apprend à savoir chercher de petits plaisirs là où ils semblent absents par définition. L'attention aux détails, - au journal, aux photos, au *tchefir*, assure une marge de manœuvre dans l'organisation de la vie quotidienne. Cette marge aide à rester dans le " cadre ", tout en n'y étant pas. " Nous ne voyons plus un 'homme unique' identifiable aux autres, dont les comportements seraient strictement déterminés a priori "[485]. En ce qui concerne la retraite dans l'imaginaire, il faut y ajouter une volonté assez manifeste chez quelques uns de nos interlocuteurs de trouver la foi en Dieu. Récemment des chapelles ont été construites dans trois des établissements visités. " *Combien y a-t-il de vrais croyants selon vos estimations ?* - Le service réunit une dizaine de personnes. La liturgie hebdomadaire réunit une cinquantaine de personnes. Il y en a, de plus, une centaine qui viennent pour allumer un cierge ou tout simplement pour passer un petit moment là "[486]. Bien que le nombre de pratiquants ne soit pas impressionnant, la foi religieuse leur donne un abri contre la réalité hostile et routinière. Parfois même, les locaux de la chapelle servent de lieu où les détenus cherchent à se réfugier, à se retirer dans leur propre imaginaire, qui ne coïncide pas nécessairement avec celui de l'Eglise.

3.5.2. Dispositifs de protection de l'espace privé

Le modèle de " petite " société fournit un autre outil très puissant de la maîtrise de l'espace social permettant au détenu de rester soi-même. Il s'agit de personnifier le temps et l'espace carcéral, de transformer sa partie, si petite qu'elle soit, en environnement bienveillant. Le contexte de l'institution totale ainsi que le milieu méfiant impliquent que le détenu considère comme " autres " non seulement les représentants de l'administration, mais également les codétenus. Alors, il faut rendre " sienne " une partie de ce monde des " autres ". " L'appropriation " de l'espace quotidien prend la forme de la construction de petits groupes : le groupe de compatriotes

---

[484] Lettre de l'interlocuteur n°3a écrite le 23 novembre 1998.

[485] Piette A., *Op. cit.*, p.163

[486] Entretien n°29. Il s'agit d'une colonie de 1200 détenus environ.

(*zemljatchestvo*) et la famille de détenus (*kentovka*). Ils servent de dispositifs sociaux de protection de l'espace privé là où les autres dispositifs font défaut.

Le groupe de compatriotes rassemble les originaires de la même région, du même quartier d'une grande ville. " Supposons, ils sont venus de la région de Koursk, par exemple, ils sont trente. Dans un premier temps, dans une colonie étrangère, ils se connaissent mieux les uns les autres. Ils soutiennent et aident l'un l'autre "[487]. Les groupes de compatriotes ont été surtout florissants à l'époque soviétique, quand il n'y avait pas la règle selon laquelle la peine devait être exécutée dans la région où le délit avait été commis. A cette époque, les Russes, les Ukrainiens, les Géorgiens, etc., formaient des groupes de compatriotes, quelles que soient leurs lieux de résidence dans les républiques correspondantes. Parfois même, les Russes, les Ukrainiens et les Biélorusses se rassemblaient dans un groupe unique de Slaves, tandis que les ressortissants des républiques du Caucase, ceux des républiques d'Asie centrale se réunissaient dans leurs propres groupes. La dissolution de l'URSS et la politique de la régionalisation de l'exécution des peines des années 90 a diminué l'échelle de l'appartenance géographique : le principe de la résidence dans le même district, la même ville, le même bourg, le même quartier s'est substitué au principe de l'appartenance macro régionale.

La raison d'être du *zemljatchestvo* consiste dans le soutien mutuel, dans l'organisation commune des loisirs. Le groupe de compatriotes sert de moyen de communication, de dispositif de la vie associative. " Les *zemljatchestva* ont été privilégiés auparavant [parmi les autres dispositifs de la vie associative]. On se réunissait souvent. Il y avait un mouvement commun, une communication… On allait même au cinéma ensemble. Une trentaine des compatriotes s'est réunie : 'On va au cinéma ? - On y va' "[488]. Les groupes de compatriotes ont parfois leur propre base matérielle, - un fond commun. Non seulement les détenus originaires de telle ou telle région y contribuent, mais ils profitent d'un support matériel et financier provenant du milieu criminel de leur région. " Par exemple, les détenus d'Apatity [une ville dans la région de Mourmansk] ont été aidés (*ih greli*) par les gens d'Apatity. *Y avait-il dans la colonie un fond commun unique ?* - Oui, il existait. Mais les détenus d'Apatity étaient mieux aidés que les autres et ils considéraient que leur apport au fond commun était plus important… Ils se soutenaient les uns les autres. Quoi qu'il arrive, - ils se rassemblaient et trouvaient ensemble une solution "[489].

---

[487] Entretien n°36

[488] Entretien n°1a

[489] Entretien n°22

Remarquons la large portée de l'hostilité plus ou moins manifeste par rapport aux Moscovites, les originaires de la ville de Moscou. Suite au manque de pénitenciers dans la région de Moscou, aux condamnés pour les délits commis à Moscou sont dispersés dans les autres régions de la Fédération de Russie. " Ici, c'est une autre région, un autre contingent, - dit un Moscovite. Je ne dirais pas qu'on nous humilie, mais... "[490]. En règle générale, les provinciaux considèrent les Moscovites comme étrangers, autres. Par conséquent, le comportement opportuniste est accepté par rapport à ceux-ci. " Si, par exemple, tu es originaire de la région de Toula, on te traitera avec plus de loyauté en échange de ta participation dans une cause commune. Quant aux Moscovites, on essaye de tricher avec eux, de s'en ficher "[491]. La dernière citation met en relief l'idée principale du groupe de compatriotes : les siens sont dedans, les étrangers - dehors.

L'explication de l'hostilité par rapport aux Moscovites nous amène à l'extérieur du monde carcéral. Cette hostilité s'enracine dans les particularités du modèle soviétique de société : le simple fait de résider dans la capitale assurait un accès privilégié aux ressources économiques (la pénurie concernait les magasins à Moscou moins que ceux de province), culturelles (tous les établissements d'enseignement supérieur les plus prestigieux se trouvent à Moscou) et administratives (on a déjà parlé du système de contrôle [très sophistiqué et pénible à supporter] de l'accès à Moscou, la *propiska*). Les détenus tentent, donc, dans l'organisation de leur vie illicite en prison de rétablir la justice qui n'existe pas, de leur point de vue, dans la vie licite à l'extérieur de la prison.

Si la portée des groupes de compatriotes varie dans le temps et dans l'espace, l'autre dispositif de la protection de l'espace privé, la famille de détenus, est omniprésent. Plusieurs études sur les institutions totales mettent en avant les efforts des internés de créer des petits groupes de 2-3 personnes. En particulier, Erving Goffman parle de l'existence chez les internés de petits groupes avec " une tendance à se prêter mutuellement assistance en toutes circonstances et de se procurer un soutien affectif réciproque "[492]. Les prisonniers de guerre, eux aussi, ont cherché à créer un espace social plus petit que la baraque. Un analogue du ménage, la popote, est apparu comme moyen de gestion de la vie quotidienne des prisonniers de guerre dans les camps de concentration nazis. " Les 'repas' pris en commun [ont été]

---

490 Entretien n°25. Par ailleurs, l'entretien a été réalisé dans la région de Toula, tout proche de Moscou !

491 Entretien n°10

492 Goffman E., *Op. cit.*, p.104

un véritable rite social, source simple et profonde de sociabilité "[493]. Il faut souligner que la socialisation dans ces petits groupes s'effectue selon la logique de la " petite " société, c'est-à-dire que le clivage entre les siens et les étrangers sert de socle dans la construction des petits groupes. " Les popotes prirent parfois l'allure de petits groupes fermés, étroitement jaloux de conserver pour leurs membres tout ce qu'ils avaient pu rassembler "[494]. Les petits groupes n'apparaissent pas à l'intérieur de l'institution totale à une seule condition : que son espace social soit déjà fractionné par d'autres dispositifs. Voilà pourquoi, par exemple, il n'y a pas de familles de détenus dans les prisons cellulaires. Corinne Rostang, l'auteur d'une étude sur les prisons de femmes en France, témoigne : " Je n'ai pas retrouvé la constitution de familles - l'existence de cellules en France ne facilite pas la constitution de tels groupes "[495]. Cette observation appuie notre hypothèse selon laquelle c'est le défaut d'autres dispositifs de protection de l'espace privé qui fait naître les dispositifs sociaux, y compris la famille de détenus.

Les détenus (post)soviétiques ne font pas exception à la règle. Les colonies de travail forcé des années 30-50 ont connu l'analogue de la popote, le *kolkhoz*. Cet emprunt à la langue soviétique officielle désignait le groupe de détenus qui mangeaient habituellement ensemble[496]. Pendant les années 60 l'argot carcéral s'est débarrassé de l'emprunt. Aujourd'hui on utilise soit le terme *kentovka, kenta* (alors ses membres s'appellent *kenty*), soit le terme d'usage courant " famille " (*sem'ja*, ses membres s'appellent *semejniki*). " *Les semejniki, comment s'appelaient-ils auparavant ?* - Le *kenta*. Il y a eu deux, trois, cinq membres de la famille. Ils partageaient tout, sauf leurs sous-vêtements, bien sûr. La nourriture, la table de nuit, tout était commun. On mangeait ensemble. J'en ai gardé les meilleurs souvenirs "[497]. La plupart des détenus vivent dans des familles qui comportent 2-3 membres[498]. " *Dans votre otrjad il y a 127 personnes.*

---

[493] Durand Y., *Op. cit.*, p.128

[494] *Ibid.*, p.159

[495] Rostang C., *Op. cit.*, p.126

[496] Rossi J., *Op. cit.*, t.1, c.161

[497] Entretien n°13

[498] *Combien êtes-vous dans la famille ?*	Russie, N=71	Kazakhstan, N=242
On est deux	32,4	20,2
On est trois	25,4	18,2
On est quatre et plus	14,1	29,8
Ça toujours varie	22,5	28,1
Pas de réponse	5,6	3,1

(la question a été adressée à ceux qui ont une famille).

Combien parmi eux vivent dans des familles ? - Je ne sais pas. Il arrive qu'on vive ensemble une semaine et qu'on se sépare après. Il existe une vingtaine de familles durables. Des familles bonnes, stables. Il y a aussi les solitaires "[499]. Dans les maisons d'arrêt il n'est pas rare de voir des familles plus grandes, de 6 à 20, voire 30 personnes. Tous les prévenus mis ensemble dans une cellule (sauf les grandes cellules pour une centaine de prévenus) constituent en règle générale une famille unique. Un de nos interlocuteurs a décrit de la façon suivante son expérience de la vie quotidienne dans une maison d'arrêt : " On s'est retrouvé là-bas dans une famille unique. Qu'il s'agisse d'un internat ou de la prison... J'ai essayé de faire en sorte que tout le monde dépende de tout le monde. Si quelqu'un souffre, on souffre ensemble, si quelqu'un est content, on est tous contents "[500]. Les résultats de notre sondage confirment l'omniprésence de la famille : la majorité absolue de nos interviewés vivent dans une famille (voir Tableau 39 pour les réponses à la question " Est-ce que vous vivez dans une famille ? ") :

Tableau 39

	Russie, N=712	Kazakhstan, N=396
Oui	52,8	61,1
Non	41,3	33,8
Pas de réponse	5,3	5,1

Comme nous l'avons déjà mentionné, la famille de détenus se constitue principalement pour la gestion des aspects matériaux de la vie quotidienne en détention. " *Quelle est la base de la construction de la famille ?* - La plus simple : moi, je travaille et je gagne de l'argent ici, les autres bénéficient d'un soutien de la part de leur proches qui fournissent de la nourriture à ceux-là. On partage la nourriture ensemble, tandis que j'assure de bonnes relations avec l'administration "[501]. Par ailleurs, la possession des " avantages comparatifs " est une condition nécessaire, mais insuffisante pour que la famille des détenus apparaisse. Manger ensemble, voir même prendre un thé ensemble, suppose un degré considérable de confiance mutuelle. " Si je ne connais pas la personne, je ne prendrai jamais un thé avec elle "[502]. En argot carcéral, l'expression " manger du pain ensemble avec qqn " (*lomat' vmeste hleb*) a une signification très proche de celle du verbe " faire confiance à qqn ". " Les gens qui

---

[499] Entretien n°1a

[500] Entretien n°25

[501] Entretien n°29

[502] Entretien n°22

mangent ensemble sont considérés comme des amis sûrs, prêts à se défendre l'un l'autre. Le plus souvent ils sont deux "[503]. D'un côté, le partage de la nourriture, une ressource rare et très importante en prison, suppose l'acceptation par le détenu de la dépendance de son propre bien-être des actions des autres membres de la famille. Par exemple, le partage du pain fait par un détenu spécialisé à cette tâche, *hleborez*, n'est objectivement jamais parfait, et le tour de prendre sa ration compte beaucoup. Les détenus apprécient surtout les croûtons, parce qu'ils contiennent moins d'humidité. Sans confiance, chaque distribution de la nourriture risque de basculer vers la violence. " Ce système met en relief plusieurs qualités humaines. Sans faire exprès. Tu ne veux pas y faire attention, tu sais qu'il ne faut pas y faire attention. Je me réveille une fois le matin, on distribue les rations (*pajki*). Un détenu, pauvre, essaye de prendre une ration un peu plus grande. Je pense qu'il ne faut pas lui reprocher ça. Mais les autres blâment ce comportement. Il prend une ration plus grande une fois, la seconde fois... Il veut manger. Je le comprends bien. Je me détournerais tout simplement, je prendrais ma ration au dernier tour. A la deuxième ou à la troisième fois, il sera battu. Autrefois, il aurait été battu de manière violente "[504].

De l'autre côté, l'explication du lien étroit entre la confiance et la famille de détenus réside dans le fait que le " repas " pris en commun favorise l'ouverture des gens l'un à l'autre, surtout s'il s'agit du thé de prisonnier, *tchefir*, qui sert aux détenus de substitut à l'alcool (voilà pourquoi, d'ailleurs, le *tchefir* est interdit dans les colonies de jeunes). La communication dans le cadre de la famille devient, consciemment ou inconsciemment, plus ouverte et intensive, ce qui nécessite la confiance à l'interlocuteur. Le détenu veut s'assurer que toute l'information transmise aux interlocuteurs pendant les " repas " ne franchira pas la frontière du petit groupe, du cercle des siens. " Il y a plus de communication dans les cadres de la famille : la communication quotidienne, mais aussi des conversations pour passer le temps, sans sujet précis. C'est toujours comme ça : les gens se mettent à la table, ils boivent de l'alcool et ils ne contrôlent plus leurs paroles. Ici aussi, on prend un *tchefir*, ou un thé avec du chocolat. C'est presque comme une drogue pour vous délier la langue "[505]. Autrement dit, dans la famille, les détenus peuvent rester eux-mêmes, sans se faire de souci pour le contrôle de leurs paroles et actions. Là, ils sont parmi les leurs. " *Etes-vous nombreux dans votre famille ?* - On est trois. *Vous les avez trouvé vite après votre arrivée ici ?* - Oui,

---

[503] Rossi J., *Op. cit.*, t.1, c.178

[504] Entretien n°3a

[505] Entretien n°29

en fait oui. J'ai regardé à mes côtés, - on aperçoit très vite qui fait quoi, *qui sera le sien. Est-il intéressant de parler avec eux ?* - Au moins ne feront-ils pas de bassesses. Il y a des gens ici qui te sourient, et ils font en même temps des bassesses dans ton dos. Il est difficile de vivre seul ici... Chacun doit communiquer avec quelqu'un "[506].

Le rôle capital de la confiance dans les relations intra familiales se confirme par l'analyse de la composition des familles de détenus. En répondant à la question " Qui fait partie de votre famille ? " (adressée à ceux qui ont une famille), la plupart des interviewés parlent des personnes de confiance :

Tableau 40

	Russie	Kazakh.
N	373	239
Des gens auxquels je fais confiance	55,5	56,5
Des gens avec lesquels j'ai la même vision du monde	33,5	33,1
Des compatriotes (*zemljaki*)	22	17,2
Des proches	8,3	8,4
Des gens commis la même infraction de la Loi que moi-même	1,3	0,8

Malgré l'homonymie apparente entre la famille de détenus et la famille en sens courant, soulignons quelques différences de la structure sociale de deux phénomènes. D'abord, la famille de détenus exclut en règle générale toutes connotations sexuelles. Le tabou sexuel dans le cadre de la famille de détenus s'explique par le clivage manifeste entre l'image de la féminité et celle de la masculinité dans la sub-culture carcérale. Seuls les familles de détenues, selon les témoignages des surveillantes, n'excluent pas complètement l'aspect sexuel[507]. Ensuite, la famille de détenus ne doit pas servir à la transmission du statut social dans la cité carcérale. Une tradition, bien qu'elle ne soit pas respectée rigoureusement partout, interdit aux surveillants illicites de vivre en famille. " Selon l'ancienne tradition, ils [les surveillants illicites] ne doivent pas continuer à vivre en famille "[508]. Ceci leur permet d'éviter de favoriser les leurs dans les conflits avec les autres détenus. Quant à la famille au sens courant,

[506] Entretien n°39

[507] Les familles formées en détention par les femmes nécessitent une analyse particulière : dans leur milieu les relations sexuelles ne sont pas exclues, au contraire, elles deviennent la règle. A titre d'hypothèse, nous pouvons supposer que la perception de la dualité des rôles masculin/féminin est moins manifeste chez les femmes russes que chez les hommes.

[508] Entretien n°1a

" l'objet principal de l'alliance familiale n'est pas simplement l'affection mutuelle, elle est aussi *une stratégie de défense et de transmission du statut* "[509].

Finalement, la famille de détenus s'éloigne souvent très loin du modèle traditionnel des relations domestiques qui suppose une chaîne des dépendances personnelles et une hiérarchie manifeste. " La famille incarne (*embodies*) une forme élémentaire du contrat de protection. On attend des hommes la protection des membres les plus faibles, qui acceptent en échange la soumission à la volonté de leurs protecteurs "[510]. Rappelons à ce propos notre hypothèse de départ selon laquelle la cité carcérale ne se réduit pas à la cité domestique, elle inclut aussi quelques éléments de la cité par projets. Intéressons-nous en particulier au clivage entre, d'une part, le principe de la priorité des intérêts familiaux sur les intérêts individuels de ses membres et, d'autre part, le principe de la priorité des intérêts individuels sur les intérêts familiaux. Certains observateurs du milieu carcéral mettent en avant le principe de la responsabilité collective : " les membres de la famille portent la responsabilité collective (*krugovaja poruka*) pour les actions de chaque membre de la famille.

Le départ de la famille est considéré comme une infraction aux normes illicites (*kosjak*) "[511]. Tandis que dans le cadre de notre recherche on a trouvé quelques preuves du contraire. Les détenus sont assez libres de quitter leur familles quand ils le veulent.

Voici les réponses à la question " Avez-vous changé une ou plusieurs fois de famille pendant la période où vous êtes restés dans la colonie ? " (adressée à ceux qui ont une famille) :

Tableau 41

	Russie, N=376	Kazakhstan, N=242
Oui	45,2	35,5
Non	49,5	60,3
Pas de réponse	5,3	4,1

La prise des décisions familiales exclut l'imposition de la volonté de quiconque aux autres membres de la famille. " *Y a-t-il un leader dans la famille ?* - Non. On partage tout de façon égale. Quant aux décisions communes... Par exemple, on est trois dans la famille. S'il me faut prendre une décision - je le fais et je mettrai au courant les deux autres. Personne ne me le reprochera. C'est une sorte de soutien

[509] Reynaud J.-D., *Op. cit.*, p.141
[510] Gambetta D., *Op. cit.*, p.57
[511] Abramkin V., Tchijov Yu., *Op. cit.*, c.125

mutuel. Pour qu'il y ait quelqu'un à qui l'on puisse parler dans une situation difficile "[512].

En outre, les membres de la famille sont protégés contre l'intervention indésirable dans leurs affaires privées. Du moins une telle intervention est-elle mal vue dans le milieu carcéral.

" Quoi qu'il en soit, l'homme vit dans chaque famille de manière indépendante. Chacun a sa propre vie. Moi, j'essaye de ne pas y intervenir. Mais s'il a besoin de mon aide, je lui apporte mon soutien "[513].

Autrement dit, on trouve dans la constitution de la famille de détenus quelques principes formulés par Walter Weyrauch dans le cadre de son étude de petits groupes. " Chacun est laissé à se débrouiller, il continue à vivre ainsi aussi longtemps que le niveau maximal de tolérance n'est pas dépassé. L'envie de vie privée (*privacy*) est plus grand que l'envie de socialisation… N'importe quelle question sur la vie privée devrait permettre des renseignements équivoques à la réponse "[514].

L'analyse de la famille de détenus met en relief le paradoxe suivant. La " petite " société a tendance à se décomposer en éléments de plus en plus petits. La vie sociale se fragmente infiniment, la fragmentation reflète le prix à payer pour les efforts de rendre la vie quotidienne plus confortable dans le cadre de la " petite " société.

Les catégories illicites, les groupes de compatriotes, les familles de détenus sont les composantes du vecteur de la fragmentation. Mais si petits que soient ces éléments, ils se basent toujours sur l'opposition radicale entre les siens et les autres, les étrangers. Donc, le terme de société s'applique à peine à la construction sociale du monde carcéral que nous appelons par commodité la " petite " société. Il s'agit plutôt d'un *socium*, d'un amalgame d'éléments hétérogènes, autonomes et fermés à l'extérieur. Par ailleurs, c'est la seule façon de laisser coexister un " enfer " au niveau macro social et un " paradis " au niveau micro social en assurant ainsi la stabilité relative de la " petite " société et sa capacité de se reproduire.

3.5.3. Justice illicite

Notre esquisse du monde carcéral soviétique serait incomplète sans l'indication de quelques tendances récentes qui concernent le rôle des surveillants illicites dans l'organisation de la justice illicite. Ces tendances nous intéressent non seulement dans le contexte de la

---

[512] Entretien n°1a

[513] Entretien n°27a

[514] Weyrauch W., *Op. cit.*, p.59-62

maîtrise plus moderne de la violence, mais aussi en tant qu'un exemple de l'institutionnalisation des relations personnalisées.

En outre, le système de la justice illicite, dispositif de la protection des droits des détenus dans leurs interactions, s'inscrit dans la logique de la construction du sujet individuel. Le cas de la transformation des médiateurs privés des conflits dans les foires médiévales en juges de la Loi Marchande (*Lex Mercatoria*) nous sert de repère.

" Le rôle des juges dans le système ne se réduit guère à une substitution au mécanisme de la réputation personnelle, il consiste à assurer le fonctionnement effectif de celui-ci afin de promouvoir l'échange honnête "[515]. Ainsi, la " petite " société comporte-t-elle des germes de sa transformation en " grande " société ?

Depuis le début des années 90, on observe une baisse sensible de la violence sous ses formes les plus manifestes dans les prisons (post)soviétiques.

Les statistiques officielles, bien qu'elles montrent aussi un déclin du nombre des délits commis en détention, ne nous disent pas grand chose sur la dynamique de la violence quotidienne.

Afin de l'évaluer, nous avons posé la question " Le niveau de la violence a-t-il diminué récemment dans votre milieu selon vos estimations ? ". Les réponses montrent qu'un tiers des détenus ont perçu la violence diminuer :

Tableau 42

	Russie, N=712	Kazakhstan, N=396
Il a diminué	30,9	33,8
Pas de changement	10,7	10,4
Il a augmenté	9,3	10,4
Ne sais pas	42,3	42,9
Pas de réponse	6,9	2,5

L'analyse des préférences des détenus quant aux principes de la résolution des conflits nous donne une autre preuve du recul de la violence interne au monde prisonnier.

La hiérarchie des principes *déclarés* qu'on découvre dans la prison ne semble pas différer beaucoup de celle qu'on a observés dans le monde extérieur à la prison[516] :

---

[515] Milgrom P., North D., Weingast B., *Op. cit.*, p.3

[516] Le tableau comporte les réponses des détenus à la question " Quel principe de résolution des conflits préférez-vous ? " et les réponses des Russes à la question " Quel principe de résolution des conflits entre les membres de votre famille et les autres préférez-vous ? ". Les variantes des réponses n'étaient pas identiques.

Tableau 43

Les détenus	Ru.	Ka.	Fr.	Les Russes [98]	
Le dialogue et la recherche d'un équilibre des intérêts	35,8	27,7	55,4	Agis envers autrui comme tu aimerais qu'autrui agisse envers toi [l'impératif catégorique de Kant]	68%
Les meilleures solutions sont trouvées habituellement par les personnes sages	20,8	30,1	53,6	Cochon qui s'en dédit (*dogovor doroje deneg*)	23
La force appuie le droit	17,5	12,5	14,3	On ne choisit pas sa famille (*svoj svoemu ponevole drug*)	11
Un mauvais arrangement vaut mieux qu'un bon conflit	15,1	13,6	0	La force appuie le droit	8
Si l'adversaire ne capitule pas, il mérite d'être anéanti	8,4	6,4	x	Bien mal acquis ne profite jamais (*tchto siloj vzjato, to ne svjato*)	8
Premier venu, premier servi	7,8	15,7	0	Le malheur des uns fait le bonheur des autres	5
On ne juge jamais les vainqueurs	3,5	4,3	x		
Œil pour œil	x	x	12,5		

La coïncidence dans le temps de la diminution de la violence avec la large expansion des surveillants illicites n'est pas fortuite. Remarquons à ce propos la fréquence avec laquelle les détenus ont choisi la variante “ Les meilleures solutions sont trouvées habituellement par les personnes sages ” (surtout au Kazakhstan). Notre hypothèse consiste à supposer le rôle très positif des surveillants illicites dans la médiation des conflits quotidiens et l'existence des tendances à l'institutionnalisation de ce rôle. Les détenus acceptent volontairement l'intervention des surveillants illicites dans la gestion de leurs conflits. Ils y voient la garantie cruciale que les parties en conflit resteront dans les limites acceptables, que la situation ne basculera pas vers le *bespredel*. “ *Dites-moi quand les conflits se résolvaient plus facilement, maintenant ou auparavant ?* - Maintenant. Auparavant on faisait tout par l'intermédiaire de la force. Les crânes craquaient, on cassaient les mâchoires. Maintenant tout est plus facile. *Parce que les surveillants illicites sont apparus ?* - Oui, ça aussi. Si le surveillant illicite est bon (*putevyj*), je lui explique la situation. Auparavant j'avais besoin de prendre un tabouret "[517]. L'intervention du surveillant illicite est suggérée même dans les cas assez évidents comme, par exemple, le rattrapage d'un voleur. " Si quelqu'un m'a volé quelque chose et que je le rattrape, il faut que je justifie mes accusations pour qu'on m'autorise à régler nos comptes (*razobrat'sja*). *Qu'est-ce que ça veut dire 'donner l'autorisation de régler les comptes' ?* - Si je le battais, ce ne serait pas considéré comme *bespredel* si j'avais expliqué d'abord la situation au surveillant illicite. Si je ne suis pas sûr de pouvoir le [*krysa*] battre, je demanderai un soutien "[518]. " Autrefois, tout l'*otrjad* aurait battu un voleur rattrapé (*krysa*), tandis que maintenant on commence à s'expliquer, le surveillant illicite intervient... Sans avis favorable du surveillant illicite, il est interdit de battre quiconque. Autrefois, il y avait au moins 10% des détenus soit avec un œil poché, soit avec une lèvre cassée. C'était pour que la personne ne fasse pas les choses qu'il ne faut pas faire. Maintenant, on essaye d'abord de rendre un jugement. Avant de battre quelqu'un, on décide avec le surveillant illicite le degré de sa culpabilité. S'il mérite d'être puni, alors... "[519].

Comme le montre le tableau 44 ci-dessous (réponses à la question " Quel type d'intervention dans les conflits dans votre milieu préférez-vous ? "), l'intervention des surveillants illicites est très sollicitée. Le niveau de confiance aux surveillants illicites dépasse visiblement le niveau de la confiance impersonnelle et le niveau de confiance à l'administration du pénitencier. 38% (41,4% au Kazakhstan) de nos interviewés font confiance aux surveillants illicites (Tableau 45). Autrement dit, les détenus croient que l'intervention de surveillants illicites dans les conflits quotidiens correspondra à leurs intérêts.

[517] Entretien n°13
[518] Entretien n°20
[519] Entretien n°16

Tableau 44

	Russie, N=902	Kazakhstan, N=396	France, N=58
L'intervention des surveillants illicites / médiateurs	36,8	39,4	17,9
L'absence de l'intervention externe	30,4	26	23,8
L'intervention de l'administration	17,5	25,8	48,7
L'intervention de la justice licite	1,6	2,8	9,5
Pas de réponse	13,7	6,1	

Tableau 45

Faites-vous confiance aux smotrjaschie ?	Russie, N=517	Kazakhstan, N=396
Oui	38,1	41,4
Non	46,8	49,5
Pas de réponse	15,1	9,1

Alors, comment expliquer cette volonté manifeste d'accepter la médiation des conflits par les surveillants illicites ? Premièrement, il s'agit bien de la médiation sans prétention de la part de la tierce personne, d'imposer sa vision des choses. Regardons la liste des procédures possibles de la résolution des conflits. Elle comporte[520] :

-Le petit procès (*mini trial*) - la présentation des arguments à une tierce partie impartiale,

-La conciliation - une tierce partie est appelée à intervenir dans un différend pour proposer une solution acceptable, applicable volontairement par les parties et dotée d'une autorité minimale permettant de tirer des conséquences de droit de l'application ou de l'inapplication de la conciliation,

-L'arbitrage - la décision d'un arbitre lie les parties.

Les actions des surveillants illicites se trouvent entre la conciliation et l'arbitrage : ils disposent du pouvoir de faire appliquer leur décision, mais ce pouvoir n'est point absolu. En effet, c'est leur capacité de proposer une solution acceptable pour les parties du conflit qui compte, y compris pour la partie présumée coupable. “ Ici, nous essayons tout d'abord d'expliquer la faute. Si l'on juge [au tribunal] pour punir, nous ne jugeons pas, nous expliquons ”[521]. La procédure de la prise de décision limite l'autorité discrétionnaire du surveillant illicite. La partie du conflit jugée coupable peut toujours

---

[520] Bonafi-Schmitt J.-P., “ Justice alternative ” et Le Roy E., “ Conciliation ”, dans Arnaud A.-J. (sous la direction de), “ *Dictionnaire encyclopédique de théorie et de sociologie de droit* ”, p.15,89

[521] Entretien n°1b

recourir à une “ juridiction supérieure ” (c'est-à-dire au *polojenec* ou à l'*avtoritet*, voir au voleur légal) en vue d'obtenir la réformation d'un jugement. Dans les cas difficiles, les surveillants illicites hésitent à prononcer leur jugement et préfèrent demander des investigations complémentaires.

“ Après avoir pris en compte les explications de deux parties du conflit, j'ai décidé de ne pas prendre de décision. Je fais confiance aux paroles de la première partie, mais je n'ai aucune raison de douter des arguments de la seconde. Pourquoi dois-je faire confiance seulement à une partie [du conflit] ? *Alors, vous n'avez pris aucune décision ?* - Oui, je les ai envoyés chez le *polojenec.*

Il a fallu chercher des renseignements complémentaires, se mettre en contact avec les autres personnes... ”[522]. Ainsi, pouvons-nous dire que la tâche principale du surveillant illicite consiste à expliquer les normes illicites, à les faire respecter sur la base de la compréhension. La peur de la punition perd son importance suite à la médiation des *smotrjaschie*. La logique de leurs actions prouve l'affirmation d'Alfred Schutz que “ la compréhension est avant tout non pas une méthode utilisée par le chercheur en sciences sociales, mais la forme expérientielle particulière selon laquelle la pensée courante s'approprie le monde socioculturel par la connaissance ”[523]. Ce n'est pas par hasard que la discussion d'un jury lors d'un procès a servi à Schutz lui-même d'exemple de la mise en valeur de la compréhension au niveau de la vie quotidienne.

Deuxièmement, l'accent sur la compréhension et l'explication rend les normes informelles moins rigides, il assure leur souplesse et capacité de s'adapter aux circonstances de l'interaction concrète. Un clivage crucial entre, d'un côté, l'image de la Loi comme édifice rigide et statique et, de l'autre côté, l'image des normes informelles comme souples et dynamiques, est apparue spontanément lors de nos discussions avec les surveillants illicites. “ Si l'on se référait rigoureusement aux normes illicites, on finirait par verser de sang. On ne verrait pas de nuances. D'autre part, on peut traiter chaque personne de manière humaine. Il faut qu'on la prévienne trois fois, quatre fois... ”[524]. La souplesse des normes illicites n'est pas garantie par définition, sa source réside dans tout un ensemble de procédures de la prise de décision. Sans l'appui sur ces procédures, les normes illicites se transformeraient en analogue des Lois formelles dont la rigidité suscite la violence lors de leurs applications. “ On regarde les papiers, on trouve un article [du Code Pénal, - il s'agit du tribunal]

---

[522] Entretien n°24

[523] Schutz A., *Op. cit.*, p.75

[524] Entretien n°1a

correspondant, - de trois à dix ans. Voici un gars pas mal, on lui donnera trois ans. Voilà un récidiviste. On lui donnera la peine maximale, une bonne dizaine d'années. Non, je ne suis pas d'accord avec une telle justice. Il me faut juger sur la base de mes actions, de ce que j'ai fait concrètement. Sur la base de mes actions concrètes... "[525]. Les détenus ont reproché à plusieurs reprises à la justice licite son caractère sommaire, qui ne permet pas aux conditions particulières de tel ou tel acte d'entrer en ligne de compte.

Quant à la justice illicite, les " juges ", surveillants illicites, ont une marge de liberté significative dans l'interprétation des normes de la sub-culture carcérale. " *Etes-vous libre d'interpréter les normes illicites ?* - Oui, dans une certaine mesure. Ce qui m'importe vraiment, c'est d'éviter les bagarres, les vols, les meurtres dans mon *otrjad*. Les moyens pour y arriver ne font pas de différence. Que tout le monde vive correctement, vive bien. Alors, j'exagère un peu. Pas trop bien, mais qu'ils vivent plus librement. Je traite chaque personne d'une manière différente. L'important est de savoir les raisons d'un acte, pas l'acte en tant que tel. Comme dans une crèche, - il y a une bonne d'enfants qui gronde quelqu'un, qui tape quelqu'un, mais toujours sur la base de la connaissance personnelle. Il existe un facteur d'antipathie ou de sympathie personnelle, vous me comprenez ? *Est-ce que c'est bon pour la justice ?* - Du point de vue de la justice, ce n'est pas normal, mais il faut tenir compte de nombreux autres facteurs. Supposons que je connais quelqu'un mieux que les autres. S'il a fait quelque chose, ce n'est pas pour faire du mal à l'autre. Je sais la raison de son acte. L'autre peut commettre une injustice pour faire du mal... Je préférerais qu'on me juge du point de vue de cette psychologie. Hélas, on m'a jugé sur la base du Code Pénal. L'article, la peine correspondante... Ils m'ont jugé sans savoir pourquoi et comment "[526].

Les surveillants illicites mettent en avant un terme difficilement traduisible en français, *ljudskoe* (littéralement - tout ce qui est humain, ce qui relève de la nature humaine). Ils y voient la garantie principale de la souplesse des normes illicites : celles-ci doivent toujours être interprétées de manière humaine. " On s'appuie sur ce qui est humain, sur ce qui est naturel pour l'homme. Il n'y a pas de règles rigides : ceci est autorisé, cela est interdit. Pour le Code Pénal ce sont les résultats de tes actions qui comptent, pas la situation, les raisons... Ici au contraire, la situation compte, pas l'action... *Vous avez dit ljudskoe. Qu'est-ce que ça veut dire ?* - Les gens... Une association avec le mot 'foule' vient à l'esprit. *Alors, quelles sont les autres*

[525] Entretien n°16

[526] Entretien n°27b

associations ? - Les gens qui suivent les normes illicites (*ponjatija*)... Non, je voudrais m'exprimer autrement. Avez-vous tué des chats dans votre enfance ? *Non.* - Alors, c'est du *ljudskoe*. Avez-vous battu des gars plus faibles que vous ? *Non.* - Chaque personne a son propre code d'honneur. Il ne peut pas se permettre de vexer les faibles, de violer une fille ou la frapper. Cela est *ljudskoe*. Se laver le matin et se brosser les dents - c'est aussi *ljudskoe*. C'est une façon correcte de vivre... *Peut-on dire que le ljudskoe signifie la même chose qu'un autre terme, le bon sens ?* - Oui, ils se recouvrent, mais pas parfaitement. Le bon sens, alors, les gens à l'extérieur de la prison ne comprennent pas les gens qui sont ici "[527]. Peut-être, le terme de *ljudskoe* signifie-t-il le bon sens dans le contexte de la société prisonnière. Alors, chaque norme illicite doit être mise dans le contexte, doit être interprétée sur la base du bon sens compréhensible aux détenus. L'interprétation relève de la compétence des surveillants illicites, ces exégètes des textes sacrés, *ponjatija*, du monde carcéral.

La troisième, dernière, particularité de la médiation illicite des conflits consiste dans l'élaboration d'un concept de ce qui est juste propre à celle-là. Dans le cadre de la " petite " société, " la recherche de ce qui est juste met l'accent sur les relations personnelles entre les gens "[528]. Là, les efforts de construire une définition abstraite de ce qui est juste n'aboutissent pas à grand chose. Les critères de la justice ont une connotation très concrète, situationnelle, personnalisée. Les questions sur les critères des actions et décisions justes ont suscité de l'embarras chez nos interlocuteurs. " *Pour être juste, la décision doit-elle correspondre aux normes illicites ?* - La correspondance doit toujours exister. *Alors, le respect des normes illicites assure la justice ?* - Ça dépend de qui prend la décision. Oui, il faut prendre la décision selon les *ponjatija*, mais il faut en même temps que ce soit juste "[529]. La référence aux normes ne suffit pas, donc, pour appuyer la justice illicite. La recherche de la solution juste nécessite un ajustement des normes à la situation et aux personnes engagées dans le conflit. " La décision doit être, premièrement, humaine. Non, je me suis mal exprimé. Elle doit correspondre aux normes illicites, c'est capital. Mais elle doit porter en même temps un compromis, pour qu'elle ne nuise pas à quiconque. Vous comprenez, il faut toujours chercher le compromis. Pour qu'il y ait moins de tensions, pour qu'on s'énerve moins "[530].

---

[527] *Ibid.*

[528] Boltanski L., Thévenot L., *Op. cit.*, p.206

[529] Entretien n°30

[530] Entretien n°27b

Les particularités de la justice des surveillants illicites sont mises en relief dans le type idéal du surveillant illicite construit par les détenus. La comparaison de ce type idéal avec un type idéal de l'ami nous aide à différencier les attributs du bon surveillant illicite. Nous trouvons le respect de l'opinion d'autrui, le bon sens et le sens de ce qui est juste en tête de la liste des attributs. Autrement dit, le bon surveillant illicite est d'abord bon médiateur, bon juge, à la cité carcérale.

Tableau 46

Surveillant illicite, *avtoritet*		Qualités	Ami, copain		
Russie, N=844	Kazakhstan, N=381		Russie, N=881	Kazakh., N=388	France, N=55
67,8 (+10,5)	71,7 (+12,2)	Le bon sens	57,3	59,5	10,9
57,1 (+13,5)	55,6 (+20,8)	Le sens de ce qui est juste	43,6	34,8	30,9
49,4	49,1	L'honnêteté	49,7	52,6	63,6
47,8	50,1	La responsabilité de ses actions	42,5	45,4	27,3
39 (+17,9)	42,3 (+24,5)	Le respect d'autrui	21,1	17,8	67,3
26,9	24,9	L'intelligence	21,1	19,3	36,4
23,7	16,5	La force du caractère	32,1	34,5	•

La liberté de donner l'interprétation aux normes illicites et aux principes de l'équité selon le contexte de l'action rapproche les surveillants illicites de la figure du juge dans le droit commun (*Common Law*). Dans le cadre du droit commun, le juge est considéré comme source majeure de la loi. " Le juge explique et développe la loi par arguments et contre arguments, selon un style subjectif et discursif "[531]. Aussi, " l'équité est-elle une notion quasi intuitive que le juge [de droit commun] puise dans sa conscience individuelle pour constituer une conviction propre et singulière "[532]. Rappelons à ce propos que le rôle explicatif unit aussi les juges du droit commun et les surveillants illicites. " Chaque tribunal doit faire connaître aux parties du conflit les raisons de sa décision "[533]. Le lien entre la compréhension des motivations d'un acte et l'interprétation de la norme générale selon ces motivations se manifeste surtout dans l'activité de la cour d'assises. Comme l'a montré Harold Garfinkel, les

---

531 Arnaud-Duc N., " Loi ", dans Arnaud A.-J. (sous la direction de), *Op. cit.*, p.353.

532 Manaï D., " Equité ", *Ibid.*, p.235

533 James P., *Op. cit.*, p.149

jurés essayent de faire un lien entre les principes généraux de la Loi et le contexte d'un acte particulier. Ils le font sur la base du sens commun : " les causes raisonnables et les remèdes raisonnables "[534] guident leurs décisions. Voilà pourquoi les détenus interrogés donnent leur soutien à l'idée de l'introduction de la cour d'assises dans la pratique judiciaire russe, bien que celle-ci n'ait jamais été construit selon les principes du droit commun. En répondant à la question " Comment jugez-vous l'idée de la mise en vigueur de la cour d'assises ? ", plus de la moitié des détenu ont exprimé leur avis favorable :

Tableau 47

	Russie, N=902	Kazakhstan, N=396
Cela augmentera la confiance à la cour	50,2	51,5
Cela ne changera rien	26,7	29,5
Cela rendra la situation pire	11,5	10,1
Pas de réponse	11,5	8,8

En outre, nos interlocuteurs ont proposé quelques novations judiciaires, qu'on ne trouve guère, à la différence de l'idée de la cour d'assises, dans le discours actuel sur la réforme du système de la justice en Russie, mais qui s'inscrivent dans la logique de la justice illicite. Il s'agit d'abord de l'institution de l'avocat familial. " En commençant par la phase d'instruction, il va défendre l'accusé. Un avocat familial. Il défend la même famille cinq, dix, vingt ans. Il défend les parents, les enfants, les petits enfants. Il connaît la famille. Il connaît ses côtés positifs. Quand le juge sera attentif à l'opinion des avocats, ça changera tout "[535]. Ensuite, les détenus se réfèrent au défaut de réputation personnelle chez les juges comme à une explication de leur non responsabilité. La réputation personnelle des surveillants illicites, ainsi que le contrôle par le haut, servent de meilleures garanties de leur impartialité. " Si je vis avec une personne, je ne peux pas la traiter injustement. Je ne peux pas. J'aurai des remords. Le juge, quant à lui, ne vit pas avec le prévenu, ne mange pas de la même assiette avec lui. En gros, il s'en fiche "[536]. En revenant à l'exemple des médiateurs privés aux foires médiévales, remarquons le rôle que la réputation personnelle a joué dans le processus de leur institutionnalisation. Un de nos interlocuteurs a résumé ces arguments de la façon suivante : " C'est un système de justice particulier. Il ne

[534] Garfinkel H., *Op. cit.*, p.105
[535] Entretien n°2
[536] Entretien n°27b

concerne que notre monde. Si un tel système de justice existait dans votre monde, la situation serait sensiblement meilleure que maintenant, j'en suis sûr "[537].

Par ailleurs, loin de nous sommes l'intention de nous faire l'avocat de la justice des surveillants illicites. Les détenus leur reprochent souvent l'incapacité de trouver un compromis entre l'impératif de la souplesse et l'impératif de l'égalité du traitement. On note une tendance à juger les gens sur la base de leur appartenance à telle ou telle catégorie illicite. " Il ne faut pas tenir compte de ta catégorie (*mast'*). Si j'ai raison, alors même si le coupable est *blatnoj* et appartient à une catégorie supérieure, il doit être puni "[538]. Or, la catégorisation illicite est au cœur de l'organisation prisonnière, et son ignorance ne dépend pas de bon gré des surveillants illicites. La solution alternative, la mise en avant de l'impératif de l'égalité du traitement, suscite potentiellement les mêmes critiques que les détenus adressent à la justice licite. " Si le surveillant illicite fait respecter l'ordre, s'interroge sur qu'est-ce qu'on a fait, pas sur qui est-ce qui l'a fait, je lui donne son soutien "[539]. Autrement dit, l'institutionnalisation de la justice illicite, quelque attractive qu'elle soit en comparaison avec la situation de *bespredel*, ne permet pas de se débarrasser des inconvénients de la " petite " société. Les éléments du système de la justice qui sont congruents avec les institutions du droit commun ne peuvent former un ensemble stable et prouver leur efficacité que dans un autre contexte institutionnel, - dans celui de la " grande " société. Au contraire, dans le contexte de " petite " société, quoi qu'elle existe à l'intérieur ou à l'extérieur de la prison, la justice illicite se rapproche de la justice mafieuse, efficace et rapide pour les siens et arbitraire et violente pour les autres. N'oublions pas que c'est " la médiation des conflits internes à la société locale, la médiation des rapports entre cette dernière et le monde extérieur "[540] qui ont fait naître le phénomène de la Mafia.

3.6. Vers une analyse comparative du système carcéral

L'organisation sociale illicite des prisons post-soviétiques contraste très vivement avec celle des prisons françaises : comme le montre notre analyse précédente, il y a moins de différences entre les prisons en Russie et au Kazakhstan, que entre les prisons de ces pays

---

[537] Lettre de l'interlocuteur n°3a

[538] Entretien n°20

[539] Entretien n°4

[540] Arlacchi P., " *Mafia et compagnies. L'éthique mafiosa et l'esprit du capitalisme* ", p.45

et celles de la France. Ceci ne veut pas dire que la vie sociale des détenus en France se réduit à son côté licite : il existe le trafic des objets et des services interdits, la vie quotidienne fait naître de nombreux conflits dont la maîtrise n'exclue pas le recours à la violence, etc. Mais il serait difficile, voire impossible d'appliquer à l'étude de la société carcérale en France nos repères analytiques sans les profondément modifier : la non différenciation des sphères, la personnification des relations, la maîtrise imparfaite de la violence, la dualité des normes.

Premièrement, l'aménagement de l'espace carcéral en France admet la séparation des sphères de l'activité quotidienne, y compris la distinction entre l'espace privé et l'espace public. Dans les Maisons centrales et les Centres de détention chaque détenu est mis dans une cellule individuelle (dix mètres carrés de surface environ, voir Figure 15). Selon l'article D449 du Code de Procédure Pénale, le condamné est autorisé à aménager sa cellule d'une façon personnelle, à utiliser un poste de télé, un frigidaire, une minichaîne, un ordinateur, etc. Le détenu a, donc, un espace quasi personnel et privé (cf. l'expression propre à la sub-culture carcérale russe, " la prison est une maison parentale à nous ", *tjur'ma nach dom rodnoj*, fait penser plutôt aux dispositifs sociaux de la protection de la sphère privée[541]). En outre, les lieux des activités socioculturelles et professionnelles sont séparés dans l'espace carcéral. A la différence des dortoirs dans les pénitenciers russes qui servent souvent aux détenus de salle de séjour, de chambre à coucher et d'atelier simultanément, n'importe quelle activité est bien localisée dans l'espace interne des pénitenciers français (voir Figure 16 - le plan d'une Maison centrale). Dans cette Maison centrale, il y a parmi plusieurs autres lieux des activités quotidiennes un atelier de peinture, une salle informatique, un atelier de sculpture, des classes d'éducation, des salles sportives, etc.

Deuxièmement, l'opposition entre les intérêts de l'autorité licite et les intérêts quotidiens des détenus est moins radicale en France qu'en Russie et Kazakhstan. La majorité des détenus français, 59,3%, font confiance à l'administration de leur pénitencier, ce niveau dépasse largement celui que nous avons observé dans les prisons russes, 21,1%, et dans les prisons de Kazakhstan, 25,3%. Les facteurs qui limitent le caractère contraignant et hostile du pouvoir des surveillants comportent un système de contrôle mutuel (*checks and balances*) et une ouverture significative de la prison à l'égard du monde extérieur. Le système de contrôle mutuel implique que l'administration du pénitencier est une instance de la prise de décision parmi nombreuses autres. Les actions du juge d'application des peines, des travailleurs sociaux privent l'administration de son monopole de la gestion de la

---

541 Rossi J., *Op. cit.*, t.1, c.103-104

vie quotidienne des détenus. Les travailleurs sociaux ont en charge la préparation de la mesure d'individuation de la peine du détenu (libération conditionnelle, permission de sortie, placement extérieur), le juge d'application des peines prend la décision concernant les réductions de peine, le changement du régime carcéral[542]. Le nombre des condamnés qui peuvent s'adresser, si besoin est, aux représentants du système de la justice est beaucoup plus grand en France (au magistrat : 25,5%, au juge d'application des peines : 49,1%, à l'avocat : 43,6%) qu'en Russie (2,3%) et au Kazakhstan (2,7%). 27,1% des détenus français peuvent compter sur l'administration afin de résoudre leurs problèmes quotidiens, 15,8% ont été aidés par l'administration contre 2,9% et 4,6% des détenus russes respectivement (4,6 et 5,2% pour le Kazakhstan). En outre, 17% des détenus français peuvent compter sur les travailleurs sociaux et 14% ont reçu récemment une aide de leur part. Soulignons que les travailleurs sociaux sont absents dans les prisons russes, à l'exception de quelques pénitenciers dans la région d'Orel, où cette figure est introduite dans le cadre d'une expérimentation.

Tableau 48

	Russie, N=902	Kazakhstan, N=396	France, N=59
Oui, sans aucun doute	47,3	51	72,9
Oui, mais je ne suis pas sûr	13,7	10,4	16,9
Non	2,4	2,3	6,8
Ne sais pas	28,2	31,8	•
Pas de réponse	8,3	4,5	3,4

La meilleure preuve de l'ouverture relative de la prison française vers l'extérieur consiste dans l'optimisme avec lequel les détenus évaluent leurs perspectives de la réinsertion. En répondant à la question " Serez-vous capable de vous adapter à la vie après la libération ? " 72,9% des détenus français répondent que sans aucun doute (Tableau 48). L'optimisme résulte de l'accès à l'éducation socioprofessionnelle qui est assuré aux détenus en France. Ils peuvent non seulement travailler (seulement 15,2% des détenus ne travaillent pas), mais aussi continuer leurs études, y compris supérieures, acquérir une nouvelle profession. Par exemple, quelques nos interlocuteurs ont préparé dans la prison un diplôme d'informaticien, la profession très demandée sur le marché du travail. Dans ce contexte, le fait que 74,6% de nos interlocuteurs pensent que leurs qualités professionnelles leur permettront de trouver facilement un travail ne nous doit pas surprendre.

542 Observatoire International des Prisons, *Op. cit.*, p.28,33

La confiance à l'administration réduit les incitations à la construction de l'autorité illicite. L'autorité des surveillants illicites, nous l'avons vu, dérive du manque de confiance à l'égard de l'autorité formelle. Il n'existe pas les homologues des surveillants illicites dans les prisons françaises parce que les détenus peuvent faire appel à l'autorité licite afin de résoudre leurs problèmes quotidiens (bien que certains fonctions des leaders des détenus s'approchent de celles du surveillant illicite). Ainsi, la maîtrise de la violence quotidienne se fonde-t-elle sur les procédures formelles et légales. En répondant à la question " Comment réagissiez-vous à une incivilité de la part d'un codétenu ? ", 60% des détenus français indiquent qu'ils s'adressèrent à l'administration. A titre de comparaison : seulement 4,7% des détenus russes (5,6% des détenus au Kazakhstan) voient dans l'administration une instance qui est susceptible de maîtriser la violence dans le milieu carcéral. Les réponses à la question sur la nature de l'intervention la plus efficace dans les conflits entre les prisonniers confirment la préférence des dispositifs légaux aux dispositifs informels manifestée par les détenus en France :

Tableau 49

Type de l'intervention	Rus.	Kaz.	Fr.	Ecart par rapport à la France			
				Russie		Kazakh.	
La justice licite (l'avocat, le magistrat, le procurer)	1,6	2,8	9,5	-7,9	-38,7	-6,7	-29,6
L'administration	17,5	25,8	48,7	-30,8		-22,9	
Les surveillants illicites / Les médiateurs informels	36,8	39,4	17,9	+18,9	+25,5	+21,5	+23,7
L'absence de l'intervention externe par rapport aux parties du conflit	30,4	26	23,8	+6,6		+2,2	

Les mécanismes de la médiation informelle sont moins développés et sophistiques en France, quoique la moitié des détenus dans ce pays, 53,6%, pensent que " les meilleurs solutions sont trouvées habituellement par les personnes sages " (contre 20,8% des détenus russes et 30,1% des détenus au Kazakhstan qui pensent ainsi).

Le besoin de trouver les médiateurs dans les conflits quotidiens est satisfait sans doute par l'administration qui s'éloigne ainsi du modèle de l'autorité purement imposée propre à l'institution pénitentiaire. Paradoxalement, mais les détenus français se sentent responsables des événements qui se passent dans leur pénitencier. 37,3% de nos interlocuteurs français éprouvent telle responsabilité contre 24,6% de nos interlocuteurs russes et 32,1% - au Kazakhstan. Par contre, le caractère complètement imposé de l'autorité exclue toute responsabilité de ses sujets pour les actions de celle-ci. Tels raisonnements nous permettent de positionner les deux modèles de l'autorité licite dans la prison sur les axes " autorité disjointe - autorité conjointe - autorité imposée " de la façon suivante (Figure 17).

Une analyse de la confiance impersonnelle nous fournit une autre preuve que l'administration pénitentiaire en France s'éloigne du type idéal de l'autorité imposée. Le niveau de la confiance aux codétenus en France ne diffère pas significativement de celui en Russie et au Kazakhstan (20,3% contre 13,6% et 14,4% respectivement), ce qui confirme la réputation de la prison en tant qu'un lieu méfiant par excellence, quel que soit le pays. Mais le nombre des détenus français persuadés qu'on peut faire confiance aux gens *en général*, 45,8%, est trois fois supérieur au nombre des détenus russes ayant la même vision des choses, 14,7% (17,7% au Kazakhstan). La première explication consiste dans l'ouverture de la prison en France à la société extérieure qui, nous l'avons vu, se caractérise par le niveau de la confiance beaucoup plus élevé qu'en Russie. L'autre facteur qu'il faut faire entrer en ligne de compte implique que l'autorité licite peut servir de garantie du respect des droits du détenu. La question du respect des droits du détenu dans ses relations avec l'administration sera traitée en plus de détailles dans le sous chapitre 5.2.2 " Droits des prisonniers : la Loi et la réalité ", intéressons-nous ici au rôle de l'administration comme l'arbitre qui fait respecter les règles du jeu dans la vie quotidienne des détenus. Les réponses à la question " L'infraction de quelles normes considérez-vous comme la plus dangereuse ? " montrent que les détenus en France rangent la Loi et les normes imposées par l'administration du pénitencier en-tête de la liste (35,7% et 33,9% des soufrages respectivement), tandis que les détenus russes mettent en avant les normes de la sub-culture carcérale (37,2% des soufrages contre 24,4% de ceux qui ont mentionné la Loi et 25,6% de ceux qui ont mentionné les normes imposées par l'administration, les figures correspondantes pour le Kazakhstan sont 43,2%, 18,9% et 29,6%). Les normes formelles jouent le rôle du dispositif de la confiance : on fait confiance aux autres parce qu'on fait confiance aux institutions qui garantissent le respect des droits dans les relations avec les autres. Ce n'est pas par hasard que le système de la justice occupe cinquième rang dans la hiérarchie des institutions auxquelles les *condamnés* français font confiance :

Tableau 50

Quelles sont les institutions auxquelles vous faites confiance ?	%
Famille	79,3
Amis	48,3
Institutions de la Communauté Européenne	22,4

Science	19
Système judiciaire	17,2
Eglise	17,2
Collectif de travail	8,6
Gouvernement	6,9
Patronat	5,2
Médias	3,5
Président	1,7
Partis politiques	1,7

La confiance soutenue par les dispositifs légaux continue à jouer le rôle primordial dans l'organisation de la vie quotidienne, mais la perception de la confiance comme l'alfa et l'oméga de la vie sociale est propre plutôt aux sociétés où règne la méfiance totale. Les détenus français rangent la confiance à la sixième place de la liste des fondements de la société idéale, à la différence des détenus russes qui la rangent à la deuxième place. Aussi la confiance cède-t-elle la première place au respect des termes de contrat parmi les principes marchands rangés par les détenus français.

Nous résumons notre brève analyse comparative par une remarque suivante. Loin de nous sommes l'intention de nous faire l'avocat du système carcéral en France. Ce système a plusieurs inconvenances dont la compréhension mérite une étude spéciale. Par exemple, les étrangers, dont le nombre est très important dans les prisons françaises (23,6% de la population carcérale, 10,2% dans notre échantillon), subissent une discrimination de la part des codétenus mais aussi de la part de certains surveillants. A titre de l'hypothèse, nous pouvons supposer qu'il s'agit d'un atavisme de la maîtrise non moderne de la violence. Les étrangers sont exclus de la société carcérale, ils sont considérés comme les autres et, par conséquent, servent de cible de la violence quotidienne. Malgré les inconvénients, la société carcérale en France est moins “ petite ” que la société carcérale russe et la société (post)soviétique en général. L'appui sur les dispositifs légaux permettent aux détenus français de dépasser les limites de “ petite ” société et de vivre la démocratie même derrière les murailles de la prison. Quant à la comparaison de deux sociétés carcérales post-soviétiques (la Russie et le Kazakhstan), elle nous a permis de mieux saisir les traits pertinents du modèle soviétique. Les dissemblances nationales (reflétées dans la variation de nos indicateurs statistiques) sont moins importantes que les ressemblances qui dérivent du type idéal de “ petite ” société. Les changements apportés à ce modèle par le mouvement de réforme (commencé en Russie au début des années 90, au Kazakhstan - à la fin de cette décade) seront discutés en plus de détails dans le sous chapitre 5.2.

Chapitre 4
Essai de généralisation : une société déchirée

Du point de vue quantitatif, comment définir la frontière de " petite " société ? Une localité, une région, une institution ; une dizaine, un millier, un million de personnes ? Selon n'importe quelle échelle quantitative, la grandeur d'un pays comme l'URSS ou la Russie actuelle exclut leur qualification en tant que " petites " sociétés. La population totale de l'URSS était d'environ 290,1 millions d'habitants en 1990, ce qui faisait d'elle troisième pays du monde après la Chine et l'Inde selon le nombre d'habitants (voir le tableau pour sa dynamique)[543]. Même après la dissolution de l'URSS, la Fédération de Russie avait environ 150 millions d'habitants.

Tableau 51

	Millions d'habitants
1940 (URSS)	195
1950	180
1960	214
1970	242
1980	265,5
1990	290
1999 (Fédération de Russie)	146,3
2000	145,6

Alors, comment prétendre appliquer le modèle de " petite " société à l'étude d'une société apparemment très grande ? Notre démarche ne suppose pas de mettre en question la grandeur quantitative de la société (post)soviétique. En revanche, nous voulons accentuer une situation paradoxale : une société si grande peut se construire selon la logique de " petite " société sans la modifier profondément. Bien que la société soviétique ait subi des changements importants depuis l'époque stalinienne qui l'éloignent du modèle totalitaire, le type des relations entre l'autorité licite et la vie quotidienne des gens ordinaires n'avait pas beaucoup changé jusqu'à nos jours. Cette hypothèse nous autorisera à " surfer " assez librement dans le temps et l'espace du modèle soviétique.

Le caractère imposé et contraignant de l'autorité licite fait le lien entre l'organisation de la société carcérale et celle de la société soviétique. Où que ce type d'autorité existe, dans la prison, dans certains régions du Sud de l'Italie ou dans une société à plusieurs

---

[543] Les données de l'ONU et de la statistique nationale, source : " *Britannica. Book of the Year. 1991* ", Chicago : Encyclopaedia Britannica, 1991, p.750-751 ; http::www.gks.ru " *Russia – 2000* ".

millions d'habitants, il suscite la reproduction du modèle de " petite " société que nous venons de décrire. Commençons ce bref aperçu inévitablement fragmentaire de " petites " sociétés existant à l'extérieur du monde carcéral par une esquisse de l'exemple italien.

4.1. L'exemple du Sud de l'Italie

Quel que soit le terme qui vienne à l'esprit sitôt qu'on parle du développement historique du Sud de l'Italie, la Mafia, la *camorra*, la *'ndrangheta* ou bien le " familialisme amoral " (*amoral familism*), il est associé avec l'image de la société locale, hostile au monde extérieur. Si l'on laisse de côté les connotations purement criminelles de la Mafia, on aperçoit derrière ce terme une organisation sociale particulière. La vision de la Mafia en tant que modèle social est particulièrement pertinente pour notre recherche. L'impact de la Mafia sur l'organisation de la vie quotidienne nous importe plus que les aspects de son fonctionnement interne. D'autant plus que " la Mafia est un comportement et un pouvoir et n'est pas une organisation formelle "[544].

La Mafia a son origine dans une forme de l'absentéisme étatique spécifique aux régions du Sud de l'Italie du XVIIIème siècle. D'une part, la démocratisation du système des droits de propriété foncière en Sicile a multiplié par dix vers 1860 le nombre de grands propriétaires (de 2000 à 20000), créant ainsi une demande pour la protection des droits de propriété[545]. D'autre part, l'Etat n'avait jamais été perçu là-bas comme un appui sûr dans la résolution des conflits quotidiens. D'abord, la politique de l'Espagne aux XVII - XVIIIèmes siècles accorda à la Sicile le rôle du vassal dont les intérêts ne sont pas pris en compte. Ensuite, le passage à la juridiction italienne ne changea pas la volonté de l'Etat de prendre sans rien donner en échange. " La Mafia s'est développée en l'absence d'une justice publique... L'Etat italien avait oublié l'existence de la Sicile "[546]. En outre, la politique économique de l'Etat italien s'est basée jusqu'à la seconde moitié du XXème siècle sur l'exploitation des régions pauvres (le *Mezzogiorno*, le Sud) par les régions plus développées industriellement (le Nord). " Une stratégie de politique économique nationale a consisté à renforcer l'économie des régions fortes au détriment des régions

---

[544] Arlacchi P., " *Mafia et compagnies. L'éthique mafiosa et l'esprit du capitalisme* ", p.16. Giovanni Schiavo a exprimé cette thèse autrement : " La Mafia exprime une idée plutôt qu'une institution bien organisée " (Schiavo G., *Op. cit.*, p.21).

[545] Gambetta D., " *The Sicilian Mafia. The Business of Private Protection* ", p.79-91

[546] Arlacchi P., " Buscetta. La Mafia par l'un des siens ", p.29,31

faibles "[547]. Une telle politique suscita de nombreux confits dans le domaine économique, social et politique au lieu de les résoudre.

L'impossibilité de se référer à l'autorité licite comme ressource dans l'organisation de la vie quotidienne a causé la fermeture de la société locale sur elle-même. Celle-ci a produit ses propres procédures de résolution des conflits, plus efficaces que les procédures officielles. La Mafia a vu le jour, donc, pour gérer les conflits et pour y jouer le rôle de médiateur. " L'homme d'honneur résolvait le différend en l'espace de quelque semaines et non pas au bout de plusieurs années, *grâce à la possession d'informations exactes* "[548]. La dernière partie de la phrase est révélatrice. Le caractère local et personnalisé des relations facilite la possession d'informations exactes. Autrement dit, le prix à payer pour l'autonomie et l'efficacité des institutions illicites consiste dans le refus des perspectives de la transformation de " petite " société en grande. Afin de prouver l'appartenance de la société traditionnelle du Sud de l'Italie à la famille des " petites " sociétés, essayons de la décrire à l'aide des quatre paramètres élaborés dans le cadre de notre analyse de la société prisonnière : la non différenciation des sphères d'activité, la personnification des relations, une maîtrise imparfaite de la violence et la dualité des normes.

Le concept moderne de l'espace privé séparé de l'espace public reste étranger à la société traditionnelle sicilienne. Peut-être, la sensibilité exaspérée à l'égard de l'honneur féminin, qui constitue une des occasions de conflit les plus fréquentes, s'explique-t-elle par le défaut d'autres moyens de faire respecter l'espace privé que la force physique ou le recours aux normes mafieuses. " L'honneur féminin constitue, dans les zones mafieuses, le symbole le plus typique de l'intégrité de la famille "[549]. Quant aux dispositifs illicites de la protection de l'espace familial, il y a une norme du comportement mafieux selon laquelle " personne ne doit être au courant de la situation dans les familles autres que la sienne "[550]. L'espace informationnel est, donc, très fragmenté. Toute l'information importante ne dépasse pas les limites de la famille. Par ailleurs, il s'agit dans le meilleur des cas de séparer l'espace familial de l'espace public. La protection de l'individu contre une intervention non voulue des proches dans ses affaires privées n'est pas vue comme une nécessité vitale.

[547] Cesoni M.-L., *Op. cit.*, p.159

[548] Arlacchi P., " *Buscetta...* ", p.120, c'est nous qui soulignons.

[549] Arlacchi P., " *Mafia et compagnies...* ", p.19

[550] Gambetta D., " *The Sicilian Mafia...* ", p.118-126

Selon le témoignage de Tommaso Buscetta, mafieux repenti, “ chez nous en Sicile, ‘l’individu’ n’existait pas ”[551].

La Mafia transpose le principe de la non différentiation des règles du jeu à n’importe quelle sphère d’activité quotidienne. Par exemple, la présence de la Mafia sur un marché exclut son fonctionnement autonome. L’organisation du travail dans l’entreprise et sa stratégie de la concurrence se soumettent alors aux impératifs traditionnels portés par la Mafia. Le paternalisme n’est pas compatible avec la représentation des intérêts salariaux par les syndicats, la vassalité et un parapluie protectionniste rendent impossible la libre concurrence, et cætera[552]. Il ne s’agit plus du marché au sens moderne, mais d’un amalgame des valeurs traditionnelles et des pratiques de la maximisation du profit.

La vie dans un environnement institutionnel hostile et sans dispositifs licites de protection de l’espace privé explique la recherche d’un asile dans les relations familiales et personnalisées. “ Tout ce qui est resté était *la fede privata*, un domaine privé peuplé seulement des membres de la famille et des amis dans lequel les gens cherchent refuge contre le haut niveau de l’incertitude sociale, de l’agression et de l’injustice ”[553]. L’unité de base de la Mafia, *coscà*, reproduit la structure familiale. En règle générale, elle comporte 15-20 mafieux (de 7 à 80 personnes au maximum) liés entre eux par des liens de parenté biologique du premier degré. En outre, le milieu externe de la *coscà*, sa ceinture de protection, ne comporte que les gens connus personnellement des membres de la famille. Ceux-là sont organisés en réseaux d’amitié et de clientèle (voir Figure 18). Autrement dit, il y a au moins deux échelons de protection contre l’influence désastreuse du milieu externe. Cela aide à maintenir un climat assez confortable au centre de cette figure au prix de l’ignorance quasi complète de ce qui se passe à sa périphérie. Edward Banfield a appelé cette façon d’organiser l’espace social le “ familialisme amoral ” qui se réduit à l’impératif suivant : “ Maximise les avantages matériels à court terme de la famille nucléaire, présume que tous les autres agiront de la même manière ”[554].

Le clivage entre le centre et la périphérie de l’espace social facilite la canalisation de la violence générée dans la vie quotidienne vers l’extérieur. Il y a une surprenante ressemblance entre l’organisation spatiale du village calabrais des années 30 du XXème siècle et celle

---

551 Arlacchi P., “ *Mafia et compagnies...* ”, p.158

552 *Ibid.*, p.105-123

553 Gambetta D., “ *The Sicilian Mafia...* ”, p.77

554 Banfield E., “ *The Moral Basis of a Backward Society* ”, Chicago : The Free Press, 1958, p.85

du milieu carcéral décrite dans le sous chapitre 3.2.4 " Catégorisation illicite ". Les victimes sacrifiables de la communauté locale, ses parias, sont toujours mis de côté, à la périphérie du village (cf. à la périphérie des locaux de l'*otrjad*). " Les catégories définitivement déshonorées vivaient même séparées territorialement du reste de la communauté "[555]. L'organisation duale explique la coexistence étrange de la liberté de tuer en dehors de l'organisation mafieuse et du contrôle minutieux de la violence dans les relations entre ses membres. Dans le dernier cas, toute une série de procédures est mise en œuvre afin d'éviter le recours à la violence. " La solution des conflits internes à ces coalitions complexes de parents et amis voyait le jour dans les rencontres informelles, dominées par l'ostentation de la loyauté et de la familiarité traditionnelles "[556]. L'absence des règles inter-familiales et le danger des guérillas infinies ont fait naître pendant les années 50-60 les commissions provinciales et inter-provinciales, *coupole*, dont la tâche principale consistait à élaborer les procédures de résolution non violente des conflits entre les *coscà*. Par ailleurs, la médiation de la commission a seulement ajouté un troisième échelon de la protection, un espace commun pour toutes les familles mafieuses, sans avoir changé le principe de dualité. Les limites de la " petite " société se sont élargies : les membres des autres familles mafieuses devenaient les siens, mais elle ne se transformait pas en " grande ". Regardons de près quelques éléments clés de la constitution non écrite de la Mafia en tant qu'espace normatif commun à toutes les *coscà*. La plupart de ces normes ont un caractère profondément dual. D'un côté, il y a une norme " selon laquelle il était obligatoire de se dire la vérité entre hommes d'honneur "[557]. De l'autre côté, cette norme ne concernait que les relations entre mafieux. Les relations avec les étrangers se construisaient selon la norme de l'*omertà*, c'est-à-dire le refus de " faire savoir à quiconque les faits et les méfaits de la Mafia "[558]. Comme l'Etat incarne l'idée de l'étranger, les contacts avec ses représentants sont particulièrement découragés. " Il faut éviter de passer l'information à la police "[559]. Rappelons à ce propos la norme de la sub-culture carcérale " Ne t'adresse pas à l'administration pour régler des conflits ", - ces normes semblent avoir les mêmes racines. D'une part, la confiance soutient les relations dans le milieu mafieux. Là, un mot d'honneur a la valeur d'une obligation contractuelle. Cela

---

[555] Arlacchi P., " *Mafia et compagnies...* ", p.19

[556] *Ibid.*, p.94

[557] Arlacchi P., " *Buscetta...* ", p.203

[558] *Ibid.*, p.58

[559] Gambetta D., " *The Sicilian Mafia...* ", p.147

va même plus loin, les " mafieux produisent et vendent la confiance... pour rendre possibles les transactions économiques dans lesquelles la confiance est fragile et l'Etat ne peut pas assurer sa production efficace ou ne peut assurer aucune production du tout "[560]. D'autre part, le niveau de la confiance impersonnelle au Sud de l'Italie, 50-60%, représente le minimum absolu pour les pays de l'Europe occidentale[561]. Ensuite il y a les normes qui interdisent de voler les siens (c'est-à-dire les mafieux), de séduire les femmes des siens, de se quereller avec les siens, et cætera[562]. Bref, l'organisation de la société traditionnelle au Sud de l'Italie correspond parfaitement au type idéal de " petite " société[4].

4.2. Modernisation inachevée : sur la société soviétique

Avant d'appliquer les mêmes repères analytiques à l'étude de la société soviétique, nous avons besoin de nous interroger sur la nature de l'autorité étatique dans cette société. Parce que selon notre hypothèse de départ, quelque audacieuse qu'elle puisse paraître, le caractère imposé, contraignant, voire hostile rassemble l'autorité d'Etat (post)soviétique et l'autorité licite dans la prison. L'histoire des relations entre l'Etat et la société mérite d'être le sujet d'une recherche spéciale.

4.2.1. Rôle de l'Etat soviétique

Le modèle des relations entre l'Etat et la société que nous observons jusqu'à nos jours n'est pas une invention de l'époque

---

560 Gambetta D., " Fragments of an Economic Theory of the Mafia " : *Archives européennes de sociologie*, 1988, Vol. XXIX, n°1, p.128

561 Inglehart R, " *Culture Shift in Advanced Industrial Society* ", Princeton: Princeton University Press, 1990, p.35.

562 Gambetta D., " *The Sicilian Mafia...* ", p.147

4 Notre affirmation selon laquelle la société du Sud de l'Italie et la société russe appartiennent au même modèle de " petite " société est également justifiée empiriquement. Les entrepreneurs russes qui ont l'expérience des affaires avec les Italiens estiment que les deux sociétés ont beaucoup de points communs : " Ils (les Italiens) sont comme nous, ils ont le même esprit. Moi, j'ai habité en Italie chez un de mes partenaires. Il m'a présenté à tous ses amis, même à sa mère! " (Entretien n°10*). " Il suffit de regarder comment un propriétaire du magasin parle à son vendeur. Ça me rappelle les relations chez nous. Il y a beaucoup de choses qui se ressemblent (entre l'Italie et la Russie). Parfois ils (les Italiens) peuvent accepter tes promesses (orales) comme seule garantie dans une transaction " (Entretien n°13*). " Les Italiens du Sud sont complètement différents des Italiens du Nord. Les derniers ressemblent aux européens, les premiers – aux gitans " (Entretien n°8*). " Les Italiens du Sud apprécient beaucoup la confiance accordée personnellement au partenaire. Souvent la poignée de main remplace pour eux le contrat écrit " (Entretien n°4*).

soviétique. L'autorité des souverains russes, *tsars*, a différé beaucoup de celle de la plupart des souverains occidentaux. Le modèle de la cité domestique, selon le terme introduit par Luc Boltanski et Laurent Thévenot, met en avant la réciprocité des droits et des obligations des souverains occidentaux. Le roi " compense ses privilèges par le sacrifice qu'il fait aux autres de sa personne : 'Il n'est pas né pour lui-même et s'oublie lui-même' "[563]. A son tour, le tsar " n'est lié par aucune obligation, il détermine lui-même toutes les règles du jeu "[564]. L'image du tsar comme lieutenant de Dieu sur la terre russe lui donne une autorité absolument discrétionnaire. La Loi qu'il produit ne reflète que sa volonté, ce qui exclut toute référence au contexte de lon application. Pour un paysan russe, la Loi s'associe toujours avec un sinistre : " son sens est obscur, mais sa force est irrésistible "[565]. Le caractère facultatif des réactions de la part des sujets du droit à l'autorité tsariste condamne chaque nouvelle initiative de sa part à l'échec, quelque bonne et progressive qu'elle soit au départ. L'interprétation correcte des intentions et des actions de l'autorité n'est jamais assurée. Par exemple, les résultats de l'abolition du servage en 1860 ont surpris de façon négative ses initiateurs. " L'échec de la réforme s'explique moins par l'insuffisance des droits donnés aux paysans, que par le fait qu'ils n'ont pas compris les droits qu'on leur avait accordés "[566].

Le modèle soviétique n'a pas rempli non plus le vide qui sépare l'autorité d'Etat et la vie quotidienne de ses sujets. Au contraire, l'isolation réciproque de l'Etat et de ses sujets s'est aggravée suite à la politique de la suppression conséquente des éléments qui sont susceptibles de faire naître la société civile. Ainsi, peut-on parler des efforts de construire la société soviétique selon le modèle de l'institution totale. Le système totalitaire implique une telle " organisation de la société qui se base sur l'atomisation, sur la suppression de tous les éléments de la société indépendants de l'Etat "[567]. Les résultats de " l'atomisation en tant qu'un vecteur de la politique d'Etat "[568] justifient l'analogie entre l'Etat totalitaire et la prison qui brise les structures sociales étrangères à elle. Un sondage sur un échantillon représentatif réalisé à la fin des années 80 par l'équipe du VCIOM montre qu'une partie non négligeable de la

---

[563] Boltanski L., Thévenot L., *Op. cit.*, p.123

[564] Morozov Yu., *Op. cit.*, t.2, c.113

[565] Ahiezer A., *Op. cit.*, t.1, c.240

[566] *Ibid.*, t.1, c.244

[567] *Ibid.*, t.2, c.178.

[568] Timofeev L., " *Tchernyj rynok kak polititcheskaja sistema* ", Vil'njus-Moskva : VIMO, 1993n c.121

population soviétique décrit sa situation habituelle en termes de solitude. Plus de 40% des personnes interrogées reconnaissent être seuls. Donc, le système soviétique " crée un homme solitaire et utilise son a-sociabilité démonstrative "[569].

Par ailleurs, les coûts élevés de l'organisation de la vie quotidienne par l'intermédiaire de l'Etat n'ont jamais permis d'achever la construction de la société selon le modèle de l'institution totalitaire, même à l'époque stalinienne. Il s'agit plutôt d'un compromis négatif basé sur l'ignorance réciproque de l'Etat et des Soviétiques. L'Etat refuse de contrôler minutieusement tous les aspects de la vie quotidienne, les Soviétiques refusent de mettre en question l'autorité discrétionnaire de l'Etat. " La population a appris à s'en tenir [de l'Etat] à distance, à le contourner, à s'en arranger, en lui laissant le monopole de l'espace public et du discours politique, et en protégeant sa vie privée, sans constituer une véritable société civile, mais sans pour autant se présenter comme une société massifiée ou totalement absorbée par le Parti-Etat "[570].

La figure du compromis négatif rend facultative la soumission volontaire à la Loi sans légitimer néanmoins le refus total de celle-ci. Un sondage récent montre que la majorité absolue des Russes, 58,5%, pensent que dans la situation de la collision de la Loi et du bon sens il faut donner la priorité à ce dernier[571]. La même attitude à l'égard de la Loi détermine le comportement non seulement des gens ordinaires, mais également celui des directeurs des entreprises soviétiques. Les directeurs préféraient se guider sur le bon sens, suite au nombre énorme des réglementations par lesquelles les ministères de tutelle prétendent les contrôler minutieusement. Chaque ministère a eu en moyenne 10000-30000 actes normatifs en vigueur. Cela va même plus loin, leur nombre ne cessait pas de s'accroître suite à un cercle vicieux propre à toute régulation bureaucratique et centralisée. " L'effort pour répondre aux problèmes par une régulation centrale est peu efficace parce qu'il accroît la distance entre la régulation autonome et la régulation de contrôle. Ce défaut d'efficacité de la régulation de contrôle fait qu'elle est recherchée avec plus d'ardeur. Ce surcroît de centralisation accentue l'inefficacité " et ainsi de suite[572]. Dans ces conditions " même les directeurs loyaux se guidaient sur les pratiques habituelles et sur le bon sens "[573] au lieu de se soumettre à la Loi.

---

[569] Levada Yu., *Op. cit.*, p.68

[570] Berelowich A., Wieviorka M., *Op. cit.*, p.22

[571] " *Monitoring obschestvennogo mnenija : ekonomitcheskie i social'nye problemy* ", mart-aprel' 1999, n°2 (40), c.75

[572] Reynaud J.-D., *Op. cit.*, p.201

[573] Dolgova A., D'jakov S., *Op. cit.*, c.216-217

Une enquête plus récente réalisée par nous en 1999 auprès d'un échantillon de 174 entrepreneurs montre l'absence des changements radicaux dans l'attitude entrepreneuriale à l'égard de l'Etat. La Loi s'associe dans la conscience des entrepreneurs russes avec une pure contrainte qu'il faut détourner à la première occasion. Voilà la fréquence des associations avec la Loi observée chez les entrepreneurs interviewés et les détenus (Tableau 52). Il n'est difficile de remarquer que les détenus post-soviétiques considèrent la Loi plus positivement que les entrepreneurs, bien que ce soit au nom de la Loi que les détenus ont été privés de la liberté ! Par conséquent, cela ne doit pas nous surprendre si seulement un tiers des interviewés sont persuadés de la nécessité de respecter la Loi (voir Tableau 53 pour les réponses à la question “ Pensez-vous que... ” [99*]).

Tableau 52

	Entrepreneurs, Russie	Détenus, Russie	Détenus, Kazakh.
N	174	131	396
Une contrainte forcée	34%	3,3	4,1
Une interdiction	28	4,1	3,5
Un instrument dans les mains de certains gens	28	54,6	49,1
Une obligation des citoyens	21	5	5,7
Une garantie	12	•	•
Une obligation volontaire	10	0,8	2,7
La justice	4	22,3	23,1
Une règle qui correspond aux intérêts de la majorité	1	18,2	18,2
Le bien commun	0	4	6

Tableau 53

Il y a des Lois qu'il faut respecter, il y en a d'autres dont le respect est facultatif	43%
Il faut toujours respecter la Loi	35
De bonnes lois sont absentes voire même impossibles en Russie	16
Données absentes	7

Les réponses des détenus à la question “ Pourquoi avez-vous violé la Loi ? ” (N=541 en Russie) malgré sa forme directe et un peu provocante prouvent aussi le caractère facultatif de la soumission à la Loi comme élément clé du compromis entre l'Etat (post)soviétique et ses sujets. Presque la moitié de nos interviewés, *punis pour le non respect de la Loi*, refusent de prendre la Loi en considération dans leur vie quotidienne :

Tableau 54

Je ne considère pas comme important le respect de la Loi	28,3	44,7%
La Loi ne permet pas de profiter de la vie	4,3	44,7%
Je respecte d'autres lois	7,8	44,7%
J'ignore l'Etat et tout ce qui est lié avec lui	4,3	44,7%
C'était de ma propre faute	34,4	
Autre	12	
Pas de réponse	8,9	

Le compromis négatif n'exclut pas un haut degré de dépendance des Soviétiques vis-à-vis de l'Etat et *vice versa* à condition qu'il s'agisse d'une dépendance également négative. Premièrement, la prospérité de l'Etat n'est pas assurée sans que ses sujets travaillent avec zèle dans le secteur légal de l'économie. Or, l'ignorance des intérêts quotidiens des Soviétiques a réorienté une partie de leur activité économique vers l'économie noire, illégale (nous allons analyser les paramètres de base de l'économie illégale soviétique dans le sous chapitre 5.1.1 " Marché parallèle comme point de départ "). L'économie illégale apparaît parce que " la structure organisationnelle et normative de l'économie [légale] ne satisfait pas les besoins objectifs d'organisation et de coordination de l'activité économique "[574].

En outre, les réformes marchandes des années 90 ont suscité la dépendance de l'Etat de la volonté des sujets économiques de payer les impôts : le contrôle de la discipline fiscale était beaucoup plus facile à effectuer dans le cadre de l'économie de commandement. Le volume accumulé des arriérés d'impôts représentait 31% du PNB annuel en 1996 et 41% du PNB en 1997[575]. Afin de vérifier l'hypothèse selon laquelle c'est le refus de l'Etat de prendre en compte les intérêts de ses sujets qui suscite l'évasion fiscale, nous avons posé en 1998 et 1999 une série de questions concernant la discipline fiscale. Les réponses contradictoires à deux questions (voir Tableaux 55 et 56) montrent que les Russes ne voient pas dans les impôts une base des obligations contractuelles et réciproques de l'Etat et de ses citoyens. Pour eux, il s'agit plutôt d'une obligation forcée dont le respect n'a pas de justification raisonnable.

[574] Yakovlev A., *Op. cit.*, c.43

[575] " *Ekonomika perehodnogo perioda* ", Moskva : Institut Ekonomiki Perehodnogo Perioda, 1998, c.347

Tableau 55

Qu'est-ce que vous pensez sur la nécessité de payer des impôts en Russie ?	[98]	[99]
Il faut payer des impôts	62	50
Il faut profiter des occasions pour s'en évader	33	24
Pas de réponse	5	26[576]

Tableau 56

Pensez-vous que le citoyen a le droit moral de s'évader des impôts ?	[98]	[99]
Oui	55	32
Non	40	40
Pas de réponse	5	28

Les relations contractuelles entre l'Etat et les contribuables supposent leur interdépendance positive : les citoyens payent les services que l'Etat s'engage à leur fournir. Ce modèle purement marchand ne peut fonctionner qu'à la condition de la confiance des contribuables à l'Etat. Les contribuables doivent croire que l'Etat ne gaspille pas de façon opportuniste les ressources qu'ils lui confient. C'est exactement la question que nos interviewés se posent : plus de la moitié d'entre eux sont persuadés que tant que l'Etat ne rendra pas compte de ses dépenses aux contribuables, ceux-ci continueront à s'évader des impôts (voir Tableau 57). Autrement dit, la méfiance des (post)Soviétiques envers l'Etat transforme l'impôt en tribut.

Tableau 57

Qu'est-ce qu'il faut changer dans l'Etat pour que les gens considèrent le paiement des impôts comme leur obligation de citoyen ?	[98]	[99]
Changer le système fiscal qui force les gens à s'évader des impôts	57%	52,4%
L'Etat doit rendre compte de ses dépenses aux contribuables	47	51,1
Rendre la politique d'Etat plus prédictive et consécutive	33	44,3
Les impôts doivent encourager le travail productif	36	43,5
L'Etat doit éduquer au respect de la Loi	33	37,9
Créer un climat favorable aux investissements	27	29,5
Rendre le contrôle sur l'activité entrepreneuriale plus sévère	17	16,4

[576] En 1999 les réponses aux deux questions considérées avaient un caractère facultatif.

Soulignons que la crise financière profonde du mois d'août 1998 a bouleversé l'économie russe dans la période entre les deux enquêtes. Donc, la dynamique de nos indicateurs à court terme a été influencée par cet événement. La méfiance des (post)Soviétiques envers l'Etat, déjà significative avant la crise, a pris par la suite des formes extrêmes. Seuls 9% de nos interviewés pensaient en 1998 qu'on pouvait faire confiance à l'Etat. Leur nombre a diminué par trois (3,4%) en 1999 (Tableau 58, " Faites-vous confiance à l'Etat ? "). Si insignifiant que soit le niveau de la confiance envers l'administration dans les prisons (21,1%), il dépasse largement le niveau de la confiance à l'Etat ![577] " Toutes les réformes précédentes en Union Soviétique ont été considérées par ses citoyens comme un 'grand mensonge' (*big lie*). La seule voie qui permettra de sortir de cette impasse consiste à engager l'Etat *de façon obligatoire et crédible* dans la politique de réformes "[578]. La situation actuelle nous persuade que les (post)Soviétiques continuent à ne voir dans les actions de l'Etat que'un grand mensonge. L'Etat reste ignorant des intérêts de ses citoyens et seuls ses besoins fiscaux le rendent dépendant d'eux.

Tableau 58

	Russie, [98]	Russie, [99]	Russie, détenus (fin 2000)	Kazakhstan, détenus (2001)
N	850	1390	131	396
Oui	9	3,4	6,9	15,9
Non	89	94,1	87	77,3
Pas de réponse	2	2,5	6,1	6,8

---

577 Les associations que les détenus ont avec l'Etat sont tout à fait significatives :

	Russie, N=131	Kazakhtsan, N=396
La corruption	65,2%	59,1 (-6,1%)
La prison	61,6	48,8 (-12,8)
La Mafia	51,8	48,5
La violence	45,5	34,4 (-11,1)
Les règles du jeu stables	23,2	23
Les droits de l'homme	21,4	29,3 (+7,9)
La justice	17,9	22
La sécurité	9,8	22 (+12,2)

Remarquons la perception un peu plus positive de l'Etat chez les détenus au Kazakhstan. En prenant en considération que plusieurs autres indicateurs confirment cette observation, nous pouvons faire une hypothèse suivante. Les prisonniers au Kazakhstan vivent actuellement les premières étapes de la réforme pénitentiaire, ce qui crée les sentiments proches de l'euphorie de la perestoïka des années 1985-1989. Nous verrons les autres manifestations de ce phénomène dans le sous chapitre 5.2.

578 Boettke P., " Credibility, Commitment and Soviet Economic Reform ", in Lazear E. (ed.), " *Economic Transition in Eastern Europe and Russia : Realities of Reform* ", Stanford : Hoover Institution Press, 1995, p.253, c'est nous qui soulignons.

Deuxièmement, en ce qui concerne la dépendance négative des (post)Soviétiques vis-à-vis de l'Etat, ils font face au dilemme suivant. D'un côté, ils ont besoin des dispositifs légaux afin de faire respecter leurs intérêts. De l'autre côté, la méfiance envers l'Etat anéantit leur espoir de trouver un appui légal dans l'organisation de la vie quotidienne. Regardons la hiérarchie des priorités de la famille ordinaire russe (Tableau 59). L'anticipation de la protection légale y occupe la deuxième - troisième place sur la liste des priorités, c'est-à-dire que nos interviewés *veulent* compter sur l'Etat dans leur vie quotidienne.

Tableau 59

Selon vous, qu'est-ce qui importe le plus à votre famille aujourd'hui ?	[98]	[99] ([579])
Un niveau de vie correct	92	93%
La sécurité personnelle	34	71,4
La protection de la Loi	57	68
Le droit au travail	37	66
L'inviolabilité de la propriété privée	36	65
Le respect de la vie privée	35	61
Le choix libre de l'emploi	34	54
Le droit à l'éducation	48	52
Le droit à la protection sociale	38	51
Le droit de libre choix du lieu de résidence	x	30

Quant à l'appui *réel*, les Russes expriment un scepticisme beaucoup plus grand vis-à-vis de la capacité de l'Etat de le leur donner (voir Tableau 60 des réponses à la question " Pensez-vous que votre famille peut compter sur la protection légale ? ") :

Tableau 60

Type des relations	Oui, %		Non, %		Pas de réponse, %	
	[98]	[99]	[98]	[99]	[98]	[99]
A l'intérieur de la famille	54	37	40	53	6	10
Avec les autres gens	40	28,4	56	63,9	4	7,7
Avec l'Etat	22	10,1	73	84,4	4	5,5

[579] En 1999, les interviewés ont eu le choix entre trois alternatives : " Très important ", " Plus ou moins important " et " Non important ". Nous reproduisons la fréquence de la première alternative.

Les Russes se sentent le moins protégés légalement dans leurs relations avec l'Etat ! Cette affirmation ne paraît guère paradoxale si l'on prend en considération le caractère négatif du compromis entre les citoyens et l'Etat, ce pacte avec le Diable sur lequel la société soviétique se basait. L'Etat laisse les gens ordinaires se débrouiller, ce qui exclut toute aide de sa part, mais ne permet pas d'éviter les conflits d'intérêts, par exemple, en matière fiscale.

Or, dans le cas du conflit entre un particulier (ou même un organisme privé) et l'Etat les positions du premier sont notoirement perdantes. La méfiance des (post)Soviétiques envers la justice de l'Etat est si grande qu'ils ne voient aucune raison de financer le système de la justice légale, malgré leur besoin manifeste de protection légale (voir les réponses à la question " Quel serait l'ordre de vos priorités si vous preniez en charge la préparation du budget d'Etat ? ").

Tableau 61

Les chapitres du budget d'Etat	L'ordre des priorités [98], %		
	Premier	Deuxième	Troisième
La sécurité sociale (les soins médicaux)	77	15	4
La sécurité publique	71	21	3
L'éducation publique	65	23	8
La politique industrielle	61	26	9
La protection sociale (les indemnités de retraite, de chômage, etc.)	57	32	7
La politique agraire	54	29	12
La science, la culture	43	39	12
La défense nationale	28	41	26
Le système de la justice	12	33	48
Le corps des fonctionnaires d'Etat	5	13	76

Le défaut de justice légale entraîne un haut niveau de criminalité latente. La maîtrise de la violence générée au niveau de la vie quotidienne prend des formes autres que son institutionnalisation (nous reviendrons à ce problème dans le sous chapitre 4.2.5 " Construction d'un ennemi : histoire et actualité ").

Selon un sondage auprès de 2068 personnes dans six régions de l'ex URSS réalisé au début des années 90, le niveau de la criminalité latente atteint 70%. 40% des victimes des délits sanctionnés par le Code Pénal décident de ne pas s'adresser à la police, dont 39% parce qu'ils ne croient pas aux capacités des forces publiques de défendre leurs droits et 45% - parce qu'ils défendent leurs intérêts eux-mêmes, sans recours à la justice d'Etat[580]. Un autre sondage réalisé à la fin de 1998 sur un échantillon représentatif confirme l'affirmation que les (post)Soviétiques ne prennent pas au sérieux la procédure légale de la défense de leurs droits, surtout s'il s'agit des relations avec l'Etat. Seuls 4,5% des Russes ont eu pendant les douze derniers mois l'expérience de la soumission au tribunal d'un litige afin de défendre leurs droits dans les relations avec l'Etat. 6,8% des Russes ont eu l'expérience de la déposition d'une plainte contre les fonctionnaires d'Etat au sujet de l'abus du pouvoir commis par ceux-ci. Ont entrepris ces démarches plusieurs fois au cours des douze derniers mois 1,7% et 2,8% des Russes respectivement[581]. Ainsi, les (post)Soviétiques ne se considèrent pas comme vrais sujets de droit. " Pour porter plainte, il faut qu'on se considère d'abord comme une individualité, un sujet de droit "[582]. Alors, comment faire respecter son individualité sans appui sur les droits et les obligations défendus par la Loi ?

4.2.2. Société de méfiance

La tâche de la protection de ses intérêts se complique par l'environnement de méfiance propre à la société soviétique. La coordination bureaucratique, socle du modèle soviétique, étend le modèle Principal - Agent à tous les niveaux de l'organisation sociale. A partir de l'école primaire, les jeunes Soviétiques apprennent à savoir se soumettre au supérieur.

Au sein de l'école, à côté de la hiérarchie des enseignants, il y a une hiérarchie interne au monde des élèves, matérialisée par l'organisation des petits fils d'Octobre (*oktjabrjata*), l'organisation des pionniers (*pionery*), l'organisation des jeunesses communistes (*komsomol, VLKSM - Vsesojuznyj Leninskij Kommunistitcheskij Sojuz Molodeji*)[583]. Chaque groupe de cinq à dix élèves a son petit chef, qui joue le rôle du Principal dans l'organisation des activités publiques. Ensuite, il existe le " capo " de la classe, le " capo " de l'école, le " capo " de l'arrondissement, etc.

---

[580] Gorjainov K., " Latentnaja prestupnost' v Rossii : rezul'taty issledovanij i mery bor'by ", dans " *Latentnaja prestupnost' : poznanie, politika, strategii* ", Moskva : VNII MVD RF, 1993, c.24-25

[581] Mansurov V. (otvetsvennyj redaktor), " *Sovremennoe rossijskoe obschestvo : perehodnyj period* ", Moskva : Institut sociologii RAN, 1999, c.18

[582] Timofeev L., *Op. cit.*, c.55

[583] L'organisation des petits fils d'Octobre regroupait les élèves des petites classes, l'organisation des pionniers – les élèves jusqu'à la 7e, le *komsomol* – les élèves des classes terminales. Remarquons un projet récent, datant d'avril 2000, selon lequel une organisation de la jeunesse, héritière du *komsomol*, serait recréée sous tutelle de l'Etat (source : http::www.gazeta.ru, avril 2000).

Nous avons déjà mentionné la dualité profonde des normes qui gouvernent les relations entre le Principal et l'Agent. Un des clivages porte sur la dualité de la norme de confiance/méfiance. D'une part, l'Agent doit faire confiance au Principal parce que celui-là confie à celui-ci l'organisation et le contrôle d'une partie de ses activités quotidiennes. S'il ne s'agit pas du cas de l'autorité imposée par pure contrainte, l'Agent croit que dans les conditions de risque et d'incertitude ce serait mieux pour lui de se soumettre aux décisions du Principal [584]. L'Agent maîtrise le risque et l'incertitude de telle manière qu'il se refuse le droit de décider de ses propres actions, il délègue ce droit au Principal en échange d'une indemnité dont le payement est assuré, quoi qu'il arrive. D'autre part, suite à l'asymétrie d'information et l'éventualité du comportement opportuniste de l'Agent, le Principal ne lui fait jamais confiance. La tâche majeure du Principal consiste à contrôler aussi minutieusement que possible les actions de l'Agent. " Aucun supérieur n'a une confiance complète en ses subordonnés „[585].

La coordination bureaucratique rend superflue la confiance impersonnelle, c'est-à-dire la confiance que les Agents se font l'un à l'autre dans le cadre des relations horizontales. Car tous les contacts horizontaux dans le système totalitaire s'établissent par l'intermédiaire des relations verticales, il suffit d'avoir confiance en son supérieur direct (Figure 19). Cela va même plus loin, la solution du problème Principal - Agent reconnue officiellement, à savoir la compétition des Agents (*socialistitcheskoe sorevnovanie,* compétition socialiste), crée un climat de méfiance dans leurs interactions. La récompense spéciale des Agents qui ont montré un zèle plus ardent que les autres dans la réalisations des tâches assignées par le Principal implique la rivalité d'intérêts des Agents[586]. La rivalité détruit la base du comportement solidaire : les Soviétiques considèrent leurs compatriotes comme concurrents au lieu de voir en eux des partenaires potentiels. Certaines particularités du système de promotion sociale constituent l'autre facteur de la destruction de la confiance impersonnelle. La coordination bureaucratique n'admet qu'une seule forme de promotion sociale : le passage consécutif d'un échelon de l'autorité (du *komsomol*, de l'Etat, du Parti), à l'autre, supérieur. Or, le nombre des places dans les échelons du pouvoir est toujours limité.

---

[584] Kreps D., " Corporate culture and economic theory ", in Alt J., Shepsle K. (eds.), " *Perspectives on Positive Political Economy* ", Cambridge: Cambridge University Press, 1990, p.113,119

[585] Kornaï J., " *The Socialist System. The Political Economy of Communism* ", p.98

[586] Rosen S., " Promotions, Elections and Other Contests " : *Journal of Institutional and Theoretical Economics*, Vol.144, n°1, 1988, p.82-85; Schlicht E., " A Comment on S. Rosen 'Promotions, Elections and Other Contests' ", *Ibid.*

Remarquons entre parenthèses que la contradiction entre la promotion bureaucratique et le climat de confiance trouve une solution dans le cadre de la firme japonaise[587]. D'abord, la promotion ne dépend pas des performances relatives des Agents, elle se produit en fonction de la durée de l'expérience professionnelle. Ensuite, la firme oriente ses activités vers l'expansion sur le marché, même au détriment de la tâche de maximiser le profit. Cela aide à assurer l'augmentation du nombre des échelons dans la hiérarchie interne et à exclure le conflit d'intérêts.

Une phrase grotesque d'un satiriste soviétique, Dmitrij Knychev, illustre bien l'esprit de rivalité et sa place dans la vie quotidienne : " Ivan s'est senti très mal. Mais aussitôt qu'il a appris que Petr souffrait davantage, son humeur s'est améliorée ". Un des nos interviewés a exprimé cette haine pour les autres d'une façon plus brutale. " J'ai fait mes études à l'époque soviétique. On t'apprend la haine pour les autres dès les petites classes à l'école. Si l'on t'apprend à haïr ton père et ta mère dès les petites classes, quoi dire des autres ? A l'internat, la première chose que tu apprends, c'est bien la haine. On te fait haïr : on t'explique que ta mère est nulle, ton père est nul, ils t'ont abandonné... Nous, l'Etat, on est bon "[588]. Les résultats de plusieurs sondages confirment l'existence du lien causal entre le modèle soviétique et le climat de méfiance. Le niveau de la confiance impersonnelle, c'est-à-dire le pourcentage des (post)Soviétiques qui sont d'accord avec l'affirmation " On peut faire confiance aux gens ", est inférieur à celui de n'importe quel pays occidental (voir Tableau 62 [589]). A titre de comparaison : le niveau de la confiance impersonnelle atteint 94% au Danemark, 90% en Allemagne, 88% en Grande Bretagne, 84% en France, 72% au Nord et 65% au Sud de l'Italie[590].

Tableau 62

1989	54%
1991	36
1992	33
1995	31,5
1998	32,1

---

[587] Aoki M., " Toward an economic Model of the Japanese Firm " : *Journal of Economic Literature*, Vol. XXVIII, March 1990, p.10-13

[588] Entretien n°25

[589] Sources : Levada Yu., *Op. cit.*, p.112 – pour 1989 et 1991 ; Rose R., Mishler W., " Mass Reaction to Regime Change in Eastern Europe: Polarization or Leaders and Laggards ? " : *British Journal of Political Science*, 1994, Vol. 24, p.208 – pour 1992 ; nos enquêtes réalisées en 1996, 1998 et 1999.

[590] Inglehart R, " *Culture Shift in Advanced Industrial Society* ", p.35.

Le haut niveau de la méfiance impersonnelle contraste très vivement avec le besoin de confiance éprouvé par les (post)Soviétiques. Nous avons posé en 1998 et 1999 une série de questions concernant le rôle de la confiance dans l'organisation de la vie quotidienne. En particulier, nous avons comparé la fréquence des réponses (la liste de leurs variantes était identique) aux six questions suivantes[591] :

(a) Qu'est-ce qui importe le plus pour votre famille ?

(b) Qu'est-ce qui est important pour le bien-être de la famille en Russie d'aujourd'hui ?

(c) Quels sont les fondements de la société russe d'aujourd'hui ?

(d) Quels sont les fondements pour une société idéale en Russie ?

(e) Qu'est-ce que vous prenez en considération pour prendre une décision importante ?

(f) Qu'est-ce que vous pouvez utiliser afin de résoudre un problème important ?

La hiérarchie des réponses est représentée dans le tableau ci-après [99] :

Variante de réponse	(a)	(b)	(c)	(d)	(e)	(f)
La confiance	1	4	8	4	4	11
La famille	2	1	3	3	1	9
Le travail	3	3	5	2	5	1
La propriété	4	2	2	8	2	5
L'empathie	5	7	10	7	8	6
La morale	6	8	11	5	7	10
La liberté	7	6	4	6	9	4
La Loi	8	9	6	1	6	3
L'égalité	9	10	9	9	11	7
La tradition	10	11	7	10	10	8
Le profit	11	5	1	11	3	2

Les questions (a) et (d) nous ont permis de juger la hiérarchie des *valeurs* sur laquelle la vie quotidienne se fonde, les questions (b), (c) et (e) - sur l'importance relative des *conditions*, la question (f) - sur l'importance relative des *ressources* accessibles pour atteindre divers buts. Il en suit que les Russes regardent la confiance en tant qu'une valeur et une condition, et refusent d'y voir une ressource. Dans la hiérarchie des valeurs la confiance partage les trois premières places avec la famille et le travail, tandis que dans la hiérarchie des ressources elle n'occupe que l'avant-dernière place ! On apprécie

[591] La méthodologie a été exposée dans Oleinik A., " Changes in the organization of everyday life in the wake of financial crisis ", in Segbers K. (ed.), " *Explaining Post-Soviet Patchworks. Vol. 2, Pathways from the past to the global* ", Aldershot : Ashgate Publ., 2001

beaucoup la confiance et on en a besoin, mais on n'y compte pas dans la vie quotidienne.

Les réponses à deux autres questions renforcent notre hypothèse d'un sentiment profondément contradictoire lié à la norme de confiance :

Tableau 63

Qu'est-ce qui vous importe dans les relations avec les autres gens ? [98]	%
La confiance	77
Le respect d'autrui	67
Le respect des principes moraux	35
L'amour	33
Mon propre intérêt	20
L'utilité	17
L'humeur	9

Tableau 64

Qu'est-ce qui influence vos relations avec les autres ? [99]	Oui, %	Non, %	Pas de réponse, %
La confiance	85	8,3	6,8
L'amour	71,5	14	14,5
Les obligations d'ordre moral	71,5	15	13,5
Mon propre intérêt	55,4	26,4	18,2
L'utilité	48,1	32,8	19,1
L'habitude	46,1	38	15,9
La tradition	43,9	41,7	14,4
La Loi	22,4	62	15,6
La contrainte	14,3	69,2	16,5

Autrement dit, les (post)Soviétiques veulent faire confiance aux autres et ne le peuvent pas. Ils la désirent et ils en ont peur en même temps. Y a-t-il une solution à cette contradiction dans le cadre du modèle soviétique ? La solution existe et elle ne diffère guère de la solution du problème de la confiance trouvée par les détenus : il faut personnaliser les relations. “ Le système communiste a laissé un double héritage : les gens font confiance aux membres de leur réseau proche et sont extrêmement méfiants vis-à-vis des institutions formelles de l'Etat ”[592]. Ainsi, l'idéal des relations fondées sur la confiance, si désiré par les (post)Soviétiques, se matérialise-t-il dans le cadre du réseau des siens. Le centre de ce petit univers social, son “ noyau dur ”, se trouve dans la famille, cette valeur terminale de la société (post)Soviétique. Les réponses aux questions de notre enquête prouvent que la confiance sert de socle à la construction familiale :

---

[592] Rose R., Mishler W., Haerpfer C., *Op. cit.*, p.10

Tableau 65

Entre les parents et les enfants, %	*Qu'est-ce qui gouverne les relations dans votre famille ... ?* [98]	Entre les adultes, % (rang)
57,7	L'amour	50,7 (#4)
54,4	La confiance	56,7 (#2)
48,8	Le contrôle de la mère (femme)	10,8 (#9)
47,1	L'entraide	55,1 (#3)
42,5	La compréhension mutuelle	66,8 (#1)
38,3	Le contrôle du père (mari)	3,8 (#13)
28,2	La discipline	10,7 (#10)
26,6	Les principes moraux	32,6 (#6)
25,5	Les traditions familiales	35,2 (#5)
11,3	L'habitude	23,6 (#7)
11,3	L'utilité	14,6 (#9)
9,3	La pression des conditions (*sila obstojatel'stv*)	21,7 (#8)
8,4	La tradition	8 (#11)
7,9	La contrainte	4,6 (#12)
2,4	La Loi	2,1 (#14)
2,3	Les normes religieuses	2,1 (#15)

Tableau 66

Qu'est-ce qui gouverne les relations dans votre famille ? [99]	Oui, %	Non, %	Pas de réponse
La confiance	86	6,7	7,3
L'amour	77,5	10,6	11,9
Les obligations morales	70,7	18,6	10,7
L'utilité	49,3	31,7	19
La pression des conditions	47,3	37,4	15,3
L'habitude	45,3	39,9	14,8
Son intérêt	40,6	41,6	17,8
La tradition	37,3	46,5	16,2
Le contrôle de la femme	13,7	58,6	27,7
Le contrôle du mari	13,7	60,3	26
La contrainte	13,7	70,1	16,2
La Loi	13,7	71,9	15,5

La famille comme noyau de la confiance se trouve à l'abri d'une ceinture de protection, le réseau d'amis et de connaissances (*znakomye*). Notons l'existence d'un échelonnement interne du réseau : les amis s'approchent de la famille, tandis que ses simples connaissances restent à la périphérie de son univers local. " Parce qu'on choisit les amis selon le critère de la confiance, les Soviétiques préfèrent avoir des amis qu'il connaissent depuis très longtemps : les amis d'enfance ou au moins les camarades de classe à l'école ou à l'université "[593]. En règle générale, les collègues de travail gravitent

[593] Shlapentokh V., *Op. cit.*, p.177

dans les orbites éloignées de la famille, ils se transforment dans le meilleur cas en connaissances.

Le système à plusieurs orbites reproduit la méfiance dans " l'espace cosmique ", c'est-à-dire dans le milieu externe à la famille (Figure 20). Plus la confiance se concentre à l'intérieur du " système solaire ", moins il existe d'incitations à faire confiance aux autres, aux gens extérieurs au système. " Les gens qui manquent d'amis sont habituellement plus prêts à faire confiance et ils nouent de nouveaux contacts plus vite que les gens ayant déjà de nombreux amis alternatifs "[594]. L'univers familial, cette " petite " société, a tendance à l'autosuffisance. Le défaut de confiance impersonnelle se reproduit dans le système soviétique, donc, par le haut aussi bien que par le bas. Ainsi, les Soviétiques peuvent-ils donner une toute autre interprétation à la devise du Roi-Soleil : " La société, c'est notre famille ".

4.2.3. Rôle de la famille et des relations personnalisées

La durabilité et la stabilité interne de l'univers familial n'excluent pas son expansion dans l'espace social environnant. La famille aménage, *s'approprie* le milieu hostile en le transformant en partie de l'univers familial. Pourquoi a-t-elle besoin d'expansion au lieu de se fermer sur elle-même ? Il faut alors admettre que la famille (post)Soviétique ne correspond guère au type idéal de la famille traditionnelle, statique et soumise à la force centripète. Ni la structure de celle-là, ni la motivation de ses activités quotidiennes n'ont un caractère purement traditionnel. Pour commencer la vérification de notre hypothèse de départ selon laquelle la famille (post)Soviétique se fonde sur un compromis entre le monde domestique et le monde par projets, regardons-la sous l'angle des relations familiales traditionnelles.

Nous avons déjà remarqué l'influence mineure que la tradition exerce sur la vie quotidienne de la famille : elle occupe une place dans le second échelon des facteurs qui gouvernent les relations familiales. Bien que les réponses aux questions de notre enquête ne montrent que les normes connues et les normes déclarées, ce qui ne donne aucune garantie de leur application réelle, elles sont néanmoins significatives. L'image de la famille idéale construite à partir des réponses de nos interviewés comporte plus d'éléments de la famille moderne que de la famille traditionnelle. Selon les (post)Soviétiques, la prise de décisions devrait supposer une procédure collégiale. Ils n'acceptent pas non plus la répartition traditionnelle des tâches domestiques, c'est-à-dire que la femme s'occupe du ménage et le mari assure le

---

[594] Coleman J., *Op. cit.*, p.105

bien-être matériel de la famille. Presque les deux tiers des interviewés se prononcent pour une répartition égale des tâches entre les conjoints. En outre, les mêmes deux tiers sont partisans de la liberté des conjoints dans le choix de leurs amis et connaissances. Selon eux, le non chevauchement des réseaux sociaux du mari et de la femme ne nuit pas aux relations familiales, au contraire, il les appuie (voir la série de tableaux ci-après).

Tableau 67

Comment décrivez-vous la procédure de la prise des décisions quotidiennes dans votre famille ?	[98], %	[99], %
Toutes les décisions importantes sont prises de façon collégiale	60	76,4
Il y a des situations où un conjoint prend la décision unilatéralement	22	x
C'est le chef de famille qui prend les décisions	12	20,3

Tableau 68

Qui dans votre famille décide comment dépenser l'argent familial ?	[98], %
Les décisions sont habituellement prises de façon collégiale	62
La femme, habituellement	21
Chaque conjoint décide lui-même	10
Le mari, habituellement	5

Tableau 69

Quel point de vue est plus proche du vôtre ?	[99], %
Aujourd'hui le mari et la femme doivent partager de manière égale les tâches domestiques : la garde des enfants, le travail ménager, etc.	58,1
Le mari doit assurer le bien-être matériel, la femme doit s'occuper du ménage	40,6
Pas de réponse	1,3

Tableau 70

Si chacun des conjoints a son propre réseau d'amis et de connaissances...	[98], %	[99], %
C'est bien pour la famille	28	71
C'est plutôt bien que mal pour la famille	43	
C'est plutôt mal que bien pour la famille		26,9
C'est mal pour la famille	27	
Pas de réponse	2	2,1

Quant à la motivation des activités quotidiennes de la famille (post)Soviétique, le terme d'utilitarisme la décrit plus correctement que le terme de traditionalisme. Revenons à la taxonomie des valeurs -

conditions - ressources caractéristique pour celle-ci (les cinq variantes les plus fréquentes ont été retenues pour chacune des trois rubriques) :

Tableau 71

	Valeur	Condition	Ressource
La confiance	x	x	
La famille	x	x	
Le travail	x	x	x
La propriété		x	x
L'empathie	Ni valeur, ni condition, ni ressource		
La morale	x		
La liberté			x
La Loi	x		x
L'égalité	Ni valeur, ni condition, ni ressource		
La tradition	Ni valeur, ni condition, ni ressource		
Le profit		x	x

Les (post)Soviétiques ne prennent la tradition en ligne de compte ni comme valeur, ni comme condition de leur activité, ni comme ressource. Tout en étant une valeur négative (le dernier rang dans la hiérarchie des réponses aux questions sur les valeurs), le profit, ce ciment de l'utilitarisme, joue le rôle primordial en tant que ressource (second rang) et condition (troisième rang en moyenne). Par ailleurs, il s'agit d'une forme particulière d'utilitarisme, l'utilitarisme simple. Aleksandr Ahiezer différencie deux types d'utilitarisme : simple et complexe[595]. Tous les deux impliquent que l'alfa et l'oméga de la vie quotidienne consistent dans la recherche ostentatoire de l'utilité, du profit, mais de manière tout à fait différente. On ne parle de l'utilitarisme dit complexe qu'à condition qu'il y ait un lien dans la conscience de l'individu entre la maximisation de l'utilité et sa propre activité productive. L'utilitarisme dit simple, donc, se réduit à la recherche du profit (pas nécessairement à sa maximisation) par n'importe quel moyen, exceptée l'activité productive.

La révolution des anticipations montantes (*rising expectations*) nous sert d'illustration du second type d'utilitarisme[596]. Elle se produit quand des gens habitués à un bas standard de vie apprennent, par exemple par les médias, l'existence d'un standard de vie remarquablement supérieur. Le clivage entre la nouvelle motivation et les ressources, y compris sociales, culturelles et organisationnelles, produit un sentiment de frustration profond, qui est au cœur de la révolution des anticipations montantes.

---

[595] Ahiezer A., *Op. cit.*, t.1, c.124. Voir aussi Olejnik A., " *Institucional'naja ekonomika* ", chapitre 4, lecture 7.

[596] Oberschall A., *Op. cit.*, p.125-129

Le modèle soviétique suscite seulement l'utilitarisme simple dans le cadre du compromis entre l'autorité et les gens ordinaires. L'autorité accepte que les Soviétiques travaillent moins pour des raisons idéologiques que pour des raisons purement matérielles. Alors, le système de la promotion bureaucratique, non plus que l'économie de pénurie, ne permettent pas de considérer le travail productif comme source de bien-être matériel. Une contradiction apparaît entre " l'intérêt grandissant dans la monnaie " et le fait que " la plupart des Soviétiques ne veulent pas travailler dur pour des revenus additionnels "[597]. Comment justifier la volonté de travailler avec zèle si l'accès aux ressources rares ne dépend que de la position dans la hiérarchie sociale ? Afin d'y avoir l'accès, il faut soit faire partie de la *nomenklatura*, élite du Parti-Etat, soit être bien placé dans la hiérarchie illicite de la société soviétique. Celle-ci se construit en fonction de la facilité de l'accès aux ressources rares, *deficit*, et comporte les travailleurs au secteur tertiaire, surtout les travailleurs du commerce, des transports (*vezuny*), les employés dont la spécificité du travail nécessite des missions à l'étranger, etc. En outre, la recherche de revenus additionnels est limitée par le plafond officiellement et socialement accepté du bien-être : un appartement, une voiture, une maison de vacances (*kvartira - machina - datcha*). Tout ce qui dépasse cette triade sacrée attire l'intérêt de la police. Voilà pourquoi, par exemple, un personnage folklorique de la littérature soviétique, millionnaire clandestin des années 20 Korejko (des " Douze chaises " d'Il'f et Petrov), n'a pas pu trouver un autre placement pour ses millions que de les mettre dans une valise. De même, les films des années 70 faisaient-ils d'une *Zaporojec* (une petite voiture pas chère et peu prestigieuse) l'attribut des millionnaires clandestins. L'admiration du mode de vie occidental, qui est devenue surtout manifeste pendant les années 60-70, accentuait le clivage interne de l'utilitarisme simple. " Le citoyen soviétique ordinaire assimile le mode de vie occidental et essaye de l'imiter à bien des égards "[598] sans imiter parallèlement l'attitude occidentale au travail.

Résumons nos arguments ci-dessous dans l'affirmation suivante. La forme particulière de l'utilitarisme, l'utilitarisme simple, crée les conditions favorables à l'expansion des structures familiales. Il y a, donc, deux facteurs qui suscitent la mise en orbite familiale de nouveaux " satellites " : membres de la famille (par l'institution du mariage d'intérêt, *brak po rastchetu*[599]), amis et connaissances. D'une

---

[597] Shlapentokh V., *Op. cit.*, p.65

[598] *Ibid.*, p.141

[599] " Le mariage d'intérêt vit sa renaissance. La qualification, un poste, les épaulettes, deviennent de plus en plus importants, car ils rendent accessibles des chaussures, un

part, la famille essaye d'élargir l'espace des relations de confiance en personnalisant ses contacts sociaux, économique et politiques (cf. le phénomène de la " famille " présidentielle). D'autre part, le contexte institutionnel transforme les relations personnalisées en principal moyen d'accès aux ressources rares : il suffit d'avoir des " siens " chargés de contrôler l'assignation des ressources rares. Selon János Kornaï, il existe trois voies de distribution des ressources rares : l'enchère (la voie marchande), la queue et l'assignation (les deux dernières sont propres au système bureaucratique)[600]. Faute d'autres critères transparents et prédéfinis *ex ante*, - tous les demandeurs sont égaux *de jure*, - la procédure d'assignation tend objectivement à basculer vers la personnification des relations entre le distributeur et le solliciteur. " Le système bureaucratique devient personnalisé *de facto* "[601]. Et si le " plafond " de la consommation n'est plus valable en Russie d'aujourd'hui, l'accès privilégié aux ressources rares reste toujours dépendant de bonnes relations avec les fonctionnaires d'Etat, surtout dans le cadre de ce que Jacques Sapir appelle " un système rentier prédateur "[602], basé sur l'exploitation des ressources naturelles et/ou la recherche de la rente bureaucratique. Par exemple, l'extraction des combustibles naturels (le pétrole, le gaz), seule source sûre des revenus de devises, reste complètement sous la tutelle d'Etat.

Vladimir Shlapentokh a décrit la tendance à la personnification des relations socio-économiques par le terme de " privatisation " de l'espace public. " Ce processus qui augmente le rôle des activités quotidiennes liées à la famille... s'oppose au processus de la modernisation supposant l'affaiblissement de la famille et des structures familiales à cause du progrès technologique "[603]. La privatisation se produit par la transformation des gens *utiles*, ayant accès à telle ou telle ressource rare, en *siens* : connaissances, " amis des amis ", amis à proprement parler, voire même amants ou membres de la famille. Dans la société (post)Soviétique la caractéristique " qui est qui " se substitue à une autre, " qui connaît qui ". Afin de caractériser la personne, il faut s'intéresser à la portée de ses connaissances au lieu de s'intéresser à la profession, la qualification,

---

manteau de fourrure, un appartement, une salle de bains, et, chose merveilleuse, une voiture. La lutte pour une chambre à Moscou fait naître et dissoudre un nombre non négligeable de couples " (Trockij L., " *Tchto takoe SSSR ?* ", Paris : Slovo, c.183).

[600] Kornaï J., " *Deficit* ", Moskva : Nauka, 1990, c.440-455

[601] Ledeneva A., " *Russia's Economy of Favours. Blat, Networking and Informal Exchange* ", Cambridge : Cambridge University Press, 1998, p.83

[602] Sapir J., " Désintégration économique, transition et politiques publiques en Russie ", dans Delorme R. (sous la direction de), " *A l'Est, du nouveau. Changement institutionnel et transformations économiques* ", Paris : l'Harmattan, 1996, p.322

[603] Shlapentokh V., *Op. cit.*, p.14

les diplômes obtenus, etc. Paradoxalement, " c'est dans les pays non démocratiques que l'amitié joue le rôle central dans la vie quotidienne des gens... L'importance des amis est directement proportionnelle à l'indisponibilité des biens et services "[604]. Autrement dit, la norme de l'utilitarisme simple et la régulation bureaucratique restent les seuls facteurs qui intègrent les " systèmes solaires " des familles (post)Soviétiques. La " grande " société existe seulement dans la mesure où les " petites " sociétés familiales se rapprochent et forment des coalitions les aidant à avoir accès aux ressources rares. Donc, il s'agit d'une intégration purement négative.

La privatisation de la société (post)Soviétique prend deux formes. Au niveau micro social, on parle des relations de *blat* en tant que " l'utilisation des connaissances personnelles et des contacts informels pour obtenir les biens et services manquants (*in short supply*, *deficit*) et pour tourner ainsi les procédures formelles "[605]. Au niveau macro social, les liens personnels entre les responsables économiques et politiques se substituent aux liens licites et formels. En outre, la perception de l'idéologie socialiste et communiste par les gens ordinaires était toujours personnalisée. Ce qui compte pour les Russes ordinaires, ce n'est pas le discours politique et économique à proprement parler. La personnalité de celui qui parle compte plus que ce dont il parle. Comme le montrent les étudies historiques, la perception de la politique soviétique des années 20-50 était complètement déterminée par la perception des hommes politiques de cette époque : Lénine, Trockij, Staline, et *tutti quanti* de l'élite politique soviétique[606]. Aussi un large appui donné au Président actuel de la Fédération Russe, Vladimir Putin, qui n'a même pas formulé son programme socio-économique (nous reviendrons à cette question dans la Conclusion), s'inscrit-il dans cette logique de la personnalisation de la politique. Quant aux relations de *blat*, il est difficile de trouver un ménage soviétique qui n'aurait jamais recouru à ses relations pour acquérir une ressource rare. En outre, ce phénomène n'a pas de connotations culturelles : les sondages réalisés à la fin des années 80 - au début des années 90 nous persuadent que le *blat* existait dans tous les pays socialistes[607] :

---

[604] *Ibid.*, p.173-174. Cf. " Un rôle particulier doit être attribué aux relations d'amitié dans le maintien de la cohésion interne de la coterie et dans l'élargissement de la sphère d'influence " (Arlacchi P., " *Mafia et compagnies...* ", p.65).

[605] Ledeneva A., *Op. cit.*, p.1

[606] Lebina N., " *Povsednevnaja jizn' sovetskogo goroda. 1920-1930 gody* ", Sankt-Petersbourg : Neva – Letnij Sad, 1999, c.152-156

[607] Sources : Rose R. " Between State and Market... ", p.28 ; Boeva I., Shironin V., " Russians between State and market. The Generations Compared " : *Studies in Public*

Tableau 72

Origine des ressources à la disposition de la famille	% des familles qui ont indiqué cette source [91]				
	Pologne	Tchécos lovaquie	Bulgarie	Russie	Russie [93]
L'économie officielle	81	89	79	70	81
La production ménagère	81	69	79	54	81
L'aide des amis et des proches	31	47	48	54	64
La seconde économie	33	34	14	19	27
Les connaissances (*blat*)	35	57	40	49	35
Les opérations avec les devises	17	29	18	3	2

Le *blat* nous sert d'exemple parfait de l'amalgame du monde domestique et du monde par projets matérialisé dans le cadre de la famille (post)Soviétique. On n'arrive jamais à une interprétation univoque des relations de *blat*. La rhétorique des relations d'amitié se confond ici avec la justification purement utilitariste. Les gens engagés directement dans des relations de *blat* essayent de les interpréter à l'aide des repères du monde domestique, tandis que les observateurs impartiaux du *blat* lui donnent l'interprétation utilitariste. La non reconnaissance (*misrecognition*), c'est-à-dire “ la contradiction entre ce que quelqu'un voit, d'une part, dans les autres comme observateur et, d'autre part, en lui-même comme participant ”[608], s'explique par l'impossibilité de trouver un compromis entre les diverses manières de justifier les actions. Dans les termes de l'économie des conventions, il s'agit de la relativisation : l'acteur et l'interprète ne se mettent pas d'accord sur la justification univoque d'un acte. Appliquons l'approche théorique élaborée par Laurent Thévenot[609] à l'étude du *blat* (les interprétations d'un observateur impartial sont représentées dans les cellules de la matrice) :

Tableau 73

		Acteur	
		Monde par projets	Monde domestique
Interprète	Monde par projets	Troc, échange des services	*Blat*
	Monde domestique	*Blat*	Amitié, don

Les difficultés de proposer une définition du *blat* acceptable pour les (post)Soviétiques qui y sont engagés accompagnent n'importe quelle étude du clivage entre les siens, qui s'organisent en réseau de

Policy, n°205, 1992, p.8-18 ; Rose R., “ Getting by without Government : Everyday Life in a Stressful Society ” : *Studies in Public Policy*, n°227, 1994, p.10.

608 Ledeneva A., *Op. cit.*, p.60

609 Thévenot L., “ Equilibre et rationalité dans un univers complexe ”, p.150

blat, et les autres, les étrangers. Soit les questions directes sont mal interprétées, soit les interviewés refusent de manifester leur vraie position vu les reproches éventuels de la part des interprètes. Nous avons déjà remarqué l'influence de ce problème sur les résultats du sondage des détenus : 35,3% de nos interviewés (40,9% au Kazakhstan ; premier rang dans la hiérarchie des variantes) proclament leur refus de différencier les siens des autres en même temps qu'un grand nombre d'eux (16,9%, deuxième rang) préfèrent utiliser leur connaissances pour réagir à une incivilité de la part des codétenus.

Les Russes, eux aussi, montrent une grande réticence à choisir les variantes avec le mot " sien, siens ". Par exemple, seuls 10% des interviewés (huitième rang) choisissent la variante " Normes admises pour les siens " en répondant à la question " Quelles règles vous ne permettez-vous jamais de transgresser ? " [98]. La fréquence de la variante " Normes morales " (57%, premier rang) est due probablement à la volonté des interviewés de créer une bonne image d'eux-mêmes.

Ainsi, ne nous reste-t-il que les questions indirectes. L'équipe du VCIOM s'est référée aux réponses à la question " Quels jours considérez-vous comme des jours de fête ? " en tant qu'une preuve de la priorité accordée à tout ce qui est familial, domestique.

Les fêtes domestiques ont un rang supérieur à celui des fêtes officielles : le Nouvel An - 75%, l'anniversaire personnel - 46%, l'anniversaire des proches - 43%, le 8 mars (journée internationale des femmes, fête officielle en URSS) - 35%, et ainsi de suite[610]. La question sur les groupes sociaux avec lesquels les Russes s'associent eux-mêmes aide aussi à tracer la structure des relations sociales.

Cette dernière met en relief le caractère échelonné et centré sur la famille des liens sociaux (indiquons entre parenthèses que la troisième variante suppose la connaissance personnelle)[611] :

---

[610] Levada Yu., *Op. cit.*, p.57

[611] Mansurov V. (otvetstvennyj redaktor), *Op. cit.*, c.17-18

Tableau 74

Avec qui vous sentez-vous proches ?	Souvent	Parfois	Jamais	Ne sait pas
Avec ma famille	89,2%	8,9%	0,7%	1,2%
Avec mes amis	83,9	13,4	0,9	1,7
Avec ceux qui ont la même vision du monde que moi	75,6	17,9	1,7	4,8
Avec les gens de ma génération	71,8	23,5	1,5	3,2
Avec les gens ayant le même niveau de vie	64,1	26,9	2,1	6,9
Avec mes collègues de travail, mes camarades de classe	59,2	27,2	5	8,6
Avec les gens de ma profession	58,1	29,2	4,9	7,8
Avec ceux qui vivent dans notre ville, bourg	57,2	32,5	3,6	6,8
Avec les gens de la même nationalité	56,5	32,6	3,3	7,6
Avec les Russes	44,7	32,8	6,1	16,5
Avec ceux qui sont tombés dans la misère	41,6	36,3	9,6	12,5
Avec ceux qui respectent les traditions locales	40,5	37,3	6,9	15,3
Avec les self-made men	37,1	37	11,1	14,9
Avec les partisans du même parti politique	34,8	34,6	12,8	17,9
Avec les partisans des traditions russes	32	41,3	7,8	18,9
Avec ceux qui ne s'intéressent pas à la politique	30,3	42,8	12,2	14,7

L'organisation des couches supérieures économiques et politiques dans la société (post)Soviétique reproduit *grosso modo* la logique de la privatisation du milieu externe. La planification impersonnelle *de jure* se transformait *de facto* en réseau de relations personnelles entre les directeurs des entreprises d'Etat et les fonctionnaires des ministères chargés de la planification. Comme dans le cas des Soviétiques ordinaires, le patronat soviétique ne poursuivait aucun but criminel.

Au contraire, la personnification des relations permet aux planificateurs de mieux connaître le potentiel réel des entreprises, tandis que les entreprises espèrent rendre réalisables les objectifs du plan. La privatisation de la planification que certains appellent " le marchandage du plan " se fonde sur " le fonctionnement des mécanismes personnalisés dans le cadre des procédures administratives de la prise de décisions concernant le plan "[612].

[612] Chohin A., " Social'nye problemy perestrojki ", Moskva : Ekonomika, 1989, c.74. La notion de " marchandage de plan " a été introduite pour la première fois dans Kornaï J., " *Deficit* ", c.79-80.

En outre, les directeurs ont tendu à personnaliser leur relations horizontales car cela aidait à trouver vite un composant momentanément en pénurie sans lequel la réalisation du plan était mise en question. La devise du *blat*, " si vous me rendez ce service, je vous le revaudrai " ou " je vous renverrai l'ascenseur " (*Ty - mne, ja - tebe* ; *I scratch your back, you scratch mine*), gouverne les relations entre les directeurs soviétiques et appuie la construction de leur propre réseau de connaissances. " Le fournisseur et l'acheteur échangent de temps en temps leurs rôles : aujourd'hui je te dépanne avec l'acier, demain tu me dépanneras avec les boulons "[613]. De la même façon que la famille et son réseau de connaissances servent d'unité analytique de base dans les études sur la vie quotidienne soviétique, le réseau d'entreprises remplit cette fonction dans les études sur le modèle économique soviétique. " Le socialisme a produit au sein de la structure industrielle des réseaux de rapports sociaux de réciprocité et de liens associatifs "[614].

A la différence des autres héritages du socialisme, le principe de la personnification des relations économiques continue à déterminer l'espace économique post-soviétique. La haute probabilité du comportement opportuniste des partenaires sur le marché russe valorise les relations de confiance établies à l'époque soviétique. Dans les termes de l'économie des institutions, le respect des engagements envers les siens diminue la probabilité du comportement opportuniste du partenaire et, donc, réduit les coûts de transactions. " En conservant les anciens liens, l'entreprise doit garder le respect des normes éthiques élaborées par le patronat traditionnel "[615] (les directeurs dits " rouges "). Selon un sondage réalisé en 1993-1994 par les auteurs de l'article auprès d'un échantillon de directeurs d'entreprises russes, 83% d'entre eux s'en tiennent aux liens avec les fournisseurs établis à l'époque soviétique, 70% - aux anciens liens avec les acheteurs. Ils regardent avec beaucoup de scepticisme la nécessité d'établir de nouveaux contacts avec les fournisseurs et les acheteurs. " Dans le *krug* (cercle) la réputation personnelle d'un directeur devient le garant de la survie économique de l'entreprise "[616], alors qu'à l'extérieur du réseau des siens c'est la

---

[613] Kornaï J., " *Deficit* ", c.102

[614] Stark D., Bruszt L., " Restructurer les réseaux dans le post-socialisme : la propriété inter-entreprises en Hongrie et en République tchèque ", dans Delorme R. (sous la direction de), *Op. cit.*, p.84

[615] Dolgopjatova T., Evseeva I., " Ekonomitcheskoe povedenie promychlennyh predpijatij v perehodnoj ekonomike " : *Voprosy ekonomiki*, n°8, 1994, c.44

[616] Kharkhordine O., " L'éthique corporatiste, l'éthique de *samostojatel'nost'* et l'esprit du capitalisme : réflexions sur la création du marché en Russie post-soviétique " : *Revue d'études comparatives Est – Ouest*, juin 1994, vol.25, n°2,

méfiance qui règne et il n'existe aucune garantie de l'exécution du contrat.

4.2.4. La frontière public - privé existe-t-elle ?

La tendance à l'expansion des structures familiales et celle à l'expansion de la sphère contrôlée par l'Etat totalitaire menacent la séparation de la sphère privée et de la sphère publique, la première par le bas, la seconde par le haut. En empruntant un terme à Michael Walzer, les deux sont également dangereuses pour " l'art de la séparation " des sphères de l'activité quotidienne[617]. Même si, dans le cadre du compromis négatif, l'Etat ne porte pas une atteinte directe à la sphère privée, comme à l'époque de Pierre le Grand ou de Staline[618], son absentéisme rend problématique la protection de cette dernière. Le défaut de dispositifs légaux de protection de l'espace privé s'aperçoit nettement au niveau de la vie quotidienne. L'évaluation de nos interviewés de la protection réelle par l'Etat de leur sphère privée contraste très vivement avec l'importance qu'ils accordent à cette tâche. D'un côté, ils rangent l'inviolabilité de la vie personnelle, de la propriété privée et de l'espace privé parmi les six facteurs les plus importants pour leur famille (voir le tableau des réponses à la question " Selon vous, qu'est-ce qui importe le plus à votre famille aujourd'hui ? " dans le sous chapitre 4.2.1). De l'autre côté, le droit à la protection de la sphère privée figure parmi les droits les moins protégés par l'Etat (voir Tableau 75 ci-après des réponses à la question " Selon vous, quels droits sont les moins protégés par l'Etat dans la vie quotidienne de votre famille ? " [98]).

Tableau 75

Le droit à la sécurité sociale	45%
Le droit à l'inviolabilité personnelle	38
Le droit à la protection égale par la Loi	38
Le droit à choisir librement son emploi	37
Le droit au travail	34
Le droit à l'inviolabilité de la propriété privée	28
Le droit à l'éducation	27
Le doit au respect de la vie privée	14
Le droit au choix de la religion	4

p.30. Le *krug* est l'institution basée sur le principe *ty – mne, ja – tebe* qui a existé dans la communauté traditionnelle paysanne en Russie jusqu'au début du XXème siècle.

617 Walzer M., " La justice dans les institutions " : *Esprit*, 1992, vol.180, n°3-4, p.109

618 Par exemple, les réformes de Pierre le Grand sont considérées par certains historiens en tant " qu'une tentative d'amélioration par l'intervention de l'Etat dans la sphère privée " (Ahiezer A., *Op. cit.*, t.1, c.138).

Le manque d'appui légal dans la protection de l'espace privé prend parfois des formes tout à fait matérielles. Un visiteur étranger d'un immeuble ordinaire à Moscou aujourd'hui serait probablement surpris par l'abondance des portes blindées. Selon nos estimations, de 80 à 100% appartements de chaque immeuble en sont équipés. En fait, l'installation de la famille dans un nouveau logement commence habituellement par la pose de la porte blindée, si celle-ci était absente auparavant. Par ailleurs, le concept (post)soviétique d'habitat a toujours été étroitement lié avec le problème de la protection de l'espace privé. A l'époque soviétique, la majorité absolue des logements appartenait à l'Etat ou aux entreprises d'Etat (*vedomstvennoe jil'e*) : les locataires signaient une sorte de bail avec les représentants de l'Etat. A la différence du système de bail anglais (*leasehold*), les Soviétiques ne pouvaient à aucune condition racheter les droits de possession, quelle que soit la durée du bail[619]. Même après la vaste privatisation des logements des années 90, selon les résultats de notre enquête de 1998, un tiers des Russes continuent à vivre en logements d'Etat.

La prise en charge par l'Etat de la construction, de l'assignation et de l'entretien des logements a des conséquences graves sur la différenciation des sphères privée/publique. D'abord, la pénurie permanente des logements incitait les Soviétiques à utiliser leurs connaissances personnelles afin de se voir attribuer un logement. Malgré les multiples promesses des autorités soviétiques de pourvoir chaque famille d'un logement indépendant, dont la dernière a été faite au XXVIIème Congrès du Parti Communiste en 1987 (“ A chaque famille - un logement indépendant vers l'an 2000 ”), les logements (post)soviétiques restent surpeuplés. Notre enquête de 1998 montre la distribution suivante des ménages selon, d'un côté, le nombre de leurs membres et, de l'autre côté, le type de logement (une pièce, 2P, 3P, 4P, 5P ; voir Tableau 76). La taille moyenne du ménage est de 3,3 personnes, tandis que celle du logement est de deux pièces et demie. Il a existé un art spécial de configurer la famille de telle sorte que les chances d'améliorer ses conditions de logement augmentent : inclure les grands parents ayant certains privilèges, inclure/exclure les frères et les sœurs, “ optimiser ” le nombre d'enfants, établir de bonnes relations avec les fonctionnaires responsables de la gestion de la réserve de logement, etc. Ainsi, la gestion publique du secteur du logement apparaît-elle *de facto* personnalisée et “ privatisée ”.

---

[619] La réforme du bail de 1967 a permis aux locataires soit de racheter le logement loué, soit de renouveler le bail pour une période pouvant aller jusqu'à 50 ans (Kracheninnikova N., Jidkova O. [pod redakciej], “ *Istorija gosudarstva i prava zarubejnyh stran* ”, Moskva : Norma, 1999, t.2, c.554-555).

Tableau 76

[98]	1	2	3	4	5	6
Nombre des membres de la famille	0,4%	12,7%	34%	37,6%	9%	2,9%
Type de logement (nombre des pièces)	12%	34%	44%	9%	1%	0%

Ensuite, les types les plus répandus du logement soviétique, la baraque (*barak*, *kazarma*), le foyer des travailleurs et des étudiants (*obschejitie*, *obschaga*), l'appartement communautaire (*kommunalka*), et l'appartement standard analogue au l'H.L.M. (*hruschevka*), sont extrêmement mal adaptés à la protection de l'espace privé. Leur organisation interne laisse très peu de place à l'espace privé à proprement parler. Regardons-la de près.

Presque chaque ville industrielle russe, y compris Moscou d'aujourd'hui, a gardé quelques exemplaires des bâtiments qu'on appelle les baraques. Ils sont venus de " l'âge d'or " des baraques d'ouvriers, c'est-à-dire de la fin du XIXème siècle - du début du XXème siècle (jusqu'aux années 20-30). Avant la révolution de 1917, plus de 60% des ouvriers on été obligés de vivre dans les baraques. L'organisation de la baraque d'ouvriers typique ne diffère point de celle de la baraque prisonnière : des grands dortoirs, l'absence des cloisons, les toilettes et la cuisine communes, etc. Natalia Lebina, historienne et spécialiste de la vie quotidienne des années 20-30, souligne que " les possessions privées avaient ici [dans les baraques] un caractère très primitif, le style de vie était privé de tous les éléments de l'intimité "[620].

Le foyer, le logement partagé par plusieurs personnes, a été imaginé à l'époque de la révolution de 1917 comme le modèle pour l'habitat socialiste. L'idée de la vie quotidienne commune semblait correspondre aux principes socialistes et communistes. Même la nouvelle élite de l'Etat soviétique, les fonctionnaires d'Etat et de parti, préféraient jusqu'à la fin des années 20 habiter dans les foyers. L'élite intellectuelle, elle aussi, avait ses propres foyers, - les Maisons d'écrivains et les Maisons des arts. Par exemple, Nikolaj Gumilev a habité en 1918 à la Maison des arts sur Mojka (Sankt-Petersbourg), Mikhail Bulgakov parle de la Maison d'écrivains de Moscou dans son fameux roman " Maître et Marguerite ", etc. Quoi qu'il en soit, l'analyse de la vie dans le foyer n'a pas le caractère purement historique même dans la Russie actuelle. Le foyer continue à jouer le rôle clé dans la socialisation des Russes parce que la plupart des étudiants passent plusieurs années de leur vie universitaire dans les foyers pour étudiants. A la différence du foyer pour étudiants en

[620] Lebina N., *Op. cit.*, c.160

France, qui prévoit des chambres individuelles ou partagées par deux personnes au maximum, les chambres individuelles sont très rares dans les foyers russes, même dans les meilleurs universités telle que l'université d'Etat Lomossov de Moscou. Les chambres sont prévues pour 3-8 personnes. Le récit d'une étudiante des années 30 donne une bonne impression de la vie commune dans le foyer : " Le surpeuplement du foyer... Chambre pour quelque dizaines de personnes. Moi, j'endors la dernière, quand les dernières arrivées se sont calmées. Il n'y a presque pas de possibilité pour se concentrer, réfléchir, lire et écrire. Cela cause une grande déception "[621]. Voilà le schéma d'une chambre typique dans le foyer pour étudiants (les toilettes, les lavabos, les douches et la cuisine sont à l'étage ; Figure 21). Dans les appartements communautaires, surtout répandus pendant les années 30-60, plusieurs familles, parfois jusqu'à une dizaine, étaient obligés d'organiser ensemble leur vie quotidienne. Ils partagent une entrée, une cuisine, un couloir avec ses placards, des salles de bains, un poste téléphonique (voir le plan d'un appartement communautaire, Figure 22). " L'appartement communautaire c'est une commune étrange des gens qui se sont réunis contre leur gré. Les voisins ne sont liés ni par une sphère du travail commune, comme dans le foyer, ni par une maladie commune, comme dans l'hôpital, ni par l'âge commun, comme dans l'internat, ni même par une crime commune, comme dans la prison "[622]. L'esprit des appartements communautaires explique " l'absence d'un concept clair de l'espace privé dans la mentalité soviétique à cette époque "[623].

La construction massive de logements des années 60 a mis fin à l'époque des *kommunalka*, bien que dans les grandes villes une partie des habitants continue à vivre dans les appartements communautaires jusqu'à l'heure actuelle. La plupart des familles soviétiques ont pu déménager dans un logement indépendant, quelque petit et inconfortable qu'il soit. La solution progressive du problème du logement indépendant laissait dans l'ombre un autre problème, celui des dispositifs de la protection de l'espace privé à l'intérieur de la famille. Le concept de vie privée implique que l'individu peut préserver son intimité non seulement dans les relations avec les autres, mais également avec ses proches, les membres de la famille. " L'individu a le droit de garder certains aspects de sa vie personnelle fermés aux autres membres de la famille, dont le conjoint "[624]. L'intervention non voulue des proches dans les affaires personnelles

[621] *Ibid.*, c.171
[622] *Ibid.*, c.183
[623] Shlapentokh V., *Op. cit.*, p.181
[624] *Ibid.*, p.182

peut même être aussi violente que celle des autres, suite à la dépendance plus grande vis-à-vis des membres de la famille, et suite à la situation de leur co-présence permanente. Or, le caractère négatif du compromis entre l'Etat soviétique et ses sujets libère celui-ci de l'obligation d'appuyer la construction de l'espace privé. “ On vous donne les logements en échange de votre travail pour l'Etat, débrouillez-vous avec le reste ”.

L'aménagement de l'espace interne de l'appartement standard des années 60-80 reflète, donc, ce compromis négatif. Les considérations économiques prédominent sur toutes les autres considérations, y compris la modernisation de la vie interne de la famille. L'absence de couloirs, l'absence de salle de séjour et la non séparation des toilettes de la salle de bains sont trois signes distinctifs de la *hruschevka*, alors que “ le couloir rend possible la construction de divers types de sphère privée ”[625] (voir Figure 23 : le plan d'un étage dans les immeubles standards à cinq - neuf étages dits *hruschevka* : deux appartements de deux pièces, un appartement d'une pièce et un appartement de trois pièces).

Quant à l'organisation de l'espace social au lieu de travail, on trouve là aussi la double atteinte à l'intimité par le haut et par le bas. L'homme soviétique reste indifférencié du collectif de travail qui se construit dans le prolongement de la structure orbitale de la famille. “ Le besoin de créer sa sphère individuelle, la zone d'autonomie dans laquelle l'individu agit de façon autonome ” n'est pas pris en compte dans l'organisation soviétique du travail[626]. La pratique commune consistait, par exemple, à rendre publics les problèmes familiaux de tel ou tel membre du collectif de travail, voire à les discuter collectivement. Un adultère aurait pu être accepté comme sujet d'une réunion du collectif ou de la filière de parti, parfois à la demande du conjoint trahi.

Nos interviews avec les entrepreneurs russes réalisés en 1998-1999 ne laissent pas de doute que la transparence de la frontière public/privé persiste même dans les entreprises créées après la dissolution de l'URSS. En particulier, nous avons posé la question “ Considérez-vous comme nécessaire pour le bon fonctionnement de l'entreprise d'intervenir dans les affaires personnelles de vos employés ? ”. Une partie de nos interlocuteurs a mis en avant la transparence de toute l'information concernant la situation personnelle de leurs employés. Elle est connue, parfois contre le gré de celui qui l'écoute, suite à l'absence du concept clair de l'espace privé. “ Non, je n'y interviens jamais. Mais je suis toujours au courant [de la situation

[625] Giddens A., “ *The Constitution of Society* ”, p.119-123
[626] Morozov Yu., *Op. cit.*, t.2, c.4,12

personnelle des employés]. Vous savez, l'information perce (*prosatchivaetsja*)… Semble-t-il, bien que personne ne m'ait dit ça, je suis au courant. Je me rappelle un cas. Une jeune fille, notre employée, est tombée enceinte, et elle cachait ce fait par peur qu'on la laisse sans congé de maternité. Vous comprenez, on n'en parle pas à tout le monde. Alors, j'ai appris cette nouvelle une semaine après "[627]. " Oui, ici on est comme des sardines en boîte. Notre banque est assez petite, les relations sont informelles. On n'a pas besoin de se renseigner spécialement, - tout est dans l'air "[628]. L'autre partie de nos interlocuteurs ont mentionné la tendance à personnaliser les relations professionnelles, à les rapprocher des relations d'amis et de connaissances. " Quand le chef est au courant des problèmes personnels de son subordonné, c'est agréable. Cela vaut aussi dans les relations entre le subordonné et le chef. S'il faut mieux connaître son chef, on parle d'abord des choses personnelles - les enfants, la famille… "[629]. " En ce qui concerne les problèmes [personnels] de mes subordonnés, je suis au courant d'une manière ou d'une autre. A l'occasion, je m'intéresse à leur situation familiale. Habituellement cela les prédispose bien envers leur chef "[630].

En résumant le modèle soviétique d'organisation du travail, Yuri Levada construit deux types idéaux de la collectivité de travail, le kolkhoze et la *charachka*. Dans leur cadre, " des sphères aussi différentes dans les sociétés développées contemporaines que l'étatique, le public et le privé, le travail et le temps libre, la conduite officielle et la conduite non officielle, s'interpénètrent ici, et ne peuvent être isolées que par une analyse "[631]. Le modèle du kolkhoze met l'accent sur l'atteinte portée à la séparation des sphères d'activité par le bas. Il s'agit de la " privatisation " et de l'expansion du modèle familial (cf. un terme argotique " vivre à la kolkhozienne " qui signifie " vivre comme une grande famille "). La *charachka* reflète l'intervention dans l'espace privé par le haut. Notons que les origines du terme *charachka* plongent leurs racines dans le monde carcéral des années 30. Par ce terme on entend " l'institut de recherche secret où le Comité de la sécurité d'Etat organise et surveille le travail et les recherches des savants et des ingénieurs condamnés pour 'sabotage' "[632]. Autrement dit, dans le cas du kolkhoze c'est la famille

---

627 Entretien n°17*

628 Entretien n°19*

629 Entretien n°10*

630 Entretien n°12*

631 Levada Yu., *Op. cit.*, p.94

632 Rossi J., *Op. cit.*, t.2, c.453

qui s'approprie l'espace public, tandis que dans le cas de la *charachka* c'est au nom de l'Etat qu'on viole l'intimité et réduit à néant l'espace privé, y compris la famille.

4.2.5. Construction de l'ennemi : histoire et actualité

L'absentéisme de l'Etat de l'organisation positive de la vie quotidienne et le modèle bipolaire de l'espace social déchiré entre les siens et les autres suscitent une voie spécifique de la maîtrise de la violence propre au modèle soviétique de société. La méfiance envers l'Etat, de même que le refus de celui-ci d'assister ses citoyens dans la vie quotidienne, ne leur laissent aucun autre choix que de tourner l'institutionnalisation de la violence et de la substituer à la recherche d'un " bouc émissaire ". Si l'on se réfère à l'évolution des moyens de la maîtrise de la violence décrite par René Girard, nous trouvons facilement les exemples des trois premières étapes de celle-là : la recherche d'une victime de rechange, la recherche d'une victime émissaire et la construction d'une victime sacrifiable.

Toutefois, le taux de criminalité enregistré par la police n'est pas très élevé dans la perspective internationale. Mais même en laissant de côté le problème de la criminalité latente, un étranger curieux visitant la Russie post-soviétique sera négativement surpris par la violence quotidienne, qui ne prend pas des formes patentes. Les bousculades dans les transports en commun, les insultes verbales, la haine qu'on voit parfois dans les yeux d'un passant fortuit, le refus de donner un renseignement, le caractère facultatif des formules de politesse comme " Monsieur ou Madame "[633], " Pardon ", " Excusez-moi ", etc. Le discours public est souvent dominé par la grossièreté et le recours à des jurons grossiers de l'argot populaire (*mat*). Par plaisanterie, on dit souvent que deux langues se parlent en société (post)soviétique : le russe et le *mat*. Savoir utiliser les jurons complexes, dits à " plusieurs étages ", est considéré comme une sorte d'art. " Il jure artistiquement ", dit-on. Un sondage réalisé par le VCIOM en mars 2000 sur un échantillon représentatif montre que presque un Russe sur deux, et une Russe sur quatre utilisent les jurons grossiers *quotidiennement*[634]. Seuls 30% des (post)Soviétiques proclament qu'ils n'ont jamais recouru au *mat*. L'analyse du recours au *mat* par

[633] A l'époque soviétique on s'adressait à n'importe quel interlocuteur inconnu par un tour de phrase " Citoyen (*grajdanin*) ou Camarade (*tovarisch*), ... ". Aujourd'hui ce tour a un sens péjoratif, sans que le tour " Monsieur (*gospodin*)... " s'y soit substitué. En fait, on se passe de titre dans l'adresse.

[634] Golov A., " Russkij byt v marte 2000 goda " : http::www.polit.ru, le 6 avril 2000. Notons entre parenthèses que les responsables des entreprises sont parmi les trois groupes socio-économiques les plus " grossiers ".

les tranches d'âge, de même que les résultats de l'enquête du VCIOM qui date de 1989, [635] nous persuadent qu'il ne s'agit pas d'un phénomène récent (voir aussi Tableau 77)[636]. C'est dans les tranches d'âge entre 20-29 et 40-49 ans que les hommes ordinaires (post)Soviétiques utilisent les jurons grossiers le plus souvent. En outre, trois Russes sur quatre et une Russe sur trois ont l'expérience des bagarres. 9% des Russes se sont bagarrés dans le mois qui a précédé le sondage, c'est-à-dire le mois de février 2000. Le Russe ordinaire se bagarre en moyenne une fois par an.

Tableau 77

Recourez-vous souvent au mat *?*	1992	2000
Oui, souvent	13	12
Oui, parfois	41	47
Non, pratiquement pas	44	39
Ne sait pas	2	2

La présence incontestable de la violence dans la vie quotidienne fait naître le sentiment de l'insécurité et une forte demande de l'ordre en tant que l'alternative au non respect des règles, au *bespredel*. Les (post)Soviétiques définissent l'ordre d'une façon négative. Regardons les associations avec le terme d'ordre observées au cours de deux sondages représentatifs réalisés par le VCIOM en 1994 et au début de l'an 2000[637] :

Tableau 78

Qu'est-ce que vous entendez par l'ordre ?	1994	2000	2000/1994
La stabilité économique et politique du pays	37%	45%	+8%
Le respect de la Loi	31	35	+6
Mettre fin au pillage du pays	21	33	+12
Mettre fin à la dégradation du pays, à la lutte des pouvoirs	20	32	+12
La protection sociale des pauvres	10	26	+16
La discipline sévère	14	22	+8
La possibilité de réaliser ses droits pour chacun	14	17	+3
Le recours à l'armée afin de lutter contre la criminalité	12	13	+1

---

635 " Un tiers des Soviétiques se souviennent des 'insultes verbales' qu'ils ont essuyées récemment " (Levada Yu., *Op. cit.*, p.116).

636 " Kak i zatchem my materimsja " : http::www.polit.ru/documents/328336.html (les résultats d'un sondage de VCIOM).

637 " Strana, reformy, primety " : http::www.polit.ru, le 12 janvier 2000

La limitation des droits et des libertés	1	3	+2
Le slogan qui précède une dictature	0	1	+1
Autre	0	1	+1
Ne sait pas	2	3	+1

Les interviewés préfèrent définir l'ordre en excluant la crise, le pillage, la lutte des pouvoirs plutôt qu'en se référant à des valeurs positives (la Loi, les droits de l'homme). La dynamique de ces six dernières années n'a fait qu'accentuer la tendance à voir dans l'ordre l'absence du *bespredel*. Une autre observation s'impose aussitôt que nous parlons du concept de l'ordre dans le contexte (post)soviétique. Le désir de l'ordre prévaut contre le souci des moyens pour le satisfaire, en l'occurrence, contre le souci de la maîtrise institutionnelle de la violence. Entre deux alternatives, l'ordre ou le souci des moyens pour y atteindre, la majorité absolue des Russes choisissent la première[638] :

Tableau 79

Selon vous, qu'est-ce qui importe le plus pour la Russie à l'heure actuelle ?	1998	1999	2000
L'ordre, même si l'on enfreint certains principes démocratiques et droits des citoyens	70	74	72
La démocratie, même si le respect des principes démocratiques donne parfois trop de liberté à des destructeurs	14	11	13
Ne sait pas	16	15	15

Ainsi, les Russes donneraient-ils carte blanche à celui qui leur promettrait de faire respecter l'ordre par tous les moyens, qu'il s'agisse de l'ordre local (dans une entreprise, une ville, une région) ou de celui à l'échelle du pays. La maîtrise institutionnelle de la violence se complique aussi par l'absence des mécanismes quasi institutionnels que nous avons observé dans la prison. “ Là-bas [à l'extérieur de la prison] ? Qu'est-ce qui se passe là-bas ? Les prix exorbitants, le *bepredel* partout... ”[639]. La lutte contre la criminalité organisée proclamée comme moyen principal du maintien de l'ordre se réduit souvent à la lutte contre le système de la justice illicite qui reproduit *grosso modo* celui du milieu carcéral (nous abordons cette question

[638] *Ibid.*

[639] Entretien n°31

plus en détails dans les sous chapitres 5.1.1 et 5.1.4). Alors, quels moyens restent-ils à la disposition des (post)Soviétiques afin de ne pas subir la violence quotidienne ?

D'abord, le clivage entre les siens et les autres permet de trouver une victime de rechange et de cibler la violence sur les autres, les étrangers. Une personne avec laquelle on se bouscule dans le métro est bien l'étranger, celui qu'on voit pour la première et pour la dernière fois. Au contraire, on ne bouscule jamais le sien, on essaye de respecter les règles de politesse avec lui. L'expression populaire " *sorvat' svoju zlost' na kom-to* " (littéralement - " sublimer sa haine sur qqn ") implique qu'on transpose sa haine dans ses relations avec des inconnus. Habituellement, soulignons-le, on ne reproche pas la sublimation à celui qui y a recours. En fait, le contexte (post)Soviétique transforme la haine en forme négative de sociabilité. " Sa fonction consiste à disqualifier un partenaire potentiel en le transformant en adversaire "[640], cible de la violence.

Au niveau macro social, ce sont les étrangers à proprement parler qui constituent la victime de rechange par excellence. A l'époque du rideau de fer, quand les contacts *personnels* avec les étrangers étaient minutieusement réglementés et peu nombreux, " on voyait en lui [dans l'image de l'étranger] ce qui ne plaît pas en soi et dont on souhaiterait se débarrasser "[641]. L'Etat soviétique a profité de cette haine " naturelle " pour les étrangers en dressant les figures du compromis négatif avec ses citoyens. Il cultivait la peur des étrangers, de leur agressivité, afin de substituer aux sources réelles des malheurs dans la vie quotidienne, des sources imaginaires et hors de portée. " Il y a des formes de violence qui détournent la menace des objets proches vers des objets plus lointains, la guerre notamment "[642]. La hiérarchie des peurs que les Soviétiques ont eu à la fin des années 80 reflète bien les résultats des efforts de diaboliser les étrangers : 59% des interviewés ont eu la peur d'une maladie de proches, 47% - la peur de la guerre, 42% - celle des catastrophes naturelles, 40% - celle de leur propre maladie, etc. (pour la dynamique des peurs - voir Tableau 80)[643]. Par ailleurs, même la fin de la guerre froide n'a pas beaucoup diminué la peur de l'agression étrangère. *A la fin de 1998*, 24% des Russes pensent toujours que la probabilité d'une agression étrangère est très

---

640 Levada Yu., *Op. cit.*, p.110

641 *Ibid.*, p.180. " Depuis déjà le XVIème siècle les Russes ont considéré le mal comme ayant les origines occidentales " (Ahiezer A., *Op. cit.*, t.1, c.114).

642 Girard R., *Op. cit.*, p.37. " Le danger de la guerre devient un argument capital pour le maintien du *statu quo* " (Timofeev L., *Op. cit.*, c.133).

643 Levada Yu., *Op. cit.*, p.266, Levada Yu., " *Tchelovek sovetskij 10 let spustja : 1989-1999* " : http::www.polit.ru/documents/393366.html (les donées du sondage " L'homme soviétique ordinaire : 10 ans après ").

élevée[644]. Cela va même plus loin, la dissolution de l'URSS a suscité la construction de nouveaux ennemis, ceux qui n'appartenaient plus au nombre des siens : les peuples des pays Baltes, la population de certains pays d'Asie centrale et de Caucase. " Les nôtres. Comme auparavant dans les jeux et les bagarres de rue. Les nôtres ! Tandis que ceux-là [les partisans de l'indépendance de la Lituanie] sont les autres. Point... Notre peuple est tout à fait particulier. Il sait se différencier entre les siens et les autres pas seulement selon le critère de la couleur de la peau, de l'appartenance à une classe ou de la religion. Ça va de soi. Il sait se différencier selon le côté qu'on tient pour monter ou descendre un escalier "[645].

Tableau 80

Importance relative des peurs	1989	1994	1999
Une maladie de proches	1	1	1
La guerre mondiale	2	5	6
Ses propres maladies, la mort	3	4	3
Les catastrophes naturelles	4	10	8
La vieillesse	5		
La fin du monde	6		
Les actions arbitraires du pouvoir	7	3	4
Les souffrances, la douleur	8		
L'humiliation publique	9	8	9
Les criminels	10	2	5
La pauvreté, le chômage		6	2

L'autre moyen de maîtrise de la violence, la recherche d'une victime émissaire, suppose qu'on cherche les ennemis à l'intérieur de la communauté. Quand il devient difficile de rendre les étrangers responsables de tous les malheurs, il faut indiquer un " bouc émissaire ", un " autre " qui a une apparence de " sien ". La " tâche de pacification intra-étatique peut également amener l'Etat à définir de son propre chef l'ennemi du dedans "[646]. L'histoire soviétique des années 30 est riche d'exemples. La liste des ennemis internes incluait les " porteurs de préjudice " (*vrediteli*, " nuisibles "), les paysans fortunés (*kulaki*), les partisans de L. Trotski (*trockisty*), les porteurs de noms allemands, etc.[647] Le Code Pénal des années 60 a gardé l'article concernant la responsabilité pour les actes de préjudice à l'économie nationale (Art. 69) et a criminalisé le refus de travailler dans les

[644] Mansurov V. (otvetsvennyj redaktor), *Op. cit.*, c.11.

[645] Dubov Yu., *Op. cit.*, c.280,288. Il s'agit de la réaction populaire aux événements de Vilnius en janvier 1991.

[646] Schmitt K., *Op. cit.*, p.86

[647] Chalamov V., *Op. cit.*, t.1, c.536. On a entendu par les *vrediteli* " ceux qui ont été désignés par la bureaucratie comme boucs émissaires responsables pour des échecs de sa propre politique économique " (Rossi J., *Op. cit.*, t.1, c.65). La criminalisation de la responsabilité pour un préjudice supposé à l'économie nationale est étudiée en détails dans Solomon P., *Op. cit.*

entreprises d'Etat ou dans les kolkhozes (les réfugiés sont devenus des ennemis internes, *tunejadcy*. Favarel-Garrigues G. "La politique soviétique de lutte contre les infractions à travers les archives du comité du Parti de la région de Sverdlorsk 1965-82", *Revue d'Etudes Comparatives Est-Ouest*, 28, 2, 1997). La Russie d'aujourd'hui ne manque pas non plus de tentatives pour élaborer l'image de l'ennemi interne. Les conflits de Tchétchénie (1994 et 1999) nous servent d'illustration. Le rôle moteur de la guerre *interne* dans la canalisation de la violence n'est devenu clair que pendant la seconde compagne caucasienne. La première compagne n'était au centre de la vie publique russe ni de manière positive ni de manière négative. " Que l'on compare les quelques centaines de manifestants réunis par Mémorial ou par Egor Gaïdar contre la guerre en Tchétchénie fin 1994 - début 1995 avec les centaines de milliers de personnes qu'ont jetées dans la rue les répressions à Vilnius en janvier 1991. *Mais à l'époque la société était mobilisée contre un ennemi clairement identifié : le pouvoir soviétique* "[648]. Par contre, la seconde compagne, dès son début, fait la une des journaux. Les Russes y voient l'événement de l'an 1999, qui, avec 33% des suffrages, a laissé loin derrière la guerre de l'OTAN en Yougoslavie (22%), les élections au Parlement (20%), la démission du gouvernement de Stepachin (15%), etc.[649] L'expiation officielle consiste à punir les " terroristes " qui portent atteinte à l'ordre et la sécurité *dans la vie quotidienne* (une série d'attentats meurtriers, dont les auteurs présumés sont les Tchétchènes, a servi de prétexte pour la seconde guerre). Au bout du compte, deux mots, la haine et la peur, expriment l'attitude des Russes à l'égard des Tchétchènes. Le VCIOM a mené en mars 2000 une enquête, auprès d'un échantillon représentatif, qui comportait deux questions : " Avez-vous un sentiment de haine vis-à-vis des Tchétchènes ? " et " Avez-vous peur que les Tchétchènes se vengent de la Russie et des Russes ? ". Voilà la distribution des réponses[650] :

Tableau 81

La haine et la peur	28%
La haine sans peur	6%
La peur sans haine	42%
Ni la peur, ni la haine	11%
Ne sait pas	10%

648 Berelowich A., Wieviorka A., *Op. cit.*, p.56. C'est nous qui soulignons.
649 Résultats d'un sondage représentatif du VCIOM. Source : http::www.polit.ru, le 27 décembre 1999.
650 Sedov L., Golov A., " Motiv mesti " : http::www.polit.ru, le 16 mars 2000.

Bien qu'un parallèle direct ne paraisse pas pertinent, nous proposons de regarder le problème de la peine de mort dans l'optique de la recherche des boucs émissaires responsables pour le *bespredel* dans la vie quotidienne. Les sondages réalisés par le VCIOM montrent le fort soutien que les Russes donnent au maintien de la peine de mort (Tableau 82)[651]. Les justifications que donnent les adversaires de l'abolition de la peine capitale sont très significatives. 42% d'entre eux considèrent la peine capitale comme un bon châtiment pour les crimes commis, encore 12% sont persuadés que les criminels (*sic*, les criminels pris *en général*) encourent des peines de mort[652]. Ainsi, il faut désigner des boucs émissaires qui personnalisent la violence et le *bespredel* quotidiens, et leur ménager un châtiment exemplaire. Peut-être qu'une société capable de maîtriser plus parfaitement la violence quotidienne est en même temps une société plus tolérante et humaine vis-à-vis de ses criminels ?

Tableau 82

	1989	1994	1999
Il faut l'abolir	3	5	5
Il faut l'abolir, mais graduellement	15	15	15
Il faut continuer à y recourir	33	37	36
Il faut y recourir plus activement	35	25	23
Ne sait pas	14	18	20

4.2.6. Double conscience

Ces deux registres du comportement quotidien, les relations avec les siens et celles avec les autres, sont à l'origine d'une construction mentale que Aleksandr Hlopin appelle la double conscience (*dvoemyslie, double thinking*). On entend par la double conscience " le respect manifesté en public des idéaux et des normes qui peuvent ne pas correspondre aux convictions intimes des individus, voire même contredire leur comportement réel "[653]. Les convictions intimes des (post)Soviétiques se sont formées au cours de leur interactions avec les leurs : seules les couches inférieures de l'atmosphère familiale sont habitables. Au contraire, la vie sociale avec ses normes est quasi absente dans les couches supérieures de l'atmosphère familiale. C'est le monde des siens qui fait fleurir la vie sociale dans le contexte institutionnel soviétique. " Nous ne sommes pas seulement

---

651 Levada Yu., " *Tchelovek sovetskij 10 let spustja : 1989-1999* "

652 Source : http::www.romir.ru (les résultats d'un sondage réalisé par l'agence ROMIR).

653 Hlopin A., *Op. cit.*, c.51

des amis, on est plus que des amis. Nous formons une totalité (*my - odno celoe*). *On forme un monde à part, avec ses règles, ses lois, ses joies et ses chagrins* "[654]. La mentalité formée dans le cadre de " petite " société comporte deux ensembles de normes. Le premier gouverne les relations avec les siens, le second - avec les autres. Quant au premier ensemble, la " morale du cercle préféré des gens ", Alena Ledeneva décrit sa composition de la façon suivante : l'obligation de s'aider mutuellement ; l'orientation au futur indéfini (" Ne crache pas dans la soupe, - tu aurais besoin d'y boire ", *Ne pljui v kolodec - prigoditsja vody napit'sja*) ; n'attends pas de gratitude en retour, mais sois reconnaissant toi-même ; connais les limites de ce que tu peux demander, et cætera[655].

Dans les relations avec les autres, le Soviétique n'est pas obligé de respecter ces limites. Il est libre de faire ce qu'il veut même si les autres réprouvent son comportement. Car le compromis négatif avec l'Etat suppose que celui-ci fait partie du monde des autres, le respect de la Loi devient facultatif. Par ailleurs, le non respect ne se transforme jamais en refus flagrant, en révolte contre l'autorité disjointe. La double conscience résulte de double mouvement, d'un côté, vers la négation des autres, y compris l'Etat, de l'autre côté, vers la création de l'apparence du respect de ceux-ci. La puissance de l'Etat, ainsi que la dépendance négative vis-à-vis de lui, excluent la révolte. " L'individu soviétique est capable de se tenir en équilibre dans les sphères politique et économique en organisant sa mentalité en deux registres, pragmatique et idéologique... En fait, l'obéissance politique se réduit à la proclamation en public des déclarations voulues par le pouvoir politique " [656]. Les deux parties sont satisfaites : l'Etat reçoit une preuve apparente de l'efficacité de son contrôle, l'individu achète une marge de liberté dans la vie quotidienne et le droit à garder sa croyance intime en son propre Dieu. Le dédoublement de la conscience représente-t-il un prix excessif pour la liberté à l'échelle de " petite " société ?

Le cas des fonctionnaires d'Etat, des responsables d'entreprises mérite qu'on s'y arrête. D'une part, en tant que représentants de l'Etat, ils intériorisent sa logique et ses valeurs. D'autre part, dans leur vie quotidienne, ils font face au même dilemme que les gens ordinaires. Ils ont aussi leur propre morale " privée ", leurs propres " siens ", leur propre haine des autres, en occurrence les " demandeurs ", les gens ordinaires. Le contraire étonnerait : malgré les privilèges matériels des membres de la *nomenklatura*, ils vivent dans le même contexte

---

[654] Dubov Yu., *Op. cit.*, c.271. C'est nous qui soulignons.

[655] Ledeneva A., Op. cit., p.163-166

[656] Shlapentokh V., *Op. cit.*, p.89,96-97

institutionnel. La double conscience des fonctionnaires d'Etat se matérialise, par exemple, dans l'opposition entre les pots-de-vin comme norme de la vie quotidienne (un tribut imposé aux autres) et leur interdiction légale (le principe de l'accessibilité égale des services d'Etat à tous les citoyens)[657]. Quant aux responsables des entreprises, nous avons déjà souligné que leur volonté d'atteindre les objectifs fixés par le plan ne pouvait se réaliser qu'à condition de la construction de réseaux de siens et du recours à d'autres pratiques illicites. L'exemple des *tolkatchi*, membres d'un " groupe de pression " de l'entreprise soviétique, est tout à fait exemplaire. Vu les problèmes permanents d'approvisionnement en matières premières, les entreprises soviétiques ont cherché à établir des contacts informels avec leurs fournisseurs. L'institution du *tolkatch* est apparue par suite de la spécialisation de certains employés de l'entreprise dans l'intermédiation illicite.

Leur tâche principale consistait à intéresser les responsables d'un fournisseur à approvisionner leur entreprise plutôt qu'une autre. Des petits cadeaux et services : une bouteille de brandy d'Arménie (*armjanskij kon'jak*), quelques boîtes de caviar noir, un saumon fumé, servaient à " entretenir l'amitié ". Quoique chaque entreprise ait eu des *tolkatchi*, le Code Pénal de l'URSS de 1960 criminalisait les activités d'intermédiation[658].

D'ailleurs, la vie en deux registres et l'intériorisation de l'espace social complètement déchiré ont entraîné de graves conséquences concernant la santé psychologique et l'équilibre interne de l'individu soviétique. En étudiant la statistique des maladies mentales dans la campagne, Lev Timofeev a découvert qu'on les observait surtout chez les jeunes âgés de 15-16 ans. Donc, c'est à cet âge-là que le conflit entre l'idéologie et le type de comportement officiels enseignés à l'école et la morale intime prend les formes les plus extrêmes[659]. Il n'était pas possible de vivre dans la campagne soviétique sans pillage des matières premières kolkhoziennes (le fourrage, le blé, les pommes de terre, etc.) : le niveau du salaire officiel et l'absence du marché des matières premières ne laissaient aucun autre moyen d'entretenir le ménage paysan. Or, la vision du monde que les Soviétiques apprenaient à l'école blâme violemment les petits pilleurs de la propriété d'Etat ou de kolkhoze (*nesyn*). Un roman signé par Aleksandr Bek, " Une nouvelle nomination " (*Novoe naznatchenie*), donne un autre exemple d'une maladie mentale inévitable dans les

---

[657] Yakovlev A., *Op. cit.*, c.32

[658] *Ibid.*, c.118-120

[659] Timofeev L., *Op. cit.*, c.64-65

conditions de *stytchka*, de conflit violent entre les convictions intimes et les règles du jeu officielles[660].

En termes médicaux, la transformation de l'espace social déchiré en double conscience augmente le risque de schizophrénie. En particulier, la schizophrénie se traduit par la chute des capacités empathiques de l'individu. Il a du mal à se mettre à la place de l'autre, surtout de l'autre éloigné socialement. " Etant donne que les malades de schizophrénie ont une faible capacité à comprendre, à réagir aux problèmes des autres..., la maladie rend leur contacts sociaux et leur perception adéquate de la réalité sociale plus malaisés "[661]. La maladie met en relief le clivage entre les relations avec les siens et les contacts avec les autres. L'importance de la sphère familiale prend chez les schizophréniques des formes hyperboliques. " La sphère familiale importe beaucoup aux schizophréniques, tandis que la portée des relations amicales et surtout des relations sociales formelles est réduite "[662]. Ainsi, les déséquilibres et les contradictions sociales externes se transforment-elles en conflits internes. Parfois le seul moyen d'éviter la fragilisation du système psychique consiste à " fermer les yeux " sur les autres, à les ignorer. Un héros de Venedikt Erofeev, écrivain dont quelques œuvres servent de fresque de la vie quotidienne soviétique des années 70-80, s'est écrié en désespoir de cause : " Pourquoi votre peau est-elle si insensible (*Potchemy vy takie tolstokojie*) ? "[663].

Les développements récents du système (post)Soviétique n'ont guère changé la dualité de le mentalité des Russes. La " constitution " intime diffère toujours de la " constitution " publique, parce que le caractère disjoint de l'autorité licite n'a pas changé (nous reviendrons à cette question dans le sous chapitre 5.1.4). Cela a permis à Wladimir Andreff de décrire la réalité post-soviétique en termes d'une " double schizophrénie ", la schizophrénie des responsables des entreprises et

---

660 Bek A., " *Novoe naznatchenie* ", Kichinev : Kartja Moldavjaneske, 1988. Notons entre parenthèses que la carrière politique de Gavriil Popov, l'ex maire de Moscou, à l'époque professeur de l'Université Lomonossov de Moscou, a commencé par la publication en 1987 dans une revue " *Nauka i Jizn'* " d'un article sur ce roman.

661 Eligulachvili E., " *Rol' obschenija v processe vzaimodejstvija litchnosti s realnost'ju* ", Thèse de doctorat en psychologie : Institut psihologii im. Uznadze (Tbilisi), 1983, c.18,23. La théorie de la tendance a beaucoup contribué à la compréhension de la nature de la schizophrénie. En ses termes, la maladie reflète l'incapacité de l'individu à maîtriser deux tendances contradictoires : une est formée par l'environnement social immédiat, l'autre – par le contexte institutionnel plus global (voir Uznadze D., *Op. cit.*, c.299).

662 Hlomov D., " *Osobennosti vosprijatija mejlitchnostnyh vzaimodejstvij bol'nymi chizofreniej* ", Thèse de doctorat en psychologie : Fakul'tet psihologii MGU im. Lomonosova (Moskva), 1985, c.17

663 Erofeev V., " *Moscou – Pétouchki* ", Paris : A. Michel, 1975

la schizophrénie des gens ordinaires. D'un côté, le comportement des responsables économiques vise un objectif contradictoire : la politique paternaliste (la firme comme grande famille) et marchande (le slogan officiel du marché libre et concurrentiel) en même temps. De l'autre côté, les gens ordinaires croient à une vie marchande meilleure, mais ils " sont sceptiques sur la politique gouvernementale et refusent de payer le prix de la transformation économique "[664].

4.2.7. Sur la congruence des normes

Le regard sur le modèle (post)Soviétique à travers le prisme de l'opposition entre les siens et les autres aide à éviter la séduction par la magie des faux-semblants, qu'on observe parfois dans les écrits occidentaux sur la Russie. Tout comme un faux ami en linguistique, un phénomène de la réalité (post)Soviétique dont l'apparence fait penser à des analogies dans les " grandes " sociétés ne présente en fait qu'une similitude trompeuse. Une étude comparative récente réalisée par R. Inglehart illustre bien ce danger. Une série d'indicateurs structurels, dont la prédominance des valeurs de sécurité sur celles de pénurie, le rejet de l'autorité étatique, un haut degré de l'individualisation, le rejet de l'Occident comme modèle, une diminution du prestige de la rationalité, permettent de classer la Russie en tant que pays post moderne ou que pays sur la voie de la post modernité[665].

Une analyse plus profonde nous persuade que, par exemple, pour expliquer le souci de l'ordre, il faut tenir compte plutôt de la violence quotidienne et du sentiment de *bespredel* que des particularités de la société du risque.

De la même façon, le rejet de l'Etat et la mise en valeur de la famille s'expliquent moins par le rôle moteur de la *personnalité* dans la société (post)Soviétique, que par l'absence d'autres moyens de faire respecter l'individualité qu'un abri familial. Les valeurs de la famille vivent une renaissance dans les sociétés post modernes, mais elles sont étroitement liées au contexte de " grande " société, comme le montrent les résultats d'un sondage représentatif mené en Allemagne par la Friedrich-Ebert-Stiftung (voir la hiérarchie des valeurs, % des

[664] Andreff W., " Corporate Governance of Privatized Enterprises in Transforming Economies : A Theoretical Approach ", in European Association for Evolutionary Political Economy, *Conference Papers*, Cracovie : 1995, p.18-19

[665] Inglehart R., " Modification des valeurs, développement économique et évolution politique " : *Revue Internationale des Sciences Sociales*, Septembre 1995, Vol.145, p.441-443

interviewés qui considèrent telle ou telle valeur comme importante)[666].

Ces résultats méritent d'autant plus notre attention qu'une variation minime de quelques paramètres clés (famille, légalisme, sécurité, ordre) entre les provinces occidentales et les provinces orientales coexiste avec une forte variabilité des autres paramètres. Or, ce sont les valeurs de la responsabilité, de la fidélité qui différencient une structure sociale post moderne de son faux semblant.

Tableau 83

	Allemagne de l'Ouest [1]	Allemagne de l'Est [2]	Variations des rangs [2] - [1]
Famille	68%	84%	0
Légalisme (*Gerechtigkeitssinn*)	67	79	0
Sentiment du devoir	61	76	-2
Orientation vers le futur	59	74	-3
Le sentiment de sécurité et de confort	60	73	-0,5
Travail avec zèle	45	69	-3,5
Loi et ordre	60	75	-2,5
Fidélité	64	72	+4
Travail et profession	49	71	-4
Santé	63	69	+5,5
Enfants	51	66	+0,5
Gaieté dans la vie	40	56	-2,5
Environnement	51	56	+2
Sens de responsabilité	53	55	+5
Patriotisme	39	51	-1,5
Réalisation de son potentiel	41	47	+2,5
Solidarité	38	47	-1,5
Loisirs	39	46	+1,5
Modestie	29	42	0
Sens de l'appartenance à une nation	22	30	-2
Propriété	30	29	+3
Richesse	26	27	-1
Croyance religieuse	27	9	+3

Par contre, la comparaison des deux structures sociales, celle de la société (post)Soviétique et celle de la société carcérale, démontre leur congruence substantielle qui va jusqu'à la similitude de certaines formes apparentes. " Ici, c'est le même monde mais en miniature.

Nôtre monde reflète tout ce qui se passe chez vous, mais à une échelle réduite "[667]. Regardons de près la confiance à diverses institutions sociales que font, d'une part, les Russes et, d'autre part, les détenus russes (voir Tableau 84) :

---

[666] Source : *Die Zeit*, 30.Juli 1998, S.12. Par Allemagne de l'Est, on entend les provinces qui ont fait partie de l'ex République Démocratique Allemande.

[667] Lettre de l'interlocuteur n°3a

Tableau 84

	Russie [96]	Détenus		
		Russie, N=902	Kazakhstan, N=396	France, N=59
Famille	71%	68,6	71,1	79,3
Amis	45	x	x	48,3
Eglise	24	21,4	14,5	17,2
Science	17	4,3	7,5	19
Collectif de travail	8	12,5 ([668])	12,3 ([669])	8,6
Voleurs légaux	x	12	8,3	x
Peuple	7	5,4	3,8	x
Autorités (*avtoritety*)	x	5,7	3,2	x

En deux cas, la famille est rangée en premier rang, l'Eglise - en second. Bien que nous ne prétendions pas à une analyse du rôle que la croyance religieuse joue dans la vie quotidienne des (post)Soviétiques, nous voulons proposer quelques observations. La majorité des Russes, 60,1%, se considèrent comme croyants, dont 89,7% sont orthodoxes[670]. Ces chiffres contrastent très vivement avec les données du VCIOM sur le nombre des pratiquants de l'orthodoxie. Par exemple, seuls 2% des Russes observent le jeûne de carême, tandis 77% continuent à se nourrir sans restrictions [671]. Cette contradiction ne nous renvoie-t-elle pas au phénomène de double conscience ? " Il y a des croyants comme ça : je crois en Dieu, je respecte les commandements, mais si tu me touches, je te casserai la gueule, je te violerai… Ils n'ont rien à voir avec le Christianisme "[672].

Mais il existe, toujours à titre d'hypothèse, une autre explication, plus subtile. Ne s'agit-il pas d'une sorte de fatalisme qui unit les (post)Soviétiques et les détenus ? Ni les uns, ni les autres ne sont pas leurs maîtres, des vrais sujets de la vie quotidienne. Au moins, plusieurs entretiens et enquêtes le laissent-ils admettre. " *A quoi croyez-vous ?* - En Dieu et au petit bonheur (*na avos'*). Nombreux sont ceux qui vont à l'église "[673]. Le lien entre la croyance en Dieu et celle au petit bonheur dans le discours de notre interlocuteur n'est pas accidentel. On laisse les choses passer *naturellement*, sans

---

[668] La fréquence de l'alternative " Les codétenus ".

[669] La fréquence de l'alternative " Les codétenus ".

[670] Mansurov V. (otvetstvennyj redaktor), *Op. cit.*, c.22

[671] Kim N., Orlova Yu., " Pravitel'stvo i reformy, maslennica i post " : http::www.polit.ru, le 14 mars 2000

[672] Entretien n°13, il a été réalisé avec un croyant.

[673] *Ibid.*

intervention consciente de la part de l'individu. La confiance dans son sort apparaît le revers de la méfiance envers les autres, envers l'autorité licite disjointe. " Je vis au jour d'aujourd'hui, selon la volonté du Dieu (*po boj'emy veleniju*). N'aie pas de souci du lendemain, le lendemain se souciera de lui-même. C'est ma devise. On vit sans faire la différence entre aujourd'hui et demain " [674]. Autrement dit, il y a " une idée, encore une fois dominante, de l'existence d'*un cours naturel des choses, du caractère inéluctable des événements* "[675]. La religion n'est qu'une forme de la croyance au cours naturel des choses parmi maintes autres. Les (post)Soviétiques croient aux présages (57%), à l'astrologie (33%), aux ovnis (31%), à la télépathie (28%), à la magie (26%) et à bien d'autres choses[676]. Il ne reste qu'à croire aux gens qui peuvent se transformer en Sujets uniquement dans le cadre de leurs univers familiaux.

Donc, c'est le sentiment d'impuissance qui fait naître cette forme rudimentaire du fatalisme. Etant donné que les actions collectives plus larges que celles des siens sont exclues du répertoire des activités quotidiennes, les détenus *ainsi que* les (post)Soviétiques sont obligés d'accepter le *statu quo*, quelque pénible qu'il soit. " Habituellement, on ne change rien dans les colonies. On accepte les choses telles qu'elles sont (*kak postavleno, tak i jivut*). On subit les choses avec calme. Oui, il existe toujours un mécontentement, mais c'est le mécontentement de cuisine. Comme à la maison, on s'assoit à la cuisine et on parle de la politique. Ici, c'est pareil. On s'assoit près d'une baraque et on commence à débattre. Ça ne me plaît pas... On prend un sujet pour la discussion : Cela ne doit pas être comme ça, - dit quelqu'un. Un autre continue : Oui, d'accord, avant c'était mieux. Un débat commence, mais c'est le débat de cuisine. Il prend jamais une forme manifeste "[677]. Maintenant on glisse vers la société russe d'aujourd'hui. Le mécontentement par rapport aux résultats des reformes des années 90 - seuls 8,6% des Russes pensent que les reformes correspondaient à leurs intérêts tandis que 48,1% pensent le

---

[674] Entretien n°16. Varlam Chalamov parle aussi du fatalisme quotidien en tant qu'un élément central du décor prisonnier: " N'importe quelle intervention au cours naturel des choses, voulu par les Dieux, était mal vue, contredisait les codes du comportement de détenus " (Chalamov V., *Op. cit.*, t.1, c.42).

[675] Berelowich A., Wieviorka M., *Op. cit.*, p.90. C'est nous qui soulignons.

[676] " Strana, reformy, primety " : http::www.polit.ru, le 12 janvier 2000 (données du VCIOM) ; Mansurov V. (otvetstvennyj redaktor), *Op. cit.*, c.22

[677] Entretien n°25. Il s'agit de l'organisation de la vie quotidienne licite et *illicite* de la colonie. L'expression " débat de cuisine " a été très répandue à l'époque soviétique. Le compromis négatif avec l'Etat supposait que tous les mécontentent méritent d'être exprimés, mais seulement parmi les siens, *dans la cuisine*.

contraire[678], coexiste dans leur conscience avec le fort sentiment que le cours des changements est *naturel* (voir la distribution des évaluations des changements [98]):

Tableau 85

Les changements se passent naturellement	34%
Les changements se passent trop lentement	24
A vrais dire, il n'y a pas de changements radicaux	22
Les changements se passent trop vite	16

Continuons notre aperçu des ressemblances entre le monde carcéral et le monde (post)Soviétique en s'adressant aux deux phénomènes suivants. Le premier concerne davantage la sphère publique et porte sur l'attitude à l'égard du travail, le second concerne principalement la sphère privée et a pour objet le modèle des relations entre les hommes et les femmes. Le régime du travail forcé, la raison d'être du système pénitentiaire soviétique jusqu'au début des années 90, suscitait une attitude particulière à l'égard du travail pour le compte de l'Etat. Etant donné qu'il est autorisé de tricher avec les autres, l'obligation de travailler péniblement pour le compte de l'Etat se transforme en de tricher au travail recherche par tous les moyens. Par le terme de *tufta* l'on désigne l'éventail des pratiques illicites de tricherie. L'étymologie de ce terme, qui est apparu pour la première fois au chantier du canal Bélomor-Baltes, consiste dans la suite des initiales des mots *Tehnika Utcheta Fiktivnogo TrudA*, une " technique de la comptabilité du travail fictif "[679].

Le régime du travail forcé des années 30, surtout au Nord (région de Vorkuta) et à l'Extrême Orient de l'URSS (dans le bassin de la rivière Kolyma), ont donné une signification tout à fait réelle aux expressions " Le travail avec zèle tue ", " C'est une grande ration journalière (*bol'chaja pajka*) qui tue "[680], etc. Autrement dit, le travail honnête pour le compte de l'Etat est toujours pénible, voire meurtrier. Le contexte du compromis négatif avec l'Etat a généralisé les pratiques de *tufta*, il les a transformées en tendance commune. Bien que le travail pour le compte de l'Etat n'ait plus été meurtrier pendant les années 60-80, il ne devenait pas raisonnable non plus. Il faut garder le zèle pour le travail à *son* compte, c'est-à-dire le travail

678 Mansurov V. (otvetstvennyj redaktor), *Op. cit.*, c.16

679 Rossi J., *Op. cit.*, t.1, c.27 ; t.2, c.415,453

680 La grande portion était réservée à ceux qui travaillaient avec zèle, cf. le titre du roman cité de Yulij Dubov " *Bol'chaja pajka* ".

ménager, pas pour celui " sur le compte d'un oncle " (*rabotat' na tchujogo djadju*), c'est-à-dire *autrui*. En reproduisant la même attitude, les responsables des entreprises déposaient des bilans falsifiés auprès des organismes de tutelle d'Etat (*pripiski*). A la fin des années 80, les organismes de contrôle d'Etat en Ukraine reprochaient les *pripiski* à 53% (sic !) des entreprises[681]. Le début de la *perestroïka* a été marqué par une série de révélations (dites de Gdljan et Ivanov) des *pripiski* en matière de production du coton en Ouzbékistan. Là, la déposition des bilans falsifiés faisait partie de la politique des responsables républicains vis-à-vis de l'autorité centrale. Aujourd'hui, c'est la fraude fiscale qui a pris le relais dans la tricherie avec l'Etat. Il est difficile de concevoir le paysage économique post-soviétique sans *double* comptabilité, la première pour l'usage interne, la seconde pour les inspecteurs du fisc.

La dualité de l'image des relations entre les sexes nous sert d'autre preuve qu'une " barrière entre 'nous' et les 'autres' a traversé toutes les sphères de l'existence sociale de l'homme "[682] (post)soviétique. Les rôles sociaux, ainsi que les valeurs, restent déchirés entre deux pôles, masculin et féminin. Les données des enquêtes laissent supposer que les hommes considèrent les femmes comme autres, les femmes y répondent par une attitude similaire. La distribution des réponses à la question " Qu'est-ce que vous appréciez le plus chez les hommes (femmes) ? " permet d'esquisser deux portraits divergents[683] :

Tableau 86

Traits pertinents (H - pour les hommes, F - pour les femmes)	Chez les hommes		Chez les femmes
Intelligence	H	58% (+29%)	29%
Attirance physique (*vnechnjaja privlecatel'nost'*)	F	8	40 (+32)
Honnêteté	H	53 (+23)	30
Sens du ménage (*hozjajstvennost'*)	F	34	44 (+10)
Tempérament	-	5	6
Savoir résister à des malheurs	H	23 (+9)	14

---

681 Golovatch V., " Organizovannaja ekonomitcheskaja prestupnost' i mery bor'by s nej ", in " *Problemy bor'by s prestuplenijami v sfere ekonomiki* ", Kiev : VCh im. Dzerjinskogo MVD SSSR, 1990, c.19

682 Levada Yu., *Op cit.*, p.35

683 Auprès de " Strana, reformy, primety " : http::www.polit.ru, le 12 janvier 2000 (les données du VCIOM). Sur les valeurs masculines et féminines voir aussi Dubov I. (pod redakciej), *Op. cit.*, c.78

Ame sœur	F	9	16 (+7)
Sexualité	F	3	10 (+7)
Humeur gaie	F	5	12 (+7)
Sollicitude	F	24	31 (+7)
Indépendance	H	19 (+11)	8
Fidélité	F	27	33 (+5)
Ne sait pas	-	4	3

L'image de l'homme implique une personne intelligente, honnête, indépendante, tandis que l'image de la femme lui attribue un charme, un sens du ménage, la fidélité et la sollicitude. Notre propre étude de la répartition des tâches ménagères dans la vie quotidienne confirme que les (post)Soviétiques préfèrent voir la femme tenir le ménage, être la vraie maîtresse de maison [98] :

Tableau 87

Réalisateur \ Tâches	Faire les courses (F)	Cuisiner (F)	Faire la lessive (F)	Soigner un malade (F)	Faire du bricolage (H)
Femme	26%	34%	40	27	8
Habituellement femme	34	37	37	25	3
Habituellement ensemble	29	22	16	38	12
Habituellement mari	6	2	2	3	31
Mari	1	0	0	1	40
Données absentes	3	4	5	5	5

Par ailleurs, la divergence des valeurs et des rôles sociaux n'entraînent pas en elle-même l'hostilité mutuelle qui existe dans le cadre des relations entre les siens et les autres. Par contre, une analyse plus subtile des réponses à la question " A qui faites-vous confiance ? " [99] montre une asymétrie manifeste. Celle-ci surtout concerne les hommes dont quatre sur cinq préfèrent faire confiance aux hommes et se méfier des femmes :

Tableau 88

	Hommes	Femmes
Hommes font confiance plutôt aux	82%	18%
Femmes font confiance plutôt aux	55% ([684])	45%

La méfiance des hommes à l'égard des femmes fait penser au mépris pour les femmes en tant que propriété, caractéristique de la sub-culture carcérale. Les détenus refusent de voir en la femme un être

[684] Nous avons déjà remarqué une souplesse plus grande observé chez les femmes détenues quant aux rôles masculin et féminin. Toujours à titre d'hypothèse, c'est la souplesse et la " polyvalence " des femmes qui jouent le rôle stabilisateur dans le monde (post)soviétique. Sa vérification mérite une étude spéciale.

humain, elle est pour eux une esclave de leurs désirs, un pantin, une prostituée. Une analyse du contenu (*content analysis*) du roman " Bolchaja pajka " nous sert d'illustration de cette affirmation qui peut sembler exagérée. Dans le tableau ci-après nous avons reproduit les brèves caractéristiques de tous les personnages féminins de ce roman écrit, rappelons-le, par l'un des pionniers du business en Russie post-soviétique dans la période des années 80-90. Sur la trentaine de personnages féminins, vingt-sept sont des prostituées, des filles faciles ou des femmes qui font leur carrière au lit ! Si une femme fait sa carrière, c'est toujours grâce à un homme. Il n'y a qu'un seul personnage féminin portraituré avec respect, - Penny MacFadden, *la femme d'un américain.*

Tableau 89

Personnage	Brève caractéristique
Lenka	Copine des deux personnages principaux, fille facile, couche pour réussir
Nina	Docile, mais elle n'a pas fait carrière
Vika	Copine d'un personnage principal, carrière grâce à son mari, couche pour réussir
Lika	Femme d'un personnage principal, couche pour réussir, tricherie avec le mari
Sans noms	Filles (une dizaine) d'une agence de modèles, un personnage masculin les a eu toutes
Marija	Copine d'un personnage principal, couche pour réussir
Nastija	Sœur de Lika, prostituée qui est devenue la femme d'un personnage principal
Tan'ka	Secrétaire d'un personnage principal, prête à satisfaire tous les désirs de son chef
Galja	Fille d'un restaurant, draguée par un personnage masculin
Anjuta	Femme d'un personnage principal, elle l'a abandonnée
Eleonora L'vovna	Bonne, mais trop bureaucrate
Sans noms	Trois secrétaires que trois personnages masculins mettent dans un bain de champagne
Pola	Secrétaire d'un personnage principal, son ex copine, couche pour réussir
Penny	Femme de M. MacFadden, un universitaire américain
Marusja	Prostituée russe en Suisse
Man'ka	Prostituée russe en Suisse
Tan'ja	Elle a peur de tout
Sans nom	Prostituée à Moscou
Vera	Fille facile
Fira	Prostituée de luxe pour un personnage principal
Lelja	Infirmière, fille facile

Nous résumons l'étude de la congruence entre la société (post)soviétique et la société carcérale par la mise en avant d'un rôle particulier que la sub-culture carcérale joue à l'extérieur de la prison. Nous avons déjà remarqué en Introduction l'invasion de l'argot criminel dans la langue russe. Cela concerne non seulement la langue populaire, mais aussi la langue de la littérature russe, langue soignée. Dans ses " Essais sur le monde criminel " Varlam Chalamov note que " la littérature a toujours portraituré les criminels avec compassion, parfois avec obséquiosité " [685]. Cels grands écrivains russes et soviétiques que sont Dostoïevski, Gorki, Babel, Léonov, Esenin, Pogodin, le chansonnier Utesov, ont consacré une ou plusieurs de leurs œuvres au monde carcéral et/ou criminel. L'obséquiosité de la culture populaire à l'égard du monde carcéral se manifestait par la grande popularité des chansons *blatnye* (du mot *blat*). A l'époque soviétique, ces chansons ont été parmi les plus demandées dans les restaurants et cabarets. Aujourd'hui, un portrait de la musique pop russe serait incomplet sans les nombreux chansonniers de la sub-culture carcérale[686]. Comment expliquer la portée et la popularité de la sub-culture *blat*, si l'on ne prend pas en considération le haut degré de perméabilité entre les deux " petites " sociétés ?

L'étymologie du mot *blat* qu'on a utilisé pour décrire l'accès personnalisé aux ressources rares dans l'économie soviétique a ses racines profondes dans la sub-culture carcérale. Au XIXème siècle, les voleurs d'Odessa, la capitale criminelle de l'empire russe, ont appelé le *blat* leur paume[687]. Alors, tout ce qui était touché par la paume du voleur devenait le *blat*, d'un objet volé jusqu'aux connaissances personnelles : *on serre la main* à l'interlocuteur. Ainsi, le *blat* signifie-t-il le degré extrême de rapprochement, de personnification qui constitue la raison d'être de la " petite " société. La " petite " société reproduit naturellement les relations de *blat*, c'est une société de *blat* par excellence.

Faut-il s'étonner que même la présidence, une institution impersonnelle et impartiale *ailleurs*, se construit dans les sociétés (post)soviétiques sur la base des relations personnalisées, des relations avec les siens, donc, des relations de *blat* ? " Les arguments constitutionnels sur le rôle de la présidence dans le système de contrôle mutuel (*checks and balances*) n'ont pas été pris en considération. Au contraire, la présidence a été conçue de telle manière qu'un candidat particulier à la présidence la trouve convenable "[688]. C'est *normal* dans le contexte de " petite " société que le nouveau Président élu de la Fédération de Russie se soucie

[685] Chalamov V., *Op. cit.*, t.2, c.7

[686] Ne nommons que Nikolaï Krug, Evgenij Kemerovskij, le groupe " Lesopoval " (dont le producteur, Mihail Tanitch, a été décoré en 1998 par le Président de la Fédération de Russie pour " sa contribution à la culture russe ").

[687] Rossi J., *Op. cit.*, t.1, c.32

[688] Elster J., " Introduction ", in Elster J. (ed.), " *The Roundtable Talks and the Breakdown of Communism* ", Chicago : The University of Chicago Press, 1996, p.13

d'abord de désigner pour les positions clés dans l'Etat les gens qu'il connaissait bien *personnellement*. Ce groupe dit de St.-Petersbourg (cf. *zemljatchestvo*) est en train de succéder au groupe de Sverdlovsk, puissant à l'époque de Eltsine, sans parler du groupe de Dniepropetrovsk (dont Leonid Brejnev a été originaire) et de maints autres groupes des siens au pouvoir formés à l'époque soviétique. Dans l'optique de la " petite " société, la différence entre ces groupes d'élite et les gangs de rue dans les banlieues passe à l'arrière-plan. La société déchirée et atomisée reproduit la sub-culture criminelle à tous ses étages : dans la prison, dans les banlieues des grandes villes[689], dans l'organisation du pouvoir. C'est pourquoi nous ne sommes pas d'accord avec le pronostic d'Alena Ledeneva selon lequel " le *blat* perd sa place centrale dans les conditions du monde post-soviétique " [690]. Non, le *blat* continuera à persister aussi longtemps que la société (post)soviétique restera " petite ".

---

[689] Nous nous référons en particulier à une étude du rôle que la sub-culture criminelle joue dans les banlieues de Kazan', la capitale du Tatarstan : Fathullin N., Zamorin A., " Kazanskij fenomen : opyt sociologitcheskogo issledovanija podrostkovoj prestupnosti ", in " *Problemy bor'by s organizovannoj prestupnost'ju i korrupciej* ", Moskva : VNII MVD RF, 1993, c.59-62. Comme en témoigne à ce propos l'un de nos interlocuteurs, " je me suis éduqué moins dans la famille que dans la rue, et je connaissais par cela plusieurs choses [sur la prison] bien à l'avance " (Interlocuteur n°26).

[690] Ledeneva A., *Op. cit.*, p.175

Chapitre 5
Changement institutionnel : deux cas comparés

Les réformes des années 90 en Russie sont conçues habituellement en tant qu'un effort de moderniser le modèle soviétique, de transformer la " petite " société en " grande ". Le vaste mouvement des reformes économiques, politiques et sociales n'a pas abouti jusqu'à maintenant à des résultats avantageux. Le sentiment d'une crise profonde domine la dernière décade dans l'opinion publique. A la fin de 1998, en caractérisant la situation économique dans leur pays 20,5% des Russes ont choisi la variante " une catastrophe ", 63,7% - " une crise profonde à long terme ". Quant à la situation politique, 27% l'ont décrit comme " une impasse ", 52,4% - comme " une crise profonde à long terme "[691]. L'analyse du nombre relatif des optimistes en dynamique justifie la stabilité du sentiment de désespoir (voir Tableau 89 des réponses à la question " Selon vous, quelle sera la situation matérielle de votre famille dans cinq ans ? ")[692] :

Tableau 90

	mars-95	janv-96	juil-96	janv-97	mars-98	févr-00
Beaucoup mieux qu'avant	4	4	6	6	6	5
Un peu mieux qu'avant	20	21	32	19	20	31
Sans changements	41	50	35	40	43	44
Un peu pire qu'avant	18	13	16	18	17	13
Beaucoup pire qu'avant	14	8	9	13	10	7

Afin d'expliquer la faillite de la politique des réformes, nous allons vérifier notre cinquième hypothèse de départ selon laquelle l'implantation d'un nouveau modèle n'a de chances d'aboutir au succès qu'à condition de la congruence *ex ante* des normes formelles servant de modèle et des normes informelles existant dans une société-" récepteur ". L'exemple des réformes marchandes (en fait, nous ne parlerons que de cet aspect des réformes russes) contraste avec le second cas étudié, la réforme du système pénitentiaire. Bien que les tâches de la dernière soient plus modestes, - elle se réduit à une meilleure maîtrise de la violence et au respect des droits minimaux des détenus, son succès relatif nous permet de mettre en relief les défauts de la politique globale des réformes. La leçon

691 Mansurov V. (otvetstvennyj redaktor), *Op. cit.*, c.9

692 " Material'noe polojenie rissijan " : http::www.polit.ru, le 2 mars 2000 (les données du VCIOM).

principale qu'il faut tirer de la réforme pénitentiaire consiste à faire valoir les tendances déjà existantes et à les concilier avec les objectifs voulus des changements. Sinon, il y a un risque de tomber dans un cercle vicieux de réformes : plus on essaye de changer un modèle de départ, plus on reproduit celui-ci.

5.1. La mise en marche du marché : le cas des réformes économiques

Quoique les réformes marchandes en Russie continuent déjà plus qu'une dizaine d'années, il n'a aucun signe non seulement de la croissance économique durable, au contraire, la crise s'aggrave (voir la dynamique des indicateurs économiques principaux [693]). Le déroulement des réformes analogiques dans les autres pays post-soviétiques, notamment la Pologne et la République Tchèque, met en relief la faillite du marché en Russie. Par exemple, le taux de croissance annuel moyen pour la période de 1990-1996 a été 4,4% en Slovénie, 3,3% en Pologne, 0,9% en République Tchèque[694].

Tableau 91

	1992	1993	1994	1995	1996	1997	1998	1999
PNB	85,5	91,3	87,3	95,9	96,6	100,9	95,1	103,2
Production industrielle	82	86	79	97	96	102	95	108
Production de l'agriculture	91	96	88	92	95	101,5	77,7	109
Investissements	60	88	76	90	82	95	93,3	104,5

La crise actuelle a un caractère systémique et *institutionnel*, c'est-à-dire qu'elle résulte du passage d'un modèle de l'organisation économique, l'économie de commandement, à l'autre, l'économie de marché, ce qui la différencie des crises cycliques de courte (dites de Kitchin, les crises conjecturales), moyenne (dites de Juglar, elles incluent quatre phases : prospérité, crise, dépression, reprise) et longue (dites de Kondtratiev[695]) durée. Douglass North, le Prix Nobel

---

[693] Source : http::www.gks.ru, " *Russia in Figures – 99* " (en pourcentage à l'année précédente).

[694] " *Britannica Book of the Year 1999* ", p.788 (les données de la Banque Mondiale), http::www.gks.ru, " *Russia 2000* " (1998 et 1999). Les effets positifs de la dévaluation du rouble en août 1998 expliquent la dynamique des indicateurs en 1999-2000. En 2001, selon les prévisions, ces effets ne sont plus en jeu.

[695] Les cycles de longue durée (d'un demi-siècle environ) sont liés à l'apparition de nouvelles technologies, au changement radical du parc d'équipements industriels (Kondrat'ev N., Oparin D., " *Bol'chie cikly kon'junktury* ", Moskva : 1928). Pour une revue des cycles dans l'histoire soviétique, voir Sapir J., " *Les fluctuations économiques en URSS. 1941-1985* ", Paris : Editions de l'E.H.E.S.S., 1989.

en économie, considère la séquence des changements institutionnels à l'échelle temporelle encore plus longue.

Selon lui, ils procèdent de nouvelle configuration de l'autorité, qui, à son tour, dépend des changements technologiques, conjecturaux, etc. (voir Figure 24)[696].

Ce schéma analytique mérite notre attention parce qu'il permet de prendre en considération tout un ensemble des facteurs qui ont contribué à la réorientation de l'Etat post-soviétique vers le marché au début des années 90. A une crise conjecturale (une chute des prix du pétrole), une stagnation de longue durée de la productivité et d'accumulation s'est ajouté une crise du pouvoir central (des tendances centrifuges dans l'URSS) qui entraînait une nouvelle configuration de l'autorité d'Etat. C'est l'Etat, l'autorité licite, donc, qui a pris l'initiative des changements institutionnels en matière d'économie. Le marché privé de son caractère *naturel* " *qui va de soi* " devient une institution alternative à l'économie de commandement parmi beaucoup d'autres.

En fait, il s'agit d'un ensemble cohérent des normes qui appuient une organisation des interactions économiques autre que le commandement bureaucratique. " Le marché étant traité comme une 'institution',... les 'normes' ou 'règles de conduite' qu'il suppose deviennent visibles "[697].

Alors, comment théoriser le refus flagrant des Russes post-soviétiques de respecter les règles du jeu marchand et de " jouer " au marché civilisé (*full-fledged*) ? La recherche d'une réponse est d'autant plus incitante que l'expérience marchande n'était jamais étrangère aux Soviétiques, quelle paradoxale que cette affirmation puisse paraître au premier regard.

5.1.1. Marché parallèle comme point de départ

L'économie illégale, dit le marché gris ou noir, était à la fois étrangère et propre au modèle économique soviétique. D'une part, l'économie illégale assure une coordination horizontale des activités économiques qui représente une alternative au médiation et au contrôle des fonctionnaires d'Etat. De l'autre part, l'économie de commandement ne peut fonctionner qu'à la condition du recours permanent des agents économiques à des pratiques illicites. " N'importe quel produit peut faire l'objet d'un marché marron à un

---

[696] North D., " *Structure and Change in Economic History* ", New York : Norton, 1981, p.207-208

[697] Thévenot L., " *Equilibre et rationalité dans un univers complexe* ", p.169

moment ou un autre au gré de la propagation des pénuries "[698].
Autrement dit, afin d'accomplir un plan dans les conditions de la pénurie des ressources on s'adressait à des pratiques illicites de leur fourniture. Ensuite, les échanges réciproques, mais *illicites* entre les planificateurs et les responsables des entreprises dans le cadre du " marchandage de plan ", nous l'avons vu, rendaient le procédure de planification plus souple et plus adaptée à la réalité. En outre, les représentants d'Etat ont transformé les pratiques illicites du marchandage en moyen de contrôle et de pression efficace. Le " système officieux - résultat du marchandage - nécessaire pour un bon fonctionnement du système explicite, celui-là est utilisé en même temps pour la pression des agents qui agissent d'une manière illégale : ils deviennent les otages de la tolérance de leurs supérieurs "[699].

L'interpénétration de deux secteurs de l'économie soviétique se traduit par toute une palette des couleurs dont on se sert pour décrire les pratiques illicites : jaune, gris, marron, noir, etc. Plus on s'éloigne de l'économie licite, plus les couleurs deviennent sombres. D'ailleurs, la composition de la gamme de couleurs reflète un autre problème, celui de la définition des activités illicites. Les adjectifs informel, fictif, criminel, irrégulier, extralégal, non officiel expriment les diverses qualités du marché existant à l'intérieur de l'économie de commandement. L'absence de l'appui sur la Loi et autres dispositifs légaux, le non respect de celle-ci suscitent l'appartenance de ces adjectifs à un genre commun. De ce point de vue, la notion de l'économie extralégale, informelle semble donner une idée la plus générale du marché particulier au modèle socio-économique soviétique[700]. Nous entendons, donc, par le marché informel toute l'activité économique organisée sans référence à la Loi et sans appui sur les dispositifs légaux. Cela ne signifie point que les activités économiques informelles restent non organisées. " Les 'informels', loin d'être livrés à l'anarchie, ont développé leurs propres droits et institutions "[701]. Ce sont les relations personnalisées qui servent de charpente au marché informel, ce qui fait du marché informel et de la " petite " société l'avers et l'envers de la même médaille. Le marché informel apparaît " partout où l'économie ne se différencie pas

---

[698] Andreff W., " *La crise des économies socialistes : la rupture d'un système* ", Grenoble : P.U.G., 1993, p.212 ; voir aussi Kornaï J., " *Deficit* ", c.279.

[699] Sapir J., " *L'économie mobilisée* ", Paris : Ed. La Découverte, 1990, p.71

[700] Voir pour une revue de l'économie informelle soviétique Olejnik A., " Evolution de l'économie informelle en ex-URSS: quelques éléments de réflexion ", dans Cusinato A. (a cura di), " *Economia Informale e Istituzioni. Processi di reciproco adattamento* ", Torino : l'Harmattan Italia, 1996.

[701] De Soto H., *Op. cit.*, p.22

complètement des autres sphères de l'activité "[702]. Ainsi, est-il possible d'appliquer à l'analyse du marché informel les mêmes repères théoriques que nous avons élaboré pour étudier la " petite " société : les relations personnalisées, la non différenciation des sphères, la dualité des normes, la maîtrise imparfaite de la violence.

Le marché informel se subdivise en secteurs suivants: un marché non officiel, un marché administratif, un marché fictif, un marché criminel (Figure 25). Le marché non officiel inclue les transactions qui échappent au contrôle d'Etat et ne sont pas reflétées dans la comptabilité nationale. La production de ménages sert de source majeure des produits et services circulant sur le marché non officiel. Le tableau ci-après illustre l'importance de l'apport des ménages à la production totale de l'agriculture[703] :

Tableau 92

Produit agricole	1980	1990	1991	1992	1993	1994	1995
Pomme de terre	65,4	66,1	72,2	78	82,5	88,1	89,9
Légumes	32,8	30,1	46,4	54,7	64,5	66,7	73,4
Viande	29,8	24,8	30,5	35,3	39,5	43,2	48,6
Lait	26,9	23,8	26	31,4	34,7	38,7	41,4
Blé	0,4	0,3	0,4	0,5	0,6	0,7	0,9
Betterave sucrière	0	0	0,03	0,2	0,3	0,7	0,9

La production de ménages était orientée non seulement à la consommation interne, mais également à la vente sur les marchés de produits agricoles (*kolhoznyj rynok*) où il n'y avait aucun contrôle des prix. Le rôle de l'Etat sur ces marchés se réduisait à l'aménagement du territoire et à un contrôle sanitaire minimal. C'est la structure familiale qui appuie les activités sur le marché non officiel. Comme l'a montré une étude récente, " il y a une forte corrélation entre le capital social du ménage et le volume de la viande qu'il vend "[704]. L'entrée en vigueur au début de 1992 d'un Décret présidentiel sur la liberté du commerce a permis aux post-soviétiques de trafiquer n'importe quel produit sur les marchés aux puces. Bien que l'apogée des marchés aux puces quasi sauvages ait été atteint en 1993-1995, des groupes de vielles femmes proposant aux passants des cigarettes, autres objets de première nécessite font toujours partie du paysage de petites et

---

[702] Bagnasco A., " The Informal Economy ", in Martinelli A., Smelser N. (eds.), " *Economy and Society. Overviews in Economic Sociology* ", London : SAGE, 1990, p.159

[703] Jerebin V., Romanov A., " *Ekonomika domachnih hozjajstv* ", Moskva : Finansy/UNITY, 1998, c.28

[704] O'Brien D., Patsiorkovski V., Dershem L., Lylova O., " Social capital and adaptation to social change in Russian villages " : *Studies in Public Policy*, 1996, n°263, p.17. Les auteurs entendent par le capital social le nombre des membres du ménage et la densité des liens sociaux qu'il entretient.

grandes villes russes (à Moscou il y a un tel marché aux puces près de chaque station de métro).

A la différence du marché non officiel qui se développait dans sa niche socio-économique, la portée du marché administratif était bien plus large. L'idée du marché administratif consiste à transformer en biens marchands les choses pertinentes dans le cadre de l'économie de commandement, à approprier et " privatiser " celles-ci. " Sur le marché administratif soviétique on trafiquait non seulement les biens et services, mais aussi tout ce que la société hiérarchique met en valeur : position sociale, pouvoir et soumission, lois et droits de les enfreindre "[705]. La naissance du marché administratif résulte de la tendance à la personnification des relations " publiques ", qui, à son tour, crée les conditions favorables à l'appropriation des biens et services publics. Le pot-de-vin reflète le prix qu'il faut payer pour le bien ou le service *de jure* publiques, mais *de facto* privatisés et destinés exclusivement aux siens. Sur le marché administratif, " on trafique plutôt le droit d'attribuer des biens que les biens eux-mêmes "[706]. De ce point de vue, le contexte (post)soviétique produit *naturellement* les tendances à l'arrosage.

Les pratiques de la tricherie envers l'Etat qu'on appelle *tufta* ont fait naître le marché fictif, c'est-à-dire l'échange des biens et services qui n'existent pas en réalité. Les transactions dites spéculatives (*spekuljacija*) illustrent bien le principe du fonctionnement du marché fictif. Selon une définition devenue classique, la spéculation est " l'achat (ou la vente) de marchandises en vue d'une revente (ou d'un rachat) à une date ultérieure, là où le mobile d'une telle action est l'anticipation d'un changement des prix en vigueur, et non un avantage résultant de leur emploi "[707]. L'activité des spéculateurs soviétiques (ou *baryg* en argot carcéral) impliquait qu'ils achetaient les biens en pénurie à des prix d'Etat en profitant d'un accès privilégié à leur distribution afin de les revendre ensuite à des prix libres. Les spéculateurs convertissaient leurs réseaux de connaissances en profit dont le source, donc, n'a rien à voir avec la gestion du risque qui caractérise les activités des arbitragistes. De la même façon que les fonctionnaires d'Etat privatisaient les biens et services publiques, les spéculateurs soviétiques privatisaient l'accès aux ressources rares.

---

[705] Najchul' V., " Liberalism i ekonomitcheskie reformy " : *MEMO - Mirovaja ekonomika i mejdunarodnye otnochenija*, n°8, 1992, c.70

[706] Timofeev L., *Op. cit.*, c.201. Notons entre parenthèses que Gavriil Popov, alors le maire de la ville de Moscou, a essayé de justifier ainsi les pots-de-vin. Le pot-de-vin, a-t-il dit publiquement, c'est le prix du service qui est rendu par le bureaucrate.

[707] Kaldor N., " Spéculation et stabilité économique ", dans Kaldor N., " *Economie et instabilité* ", Paris : Economica, 1987, p.49

Depuis le début des réformes marchandes, la transaction de base sur le marché fictif a changé sa forme. Pour minimiser les charges fiscales, les responsables des entreprises recourent souvent aux transactions fictives dont le rôle se réduit à servir de couverture aux transactions réelles. Bien que le Code Civil de la Fédération de Russie déclare les transactions fictives nulles (art. 170) et le Code Pénal criminalise certaines parmi elles[708], la motivation de la fraude prévaut contre l'éventualité des poursuites judiciaires. Par exemple, une partie non négligeable de la commerce extérieure s'effectue sous la couverture des transactions fictives. Ne regardons qu'un cas, celui du versement d'un acompte[709]. Une firme russe verse un acompte à une firme étrangère. Selon leur accord préalable, le contrat ne sera pas effectué sous le prétexte de l'abus de confiance de la part de la firme étrangère. En fait, le contrat sert de couverture au transfert des capitaux à l'étranger : la firme étrangère reçoit une commission et transfère la somme d'acompte sur un compte dans une banque occidentale indiquée par la firme russe.

Une distinction entre le marché criminel et les autres secteurs de l'économie informelle consiste dans une tutelle criminelle sous lequel se trouve celui-là. La tutelle criminelle est assurée par les voleurs légaux dont l'influence ne se limite point à la société carcérale. *Grosso modo,* les voleurs légaux remplissent quatre fonctions auprès des acteurs du marché informel :

- Maintenir la situation socio-économique dans les limites acceptables du point de vue des normes illicites.
- Exercer la justice et régler des différends entre les informels.
- Protéger contre la criminalité non organisée.
- Prêter à usure.

Toute comme dans la prison, les diverses secteurs du marché informel ont eu ses " constitutions " illicites qui gouvernait les activités quotidiennes. Quoique ces constitutions ne soient pas écrites, leurs normes étaient connues à tous les acteurs impliqués dans le marché informel.

Voilà, par exemple, le code de la morale commerciale des années 60 : le pillage est admis, l'honnêteté n'est réservée qu'aux Don Quichottes ; l'homme est un loup pour l'homme (*Homo homini*

---

708 Pour une revue des dispositifs légaux de la lutte contre les transactions fictives voir Makarov D., " Ekonomitcheskie i pravovye aspekty tenevoj ekonomiki v Rossii " : *Voprosy Ekonomiki*, n°3, 1998

709 Pour plus de détailles sur le rôle des transactions fictives dans la commerce extérieure, voir Olejnik A., Gvozdeva E., Kachturov A., Patruchev S., " Mejdisciplinarnyj podhod k analizu vyvoza kapitala iz Rossii " : *Voprosy Ekonomiki*, n°2, 2000

lupus) ; la conscience doit être élastique ; un innocent est le voleur qui n'a pas été rattrapé ; tout repenti deviendra un paria, et cætera[710].

La dualité de ces normes saute aux yeux, étant donné que n'importe quel employé dans le commerce faisait partie des siens. Ceci ne doit pas surprendre : à cette époque on a beaucoup parlé de la " mafia commerciale ", une personne extérieure au réseau de connaissances qui a existé dans le commerce ne pouvait jamais trouver un poste dans un magasin plus ou moins prestigieux, ce qui donnait automatiquement l'accès à des biens en pénurie.

Quoique les normes illicites soient développées et appliquées spontanément, l'intervention des voleurs légaux pour maintenir l'ordre illicite était parfois nécessaire. Ils assuraient l'absence du *bespredel*, c'est-à-dire qu'ils veillaient au respect des normes illicites. " La fonction [du voleur légal] consiste à ne pas admettre le *bespredel*. S'il n'existait pas le voleur légal, il y aurait du *bespredel* partout. *Vous parlez du monde des affaires ?* - Dans le business aussi que dans le monde criminel... Si tu t'adressais aux voleurs légaux, ils peuvent te protéger contre le *bespredel*. En fait, c'est la seule chose qu'ils peuvent réellement faire "[711]. Par ailleurs, le souci d'ordre n'a passé au premier plan dans l'activité des voleurs légaux que récemment, vers la fin des années 80.

Quant au rôle du médiateur dans les conflits entre les agents de l'économie informelle, ses premiers précédents ont apparu à la fin des années 60. En outre, les voleurs légaux intervenaient non seulement dans les conflits, ils jouaient parfois le rôle du médiateur purement commercial[712].

La médiation commerciale fait penser à la production et la vente de la confiance par la Mafia sicilienne. Quand les parties d'un contrat illicite appartiennent à diverses groupes des siens et les liens personnels entre elles sont absents, la médiation du voleur légal dont la réputation personnelle est connue à elles deux devient inévitable. La question des honoraires du médiateur restait toujours ouverte.

D'un côté, " ils [les voleurs légaux] ne demandent pas du paiement pour leur arbitrage. Ils attendent un service en retour de la part des solliciteurs, si besoin est "[713]. De l'autre côté, le recours au patronage des voleurs légaux coûtes assez cher. " Comment les commerçants paient-ils le service ? Je ne suis pas au courant de la situation actuelle, - je suis emprisonné déjà depuis longtemps, mais auparavant il y avait un pourcentage fixé [sur le chiffre d'affaires] qu'on ne pouvait ni augmenter, ni diminuer.

---

[710] Dolgova A., D'jakov S. (pod redakciej), *Op. cit.*, c.212

[711] Entretien n°25

[712] Dolgova A., D'jakov S. (pod redakciej), *Op. cit.*, c.171-172

[713] Podlesskih G., Terechenok A., *Op. cit.*, c.216

En quelque sens, auparavant il existait un pourcentage unique "[714]. Les sources policières confirment l'existence du pourcentage fixé (cf. le *pizzo* pratiqué par la Mafia sicilienne[715]). Selon elles, une réunion des voleurs légaux (*shodka*) à Kislovodsk (Caucase) en 1979 a fixé le prix unique de leurs services, - 10% des bénéfices nettes. Vers la fin des années 80 ce prix a doublé (20-25% des bénéfices nettes)[716].

La dualité des politiques de la perception reflète bien l'absence du compromis entre le monde par projets et le monde domestique : on prélève l'impôt informel si les relations se basculent vers les échanges réciproques, on crée une chaîne des dépendances personnelles si les tendances domestiques prévalent contre la logique des projets.

Notons que la récompense inclut aussi le prix de certains autres services rendus par les voleurs légaux et leurs lieutenants, en particulier le prix de la protection contre la criminalité non organisée : les petits racketteurs, les pilleurs, les escrocs, les voyous.

" *Votre ami, commerçant (cooperator), il vous a demande quelque chose de précis ?* - Il m'a proposé de travailler avec lui. *En quel titre ?* - Moi aussi, j'ai lui posé cette question. Il expliquait, qu'il fallait le suivre partout, assurer ma présence avec lui. Quand j'ai demandé des précisions, il apparaît qu'il voulait me faire un garde du corps. Il n'a pas dit ça directement, mail il l'avais laissé comprendre "[717].

D'une manière paradoxale, la protection criminelle réduit le taux de la criminalité. Il existent même les preuves statistiques de la corrélation négative entre le taux de la criminalité et la portée du marché informel. Au niveau régional, plus les transactions informelles sont importantes et mieux organisées, moins il y a de la criminalité[718].

Ce paradoxe peut expliquer une réputation largement propagée en Russie actuelle de St.-Petersbourg comme capitale criminelle et ville de *bespredel*. Quelques nos interlocuteurs ont mis en avant le fait que cette ville est un des lieux rares où les voleurs légaux et leurs lieutenants sont absents. " Le *bespredel* vient de là. Il existe des groupes criminels qui ne reconnaissent les voleurs légaux. Surtout à Petersbourg. Je n'étais pas là-bas, mais je le sais très bien. Dans la *Kresty* [une prison fameuse de St.-Petersbourg]. Ils ne reconnaissent

---

714 Entretien n°4

715 Le *pizzo* " est fixé par le chef de famille en fonction des revenues supposés ou à venir du 'contribuable' " (Padovani M., *Op. cit.*, p.62).

716 Gurov A., " Organizovannaja prestupnost' i tenevaja ekonomika ", in " *Tenevaja ekonomika* ", Moskva : Ekonomika, 1991, c.124

717 Entretien n°24. Il s'agit d'une proposition faite à la fin des années 80. A l'époque, on a appelé les coopérateurs (*cooperatory*) les petits et moyens commerçants dont l'activité était légalisé par la Loi sur le développement de la coopération (1986).

718 Rossijsko-Evropejskij Centr Ekonomitcheskoj Politiki, " *Obzor ekonomiki Rossii. Osnovnye tendencii razvitija. IV kvartal 1997* ", Moskva : 1998, c.242

personne. Ils sont placés dans des cellules spéciales. Ça ne fait pas la différence pour eux - voleur [légal] ou non "[719].

Le volume des fonds contrôlés par les voleurs légaux était significatif : aux impôts illicites payés par les informels s'ajoutaient les contributions volontaires des criminels dits fiers, porteurs des valeurs de la sous culture carcérale.

Ceux-ci transféraient une partie de leurs revenus provenant principalement du pillage des sujets non protégées par les voleurs légaux, aux fonds communs (*obschak*). " Quand j'habitais à Simferopol' [Crimée], je connaissais celui qui contrôlait l'*obschak* de ville. On a volé quelque chose... Alors, je peux y contribuer ou non. C'est à moi de décider. Personne ne me forçait de le faire. Personne n'avait le droit de me dire : 'Toi, tu es obligé d'y contribuer'. Nous, on avait un brigade de quatre hommes. Une fois on a volé trois - quatre mille roubles. On s'assoit et on décide qu'on contribuera à l'*obschak* deux - trois cents roubles. Moi, je connaissais Mulja, décédé déjà, qui contrôlait à l'époque l'*obschak*. On vient chez lui : 'Salut, Mulja, tiens de notre part. C'est une contribution à nous à la chose commune'. Avec un tribut sur les commerçants c'est pareil. Les brigades qui imposent le tribut aux commerçants, ils doivent transférer sa partie à l'*obschak*. Ils gardent un pourcentage pour eux-mêmes, le reste va à l'*obschak*. Les paiements pour la protection, etc. Habituellement, c'est le voleur légal qui le contrôle "[720].

L'importance des fonds collectés par les voleurs légaux permettait non seulement d'aider les criminels arrêtés par la police, mais aussi de faire des prêts aux agents du marché informel.

Sur le marché criminel le crédit se transforme souvent en moyen de contrôle sur l'emprunteur. Au moins, la logique de la mise dans la dépendance à long terme prévaut-elle contre celle de la maximisation de l'intérêt.

" *Perceviez-vous des intérêts ?* - Je ne percevais pas des intérêts. C'est un principe à moi. *Un principe ? Alors, en quoi votre intérêt a-t-il consisté ?* - En services en retour. L'emprunteur me rendra un service dans le futur. *Qu'est-ce que vous pouvez demander comme service de retour* ? - Signer un document. Une permission de construire, de vendre... "[721].

Il n'est pas exclue que les moyens de la mise dans la dépendance prennent une forme violente. Les criminels essayent parfois d'endetter

---

[719] Entretien n°18. L'interlocuteur n°23 nous a confié ses observations qui vont dans le même sens.

[720] Entretien n°18. Au titre de référence : la salaire mensuelle d'un ingénieur soviétique était à l'époque environ 120-130 roubles.

[721] Entretien n°5. Comme le témoigne cet interlocuteur, certains fonctionnaires d'Etat font partie de la clientèle des " banquiers " criminels.

artificiellement leurs clients afin de pouvoir ensuite les manipuler, surtout si ceux-ci n'appartiennent vraiment à un groupe de siens.

" Pourquoi nous adressions-nous aux criminels ? Au début, on n'a pas pensé à l'éventualité des problèmes. Il était plus facile de prêter auprès d'eux. 'Enfin, tu as décidé de parler avec nous. On fait partie du même monde', - m'ont-ils dit. La première fois quand j'ai prêté de l'argent auprès d'eux, j'avais eu très vite un sentiment de leur pouvoir et de mon impuissance. On avait un excavateur, - on extrait du sable pour le mettre en vente. Ils [les criminels] ont mis une grenade sous l'excavateur. En conséquence nous avons perdu trois jours pour le réparer. Ils te donnent de l'argent et te coupent tout de suite tes sources des revenus. Ils font ça pour que je ne puisse pas payer la dette. Là, ils exigent des intérêts exorbitants et commencent à te manipuler comme ils veulent "[722]. La logique de " petite " société importe aux criminels plus que la logique marchande, un élément de " grande " société. Il existe, donc, un lien direct entre le monde carcéral et criminel d'une part et l'économie (post)soviétique de l'autre part. La sous culture carcérale se diffuse d'abord dans l'économie criminelle, ensuite dans toute économie informelle et, au bout du compte, dans l'économie (post)soviétique. L'Etat, disjoint et coupé de ses sujets en tant que le moyen indirect de la transmission de la sous culture carcérale, se complète par un moyen direct, les transactions sur le marché criminel. Les criminels sont les organisateurs et les acteurs clé sur ce marché. Par ailleurs, la transformation des voleurs légaux " couronnés " en acteurs du marché criminel est un phénomène plutôt récent, à la différence de leur fonction organisatrice. Auparavant il leur était interdit d'avoir des intérêts dans les entreprises illicites (les intérêts résultant des prêts à usure, par exemple), ils n'étaient que les intermédiaires entre le marché criminel et le monde carcéral. Les réponses de nos interviewés à la question " Selon vous, les voleurs légaux doivent-ils faire du business ? " montrent une attitude négative[723] :

Tableau 93

	Russie, N=902	Kazakhstan, N=396
Oui	8,9	13,1
Oui, comme médiateurs	5,3	6,6
Oui, comme protecteurs	4	5,6
Non	31	26,5
Ne sait pas	30	31,1
Par nécessité	5,4	8,8
Pas de réponse	15,3	8,3

722 Entretien n°6

723 Le grand nombre des réponses " Ne sait pas " s'explique par l'interdiction aux catégories illicites inférieures de juger les actions des voleurs légaux.

La pluralité des secteurs du marché informel suscite une forte divergence de ses évaluations quantitatives.

En fait, il ne s'agit que des approximations du chiffre d'affaires sur ce marché. Pendant les années 60-70 les transactions illicites représentaient 7,5-10% du Produit National Brut, vers la fin des années 80 - 15-20%, en 1996 - 23-25%, en 1998 - 32-37%[724].

A titre de comparaison : vers la fin des années 70, le chiffre d'affaires sur le marché informel a été évalué à 20-25% du PNB en Italie, à 11-20% en Belgique, à 10% en Danemark et en Allemagne, à 8-10% aux Etats-Unis, à 7-8% en Grande Bretagne, à 4% en Suisse[725].

Une coupe sectorielle met en relief la grandeur des transactions illicites dans l'agriculture (le marché non officiel) et dans le commerce (le marché fictif et le marché noir)[726] :

Tableau 94

Secteur de l'économie	En milliards de roubles, prix courants		En % du PNB
	1960 (URSS)	1990 (URSS)	1996 (Russie)
Total	5	90	23-25
Industrie	0,3	10	11
Agriculture	0,6	23	48
Transport et communications	0,2	8	9
Construction	0,2	12	8
Commerce		17	63
Santé (services médicaux)	0,5	6,2	
Services communaux	1,6	6,7	

Résumons notre esquisse du marché informel (post)soviétique par une taxonomie des contrats sur le marché légal, informel et criminel[727].

---

724 Sources : Andreff W., " *La crise des économies socialistes* ", p.215 (pour les années 60-70) ; Korjagina T., " Analiz, ocenki, prognozy ", in " *Tenevaja ekonomika* ", c.40 (pour les années 80) ; Ispravnikov V., Kulikov V., " *Tenevaja ekonomika v Rossii : inoj put' i tret'ja sila* ", Moskva : Rossijskij ekonomitcheskij jurnal, 1997, c.29 (pour 1996) ; Rossijsko-Evropejskij Centr Ekonomitcheskoj Politiki, *Op. cit.*, c.244 (pour 1998).

725 Dallago B., " *The 'Underground' Economy and the 'Black' Labour Market* ", Aldershot : Dartmouth, 1990, p.21-23

726 Sources : Korjagina T., *Op. cit.*, c.40-41 ; Ispravnikov V., Kulikov V., *Op. cit.*, c.29.

727 Voir Olejnik A., " *Institucional'naja ekonomika* ", chapitre 6, lecture 12.

Tableau 95

Caractéristiques	Contrat légal	Contrat informel	Contrat criminel
Confiance	Impersonnelle	Personnalisée	Personnalisée
Probabilité d'un comportement opportuniste	Elle ne dépend que du degré de la concurrence sur le marché	Basse, si les parties du contrat appartiennent à un groupe de siens, haute dans les autres cas	Tend vers zéro si les parties du contrat appartiennent à un groupe de siens, tend vers 100% dans les autres cas
Sanctions du comportement opportuniste	L'indemnisation de la partie qui a subi des dommages selon les termes du contrat et du Code Civil	Sanctions sociales (exclusion, boycottage, etc.)	Violence physique
Procédure de la résolution des conflits	Soumission d'un litige aux tribunaux, à l'arbitrage	Négociations entre les parties du contrat	" La force appuie le droit "
Terme du contrat	Court, moyen, et long terme	Court et moyen terme	Court terme exclusivement ([728])
Forme des paiements	Par chèque, ordre bancaire	En espèces, un troc est souhaitable	En espèces exclusivement

Le marché informel s'inscrit dans la logique de " petite " société. Soit il implique l'appui sur les relations personnalisées, l'expansion de la sphère privée et la discrimination des partenaires entre les siens et les autres. " Le non respect des lois, au lieu de mener à une régulation purement marchande, ou concurrentielle, de l'économie informelle, conduit à la mise en œuvre de codes privés, structurant des relations de type néo-paternaliste "[729]. Soit il résulte de l'intervention des criminels qui, à leur tour, reproduisent la logique de " petite " société carcérale. L'expérience des transactions sur le marché informel n'ajoute pas grande chose à l'expérience générale de vie quotidienne dans une " petite " société. Le marché informel n'était qu'un mécanisme de la reproduction.

5.1.2. Deux politiques des réformes marchandes

Les paramètres du marché informel en tant qu'un élément de la constitution de " petite " société s'approchent de ceux du marché local

---

[728] L'éventualité des sanctions légales oblige les agents du marché criminel à changer constamment les partenaires, la configuration de leur réseau, voir Turvani M., " Illegal Markets and New Institutional Economics ", in Ménard C. (ed.), " *Transaction Costs Economics: Recent Developments* ", Cheltenham: Edward Elgar Publishing Co., 1997.

[729] Lautier B., *Op. cit.*, p.107

qui exista en Europe à l'époque médiévale et *précéda* l'économie marchande. Karl Polanyi décrit le marché local en tout autres termes que le marché dit moderne, propre à une " grande " société. Premièrement, " les trocs ou échanges individuels ne conduisent pas à la création de marchés dans les sociétés où prévalent d'autres principes de comportement économique "[730]. L'existence d'un marché informel n'équivaut point à l'existence de règles du jeu marchandes. Aussi, pouvons-nous proposer une lecture marxiste de la soumission du marché local aux principes de fonctionnement du système socio-économique de type soviétique. A l'intérieur de ce système, le marché n'existe que sous une forme *éloignée*, transformée, " métamorphisée " (nous n'avons pas trouvé une traduction française satisfaisante du terme allemand *Entfremdung*, on le traduit en anglais par *estrangement*, en russe - par *prevraschenie*). Selon Marx, la relation *directe* entre le travail et la valeur *change sa nature* dans le système capitaliste suite à la médiation de la monnaie, du capital[731]. De la même façon, les relations marchandes peuvent subir une métamorphose et changer leur nature une fois elles sont mises à l'intérieur de " petite " société. Ils ne deviennent qu'une ombre d'elles-mêmes dans les autres contextes institutionnels.

Deuxièmement, la " petite " société n'admet pas la concurrence à l'intérieur des groupes de siens qui servent de base social aux marchés locaux. " Ce genre de commerce n'a besoin de comporter de la concurrence, et si cette dernière avait tendance à le désorganiser, il n'y a rien de contradictoire à l'éliminer "[732]. La " petite " société réserve la solidarité et l'entraide aux siens, la violence - aux autres, tandis que la concurrence comme forme intermédiaire est exclue. En termes de Max Weber, le solidarité forte ne se transforme pas en solidarité faible[733]. Troisièmement, le marché local tend à substituer le troc (*barter*), ou échange de biens contre des biens, le paiement en nature (*truck*), ou échange de biens contre des services, et le *blat*, ou échange de services contre des services, aux échanges monétaires. Ces formes de l'échange renforcent la fermeture du groupe des siens, car il s'agit des moyens de paiement *personnalisés*. Aussitôt qu'ils perdent le caractère personnel et adapté des particularités d'une transaction concrète, les coûts de transactions devient exorbitants. Illustrons ce point par un argument emprunté à Karl Marx. Selon lui, il existe trois

---

730 Polanyi K., *Op. cit.*, p.93

731 Marx K., " Economic and Philosophical Manuscripts ", in Marx K., " *Early Writings* ", London : Penguin Books, 1975, p.323-325

732 Polanyi K., *Op. cit.*, p.92

733 Lindenberg S., " Cotractual Relations and Weak Solidarity : The Behavioral Basis of Restraints of Gain Maximization " : *Journal of Institutional and Theoretical Economics*, Vol.144, n°1, 1988, p.42-44

formes de la valeur : simple, complexe et monétaire[734]. La simple forme implique les transactions isolées de type quantité *X* du bien A = *Y* du bien B *ou Z* du bien C, etc. On parle de la forme complexe quand les transactions forment une chaîne : *X* du bien A = *Y* du bien B = *Z* du bien C =... La forme monétaire suppose l'existence d'un dénominateur commun, un bien b, qui sert à mesurer la valeur relative de tous les autres marchandises (voir Figure 26).

La situation paradoxale de la présence du marché et de l'absence simultanée des règles marchandes du jeu donne une nouvelle optique pour regarder les politiques de reformes en Russie post-soviétique. *Grosso modo*, il y a deux variantes des reformes, dites génétique et téléologique. " L'approche génétique en économie consiste à centrer l'analyse sur les contraintes existantes du fait des interdépendances formant chaque système économique et à en dégager les perspectives et les évolutions possibles, qu'elles soient ou non le plus souhaitables "[735]. La politique génétique nécessite, donc, qu'on prenne le marché informel tel qu'il existait pour un point de départ. Il n'existe aucun point d'arrivé prédéterminé *ex ante*. Au contraire, la politique téléologique s'oriente vers un résultat fixé au départ, - le marché pur et parfait tel qu'il est décrit dans les manuels d'*economics*. En empruntant une expression de Harold Demsetz, un économiste nord-américain, on pourrait appeler la deuxième variante de la politique de réformes " l'approche de nirvana ". Nombreux autres définitions, les changement induits *versus* imposés, endogènes *versus* exogènes, etc., se construisent selon la même idée de l'opposition entre le point de départ et le point d'arrivée des réformes[736]. En prenant en considération que les mutations post-soviétiques nous donnent d'amples exemples de toutes les deux approches, regardons-les de près.

Les adeptes de l'approche génétique proposent de construire à partir des cubes hérités du modèle soviétique un nouvel édifice. Ils parlent d'un " procès de la réconfiguration complexe des éléments institutionnels existants plutôt que d'un procès du replacement de ceux-ci "[737]. Comme nous l'avons déjà vu, l'héritage principal du

---

[734] Marx K., " *Kapital* ", Moskva : Izdatel'stvo polititcheskoj literatury, 1988, t.1, c.57-74

[735] Andreff W., " *La crise des économies socialistes* ", p.12

[736] Voir, par exemple, Pejovich S., " The Market for Institutions Vs. the Strong Hand of the State : the Case of Eastern Europe ", in Dallago B., Mittone L. (eds.), " *Institutions, Markets ans Competition. Centralization and Decentralization in the Transformation of Economic Systems* ", Cheltenham : Edward Elgar, 1996, p.115-117 ; Knaqck R., " The Collapse of the Russian Economy : an Institutional Explanation ", *Ibid.*, p.261.

[737] Stark D., " Path Dependence and Privatization Strategies in East Central Europe " : *East European Politics and Societies*, Vol.6, n°1, 1992, p.22

modèle soviétique inclut les éléments de " petite " société dont le marché informel et les groupes de siens. Alors, il faut les considérer comme ressource principal des réformes marchandes, disent les partisans de cette approche. " Au lieu de la transition nous analysons une transformation (bricolage), car l'introduction de nouveaux éléments habituellement se combine avec des adaptations, des réarrangements, des permutations et des réconfigurations des formes organisationnelles existantes "[738]. Un des arguments développés afin d'appuyer les réformes génétiques consiste à mettre en valeur les tendances produites par le contexte institutionnel soviétique. La destruction des institutions et des organisations signifie automatiquement la perte d'une partie des connaissances pratiques acquises au cours des activités quotidiennes. Le comblement des lacunes dans les connaissances pratiques prend le temps et les ressources cognitives, il va même plus loin, il n'est jamais parfait en ce qui concerne la conscience non discursive (les routines, les habitudes, les tendances, etc.)[739].

La destruction des routines oblige l'individu à faire attention aux processus qui se déroulaient auparavant dans la sphère d'extra-conscience, elle réactive les tendances. Les changements radicaux pèsent lourd sur la conscience des individus, ils suscitent un sentiment d'impuissance à maîtriser l'organisation de la vie quotidienne[740].

Alors, les réformes graduelles et modérées s'imposent. De ce point de vue, on se réfère souvent à l'expérience de la République Tchèque qui a permis de valoriser l'héritage du modèle soviétique. " L'Etat [tchèque] a reconnu les propriétés de réseaux des passifs et [il] participe à des réseaux de niveau méso où se renégocient la recombination des actifs "[741].

Les arguments proches de ceux-ci poussent certains partisans des réformes génétiques jusqu'à une position extrême, voir extrémiste. Il ne faut pas intervenir dans le cours naturel des choses, proclament-ils.

---

[738] Stark D., " Not by Design : the Myth of Designer Capitalism in Eastern Europe ", in Hausner J., Jessop B., Nielsen K. (eds.), " *Strategic Choice and Path Dependency in Post-Socialism. Institutional Dynamics in the Transformation Process* ", Aldershot : Edward Elgar, 1995, p.69 ; voir aussi Stark D., " Recombinant Property in East European Capitalism " : *American Journal of Sociology*, Vol.101, n°4, 1996, p.994.

[739] Murrell P., " Evolutionary and Radical Approaches to Economic Reforms " : Economics of Planning, Vol.25, n°1, 1992, p.84-85. Le rôle de la routine dans le stockage des connaissances pratiques indispensables à l'activité de la firme a été surtout mise en avant dans Nelson R., Winter S., 1982, " *An Evolutionary Theory of Economic Change* ", Cambridge : Belknap Press, 1982.

[740] Nous avons élaboré cette idée en plus de détailles dans Olejnik A., " K analizu effectivnosti social'noj politiki " : *POLIS – Polititcheskie Issledovanija*, n°5, 1998

[741] Stark D., Bruszt L., *Op. cit.*, p.107

Il suffit de légaliser et d'appuyer par la Loi les tendances qui existaient au sein de l'ancien système sans les changer. " Une condition nécessaire de la liberté des relations économiques consiste dans la mise en correspondance du droit écrit et des normes du droit coutumier "[742]. Par exemple, Vitalij Najchul' a proposé de légaliser les droits de propriété illicites sur la base desquels le marché administratif avait fonctionné. Selon lui, il a fallu reconnaître les droits de propriété des bureaucrates pour pouvoir ensuite les racheter auprès de ceux-ci. Bien que telles propositions ne soient jamais réalisées d'une manière explicite, les autres, moins provocantes, l'étaient. Certains experts considèrent la Loi sur le développement de la coopération (1986) déjà mentionnée comme résultat d'un lobbying en faveur de la légalisation des marchés non officiel, administratif et criminel. Selon une estimation, " jusqu'à 95% des anciens unités de productions illicites (*ceh*) ont déjà [au début des années 90] légalisées en telle ou telle forme "[743].

Or, la légalisation des éléments de " petite " société ne change point leur nature, au meilleur cas la petitesse devient apparente et manifeste. La simple légalisation de la norme " Le sien est un ami forcé " (où de sa forme familière " Ne fais pas chier ceux avec qui tu vis ", à laquelle nous reviendrons dans la sous chapitre 5.1.4) ne la transforme pas en norme de " grande " société, aussi que la légalisation du marché informel ne le rend pas civilisé. La transformation de " petite " société en " grande " nécessite qu'il y ait une *interprétation* des normes de celle-là dans un nouvel contexte institutionnel. " Une condition principale de la conversion de 'petits' mondes en 'grande' société... consiste à dépasser la simple extrapolation " des normes[744]. C'est à l'Etat, un médiateur entre les mondes locaux, de prendre en charge l'interprétation des normes locales. A l'Etat qui ne soit pas absentéiste, mais qui soit, au contraire, capable de sortir du compromis négatif avec ses sujets...

L'incapacité de l'Etat (post)soviétique de changer lui-même et l'absence des sujets collectifs à part les groupes de siens dans le contexte institutionnel (post)soviétique ne laissent pas d'autre choix que de s'adresser à une politique de réformes alternative, c'est-à-dire à l'approche téléologique. Il existe plusieurs voies de l'importation

---

742 Naj_ul' V., *Op. cit.*, p.75. On peut se référer également au propos de l'autre libéral connu, Hernando de Soto : il faut que " l'Etat, au lieu de prétendre assujettir la réalité à ses dessins, transforme en lois les pratiques qui ont fait leurs preuves... Nous devons nous inspirer de normes extralégales " (De Soto H., *Op. cit.*, p.144, 207).

743 Grib V., " Protivodejstvie organizovannoj prestupnosti : ob'edinenie usilij i centralizacija rukovodstva ", in " *Problemy bor'by s organizovannoj prestupnost'ju i korrupciej* ", Moskva : VNII MVD RF, 1993, c.17. On a appelé le *ceh* toute production non déclarée légalement. Voir aussi Gurov A., " *Krasnaja mafija* ", c.176.

744 Ahiezer A., *Op. cit.*, t.1, c.71-72

institutionnelle. Si les tendances existantes ne satisfaisaient pas les réformateurs, ceux-ci peuvent s'adresser afin de trouver un *modèle* soit à l'expérience des autres pays, soit à une construction théorique, soit à l'institution qui a existé dans l'histoire. Par exemple, les réformes marchandes des années 80 en Tunisie ont posé le problème du contrôle de la qualité des produits de consommation. L'Etat tunisien a décidé de récréer l'institution qui exista jusqu'au début de XXème siècle, les guildes présidées par des *amins*[745]. A l'époque, les *amins* contrôlèrent les marchés locaux et leur réputation personnelle a servi de garantie de la qualité des produits vendus sur ces marchés. Le caractère impersonnel du marché d'aujourd'hui aussi que l'arrivé sur les marchés locaux des produits importés ont impliqué la transformation des *amins* en simple atavisme institutionnel.

Le recours à un modèle théorique représente une figure plus fréquente de l'importation institutionnelle. Paradoxalement, mais Karl Polanyi voit dans l'expansion du marché en Grande Bretagne du XVIIIème siècle une illustration de cette figure. Selon lui, la popularité des œuvres de A. Smith, I. Bentham et W. Townsend auprès des membres du parlement explique la promulgation des cadres institutionnels du marché. " Le laissez-faire n'avait rien de naturel, les marchés libres n'auraient jamais pu voir le jour si on avait laissé les choses à elles-mêmes "[746]. Pendant une brève période après la révolution d'octobre 1917 jusqu'à la moitié de 1918 les changements institutionnels en Russie reproduisaient un autre modèle théorique, celui de K. Marx et F. Engels. Les révolutionnaires ont essayé de construite toute la société selon l'étalon d'une " coopérative de production unique " qui ait fonctionné sur la base de " l'approvisionnement et de la distribution communiste et prolétaire "[747].

Les réformes marchandes post-soviétiques se caractérisent par deux facteurs, le rôle moteur des technocrates et l'importance de l'aide technique et financière des pays occidentaux, ce qui nous permet de classifier les changements institutionnels comme exemple d'une double importation : de l'expérience des pays occidentaux et des modèles de l'économie néoclassique (*main stream economics*). La population des pays post-soviétiques considère le pouvoir des experts, technocrates, comme la meilleure alternative possible (voir Tableau

---

[745] Kuran T., " The Craft Guilds of Tunis and their Amins : A Study of Institutional Atrophy ", in Nabli M., Nugent J. (eds.), " *The New Institutional Economics and Development. Theory and Applications to Tunisia* ", Amsterdam : North-Holland, 1989.

[746] Polanyi K., *Op. cit.*, p.189. Une idée très proche de celle-ci est défendue par D. North, *Op. cit.*, p.156

[747] Lenin V., " *Polnoe sobranie sotchinenij* ", Moskva : Politizdat, 1973, t.37, c.472

96). L'appui aux technocrates équivaut au soutien des réformes purement téléologiques, car " le technocrate est le responsable politique qui est motivé à poursuivre les objectifs postulés par l'analyse économique *normative* "[748].

Tableau 96

	Monarchie	Pouvoir militaire	Communisme	Bras de fer *strong leader*	Pouvoir des experts
Bulgarie	20	15	25	45	66
Rép. Tchèque	3	2	7	16	80
Slovaquie	1	4	16	25	90
Hongrie	5	2	18	18	83
Pologne	7	11	18	36	60
Roumanie	17	18	12	31	56
Slovénie		8	12	41	63
Biélorussie	9	14	37	57	76
Ukraine	7	11	25	55	78

La dépendance des réformateurs de l'aide technique et financière des pays occidentaux renforce la volonté de prendre le chemin de l'importation institutionnelle. " L'aide se trouve dès lors soumise à l'acceptation par l'Etat dominé d'une structuration de son paysage économique conforme aux vues et aux options de pays occidentaux "[749]. Il suffit de mentionner des négociations sans cesse entre le gouvernement russe et les représentants du Fond Monétaire International sur les paramètres de la politique budgétaire et monétaire afin de se rendre compte du caractère juste de la remarque de Bernard Badie. Alors, l'approche téléologique peut-elle transformer radicalement la nature du marché et le priver de son caractère local ?

5.1.3. L'expansion du marché et l'atomisation poussée

Un résultat immédiat des réformes téléologiques consiste dans la perception par les agents économiques des attributs les plus apparents du marché. Ensuite les post-Soviétiques procèdent à l'interprétation de ceux-ci sur la base des tendances qui ont été produites par l'expérience soviétique. " Les individus changent leur vision du monde, si [et seulement si] une nouvelle expérience n'admet pas son interprétation dans les anciens repères cognitifs "[750]. Douglass North

---

[748] Mishler W., Rose R., " What are the Alternatives to Democracy in Post-Communist Societies " : *Studies in Public Policy*, n°248, 1995, p.12 (tableau), 16

[749] Badie B., *Op. cit.*, p.60

[750] North D., *Op. cit.*, p.50

et Arthur Denzau proposent une représentation suivante du processus de l'appropriation de nouvelles règles du jeu (Figure 27)[751].

Les tendances produites par le marché informel servent de tels repères cognitifs au cours de l'appropriation du modèle *abstrait* du marché idéal. Le marché se valide par l'analogie, mais par une analogie avec le marché informel. Ainsi, le principe de l'utilitarisme se traduit-il par l'utilitarisme simple, la norme de la liberté - par une liberté négative, la subjectivation - par une atomisation et un individualisme ardent, et cætera. D'une manière inattendue et paradoxale, les réformes marchandes téléologiques renforcent les tendances à la " privatisation " de l'espace public, elles donnent à celles-ci une nouvelle justification, cette fois marchande.

La mise en œuvre du marché dans le contexte post-soviétique pousse la volonté de " privatiser " à son extrême, la privatisation continue même à l'intérieur des groupes de siens ! " J'étais un officier, je faisais ma service militaire à l'étranger. 'Volodja, j'ai besoin de ceci, m'achète, s'il te plaît, cela', - demandaient mes proches. Moi, comme imbécile, je achetais des vêtements, des chaussures, des voitures, autres choses. Quand on m'a condamné pour la première fois - personne ne m'aidait. Alors, je reviens, je touche d'avantage. 'On va dîner à un resto ? Aide-moi avec ceci, aide-moi avec cela...' J'ai trouvé un bon boulot pour le mari de ma sœur... Quand on m'a condamné la seconde fois, il n'y avait personne, de nouveau. Dans trois - quatre mois la firme [du mari de la sœur] a fait faillite. Maintenant ils vivent de ma poche... "[752]. En étudiant l'évolution récente des réseaux de *blat*, Alena Ledeneva fait une observation similaire. " L'intérêt 'fonctionnel' et calculé des connaissances commence à prévaloir contre leur responsabilité 'sociale' "[753]. Certains observateurs y voient un signe des changements positifs, la mise en valeur de l'indépendance individuelle (*self-reliance*, *samostojatel'nost'*). L'impératif de l'indépendance individuelle exige de " ne compter que sur soi, [de] se faire soi-même, de ne pas dépendre de la volonté d'une autre personne ou de cette volonté, incarnée dans la contrainte institutionnelle "[754]. Telle vision simpliste et, par conséquent, optimiste des développements récents a suscité nombreux critiques. Premièrement, il ne s'agit que de la liberté *négative*. Elle exclue toute action collective, toute activité commune avec les autres, tout effort de changer *ensemble* les cardes institutionnels de la vie quotidienne. Or, " le degré de la liberté est une

---

751 Auprès de Denzau A., North D., " Shared Mental Models : Ideologies and Institutions " : *Kyklos*, Vol.47, n°1, 1994

752 Entretien n°39

753 Ledeneva A., *Op. cit.*, p.200

754 Kharkhordine O., *Op. cit.*, p.46

fonction de l'activité de l'individu et de sa capacité de se servir de plus grand nombre possible des corps externes, parce qu'une meilleure connaissance de leur nature permet à l'individu de mieux réaliser ses intérêts, de moins dépendre des contraintes extérieures "[755]. C'est la liberté positive, la liberté d'agir individuellement *et à plusieurs*, qui aide à mieux maîtriser les cadres sociaux et institutionnels de la vie quotidienne. Deuxièmement, même la liberté négative a ses limites dans le contexte post-soviétique. " Les entrepreneurs russes veulent garder l'indépendance jusqu'à un certain point quand l'indépendance cesse d'être profitable. Au-delà de ce point, ils cherchent une protection d'Etat aussi importante possible "[756]. L'incapacité des citoyens d'obtenir de l'Etat qu'il serve à leurs besoins entraîne leur dépendance négative vis-à-vis de l'Etat qui persiste, malgré les efforts d'acquérir l'indépendance, toujours négative. Troisièmement, l'impératif de l'indépendance individuelle se solde par la désocialisation complète des post-Soviétiques. Même les groupes de siens perdent progressivement leur importance comme dispositifs de socialisation. En fait, nous observons une " fragmentation de la société : pratiquement tous les institutions sociales, groupes et réseaux qui exécutaient auparavant le contrôle social sur l'individu soviétique cessent de maîtriser ses appétits, ce qui amène [la société] à une situation de la 'dérégulation morale' dans les termes de Durkheim "[757]. Le système solaire du groupe de siens subit un collapsus. " *Vous ne voulez pas chercher à rencontrer les codétenus après la libération pour s'entraider ?* - Non, autant que je sache. On raconte ici des gags [sur la situation à l'extérieur]. Il n'y a aucune communication. On se ferme en soi, là-bas "[758].

Les tendances à la désocialisation rendent la monnaie le seul ciment qui solidifie les liens sociaux. Dans le contexte post-soviétique, la seule possession des ressources financières importantes assure simultanément une position sociale respectable. Les autres efforts d'organiser socialement la vie quotidienne deviennent superficiels. " *Avez-vous pensé déjà comment organiser la vie après la libération ?* - J'ai de l'argent. Je n'ai pas besoin de penser comment trouver un sou pour acheter un croissant français. Je peux me permettre d'en acheter un en France. Alors, à quoi bon penser ?

[755] Il'enkov E., " *Filosofija i kul'tura* ", Moskva : Izdatel'stvo polititcheskoj literatury, 1991, c.105

[756] Brym R., " The Ethics of Self-Reliance and the Spirit of Capitalism in Russia " : *International Sociology*, Vol.4, n°4, 1996, p.414

[757] Shlapentokh V., " Russian Patience : A Reasonable Behavior and a Social Strategy " : *Archives Européennes de Sociologie*, Vol.XXXVI, n°2, 1995, p.270

[758] Entretien n°1a

Penser à quoi ? Je vais continuer à vivre. J'ai de l'argent... "[759]. Nous faisons face à un nouvel paradoxe. L'affaiblissement des liens sociaux dans la " petite " société peut provoquer une tyrannie de la richesse économique sans que le marché soit stable et " emplumé " (*full fledged*).

On parle habituellement de la dictature du marché, surtout du marché international, quand il devient si puissant qu'il soumet à sa logique les autres sphères de l'activité humaine. " Le capitalisme, c'est l'économie de marché en tant que celle-ci refuse tour contrôle extérieur et, au contraire, cherche à agir sur la société tout entière en fonctions de ses intérêts propres "[760]. Une fois encore, un faux semblant peut emmener notre analyse sur une mauvaise piste. L'expansion du marché s'associe normalement avec la société moderne où la différenciation des sphères *existante* subit une épreuve de sa solidité. L'art de la séparation des sphères nécessite son perfectionnement permanent. " Il nous faut étudier attentivement les manières dont la richesse économique, une fois la tyrannie abolie, peut elle-même prendre des formes tyranniques "[761]. La transformation de la production des services publiques en activité purement commerciale et lucrative, des usagers en clients, nous sert d'exemple de l'expansion marchande *dans le contexte de la société moderne*[762]. Par contre, la tyrannie de la richesse économique dans le contexte de " petite " société résulte moins de la force et l'autonomie du marché que de la faiblesse des autres mécanismes de la socialisation. De ce point de vue, la situation actuelle russe ressemble au modèle du capitalisme dit " sauvage " qui a existé aux Etats-Unis à la seconde moitié du XIXème siècle. A l'époque, c'est la faiblesse des liens sociaux non marchands qui expliquait, en particulier, la transformation des universités, des organisations philanthropiques en firmes guidées par la logique du profit[763].

Quelle que soit la société, " petite " ou " grande ", l'expansion du marché nuit à la stabilité du système socio-économique. D'un côté, l'expansion du marché dans une " grande " société se traduit par la montée de l'incertitude. En termes de la théorie des jeux, le marché peut amener seulement un équilibre de Nash, la situation dans laquelle aucun individu ne peut augmenter unilatéralement son gain. Or, nombreux situations sociales supposent une pluralité des équilibres de

---

759 Entretien n°39

760 Touraine A., " *Comment sortir du libéralisme* ", p.21

761 Walzer M., *Op. cit.*, p.113

762 Voir, par exemple, Wieviorka M., Trinh S., " *Le modèle EDF : Essai de sociologie des organisations* ", Paris : La Découverte, 1989, p.18,52

763 Debouzy M., " *Le capitalisme 'sauvage' aux Etats-Unis. 1860-1900* ", Paris : Ed. du Seuil, 1992, p.209-216

Nash, ou leur absence. Il s'agit des problèmes dits de coordination (l'existence de plusieurs équilibres de Nash) et de compatibilité (l'absence de l'équilibre de Nash)[764]. Alors que selon la théorème de base de la théorie néoclassique, dite théorème Walras-Arrow-Debreu, l'équilibre sur le marché concurrentiel existe toujours, il est unique et il coïncide avec l'optimum de Pareto. La sélection d'un équilibre de Nash parmi plusieurs s'effectue selon les critères autres que les critères purement marchands. " Si les politiques marchandes sapent les valeurs non marchandes, le marché lui-même perd sa stabilité "[765]. La naissance de la société de risque (*risk society*) matérialise, donc, les tendances inhérentes à la société moderne.

De l'autre côté, l'impératif de la richesse économique freine le processus de la modernisation, parce que celui-là ruine les liens solidaires, quels locaux qu'ils soient, et empêche la production de l'espace public. " Entre le marché et la vie privée s'étend un *no-man's-land* où l'on voit encore les ruines de la vie publique "[766]. Autrement dit, le marché est une condition nécessaire, mais pas suffisante de la modernisation. Une bonne politique de la modernisation, de la production de " grande " société, permet " de contrôler le processus de modernisation de façon à ce qu'il ne détruise pas la bonne partie de relations réciprocitaires "[767]. Au contraire, les réformes russes risquent de susciter une mutation du marché local, qui soit aussi loin du marché classique que du marché réellement existant dans les pays occidentaux.

5.1.4. Perspectives du marché en Russie

Les discussions scientifiques et politiques sur la nature de l'institution quasi marchande dont nous observons l'apparition en Russie post-soviétique ne se soldent pas par une idée univoque. Un capitalisme dit d'Europe de l'Est résultant d'une recombinaison des réseaux des siens, d'un système rentier prédateur, d'une économie mobilisée, d'une économie de marché périphérique proche du modèle latino-américain ou maghrébin, et d'un capitalisme corporatif, - les conceptions alternatives ne manquent pas[768]. Essayons, nous aussi,

---

[764] Schotter A., " *The Economic Theory of Social Institutions* ", Cambridge : Cambridge University Press, 1981, p.22-24

[765] Heap S., " Rational Action and Institutional Change ", in Groenewengen J., Pitelis C., Sjöstrand S.-E. (eds.), " *On Economic Institutions. Theory and Applications* ", Aldershot : Edward Elgar, 1995, p.59

[766] Touraine A., " *Critique de la modernité* ", p.431

[767] Kolm S.-C., " *La bonne économie. La Réciprocité générale* ", Paris : P.U.F., 1984, p.106

[768] Parmi plusieurs autres contributions à cette discussion nous indiquons Stark D., " Recombinant Property in East European Capitalism " ; Delorme R. (sous la direction

d'esquisser en grandes lignes cette institution économique naissante. En prenant en considération notre intérêt aux normes informelles comme cadres de l'activité quotidienne, il faut que nous construisions une " constitution " des interactions quasi marchandes dans le contexte institutionnel post-soviétique. L'économie comme " ordre constitutionnel " se matérialise en " un ensemble de règles, ou de contraintes, dans le cadre desquelles les individus et les organisations des individus interagissent les uns avec les autres en atteignant leurs objectifs individuels "[769]. La constitution du marché post-soviétique inclura probablement les normes suivantes : l'utilitarisme simple, la rationalité en valeurs, la dualité des normes, la confiance personnalisée, la recherche de la protection et du patronage.

Comparons d'abord les réponses des entrepreneurs russes aux mêmes questions que nous avons posé aux post-Soviétiques en général (voir le sous chapitre 4.2.2) :

a) Quels sont les fondements de la société russe d'aujourd'hui ?

b) Quels sont les fondements pour une société idéale en Russie ?

c) Qu'est-ce que vous prenez en considération pour prendre une décision importante ?

d) Qu'est-ce que vous pouvez utiliser afin de résoudre un problème important ?

Tableau 97

[99*]	(a)	(b)	(c)	(d)
Le profit	1	11	1	1
La confiance	9	2	2	5
La propriété	2	8	3	3
La famille	3	6	4	8
La Loi	4	1	5	4
La morale	11	4	6	9
La liberté	5	3	7	7
Le travail	6	5	8	2
L'empathie	8	9	9	6
L'égalité	7	7	10	11
La tradition	10	10	11	10

Cela nous aide à élaborer la taxonomie suivante :

Tableau 98

	Valeur	Condition	Ressource
La confiance	x	x	
La famille	x	x	

de), " *A l'est, du nouveau...* " ; Hausner J., Jessop B., Nielsen K. (eds.), " *Strategic Choice and Path-Dependency in Post-Socialism...* " ; Buzgalin A., " *Perehodnaja ekonomika* ", Moskva : Taurus, 1994, etc.

769 Buchanan J., " *The Economics and Ethics of Constitutional Order* ", Ann Arbor : The University of Michigan Press, 1994, p.90

Le travail			
La propriété		x	
L'empathie	Ni valeur, ni condition, ni ressource		
La morale	x		
La liberté	x		
La Loi	x	x	x
L'égalité	Ni valeur, ni condition, ni ressource		
La tradition	Ni valeur, ni condition, ni ressource		
Le profit		x	x

Ces hiérarchies des valeurs, des conditions et des ressources diffèrent sensiblement de celles que nous avons observées chez les Russes ordinaires. La confiance, la valeur et la condition auprès des Russes ordinaires, se transforme en valeur, condition et ressource dans la conscience des entrepreneurs russes ; la Loi subit une transformation analogique ; la liberté cesse d'être considérée comme ressource, elle devient la valeur ; le travail, la valeur, la condition et la ressource auprès des Russes ordinaires, perd deux premières caractéristiques (la valeur et la condition). Essayons d'interpréter ces changements en s'adressant à la constitution hypothétique du marché post-soviétique.

Quoique le profit garde sa valeur négative dans la conscience des entrepreneurs, il vient au premier rang dans les hiérarchies des ressources et des conditions. Les entrepreneurs russes font-ils un lien entre la maximisation du profit et leur propre activité productive ? Deux facteurs suscitent des doutes à ce sujet. Premièrement, à la différence des Russes ordinaires, les entrepreneurs ne considèrent pas le travail en tant que la condition importante du maximisation de l'utilité (cf. une expression populaire " Le travail ne te nourrira point ", *Gorbom syt ne budech'*). Deuxièmement, le travail vient aux premiers rangs de la hiérarchie des conditions relativement récemment. Notre enquête menée en 1998, avant la crise d'août 1998, a montré que le travail était placé par les Russes ordinaires à sixième rang dans la hiérarchie des réponses à la question (a) et à quatrième rang dans celle à la question (c). En prenant en considération le fait que la progression du travail est pratiquement le seul changement significatif entre les résultats de deux enquêtes, de 1998 et de 1999, nous ne pouvons pas savoir s'il s'agit d'une tendance à long terme ou d'une tendance à court terme induite par la crise[770]. De toute façon, la dissonance entre la rôle clé du profit dans la vie quotidienne des entrepreneurs et la place relativement négligeable du travail confirme notre hypothèse sur la nature simple de l'utilitarisme en Russie post-soviétique. " L'économie d'Etat a engendré… l'attitude 'saisis et enfuis-toi' (*grab and run*) à l'égard du gain économique qui apparaît

[770] Voir Olejnik A., " A Trustless Society ?… ", in Segbers K (ed.), *Op. cit.*

peu favorable à la montés des institutions capitalistes "[771]. Peut-être l'opinion très répandue en Russie actuelle selon laquelle les plus grandes fortunes ont été faites grâce à l'accès privilégié aux ressources stratégiques, sans aucun rapport avec l'activité productive, s'explique-t-elle par la dissonance mentionnée ci-dessous. Les réponses à la question du VCIOM " Qu'est-ce que signifie pour vous la poursuite de la politique de réformes ? " servent de bonne illustration de ce point[772] :

Tableau 99

La renaissance économique de la Russie	32%
Le pillage du patrimoine nationale par les " nouveaux Russes "	*27*
L'absence de la pénurie	24
Une chute de l'économie, la faillite des producteurs nationaux	*23*
La défense des droits des propriétaires privés	16
Les libertés démocratiques	15
La mise en dépendance économique par les pays occidentaux	13

Lors de leur enquête réalisé à la fin de 1998, les chercheurs de l'Institut de sociologie ont demandé aux interviewés de comparer les conditions de la vie fortunée dans la société soviétique et la société russe. Il est apparu que, selon les post-Soviétiques, ni la première, ni la seconde société considèrent que l'obstination dans l'accomplissement des objectifs et le zèle de travail[773] n'est pas une condition du succès :

Tableau 100

En 1988	*Conditions du succès*	En 1998	1998/88
46,8%	Intelligence innée	45,7%	-6 rangs
43,6	Connaissances utiles	75,7%	+1
42,9	Bonne éducation	46	-3
40,6	Obstination dans l'accomplissement des objectifs	43,9	-5
40,2	Zèle de travail	34	-7

771 Nielsen K., Jessop B., Hausner J., " Institutional Change in Post-Socialism ", in Nielsen K., Jessop B., Hausner J., *Op. cit.*, p.36

772 Kim N., Orlova Yu., " *Pravitel'stvo i reformy, maslennica i post* " : http::www.polit.ru, le 14 mars 2000.

773 Mansurov V. (pod redakciej), *Op. cit.*, c.29-30 (% des variantes " très important ").

39,1	Souplesse, capacité de s'adapter aux circonstances	60,8	+2
38,6	Chance	50,8	+2
38,4	Proches qui occupent des positions importantes	72,7	+6
29,8	Correction politique (*political corectness*)	11,1	-10
25	Parents riches	72,4	+9

Le second élément de la constitution économique post-soviétique implique le comportement rationnel en valeurs, qui diffère de la norme de la rationalité instrumentale (*zweckrational*, *instrumentally rational*) propre au modèle classique du marché. L'agent économique ne choisit librement que les moyens, tandis que les objectifs sont lui imposés de l'extérieur. Le comportement rationnel en valeurs (*wertrational*, *value-rational*) est déterminé par " une croyance consciente en valeur intrinsèque d'une activité éthique, esthétique, religieux ou toute autre activité entreprise indépendamment de ses chances de succès "[774]. Nombreux études confirment la portée de la rationalité en valeurs en milieu entrepreneurial post-soviétique. Jusqu'à 75% des responsables des entreprises russes correspondent à un type éthique, contre 3% aux Etats-Unis[775]. L'idée de l'activité économique commune orientée vers le maintien des relations personnalisées au lieu d'être orientée à un résultat domine l'espace économique en Russie d'aujourd'hui. La volonté de conserver l'entreprise, quel que soient les résultats de son activité économique, importe surtout aux responsables économiques dont la carrière a commencé à l'époque soviétique. Ils perçoivent l'entreprise d'abord comme une liaison des relations sociales (*nexus of social ties*[776]) et les paramètres économiques passent à second plan. La faillite de l'entreprise, aussi que les licenciements nécessaires afin d'optimiser l'effectif de celle-ci, ne sont pas admissibles pour eux. Un terme, l'entreprise orientée à la survie (*predprijatie orientirovannoe na vyjivanie*), a été proposé afin de décrire le comportement économique guidé par l'impératif de la conservation du collectif de travail[777].

[774] Weber M., " *Economy and Society. An Outline of Interpretative Sociology* ", Berkeley : University of California Press, 1978, Vol.1, p.25

[775] Morozov Yu., *Op. cit.*, t.1, c.82-85 ; voir aussi Radaev V., " Vneekonomitcheskie motivy predprinimatel'skoj dejatel'nosti " : *Voprosy Ekonomiki*, n°7, 1994, p.97 : " Le comportement rationnel en valeurs est rangé le premier selon importance et selon le degré de la réalisation auprès des businessmen russes ".

[776] Cf. la conception de l'entreprise en tant qu'une liaison des contrats (*nexus of contracts*), propre à la " nouvelle " économie institutionnelle : Cheung S., " The Contractual Nature of the Firm " : *Journal of Law and Economics*, Vol.XXVI, April 1983

[777] Ikes B., Ritterman R., " Ot predprijatija k firme : zametki po teorii predprijatija perehodnogo perioda " : *Voprosy Ekonomiki*, n°8, 1994, c.31. Selon les données qui

Les données de notre enquête nous fournissent une autre preuve de la rationalisation inachevée de l'activité économique. La rationalité instrumentale suppose la différenciation complète des éléments constitutifs de l'activité quotidienne : valeurs, ressources, conditions, objectifs, intérêts, types de comportement, etc. (Figure 28)[778]. La comparaison de la hiérarchie des valeurs avec celle des ressources et celle des conditions permet de mesurer quantitativement le degré de la différenciation/non différenciation de ces éléments. Les entrepreneurs russes perçoivent séparément le travail (la ressource), la liberté et la morale (les valeurs), tandis que tous autres éléments jouent double, voir triple rôle. Le degré de la différentiation calculé selon la formule (voir Figure 29), où K - un coefficient de différenciation, N_i - le nombre des éléments qui jouent i rôles fonctionnels (la valeur ou la ressource ou la condition ou leur combinaison), N - le nombre total des éléments. Alors, la valeur du coefficient K calculé auprès des Russes ordinaires est 15/11, auprès des entrepreneurs russes - 14/11 (l'analyse des réponses des détenus donne 15/11 pour la Russie, 15/11 pour le Kazakhstan et 14/11 pour la France). Plus la valeur du K tend vers 1, plus la séparation des éléments est achevée.

Tableau 101

	Russie						Détenus								
	[99], N=1351			Entrepreneurs N=174			Russie N=351			Kazakhstan N=396			France N=59		
	V.	C.	R.	V.	C.	R.	V.	C.	R.	V.	C.	R.	V.	C.	R.
La confiance	x	x		x	x	x	x	x	x	x	x	x		x	x
La famille	x	x		x	x		x	x		x	x		x	x	x
Le travail	x	x	x						x	x		x			x
La propriété		x	x		x	x									
L'empathie							x	x	x		x	x		x	
La morale	x			x									x	x	x
La liberté			x	x			x	x	x	x	x	x	x	x	
La Loi	x		x	x	x	x							x		x
L'égalité							x			x			x		
La tradition															
Le profit		x	x		x	x		x	x		x	x			

L'analyse directe de la discrimination des partenaires commerciaux entre les siens et les autres ne nous a pas appris grande chose. Au moins, nos interlocuteurs ont-ils refusé de répondre à la

datent de 1994-1995, il y a 60% des entreprises russes qui s'orientent à la survie et seulement 19% - à la maximisation du profit (Dolgopjatova T., " *Rossijskie predprijatija v perehodnoj ekonomike : ekonomitcheskie problemy i povedenie* ", Moskva : Delo, 1995, c.85).

[778] Auprès de Cymburskij V., " Tchelovek polititcheskij mejdu ratio i otvetami na stimuly. K istchisleniju kognitivnyh tipov prinjatija rechenij " : *POLIS – Polititcheskie Issledovanija*, t.29, n°5, c.19

question directe, “ Qu’est-ce ‘les siens’ pour vous ? ”. “ Les siens ? Pour moi, la question n’est pas claire. Je ne peux y répondre rien de concrète ”[779]. “ Je ne sais pas comment y répondre. Je ne comprends pas la question. Les autres, comment ont-ils répondu ? Non, je ne sais pas ”[780]. Mais un sujet directement lié à la division entre les siens et les autres a apparu spontanément au cours de nos premiers entretiens. Il existe une expression très populaire dans les couches sociales si différentes que le milieu des étudiants de l’Université Lomonossov de Moscou et un collectif de travail d’une entreprise ordinaire, “ Ne fais chier ceux avec qui tu vis ” (*Ne gad’ tam, gde ech’*, la traduction directe - “ N’emmerde pas ceux avec qui tu vis ”). Quelques nos interlocuteurs l’ont utilisé spontanément et nous avons décidé de s’interroger sur la nature de ce principe. “ Une bonne règle, même merveilleuse… Elle est très répandue dans la sphère bancaire ”[781]. “ C’est une règle très utile. Il faut toujours la respecter ”[782]. La structure de cette règle suppose la discrimination sous-jacente entre, d’une part, ceux avec qui l’on vit et, de l’autre part, ceux avec qui l’on se croise sans établir une relation durable. L’attribut “ avec qui tu vis ” détermine le groupe par rapport auquel le comportement honnête est exigé, c'est-à-dire le groupe de siens. Par contre, dans une relation fortuite, *impersonnelle*, les parties sont dispensées de l’obligation de se comporter honnêtement. “ Comment je considère cette règle ? D’une manière positive. J’ai un nombre limité des amis et des connaissances, et, naturellement, je n’ai aucun intérêt à abîmer les relations avec eux ”[783]. “ Je la considère positivement. C’est une bonne règle pour le travail aussi que pour la vie quotidienne. Si quelqu’un ne la respecte pas, il ne sera capable de s’adapter au milieu. L’homme construit son réseau des connaissances, sa réputation. S’il néglige cette règle, tôt ou tard ça sera connu à tous le monde, il sera exclu, sinon puni ”[784]. “ C’est une règle vitale, elle reste valable non seulement au travail, mais aussi dans la vie quotidienne. Chacun doit maintenir de bonnes relations avec ceux qui sont autour de lui. C’est la règle nécessaire pour la survie dans une société ”[785]. Il va même plus loin, quelques passages concernant le rôle de la violence dans les affaires laissent comprendre qu’elle n’est pas exclue, s’il s’agit des relations avec les *autres*. “ La violence n’a pas le droit d’existence. Mais… On est obligé de faire attention à la personnalité de notre

[779] Entretien n°4*
[780] Entretien n°6*
[781] Entretien n°19*
[782] Entretien n°17*
[783] Entretien n°15*
[784] Entretien n°18*
[785] Entretien n°21*

débiteur et au montant de sa dette "[786]. " *Parce que tous nos clients se connaissent mutuellement*, on ne recourt jamais à la violence dans les relations avec eux "[787]. La dualité du comportement en fonction du clivage entre les siens et les autres se reflète dans la spécificité des relations de confiance en milieu entrepreneurial. N'importe quelle transaction marchande, à part les plus simples et simultanées, nécessite que ses parties se fassent l'une à l'autre la confiance. " L'économie de marché se fonde sur l'ensemble des valeurs qui rendent possible les relations de confiance "[788]. Un simple modèle de la théorie des jeux nous sert d'illustration. Supposons qu'un Vendeur ne veuille vendre ses produits à un Acheteur qu'à la condition d'un paiement d'avance. A son tour, l'Acheteur soit accepte cette condition, soit non, le dernier cas signifie que la transaction n'aura pas lieu. Après avoir reçu le paiement d'avance, le Vendeur soit remplit ses obligations contractuelles, soit disparaît avec l'avance égale, mettons, à 50% du prix contractuel. Afin d'échanger la monnaie contre un bien ou service, l'Acheteur doit, donc, faire confiance au Vendeur (voir la matrice[789]) :

Tableau 102

		Vendeur	
		Exécuter le contrat, [*P*]	Tricher, [*1-P*]
Acheteur	Faire le paiement d'avance	10, 10	-5, 15
	Ne pas le faire	0, 0	0, 0 N

Le niveau minimal de la confiance, c'est-à-dire la valeur de *P*, la probabilité avec laquelle le Vendeur remplira ses obligations contractuelles *selon la croyance de l'Acheteur*, doit être supérieur ou égal à 1/3 (~33,3%) :

$EU_{\text{faire le paiement}} > EU_{\text{ne pas faire}} \Rightarrow 10xP+(-5)x(1-P)>0 \Rightarrow 15P>5 \Rightarrow P>1/3$. Bien que le niveau minimal de la confiance varie en fonction du prix contractuel et du montant de l'avance, sans confiance positive le marché subira un échec. En outre, les transactions marchandes plus sophistiquées que l'achat/vente impliquent que le niveau de la confiance dépasse largement ce niveau minimal. Alors, on parle de la confiance " étendue " (*extended*), à la différence de la confiance " minimale ". " La confiance minimale gouverne les

[786] Entretien n°16*

[787] Entretien n°22*, nous soulignons.

[788] Denzau A., North D., *Op. cit.*, p.20. " Chaque système comporte les 'impuretés' qui ne sont pas typiques pour lui, mais qui sont néanmoins indispensables pour son fonctionnement ", tel est le cas de la confiance sur le marché comme résultat de la solidarité organique, non contractuelle (Hodgson G., *Op. cit.*, p.167).

[789] Auprès de Kreps D., *Op. cit.*, p.100

relations dans le cadre des transactions de base sur le marché. La confiance étendue maintient la coopération dans les chaînes productives et les réseaux des entreprises "[790].

Une analyse de la structure des paiements dans le commerce russe met en relief la volonté des commerçants d'éviter les paiements d'avance (voir le pourcentage des commerçants qui utilisent tel ou tel forme du paiement)[791]. Soulignons que l'octroi d'un délai de paiement pose symétriquement le problème de la confiance du Vendeur à l'Acheteur. " Auparavant, nous faisions plus de la confiance, ce qui a causé de grandes pertes. On n'octroie plus les délais de paiement "[792].

Tableau 103

Formes du paiement	Par un ordre bancaire	En espèces
Le paiement d'avance	31,4%	9,4%
Achat au comptant	25,6	35,7
Délai de paiement (après la réalisation)	58,6	58,6

Le rôle de la confiance comme ciment du marché s'aperçoit clairement même par les détenus. En répondant à notre question " Selon vous, quels principes doivent-ils appuyer le fonctionnement du marché ", ils placent la confiance à premier rang de la hiérarchie des principes marchands :

Tableau 104

	Rus., N=902	Kaz., N=396	Fr., N=59
Confiance	31%	32,3	57,4
Respect des intérêts du partenaire (respect des termes de contrat)	22,6	18,2	66,7
Calcul parfait	22,4	28,2	24,1
Empathie (la capacité de se mettre sur la place d'autrui)	21,5	30,9	27,8
" Si vous me rendez ce service, je vous le revaudrai ", *Ty - mne, ja - tebe*	15,2	12,4	x
Utilité, profit	11,5	9,7	5,6
Liberté	10,5	13	25,9
Egalité	9,3	12,7	33,3
Si l'adversaire ne capitule pas, il mérite d'être anéanti	3,8	2	x
Premier venu, premier servi	3,5	2,5	x
La force appuie le droit	2	1,7	5,6

---

790 Humphrey J., Schmitz H., " Trust and Inter-Firm Relations in Developing and Transition Economies " : *The Journal of Development Studies*, Vol.34, n°4, 1998, p.33

791 Dolgopjatova T. (rukovoditel' avtorskogo kollektiva), " *Neformal'nyj sector v rossijskoj ekonomike : formy suschestvovanija, rol' i maschtaby* ", Moskva : ISARP, 1998, c.89 (auprès une enquête menée par les auteurs).

792 Entretien n°8*

La conscience pratique des entrepreneurs russes se montre extrêmement hostile à la confiance. Seulement 25% (sic !) des entrepreneurs interviewés choisissent la variante " On peut faire confiance aux gens " (cf. 32,1% des russes ordinaires et 14,7% des détenus russes qui pensent ainsi[793]). Par ailleurs, tout comme chez les détenus et les (post)Soviétiques ordinaires, la dualité des normes se transforme la méfiance impersonnelle en confiance personnalisée, en confiance aux siens. " *Qu'est-ce que vous permet de faire confiance à quelqu'un ?* - La connaissance personnelle. Si je connais quelqu'un personnellement pendant une période relativement longue, si on lui fait confiance ou non "[794]. " Si je ne le [un partenaire] connais pas, je ne lui ferai pas confiance. Si l'on ne se connaît pas, il n'y aura pas de la confiance "[795].

Dans l'optique du clivage entre la méfiance impersonnelle et la confiance personnalisée un haut niveau de la confiance aux partenaires commerciaux perd son caractère paradoxal. Plus de deux tiers des entrepreneurs (71%) proclament qu'ils font confiance à leurs partenaires commerciaux. Ceux-là font la confiance à ceux-ci parce qu'ils se connaissent personnellement. Voici quelques réponses à la question " Quel est le critère principal qui guide votre choix du partenaire ? ". " Habituellement nous et nos partenaires, nous avons un ami commun, une connaissance. Il existe une chaîne relationnelle entre nous " [796] . " Le critère principal est la connaissance, la connaissance personnelle. L'autre approche - les gens à qui je fais confiance, je fais beaucoup de confiance, me recommandent quelqu'un. Mais dans ce cas une période relativement longue d'observation est exigée [afin de se rapprocher de celui-ci] "[797] " Je préfère travailler seulement avec les proches et avec les amis. *Ils sont les miens*. On ne peut pas faire du business autrement, surtout dans la profession de banquier "[798]. " Le principe capital consiste dans la confiance. Sans confiance on ne signera aucun contrat. On tient à ce principe dans nos relations avec les partenaires russe et italien. Ceci

---

793 Les sondages menés par l'auteur dans le cadre de son cours à l'Université Lomonossov de Moscou et au Haut Collège d'économie auprès de quelques échantillons des étudiants en économie et en droit montrent que le niveau de la confiance chez eux varie de 5 (dans un groupe d'étudiants *en droit*) à 35% (20-25% en moyenne).

794 Entretien n°4*

795 Entretien n°9*

796 Entretien n°21*

797 Entretien n°15*

798 Entretien n°23*, nous soulignons

nous importe le plus, on pense même que *la confiance ne suffit pas, une amitié doit exister* "[799].

La dernière remarque met en avant une tendance à transformer les amis et les anciennes connaissances en partenaires commerciaux. 66% des entrepreneurs interviewés répondent que oui à la question de savoir si leurs amis et connaissances devenaient souvent leurs partenaires d'affaires. " La spécificité de la Russie consiste à faire des affaires non avec une organisation, une banque, mais avec les gens. A vrai dire, peu importe, s'agit-il d'une grande banque ou d'une petite. Si tu as une connaissance ou un ami là-bas, à qui tu fais confiance et celui-ci te donne des garanties, alors le contrat sera sans aucun doute exécuté "[800]. " Maintenant c'est le business commun qui nous relie. Sur cette base je maintiens les relations avec les anciens amis, je fais de nouveaux amis. Tout ça est grâce au business commun "[801]. Notons que la conversion inverse, les partenaires commerciaux en amis, ne se produit que rarement. 68% des entrepreneurs interviewés répondent que non à la question de savoir si leurs partenaires d'affaires devenaient souvent les amis. Cette figure radicalement opposée à la précédente reflet la fragilité des relations amicales établies sur la base des intérêts commerciaux communs. Ici aussi, la constatation de l'absence du compromis entre le monde par projets et le monde domestique s'impose. " Il n'existe pas d'amis dans le business. C'est un principe. Si tu fais du business avec un ami, ça va se terminer mal… Là, où on a besoin de procéder à un partage du profit, il n'y a pas d'amis. Le business et l'amitié ne sont pas compatibles "[802]. " Ni les uns [les amis qui sont devenus les partenaires], ni les autres [les partenaires qui sont devenus les amis] ne sont les vrais amis. Si tu as un ami, tu ferais tout pour ne pas le perdre. Alors, il n'y a rien de plus facile que perdre l'ami en l'impliquant dans une affaire commerciale "[803].

Ainsi, pouvons-nous admettre que le conflit entre, d'un côté, les limites internes de " petite " société et, de l'autre côté, les impératifs du monde marchande et du monde par projets joue le rôle moteur dans l'évolution du milieu entrepreneurial en Russie. Ce compromis, qui ne va pas de soi dans bien d'autres contextes institutionnels, devient inatteignable sur le " petit " marché. Une lecture attentive du roman déjà cité " *Bol'chaja pajka* " de Yulij Dubov, directeur général de la *LogoVAZ*, nous fournit des arguments complémentaires pour cette hypothèse. L'histoire du groupe des amis, les chercheurs à un institut

[799] Entretien n°4*, nous soulignons

[800] Entretien n°15*

[801] Entretien n°18*

[802] Entretien n°20*

[803] Entretien n°21*

prestigieux à l'époque soviétique, qui se transformaient progressivement en hommes d'affaires, illustre le conflit de deux logiques. D'une part, on ne peut faire le business en Russie actuelle sans recours aux siens. " Dorénavant, on n'embauchera que les siens aux postes de gestionnaires. De notre Institut ! Ils ne savent rien ? Pas la peine. Ils vont apprendre ce métier. Au moins, ils ne nous pillerons pas "[804]. D'autre part, la désocialisation résultant des règles du jeu sur le marché " sauvage " abîme même les relations amicales ayant une longue histoire. " Trois bons hommes se mettent ensemble. Ils n'ont pas d'argent, mais ils donnent leurs derniers sous à leur chose commune. Leur idée est apparue bonne, les premiers profits arrivent et ils commencent à considérer l'un l'autre avec un soupçon. Les profits augmentent - ils cessent de faire confiance l'un à l'autre. Les amis sont devenus très riches - rien n'a resté de leurs relations d'autrefois "[805]. Les tendances produites par le contexte institutionnel (post)soviétique bloquent l'évolution vers le marché civilisée. Les transactions quasi marchandes se réduisent à la recherche du profit à court terme, dans les affaires les moins sophistiquées. On a besoin de faire confiance sur le marché, mais on ne peut pas faire confiance sur le marché post-soviétique. " Dans le business, on ne peut faire confiance à personne. Ni à un ami, ni à un frère, ni à la mère… Ça peut vous choquer, mais c'est une règle commune. Un axiome, si vous voulez. N'importe quelle activité humaine, si elle se base sur la confiance, est condamnée "[806].

La réaction *naturelle* à trois éléments du contexte post-soviétique, caractère imposé de l'autorité licite, méfiance impersonnelle et destruction de la confiance personnalisée, consiste dans la recherche des garanties alternatives de l'accomplissement des contrats. " Dans chaque transaction, dans laquelle au moins une partie ne croit pas à la capacité de l'autre de respecter les règles, la *protection* s'impose, quel que soit la qualité et le coût du substitut de la confiance "[807]. En argot commercial de la Russie contemporaine, le terme *krycha* (le toit, littéralement - le parapluie de protection, le piston, etc.) décrit la protection *privée* achetée auprès de l'Etat ou auprès de la criminalité organisée. Soulignons que la protection de l'Etat achetée plus ou moins illicitement ne diffère guère dans la conscience des entrepreneurs de la protection dit mafieuse. La " privatisation " des services publiques rend possible leur *vente* aux firmes privées et aux particuliers. " Le 'toit' ? Ha, ha ! On peut comprendre ce terme de

---

804 Dubov Yu., *Op. cit.*, c.299. La *LogoVAZ* contrôle la grande partie du marché des voitures neuves en Russie.

805 *Ibid.*, c.583

806 *Ibid.*, c.155

807 Gambetta D., " *The Sicilian Mafia* ", p.2

plusieurs façons. Nous, on ne se sert que des bienfaits des structures officielles. De s'adresser aux criminels est d'avoir un mal à la tête de plus. A un moment décisif, ils peuvent te faire du chantage "[808]. Les propos d'un détenu donnent une image paradoxalement similaire : " Auparavant eux [les commerçants] payaient pour la protection à celui qui est venu le premier chez eux et disait : 'Ecoute, tu vas me payer pour la protection'. Maintenant ils pensent plus à leur sécurité, ils ont leurs propres gardes du corps, leur garde ou ils s'adressent à la *RUOP*, autres organisations comme ça. Ils sont protégés par celles-ci. La vénalité de ces organisations est leur défaut. Le défaut le plus grand. La corruption sans limites "[809].

L'achat de la protection privée a deux côtés, négatif et positif. En achetant la protection, l'entreprise tout d'abord essaye de se défendre contre l'extorsion de la part de son " protecteur ", qu'il soit légal ou non. Le caractère imposé de l'autorité d'Etat, on l'a vu, transforme les impôt en tribut dans la conscience de ses sujets[810]. " Le danger le plus sérieux est le chantage (*naezd*) de la Mafia *ou* de la Police des impôts "[811]. Pour les entrepreneurs, ils font face au chantage en deux cas, l'expression *naezd* met bien en relief le caractère injuste des exigences de la Mafia *et* de l'Etat. Donc, la protection privée sert de garantie contre l'injustice des protecteurs autrement inévitable. Ainsi, la devise de la " Grande Transformation " marchande du XVIII-XIXèmes siècles, *laissez faire*, reçoit-elle en Russie post-soviétique une connotation plus concrète, *laissez faire sans extorsions*.

Quant à son côté positif, la protection privée suppose qu'on achète l'ordre en sens large : la défense contre les autres extorsions, contre la petite délinquance, la justice et le règlement des différends commerciaux. L'ordre local, *privé*, " petit " comble le défaut d'ordre au niveau macro social. " *Votre appui à vos amis - commerçants, en quoi a-t-il consisté ?* - Je les ai dispensé de petits soucis, de contacts avec des racketteurs... *Comment avez-vous réglé le problème avec les racketteurs ?* - On s'est rencontré (*zabili strelku*), on s'était mis d'accord... *Vous étiez tout seul ?* - Pourquoi seul ? J'ai arrangé la rencontre moi seul. *Alors, combien d'aides aviez-vous ?* - Je n'avais pas d'aides, j'ai des amis "[812]. " On s'occupait de tout, y compris de la

---

808 Entretien n°16*

809 Entretien n°25. La *RUOP* (ou *RUBOP*, *Regional'noe Upravlenie po bor'be s Organizovannoj Prestupnost'ju*) est une organisation policière responsable de la lutte contre la criminalité organisée.

810 " Il n'y eut point d'extorsion que l'on n'inventât sous le nom de taxe et d'impôt ", dit à ce propos Voltaire.

811 Entretien n°6*, nous soulignons.

812 Entretien n°22

résolution des conflits familiaux. Dieu sait qu'est-ce qui peut arriver dans les relations avec les voisins... Vous n'êtes pas content avec quelque chose, quelqu'un vous a offensé... "[813]. Les entrepreneurs confient la résolution des conflits commerciaux à leurs protecteurs au lieu de s'adresser aux tribunaux et aux arbitrages. " On peut soumettre un litige auprès du tribunal. Alors, vous serez obligés d'y aller jusqu'à la fin de votre vie et d'attendre une décision. La mafia (*bratva*) font la justice plus vite, mais ça coûte plus cher. Si tu étais impliqué dans une affaire surveillée par la mafia, elle ne perdrait pas du temps pour comprendre [la nature du conflit]. Bien sûr, il faudrait éviter la violence. Mais que faire, s'il n'y a aucun autre solution ? Aujourd'hui, les autres variantes tous simplement n'existent pas "[814].

Le recours à la violence ne nous doit pas surprendre : la violence est admise dans les relations avec les autres, qu'il s'agisse de la protection privée achetée auprès de l'Etat ou des criminels. C'est le principe " la force appuie le droit " qui compte. " Celui qui a la protection plus puissante, a toujours raison (*prav tot, u kogo krutche krycha*) "[815]. " Quand j'ai fait face pour la première fois à une kalachnikov, je n'imaginais pas même qu'il y avait de tels gladiateurs. Maintenant c'est une règle. *Dans ce conflit avec le défilé des kalachnikovs, les commerçants d'une autre ville, les étrangers* (ne svoi)*, ont été impliqués*. Les commerçants de mon ville qui avaient les intérêts à Moscou, à Petersbourg, ont eu quelques problèmes avec les commerçants de là-bas. Ceux-ci avaient leurs propres protecteurs. On décide de se rencontrer. Alors, j'arrive et je vois des gars avec les kalachnikovs. Néanmoins, on a essayé de parler. Par contre, maintenant, on ne parle pas, on tire "[816]. Les protecteurs d'Etat organisent un défilé des gens armés moins souvent, bien que cela arrive aussi, par exemple, au cours du conflit de l'Etat avec le groupe financier *MOST*, qui a éclaté à la fin des années 90. Mais l'Etat a d'autres moyens de pression que la violence pure et brutale.

" Il faut essayer d'éviter la violence. Mais dans plusieurs cas on n'a pas d'autre choix. Non, je ne parle pas de la Mafia, des criminels (les gars, *rebjata*). On peut tout organiser autrement. La personne, qui ne te plaît pas, cessera d'exister dans le business. Un jour, il verra la Police des impôts apparaître à sa porte, ou le Contrôle sanitaire et épidémiologique (*Sanepidemstancija*) s'intéressera 'accidentellement' à sa firme... Or, ce sont les gars (sic) qui, après t'avoir attrapé une fois, ne te relâcheront jamais. Ils te connectent une pompe et ils commencent à pomper de l'argent. Jusqu'à l'infini. Donc, on peut tout

---

813 Entretien n°5

814 Entretien n°5*

815 Dubov Yu., *Op. cit.*, c.699

816 Entretien n°4, nous soulignons.

organiser tranquillement, honnêtement et sans armes. Mais, dans le cas d'une nécessité absolue... "[817]. Evidemment, le potentiel de la violence des organisations d'Etat dépasse largement celui des organisations criminelles. L'Etat dispose de tout un éventail des formes de la violence, des plus apparentes aux plus cachées. C'est le seul avantage comparatif du recours à l'Etat en tant que le protecteur privé. Il n'existe pas, donc, du parapluie de protection plus puissant (*krutche*) que celui d'Etat.

Les résultats de notre enquête menée auprès des entrepreneurs montrent que les connaissances dans les organisations d'Etat servent de garantie de la sécurité du business dans les trois secteurs de l'économie russe, légal, informel et criminel. Nos interviewés rangent cette variante en-tête de la hiérarchie des éléments caractéristiques à chacun des trois secteurs (voir le tableau des réponses à la question " Selon vous, quels éléments caractérisent le secteur légal/informel/criminel de l'économie russe ? " [99*]) :

Tableau 105

Caractéristique	*Secteur*	*Légal*	*Informel*	*Criminel*
Paiements en espèces	Légal/Informel	2	2	8
Amis et connaissances comme partenaires commerciaux	Informel/Criminel	9	3	5
Paiement du salaire en espèces	Informel/Criminel	12	1	4
Recours aux crédits bancaires	Légal	5	7	9
Paiements en dollars	Informel/Criminel	11	4	3
Contrats de travail	Légal	1	9	13
Recours à la protection des gars	Criminel	13	6	1
Cotisation à la sécurité sociale	Aucun secteur	10	10	10
Contrats écrits	Aucun secteur	6	8	11
Connaissances dans la bureaucratie d'Etat (*gosorgany*)	*Tous les secteurs*	3	5	2
Paiement des accises	Aucun secteur	8	13	6
Paiement des impôts sur le profit	Légal	4	12	7
Paiement de la TVA	Aucun secteur	7	11	12

On se passe de la violence seulement à la condition que les parties d'un conflit soient protégés par le même parapluie, licite ou non.

Quand il n'existe pas de justice unique et absolue, la violence fleurit aux frontières entre les diverses juridictions. Par exemple, la protection des voleurs légaux diminue le risque que la violence éclate

[817] Entretien n°12*

un jour entre *leurs* protégés. “ Si un voleur légal protège un commerçant, et l’autre voleur légal - l’autre commerçant, et le voleur légal ayant plus d’autorité appuie le sien commerçant, quoique celui-ci ait tort ou raison, alors, on organisera une réunion des voleurs légaux (*shodka*). Le voleur légal ayant meilleure réputation (*avtoritet*) que les autres juge la situation. Là, on essaye de trouver la partie du conflit qui a raison. Le voleur légal dont l’appui a été simplement acheté sera découronné ”[818]. Paradoxalement, si l’Etat ne peut pas assurer son monopole de la justice licite, il a intérêt à laisser les voleurs légaux agir. C’est une façon possible d’éviter la généralisation du principe “ la force appuie le droit ” dans la “ petite ” société.

La “ privatisation ” de l’ordre public renforce la pénétrabilité de la frontière public/privé. Elle va même plus loin, en vidant de sens la notion de la propriété privé dans le contexte post soviétique. Au bout du compte, c’est le protecteur qui devient le possesseur des actifs appartenant *de jure* à ses protégés. Au moins, le droit de possession (*ius possendi*) en tant que l’élément constitutif du droit de propriété, se transfère-t-il, volontairement ou non, au protecteur. Cela correspond, d’ailleurs, au modèle des relations entre le seigneur et le vassal[819]. Le droit de possession consiste dans le “ contrôle physique de la propriété et dans la volonté d’effectuer un contrôle exclusif, y compris par l’intermédiaire des représentants des intérêts du possesseur, les agents ”[820]. Or, le contrôle physique n’est que le revers de la protection en sens large. “ *Etiez-vous au courant des flux monétaires, des détails commerciaux ?* - Non. *Alors, vous étiez responsable seulement...* - J’étais responsable de tout. ... *de la résolution des conflits ?* - J’étais responsable de tout ”[821]. “ *Qu’est-ce que vous entendez par ‘votre’ magasin, ‘votre’ casino, ‘votre’ rue ? En fait, le magasin appartient à quelqu’un d’autre ?* - En pratique, c’est mon magasin. *Qu’est-ce que vous permet de dire ainsi ?* - C’est ma réputation (*avtoritet*) qui sert de protection... Dans les conflits gagne celui qui a une réputation plus célèbre. On acquiert la réputation au fur et à mesure qu’on est impliqué à plus grand nombre possible des conflits... On perd la réputation si l’on ne bouge pas ”[822].

---

[818] Entretien n°25

[819] Le seigneur était le *possesseur* de la terre, tandis qu’il pouvait déléguer le droit d’utilisation (*ius utendi*) et le droit de disposition (*ius abutendi*), parmi les autres droits, au vassal. Le droit socialiste a crée une construction juridique comparable, la “ gestion suivie ” (*operativnoe hozjajstvennoe upravlenie*) de la propriété d’Etat. Le Code Civil de 1994 a gardé cette construction (Art. 2961) pour les entreprises d’Etat dites unitaires.

[820] Redmond P., Shears P., “ *General Principles of English Law* ”, London : Pitman Publishing, 1964, p.271-272

[821] Entretien n°5, il s’agit d’un garage protégé à l’époque par l’interviewé.

[822] Entretien n°23

L'Etat comme protecteur privé ne fait pas exception à cette règle. Il continue à intervenir dans les affaires des entreprises *privatisées*, si elles restent sous son patronage. David Stark parle à ce propos de la pénétrabilité de la frontière entre la propriété d'Etat et la propriété privée dans les pays de l'Europe de l'Est[823]. Les relations de l'Etat russe avec les compagnies pétrolières majeures dont *LUKOil* nous servent ici d'exemple.

Nous revenons, donc, au lien direct entre les fonctions de surveiller et de maintenir l'ordre tel qu'il a été a observé dans le milieu carcéral. Les voleurs légaux et leurs lieutenants ne surveillent pas afin de punir, ils surveillent pour maintenir l'ordre local. Il est difficile, voir impossible de différencier l'ordre local de la surveillance. En résumant, le marché post-soviétique se fonde sur deux principes constitutifs, la localité et la dépendance. Le contexte de " petite " société met en question la viabilité et l'autonomie du marché. La dualité des normes propre à la " petite " société contredit l'impératif de la confiance généralisée sans laquelle les transactions marchandes à long terme sont irréalisables. La recherche d'une sortie de l'impasse de la méfiance amène les entrepreneurs post-soviétiques à se mettre à l'abri de la protection privée. Le marché local se transforme en marché dépendant : de l'Etat, de la criminalité organisée, des grandes puissances économiques à l'échelle internationale... Sans que la société russe ne se transforme en " grande " société, le marché ne cessera pas d'osciller entre deux extrémités, la localisation complète et la dépendance aussi complète.

5.2. Réforme pénitentiaire

A la différence des réformes marchandes, la réforme pénitentiaire commence aussi au début des années 90 poursuit les objectifs plus limités. Il ne s'agit pas de transformer la société prisonnière en " grande " société, mais de reconnaître les droits minima des détenus et de réduire le niveau de la violence dans le milieu carcéral. D'une part, on peut expliquer le succès relatif de la réforme pénitentiaire dont la dynamique des délits commis en détention sert de preuve par le caractère modéré de ses objectifs[824]. Mais, d'autre part, le déroulement de celle-là s'inscrit dans une logique autre que le simple choix entre l'approche téléologique et l'approche génétique. Les réformateurs en matière de la détention essayaient de réconcilier les

---

[823] Stark D., " Recombinant Property in East European Capitalism ".

[824] Nous avons étudié en détailles l'impact positif de la réforme pénitentiaire sur la situation dans les prisons russes dans Olejnik A., " Le changement institutionnel : une analyse sociologique de la réforme pénitentiaire en Russie " : *Revue d'études comparatives Est – Ouest*, Vol.30, n°1, 1999

tendances *existantes* avec les principes d'organisation *désirables*. Ils procèdent à l'interprétation des éléments constitutifs de la société carcérale et à l'institutionnalisation de certains parmi eux. " Les institutions pragmatiques doivent passer un test de légitimité (la comparaison des objectifs avec les besoins d'une communauté) et un test d'efficacité (la comparaison de la structure actuelle avec la meilleure possible théoriquement du point de vue de la satisfaction des besoins sociaux "[825]

5.2.1. Brève histoire du Code d'Application des Peines

Bien que le premier Code Pénal soit apparu en Russie avant celui de la France (en 1769 et 1791 respectivement[826]), le souci de la régulation législative de la punition était moins manifeste en Russie qu'en France. L'Etat imposé et disjoint n'a pas beaucoup d'intérêt à respecter les droits de ceux qu'il considère comme délinquants et criminels, - même les droits de ses sujets loyaux ne le préoccupent pas trop. Par ailleurs, l'idée de la protection légale des droits des détenus n'a pas de longue histoire dans les pays occidentaux non plus. Par exemple, " l'idée que les détenus peuvent avoir des droits est relativement nouvelle en Allemagne ", où les législateurs n'ont commencé à l'accepter qu'au début des années 70[827]. La France et les Etats-Unis ont connu une évolution aussi longue vers l'acceptation de l'idée des droits des détenus. De plus, les révoltes de détenus en 1971 et en 1974 et le militantisme révolutionnaire du Groupe d'Information sur les Prisons ne permettent pas d'appliquer le mot d'évolution au cas français. Regardons de près les étapes majeures sur la longue route vers la reconnaissance des droits des prisonniers.

Les premiers efforts orientés vers l'humanisation du traitement des détenus en France datent de la période de l'après-guerre. En 1947-1948 ont été supprimés la punition de privation de visite et de correspondance et celle de " salle de discipline " dont la raison d'être consista à supplicier les détenus rebelles[828]. A la même époque l'administration commença à accorder le droit de fumer, mais seulement à titre de récompense des détenus dociles. Les détenus surtout apprécient les visites des proches et la correspondance

---

[825] Wagener H.-J., " Pragmatic and Organic Change in Socio-Economic Institutions ", in Dallago B., Brezinski H., Andreff W. (eds.), *Op. cit.*, p.19

[826] Foucault M., *Op. cit.*, p.13

[827] Feest J., Weber H.-M., " Germany : Ups and Downs to Imprisonment – Strategic or Unplanned Outcomes ? ", in Weiss R., South N. (eds.), " *Comparing Prisons Systems : Toward a Comparative and International Penology* ", Gordon and Breach Publishers, 1996, p.251

[828] Petit J.-G. et Alliées, *Op. cit.*, p.297

familiale, car ceux-ci permettent de maintenir la socialisation autre que par le milieu carcéral. Le Code de Procédure Pénale mis en vigueur le 12 décembre 1958 a contenu une novation importante concernant les mécanismes de la protection des droits des détenus fixés par la Loi. Le juge d'application des peines chargés " d'assurer l'individualisation de l'exécution de la sentence judiciaire en orientant et en contrôlant les conditions de son application " et " de décider les principales modalités du traitement auquel sera soumis chaque condamné "[829].

La seconde vague de l'humanisation s'est produite à la fin des années 60 - au début des années 70, à la suite du mouvement de mai 1968 et des révoltes de prisonniers subséquentes. En 1969 on a aboli le retrait des fournitures de couchage dans les cellules disciplinaires. En 1972 le régime des " vivres restreints " (pain et soupe) a été supprimé, tandis qu'auparavant tout détenu puni par la cellule disciplinaire était privé de pitance ordinaire un jour sur deux[830]. Parmi maintes autres améliorations de la vie des détenus français qui datent de 1972-1975 indiquons la suppression de la règle du silence, l'autorisation de lire des journaux et des revues, d'écrire une lettre par quinzaine (après 1975 - sans limitation), le droit d'écouter la radio, le droit de fumer, le droit de se lasser pousser la barbe [831]. Les développements récents en matière de droits des détenus incluent la sophistication des procédures de leur protection légale. En particulier, la Convention de sauvegarde des droits de l'homme du Conseil de l'Europe (ratifiée par la France le 3 mai 1974) donne aux détenus le droit de défendre leurs intérêts, y compris dans le cas de la prononciation d'une sanction disciplinaire, à un tribunal impartial. " Toute personne a droit à ce que sa cause soit entendue équitablement, publiquement et dans un délai raisonnable, par un tribunal indépendant et impartial, établi par la loi, qui décidera, soit des contestations sur ses droits et obligations de caractère civil, soit du bien-fondé de toute accusation en matière pénale dirigée contre elle " [832]. Quoique cette norme ne soit pas toujours appliquée en France, elle représente le dispositif légal potentiellement puissant qui limite le pouvoir discrétionnaire de l'administration pénitentiaire.

Pendant les années 80, le téléphone, le réfrigérateur, la télévision et même l'ordinateur sont devenus accessibles aux détenus, ce qui crée parfois une image de la " prison quatre étoiles "[833] Au moins, la règle d'or, selon laquelle le niveau de la vie carcérale doit être

---

[829] Art. D. 116 du CPP. *Code de Procédure Pénale*, Paris : Litec, 1995, p.608

[830] Observatoire International des Prisons, *Op. cit.*, p.205 ; Seyler M., *Op. cit.*, p.60

[831] Rostang C., *Op. cit.*, p.10-11

[832] Art. 6, *Code de Procédure Pénale*, p.731

[833] Sur la richesse et la pauvreté en prison, voir Marchetti A.-M., *Op. cit.*

toujours inférieur à celui de l'ouvrier le plus pauvre, dans le contexte de la société de consommation, libère-t-elle les détenus des privations matérielles d'autrefois. L'augmentation du niveau de la vie général aussi que l'évolution des cadres légaux de la détention contribuent à l'humanisation progressive du traitement des détenus dans les pays occidentaux. C'est dans ce mouvement de l'humanisation que le réforme pénitentiaire russe s'inscrit : les directives du Conseil de l'Europe en matière pénitentiaire et l'expérience des pays de l'Europe de l'Ouest servent à celle-là de repères.

Une des directives du Conseil de l'Europe concerne l'organisation du contrôle du système d'exécution des peines. De 1895 jusqu'à 1921 et de l'octobre 1956 jusqu'à l'avril 1957 le système pénitentiaire russe (soviétique) était sous la tutelle du Ministère de la Justice. En dehors de cette brève période le rôle du ministère de tutelle a joué le Ministère des affaires intérieurs (*MVD - Ministerstvo Vnutrennih Del*). Les prisons russes ne sont revenues sous la tutelle de la justice qu'en 1998 (les prisons au Kazakhstan - en 2001), bien que les fonctionnaires de l'administration pénitentiaire continuent à porter l'uniforme de la milice (l'uniforme verte, à la différences de l'uniforme bleu portée par les corps de la justice). La question de l'uniforme n'aurait aucune importance en soi, si elle n'était pas liée à un problème beaucoup plus important, celui de la protection des droits des détenus. De ce point de vue, la tutelle du Ministère de la Justice semble nécessaire et logique. Quoique l'Etat soviétique reconnût *de jure* l'idée des droits des détenus[834], les prisonniers ont senti les premiers changements *réels* seulement au début des années 90. " Déjà de 1987 jusqu'à 1990 l'administration a voulu nous montrer qu'elle respectait les droits de l'homme. Par exemple, ils pouvaient t'insulter, te frapper avant 1987. Ils pouvaient faire tout ce qu'ils voulaient. J'ai éprouvé ça sur ma peau. Alors, en 1987... Les changements se sont produits brusquement, ils n'étaient point graduels. Tout le monde se changeait (*perestraivalsja*, du mot *perestroïka*). Là-bas et ici aussi. Le maître [le directeur], qui t'avait considéré hier comme bête sauvage, a commencé à parler avec toi, parler tranquillement. Ils ont reçu un ordre de cesser de faire des goujateries. Et ils ont commencé à apprendre que les détenus sont tout d'abord des hommes "[835].

Si l'on demande à un prisonnier russe ayant une grande expérience de la détention de rappeler les moments le plus pénibles et dures, il

---

834 Un passage des " Récits de Kolyma " de V. Chalamov est pertinent à ce propos : " Sur les murs des baraques on voit parfois afficher 'Les droits et les obligations des détenus'. Les détenus ont de nombreuses obligations et peu de droits. Le 'droit' soumettre une demande auprès le supérieur, mais pas la demande collective... Le 'droit' d'écrire les lettres censurées aux proches... Le 'droit' à l'aide médicale... " (Chalamov V., *Op. cit.*, t.1, c.141).

835 Entretien n◦14

évoquera sans doute les privations qu'il a subi dans les quartiers disciplinaires. Le régime des " vivres restreints " était pratiqué couramment jusqu'au début des années 90. " Pendant les années 70, je me souviens, la pitance n'était distribué aux détenus [dans la cellule disciplinaire] qu'un jour sur deux. Le premier jour on te donne un petit déjeuner et un dîner, soupe et plat du jour. Le second jour on te donne le *funt*, une tasse de l'eau chaude et du sel. *Le funt, c'est une ration du pain ?* - Oui, 450 grammes du pain. Ordinairement, on te donne 650 grammes par jour, tandis que dans le quartier disciplinaire - 450 "[836]. En outre, la punition de cellule disciplinaire était considérée souvent par l'administration comme un prétexte quasi légal pour donner des coups au détenu présumé coupable d'une infraction. " Quand je suis arrivé [à la prison] en 1995, ils nous donnaient encore des coups. Maintenant la situation a changé. S'ils recourent encore à la force physique, c'est plutôt une exception que la règle "[837]. Aucune lettre, aucune visite, aucun colis n'étaient pas autorisés aux détenus placés dans le quartier disciplinaire. La loi laissait l'autorité de fixer la durée de la punition disciplinaire au directeur du pénitencier. " La durée de la punition de cellule disciplinaire (*PKT*) n'est pas limitée. En fait, elle peut être égale à la durée restante de la peine "[838]. " Auparavant le maître n'avait pas envie de discuter. Il pouvait te donner quatre quinzaines consécutives [de la punition disciplinaire]. Il est très difficile, voir impossible, de supporter quatre quinzaines pour un homme ordinaire. C'est comme Buhenvald "[839].

La loi du 12 juin 1992 a fixé pour la première fois la durée de la punition disciplinaire. Cette loi a entraîné série d'amendements au Code d'Application des Peines (*Ispravitel'no-Trudovoj Kodeks*) mis en vigueur le 1 juin 1971. En particulier, la loi du 12 juin 1992 a énuméré explicitement les droits des détenus, dont la liberté de la croyance, le droit à la sécurité individuelle, le droit à l'information[840] concernant les droits et les obligations du détenu, le droit de correspondance, le droit aux visites, le droit aux communications téléphoniques, le droit au congé, le droit aux déplacements libres à l'intérieur de la colonie, le droit de signer les contrats d'assurance. Par la même loi ont été supprimés les limites du poids des colis adressés aux détenus (auparavant les détenus pouvaient recevoir les colis de moins 3 kilos seulement à seconde moitié de la durée totale de

---

836 Entretien n°21

837 Entretien n°29

838 " *Kommentarij k Ispravitel'no-Trudovomu Kodeksu RSFSR* ", Moskva : Yuriditcheskaja literatura, 1979, c.120

839 Entretien n°21

840 La vente libre du Code Pénal et du Code d'Application des Peines n'a été autorisée que pendant une brève période après la mort de Staline (Rossi J., *Op. cit.*, t.2, c.425).

l'emprisonnement), a été aboli le retrait des fournitures de couchage dans les cellules disciplinaires, a été admis le contrôle publique des institutions pénitentiaires. Ensuite, la loi du 18 février 1993 a mis fin à la pratique de la déportation (*vysylka*) et de l'exil (*ssylka*)[841]. La loi du 6 juillet 1993 a supprimé la règle de l'emprisonnement séparé des récidivistes et de ceux qui ont commis des crimes graves pour la première fois, ce qui misait en question l'existence des " cygnes blanches ", les colonies du régime de haute sécurité spécialement crées pour accueillir les récidivistes.

La mise en vigueur le premier juillet 1998 du nouvel Code d'Application des Peines (*Ugolovno-Ispolnitel'nyj Kodeks*[842]) a résumé ces développements. Il garantit les droits des détenus dont le droit à la sécurité individuelle (Art. 13), le doit d'acheter les produits à la cantine, le droit aux visites, le droit de recevoir les colis, le droit de correspondance, le droit aux communications téléphoniques, le droit aux promenades, le droit de regarder la télé, le droit de garder les livres et les revues (Art. 88-95)[843]. Le tableau ci-après sert d'illustration du progrès en matière de la humanisation du traitement des détenus par rapport au dernier Code d'Application des Peines soviétique[844] :

Tableau 106

Il est autorisé aux détenus à (par an)	CAP de 1998		CAP de 1971					
	Régime commun ([845])		Régime comm.	Régime renforcé	Régime de haute sécurité	Régime spécial	Prison	Prison de haute sécurité
	Condit. normales	Condit. allégées						
Envoyer les lettres	Sans limites			36	24	12		6
Recevoir de petits colis	6	12	2					

[841] Par exemple, le dissident célèbre Andrej Saharov a été exilé à la ville de Gorkij pendant les années 70-80.

[842] Le nouvel Code a supprimé le caractère obligatoire du travail pour les détenus. L'obligation de travailler a été fixé même par le titre de l'ancien Code " de correction et de travail ".

[843] " *Ugolovno-Ispolnitel'nyj Kodeks Rossijskoj Federacii* ", Moskva : Infra M, 1997, c. 7, 46-58

[844] Auprès de " *Ugolovno-Ispolnitel'nyj Kodeks Rossijskoj Federacii* " ; Rossi J., *Op. cit.*, t.2, c.481

[845] En développant le système progressif, le CAP de 1998 prévoit non seulement les divers régimes de la détention, mais en outre les diverses conditions à l'intérieur du même régime (Tkatchevskij Yu., *Op. cit.*, c.86-99).

Recevoir des visites dans le parloir avec le dispositif de séparation	4	6	3	2		1	2	0
Recevoir des visites dans le parloir sans dispositif de séparation	4	6	2+1 (à titre de récompense)		1+1 (à titre de récompense)		0	
Recevoir de grands colis	6	12	3	2	1		0	
			A seconde moitié de la durée totale de l'emprisonnement					
Acheter des produits à la cantine (par mois)	50%	100%	7+4	6+3	5+2	4+1	3+1	2
	Du salaire minimal fixé par la loi		Roubles, (+) : la limite accordée à titre de récompense (cf. le salaire moyen à l'époque a été environ 100-120 roubles)					

5.2.2. Droits des prisonniers : la Loi et la réalité

Grosso modo, les détenus évaluent les changements dans l'organisation de leur vie quotidienne résultant de la réforme pénitentiaire de façon positive. Nous avons effectué le travail sur le terrain à la période qui a précédé et a suivi immédiatement le moment de la mise en vigueur du nouvel Code d'Application des Peines. Ce qui donne une crédibilité complémentaire aux jugements de nos interlocuteurs : leur majorité absolue ont vécu au moins sous deux régimes pénitentiaires. En répondant à la question “ Est-ce que votre situation personnelle s'est améliorée pendant les dernières années ? ”, 36% de nos interviewés proclament que oui (Tableau 107). Les développements récents suscitent l'optimisme incontestable des détenus qui se traduit par l'anticipation d'une amélioration continue de leur situation personnelle dans le futur immédiat. La majorité absolue de nos interviewés, 53,8%, répondent que oui à la question “ Anticipez-vous une amélioration de votre situation personnelle dans la détention ? ” (Tableau 108). La perception des choses encore plus optimiste au Kazakhstan, comme nous l'avons déjà supposé, peut s'expliquer par une sorte d'euphorie caractéristique pour les premières étapes des réformes. Paradoxalement, mais le nombre des optimistes parmi les détenus russes dépasse celui parmi les russes ordinaires. Au moins, la dynamique des réponses à la question posée à la fin de chaque année par le VCIOM, “ Quel sera pour vous le Nouvel An ? ”, le laisse-t-elle supposer (Tableau 109)[846].

[846] “ *Uhodjaschij god* ” : http::www.polit.ru, le 27 décembre 1999. Nous ne reproduisons que les réponses optimistes.

Tableau 107

	Russie, N=712	Kazakhstan, N=396
Oui	36	50,8
Non	53,5	38,6
Pas de réponse	10,5	10,6

Tableau 108

	Russie, N=712	Kazakhstan, N=396
Oui	53,8	64,9
Non	41,6	30,1
Pas de réponse	4,6	5

Tableau 109

	1993	1994	1995	1996	1997	1998	1999	2000
Mieux que le précédant	4	6	6	5	5	4	2	6
J'espère bien que mieux	35	42	36	33	28	31	27	49

Afin de différencier l'optimisme provoqué par la réforme institutionnelle de l'optimisme dit naturel, caractéristique à certains humeurs et à certains conditions[847], intéressons-nous à une nouvelle image de l'administration dans la conscience des détenus. Bien que les réponses à la question " L'administration a-t-elle changé son attitude à l'égard des détenus pendant les dernières années ? " ne sont pas univoques (Tableau 110), il existe une corrélation positive entre celles-ci et les réponses à la question sur la confiance à l'administration[848]. Autrement dit, ce sont plus souvent les détenus faisant confiance à l'administration pénitentiaire qui anticipent l'amélioration de leur situation personnelle.

Tableau 110

	Russie, N=712	Kazakhstan, N=396
Pas de changements	49,6	46,7
Oui, son attitude s'est améliorée	22,5	37,4
Non, son attitude s'est aggravée	17,1	8,1
Pas de réponse	10,8	7,8

---

[847] Sur l'optimisme naturel, John Maynard Keynes a remarqué autrefois : " La plupart de nos décisions ayant le caractère positif et l'impact desquels n'apparaîtra que dans plusieurs jours, sont prises uniquement sous l'influence de la joie " (Keynes J., " *Izbrannye proizvedenija* ", Moskva : Ekonomika, 1993, c.349).

[848] *L'administration a-t-elle changé son attitude à l'égard des détenus ?*

Faites-vous confiance à l'administration ?

	Non (100%)	Amélioration (100%)	Dégradation (100%)
Oui	15,2%	52%	7,7%
Non	84,8%	48%	92,3%

Les résultats des entretiens confirment que les traits les plus odieux commencent à passer au second plan dans la perception de l'autorité licite par les détenus. " Les gens commencent à se sentir un peu plus libres, dégagés. Auparavant on pouvait te donner des coups à l'occasion de n'importe quelle infraction, maintenant c'est fini. L'homme peut montrer son désaccord au surveillant, au responsable de l'*otrjad*, s'il pense qu'ils avaient tort "[849]. " Je ne dirais pas que l'attitude de l'administration [à l'égard des détenus] est mauvaise. Il n'y a plus du traitement de dragon, les relations sont plutôt correctes. Si l'on compare la situation d'aujourd'hui et celle d'avant, maintenant les relations sont mieux, plus humaines. Ça, il ne faut pas le démentir... On peut résoudre les problèmes ensemble avec l'administration. Auparavant c'était plus sévère, brutal. On voit plus de la justice maintenant "[850]. Les détenus surtout apprécient quand on s'adresse à eux correctement, ce qui constitue la meilleure preuve qu'on les traite tout d'abord en tant qu'hommes. " Maintenant je peux m'adresser en cas d'un conflit à Andrej Yur'evitch [un surveillant gradé], parce que l'attitude a changé. Même à l'égard de moi. Je peux parler tranquillement avec lui. Il ne me considère pas comme bête sauvage. Il essaye de me comprendre. S'il y a un conflit dans la cellule, je m'adresse au responsable de l'*otrjad.* Si celui-ci me traite correctement, je ne me permettrais jamais de faire quelque chose de trop. Mais si l'on recommençait à me traiter comme autrefois, je désobéirais de nouveau. J'agirais par méchanceté, je chercherais n'importe quelle prétexte pour me rebeller "[851]. L'explication clé de l'amélioration graduelle de l'image de l'autorité licite consiste dans son respect des droits minima des détenus. Les principes du civisme, autrefois impensables non seulement dans la prison, mais dans la société soviétique, commencent à influer sur l'organisation de la vie quotidienne carcérale. " Les êtres sont des personnes lorsqu'ils sont susceptibles d'avoir des droits et des obligations "[852]. La hiérarchie des droits garantis par le CAP[853] (les réponses à la question " Quels

[849] Entretien n°25. Cf. " Pour quelle raison on a fusillé ? 'Pour une offense aux surveillants'. Une insulte, une réponse sans pitié manifeste, n'importe quel 'discours' dans les rangs pourraient être considérés comme offenses " (Chalamov V., *Op. cit.*, t.1, c.54).

[850] Entretien n°18

[851] Entretien n°3a

[852] Boltanski L., Thévenot L., *Op. cit.*, p.233

[853] Un nombre important des détenus ont lu le texte du CAP :

Avez-vous lu le texte du nouvel CAP ?	Russie, N=131	Kazakhstan, N=396
Oui	51,1	36,1
Non	44,3	59,9

doits vous importent le plus ? ", trois variantes au maximum ont été autorisées) met en avant l'importance des droits " non économiques " :

Tableau 111

	Russie, N=712	Kazakh., N=396	France, N=59
Le droit au traitement correct	67,6	77,4	75,9
Le droit aux visites	47,3	42	50
Le droit de recevoir les colis, le droit de correspondance	33,3	23,6	46,6
Le droit à la sécurité personnelle	29,5	33,6	20,7
Le droit de regarder la télé	26,6	32,6	3,5
Le droit d'acheter les produits à la cantine	23,1	10,5	13,8
Le droit aux communications téléphoniques	16,7	16,8	•
Le droit aux promenades	7,7	6,3	10,3

La valeur du droit au traitement correct dans la conscience des détenus mérite notre attention spéciale : plus de 20% des soufrages (plus de 35% au Kazakhstan !) sépare ce droit de celui qui a été placé au second rang. Un témoignage de Jacques Rossi semble pertinent à ce propos : " A la fin des années 40, j'étais témoin qu'une brigade de détenus a accepté de prendre la relève après avoir déjà travaillé 11 _ heures pour un simple raison. Le chef du chantier s'est adressé à eux : 'Je vous demande, *camarades*' "[854]. Le Règlement intérieur explicite le traitement correct de la manière suivante : " Les fonctionnaires de l'administration pénitentiaire doivent vouvoyer les détenus et s'adresser à ceux-ci par 'Condamné ou citoyen', suivi de leur nom de famille "[855].

Or, les détenus ne réduisent pas le traitement correcte au simple fait du vouvoiement. Pour eux, c'est plutôt la question du tact minimal, du respect minimal d'autrui. " Le responsable de ton *otrjad* , il te regarde parfois comme bête sauvage. Tu n'es pas l'homme pour lui, sans aucun droit... Je suis allé dormir ce dimanche. Il vient et

Pas de réponse	4,6	4

[854] Rossi J., *Op. cit.*, t.2, c.409. Cf. la réponse habituelle autrefois au détenu qui a appelé un membre de l'administration " camarade " : " C'est un loup dans la forêt de Briansk qui est ton camarade ". L'adresse exigée a impliqué que les détenus précédaient chaque phrase " Citoyen mon supérieur ... " (*Grajdanin natchal'nik*).

[855] " *Pravila vnutrenego rasporjadka ispravitel'nyh utchrejdenij* ", c.6

arrache un rideau mis sur mon lit. Je lui dit : 'Mon supérieur, à quoi bon arracher le rideau ?'. Il commence à crier : 'Tu peux aller te faire foutre !' et ainsi de suite. Je viens après dans son bureau et lui reproche sa grossièreté. 'Et comment veux-tu qu'on te traite ?' - répond-il. Je dis qu'il serait souhaitable de me vouvoyer, on n'est pas les amis avec vous pour se tutoyer... Alors, il faut qu'ils ne nous provoquent pas. Leur impolitesse consiste dans la provocation. Ils te provoquent sans cesse. Déjà la tonalité de leurs adresse provoque parfois. Quand tu leur réponds de la même façon, ils commencent à se référer à la Loi. Ils te mettent dans une cellule disciplinaire pour offense à l'administration "[856].

Le traitement correct en sens large nécessite, donc, le tact et le respect de bonne distance dans le monde où les autres dispositifs de la protection de l'espace privé font défaut. La confiance à l'administration est corrélée d'une manière positive et significative (0,387) avec son respect du droits des détenus au traitement correct, ce qui prouve notre hypothèse sur le lien direct entre le tact et la confiance (voir la sous chapitre 3.4.1). Par conséquent, il existe une chaîne causale qui lie le tact à l'attitude optimiste à l'égard des perspectives personnelles dans la prison par un anneau intermédiaire - la confiance à l'administration.

L'importance que les détenus donnent aux droits garantis par le CAP coïncide guère avec la hiérarchie des priorités de l'administration, au moins à l'heure actuelle. Les réponses à une question sur les droits que les détenus ont *de facto* rendent manifeste un décalage entre deux optiques, d'en bas et d'en haut (voir Tableau 112, % des réponses " oui, je peux faire valoir ce droit "). Le droit au traitement correct que le détenus apprécient le plus apparaît en même temps le moins protégé.

Tableau 112

Quels droits pouvez-vous faire valoir ?	Rus. N=712	Kaz. N=396	Fr. N=59	Variation du rang (importance - réalisation)		
				Rus.	Kaz.	Fr.
Le droit aux promenades	56,9	51,8	83,1	+7	+7	+4
Le droit de garder les livres et les revues	53,8	56,6	•	•	•	•
Le droit aux visites	52,4	50,3	83,1	0	-1	0
Le droit de recevoir les colis, le droit de correspondance	50,1	50,8	81,4	0	+3	-1,5
Le droit de regarder la télé	45,9	46,2	83,1	+1	0	+5

[856] Entretien n°35a

Le droit aux communications téléphoniques	36,2	36,1	•	+2	+1	•
Le droit à la sécurité personnelle	34	31,1	76,3	-2	-3	-2,5
Le droit au traitement correct	29,2	27,5	76,3	-6	-7	-5,5
Le droit d'acheter les produits à la cantine	28,8	29	81,4	-2	0	+0,5

Quels sont les facteurs qui empêchent les détenus de faire valoir leurs droits et qui risquent de produire une situation proche de celle que connaît l'Allemagne : " Dans l'histoire allemande la reconnaissance des droits des détenus en théorie coexiste avec leur ignorance en pratique "[857]. Comme nous allons le montrer, certains obstacles ont un caractère technique ou objectif, tandis que les autres mettent en relief la nécessité de dépasser complètement le modèle de l'autorité disjointe et hostile. La réforme a déclenché ce processus, mais il est encore très loin de son aboutissement.

Tout d'abord, la gestion centralisée et bureaucratisée propre au modèle soviétique se base sur toute une série des dispositifs administratifs et les lois ne constituent que la partie visible de cet iceberg. Les arrêtés ministériels, les ordres, les règlements de type et les règlements intérieur de chaque pénitencier[858] forment un corps des règles complexe et hétérogène. Même dans une situation stable, le nombre exorbitant des éléments dans la machinerie bureaucratique rend leur accord extrêmement difficile, voir impossible. La mise en mouvement du système aggrave la situation en créant des décalages et des blocages permanents. La séquence désirable des changements institutionnels (voir Figure 30[859]) reste un idéal inatteignable dans le cadre de n'importe quelle institution totale.

La mise en vigueur du nouveau CAP (le changement des règles constitutives) n'a pas été suivi par les changements immédiats des règles aux niveaux inférieurs du système pénitentiaire. Par exemple, le Règlement intérieur en vigueur a été élaboré au sein du Ministère des affaires intérieures, l'ancien ministère de tutelle. En conséquence, le Règlement définit les droits des détenus autrement que le Code d'Application des Peines :

---

857 Feest J., Weber H.-M., *Op. cit.*, p.253

858 L'élaboration du règlement intérieur d'un pénitencier relève de la compétence de son directeur. En France existe le même procédure (Observatoire International des Prisons, *Op. cit.*, p.26).

859 Auprès de Ostrom E., " *Governing the Commons. The Evolution of Institutions for Collective Action* ", p.53

Tableau 113

Le Conseil de l'Europe ([860])	Le CAP	Le Règlement intérieur ([861])
Le droit à la vie	Le droit de sécurité	Le droit au traitement correct
L'interdiction de la torture	Le droit aux promenades	Le droit à l'information concernant ses droits
L'interdiction de la servitude	Le droit de recevoir les colis	Le droit de déposer une plainte, une proposition
Le droit à la sûreté	Le droit de correspondance	Le droit de s'adresser à un avocat
Le droit à la justice	Le droit de regarder la télé	Le droit de participer aux activités des organisations de détenus
Le droit à la liberté de la pensée	Le droit d'acheter les produits à la cantine	Le droit de garder et d'utiliser les objets autorisés
Le droit à la liberté d'expression	Le droit aux communications téléphoniques	Le droit de participer aux activités sportives et culturelles
Le droit à la liberté d'association	Le droit de garder les livres et les revues	Le droit d'utiliser la bibliothèque
Le droit au respect de la vie privée	Le droit aux visites	Le droit d'utiliser de son gré le temps libre

En effet, la non coïncidence des définitions constitutive et opérationnelle des droits facilite le comportement opportuniste et discrétionnaire des fonctionnaires de l'administration pénitentiaire, - ils se transforment en exégètes des textes réglementaires. " Je lis dans le Code une chose, alors que le directeur adjoint se réfère aux autres documents. Lui, il s'en tient aux explications que ses supérieurs lui ont donné. Il ne se tient pas au Code établi par l'Etat "[862]. " La Loi est mise en vigueur, tandis que la pratique de son application réelle reste obscure "[863]. Nos interlocuteurs illustraient l'obscurité et le caractère contradictoire de l'application du CAP par de nombreux exemples.

Il est permis aux détenus d'acheter la télé pour réaliser leur droit de la regarder, mais seulement *collectivement*. L'usage privé de la télé est interdit selon les commentateurs du Code[864].

---

860 Marie J.-B., " Droits de l'homme ", dans Arnaud A.-J. (sous la direction de), *Op. cit.*, p.209 ; *Code de Procédure Pénale*, p.729-732

861 §31 du Règlement Intérieur, " *Pravila vnutrennego rasporjadka ispravitel'nyh utchrejdenij* ", c.4

862 Entretien n°5

863 Entretien n°29

864 En France tous les établissements ont un stock de télés pour prêter les postes même aux plus indigents (Marchetti A.-M., *Op. cit.*, p.96).

Alors, une seule poste de télé ne suffit pas pour satisfaire les besoins d'une centaine des personnes, ce qui suscite de micro conflits quant au choix de l'émission à regarder etc. Ensuite, personne ne peut comprendre la raison de l'interdiction de posséder les magnétophones. Le Règlement intérieur autorise explicitement seulement les postes de télé, - argumente sa position l'administration pénitentiaire.

" Moi, j'ai cassé personnellement trois magnétophones. Ils [l'administration] venaient enlever les magnétophones, et moi, je cassais ceux-ci afin de ne pas permettre de les ôter. Je suis le propriétaire légal de ces magnétophones, j'ai tous les documents... Comment peuvent-ils m'interdire de les utiliser ? "[865]. Le droit de regarder la télé contredit souvent les exigences du Règlement intérieur en matière de l'emploi du temps. Les chaînes préfèrent diffuser les films et les émissions intéressants à une heure de grande écoute (de 20 jusqu'à 23 heures), tandis que les détenus sont obligés d'aller dormir à 22 heures. " L'homme travaille toute la journée, il aimerait bien regarder la télé le soir, il y a des films le soir. On ne peut regarder les films que le soir. Un film commence à 21 heure, il finit à 23 heures. Or, à 22 heures il faut que j'aille dormir... Je rate le film... "[866]. Les tentatives pour réaliser le droit aux communications téléphoniques se heurtent à un autre obstacle. A défaut d'espace privé, toutes les communications téléphoniques, y compris les plus personnelles, devraient s'effectuer sous les regards indiscrets des surveillants.

" On a autorisé les communications téléphoniques. Mais ici il n'y a pas de cabine qui permettrait de parler tranquillement. Alors, il faut qu'on appelle d'un poste de surveillance (*vahta*). Même là-bas, il n'existe pas de la place spécialement aménagée à cette fin "[867]. En ce qui concerne le droit d'acheter les produits à la cantine, aussi que celui de recevoir les colis, la liste des objets autorisés à la possession telle qu'elle est fixée par le Règlement intérieur (19 positions) ne coïncide guère avec celle des objets de première nécessité. Par exemple, les produits qui exigent leur préparation au chaud en sont exclus. " On a enlevé les fours. 'On ne peut pas payer les charges de l'électricité. On a une dette exorbitante', - expliquent-ils [l'administration]. Ensuite ils ont interdit les produits qui exigent la préparation au chaud, c'est-à-dire les produits les plus nécessaires... "[868].

---

[865] Entretien n°38

[866] Entretien n°35a

[867] *Ibid.* Si le lieu de la détention d'un prisonnier se trouve loin de son domicile, ce qui est souvent le cas des Moscovites, les frais élevés de la communication pèsent lourd sur le budget du prisonnier. Cf. " Le téléphone devient la dépense numéro un pour un détenu 'riche' " (Marchetti A.-M., *Op. cit.*, p.184).

[868] Entretien n°39

Les problèmes d'ordre économique ont été souvent évoqués par nos interlocuteurs en tant qu'obstacles à la réalisation de leurs droits. La crise économique dans le pays laisse la majorité des détenus sans travail, même dans les colonies au Nord de la Russie qui ont été organisées pendant les années 30-40 à la seule fin des coupes dans les forêts vierges (*tajga*).

Dans les colonies dites forestières (c'est le terme officiel *Upravlenie Lesnyh Ispravitel'nyh Utchrejdenij, ULIU*) que nous avons visité, il n'y a qu'un détenu sur dix qui travaille et, donc, gagne sa vie[869]. Par ailleurs, rares sont les emplois qui assurent un salaire plus ou moins satisfaisant : en règle générale, les détenus touchent un salaire de 30 - 100 roubles. Semble-t-il, ils forment la catégorie socioprofessionnelle unique dont la rémunération ne dépasse pas le salaire minimal garanti par la loi, environ 80 roubles[870].

A l'époque soviétique, le détenu dans les colonies forestières pouvait gagner jusqu'à quelques centaines de roubles par mois. " Sous les communistes, tu as eu à la sortie de la détention 10 - 15 milles roubles "[871]. Si auparavant 5-7 roubles suffisaient au détenu pour acheter les denrées alimentaires de première nécessité (thé, cigarettes, conserves, pâtisserie), aujourd'hui, après la libéralisation des prix, 400-500 roubles ne satisfont guère ses besoins. " Cinq roubles, ç'a été suffisant. Après une visite à la cantine, ta table de nuit a été pleine. Aujourd'hui les gens travaillent - et ils ne gagnent rien "[872]. Dans ces conditions la plupart des détenus ne peuvent pas se permettre d'acheter les produits à la cantine qu'ils veulent, sinon ils sont aidés par leurs proches. Naturellement, la majorité absolue de nos interviewés, 55,8% (65,9% au Kazakhstan), pensent que l'impossibilité de mettre les détenus au travail aggrave leur situation. " Auparavant on laissaient les détenus vivre. Tous le monde ont avait du travail, tous le monde gagnait leur vie... Maintenant on a privé les gens de ça. La société carcérale commence à se différencier. Il y a les uns qui ont tout, et il y a les autres qui n'ont rien "[873]. Peut-être,

---

[869] Le taux de chômage a été en Russie environ 11% en 1996, 12,5% en 1997, 14% en 1998, 13 en 1999 source : http::gks.ru, " *Russia in figures – 1999* ", " *Russia – 2000* ". L'augmentation continue du nombre des chômeurs représente, selon les donnes du VCIOM, le plus grand danger pour les Russes (35% des suffrages la range en-tête de la liste des dangers), source : http::www.polit.ru, le 5 mai 2000. Voir aussi Tableau 80.

[870] En janvier 1999, le minimum vital a été 885 roubles par mois et par tête, le revenu moyen – 1207 roubles (Ministerstvo truda i social'nogo razvitija RF, *Monitoring " Dohody i uroven' jizni naselenija* ", I trimestre 1999).

[871] Entretien n°38. Rappelons que le salaire moyen était 100-120 roubles, le prix d'une voiture – 5 milles roubles.

[872] Entretien n°24. Les interlocuteurs nn°21,22,37,38 confirment ce témoignage.

[873] Entretien n°35. Cf. " Le pauvre, c'est celui qui ne peut cantiner ou qui cantine le minimum " (Marchetti A.-M., *Op. cit.*, p.107).

l'explication de la volonté de certains détenus de retourner à la vie carcérale soviétique consiste-t-elle dans la détérioration des conditions de vie économiques. Presque un détenu sur huit aurait voulu encourir sa peine à l'époque de Brejnev (pendant les années 70, voir le tableau des réponses à la question " A quelle époque préfériez-vous encourir votre peine actuelle ? ")[874].

Tableau 114

	Russie, N=712	Kazakhstan, N=396
Aujourd'hui	21,1	19,7
A l'époque de Brejnev	12,4	14,6
En 1991-1997	11,1	7,8
En 1985-1990	3,5	3
Avant la révolution de 1917	1,4	0,8
A l'époque de Staline	0,1	0,5
N'importe où et n'importe quand	41	48,5
Pas de réponse	8,4	5,1

Quoi qu'il en soit, les problèmes économiques ont un caractère plutôt objectif, leur solution ne dépend pas du bon gré de l'administration pénitentiaire. Par contre, les références à des difficultés objectives n'éclairent point la nature du dernier obstacle à la défense des droits des détenus que nous avons pu découvrir. Le nouvel Code d'Application des Peines a donné aux détenus des droits sans avoir établi les mécanismes de leur défense. La bonne volonté de l'administration reste seule garantie de la réalisation des droits des détenus.

" Ici, il n'existe aucun mécanisme de la défense des droits... Tout dépend de la personnalité [des fonctionnaires de l'administration pénitentiaire] "[875]. " Tout sera organisé de telle façon qui plaît au supérieur (*natchal'nik*). Le Code ne signifie rien pour lui. Il définit les règles lui-même "[876]. Il va même plus loin, si un détenu fait une tentative auprès de qui de droit (le procureur, le Ministère de la Justice) pour défendre ses droits, cela peut lui faire subir un traitement encore plus indigne. C'était une pratique commune à l'époque soviétique. " De porter plainte contre l'administration aggravait seulement la situation. Ces auteurs subissaient une pression double, de

---

[874] Soulignons que le popularité du système actuel est plus grande chez les détenus que chez les Russes ordinaires. Seulement 5% en 1998 et 13% en 2000 des derniers ont donné leur appui au " système actuel " en comparaison avec les autres systèmes socio-économiques possibles (" Strana, reformy, primety " : http::www.polit.ru, le 12 janvier 2000 [les données du VCIOM]).

[875] Entretien n°11

[876] Entretien n°16

la part de l'administration et de la part de *blatnye*. Les *blatnye*, à la demande de l'administration, commençaient à torturer ceux-là, à les humilier : 'Merde pour toi'. Et ainsi de suite. Les *blatnye* mettaient [les initiateurs de la plainte] dans un isolement sociale "[877]. Sous une autre forme, cela reste une tendance dominante aujourd'hui. " Pour que je puisse défendre mes droits ? Ha, ha ! Alors, il a fallu changer les gens, pas le Code. Bien, j'expliquerais ça autrement. Nous dépendons de l'administration, l'administration maintient de bonnes relations avec la Direction (*Upravlenie*), le procureur, les magistrats... Par exemple, si je dépose une plainte [contre l'administration], elle revient ensuite à l'administration. Nul résultat "[878]. La procédure de la déposition d'une plainte n'exclue point l'abus de pouvoir : " Les détenus déposent leurs demandes, propositions et plaintes sous pli auprès de l'administration. L'administration les envoie ensuite aux destinateurs "[879].

Cette discussion montre que la réforme pénitentiaire ne favorise guère la transformation du monde carcéral en " grande " société. Le défaut des dispositifs légaux, impersonnels de la défense des droits rend ceux-ci personnels. Nous avons rencontré de nombreux fonctionnaires de l'administration pénitentiaire qui essayent sincèrement d'humaniser le traitement des détenus, mais il y a aussi les autres qui considèrent la réforme comme un " jeu avec les droits de l'homme " (selon l'expression d'un responsable de l'*otrjad* dans une colonie au Nord de la Russie). " Ils peuvent me vouvoyer, mais pas plus... S'ils le voulaient, ils te fouleraient aux pieds. Sans exagération... " [880]. Dans une société déchirée, il n'existe pas la garantie que les droits établis par la Loi soient respectés dans la vie

---

877 Entretien n°18. Cf. " Les plaintes contre l'administration se tournent souvent contre les plaignants. Par exemple, l'administration fait connaître aux *blatnye* les noms des plaignants " (Rossi J., *Op. cit.*, t.1, c.112).

878 Entretien n°5. L'interlocuteur n°38 a mis aussi en avant le fait que l'administration essaye de maintenir de bonnes relations avec les instances de contrôle, parfois au moyen des pots-de-vin résultant de la " taxation " de la production illicite des détenus (voir la sous chapitre 3.3.2).

879 " *Pravila vnutrennego rasporjadka ispravitel'nyh utchrejdenij* ", c.10. Les détenus ne croient point que l'administration respecte le caractère confidentiel de leurs messages. Quelques nos interlocuteurs nous ont demandé à titre d'une faveur illicite de mettre les lettres adressées au procureur dans une boîte aux lettres à l'extérieur de la colonie. Au moins, cela les aurait pu rassurer que les plaintes arriveront au destinateur.

880 Entretien n°13. Cf. le personnage des " Récits de Kolyma ", surveillant Fadeev, qui a vouvoyé les détenus et qui leur a donné des coups de pied en même temps (Chalamov V., *Op. cit.*, t.1, c.54). Quelques nos interlocuteurs se sont souvenu des opérations dites " prophylactiques " au début des années 90, quand les forces de police spécialisée (*OMON – Otrjad Milicii Osobogo Naznatchenija*) arrivaient dans le pénitencier et commençaient à bâtonner tous les détenus *sans aucune prétexte* (Entretiens nn°3a, 14, 18 [à Jitomir, l'Ukraine ; à la prison moscovite *Butyrka*], 38 [à Skarlahta, la région d'Arkhangelsk]).

quotidienne et qu'ils structurent les relations quotidiennes entre les gens [881]. Donc, le succès relatif de la réforme pénitentiaire ne s'explique ni par la mise en jeu de nouveaux, plus démocratiques, mécanismes du contrôle de l'application des peines, ni par l'ouverture de la prison à l'extérieur. Selon notre hypothèse, c'est un bricolage de deux tendances, l'une à l'humanisation et l'autre à la reproduction des éléments de “ petite ” société qui facilitent la maîtrise de la violence.

5.2.3. Interaction des normes formelles et informelles

A la différence des réformes marchandes, la réforme pénitentiaire n'a jamais eu de caractère exclusivement téléologique.

Elle s'appuie sur une longue tradition des relations entre deux branches de l'autorité dans la prison, licite et illicite. L'autorité licite n'était jamais, même à l'époque de Staline, en pouvoir d'assurer le contrôle total de la vie quotidienne des détenus. Il semble qu'un tel contrôle ne soit pas réalisable du tout dans le cadre du système de l'emprisonnement à plusieurs. Ce qui a obligé l'autorité licite à chercher un compromis avec son vis-à-vis clandestin. D'ailleurs, “ plutôt que de système informel et de système formel, il faudrait parler de régulation de contrôle et de régulation autonome... Le travail réel est un compromis entre les deux régulations ”[882].

Regardons de près les figures de ce compromis. Bien que l'hypothèse selon laquelle l'administration a initié l'apparition des voleurs légaux ne soit pas vérifiable, de nombreux faits justifient son soutien, direct ou indirect, à leurs efforts de maintenir l'ordre dans la cité carcérale. A la fin des années 40, l'administration nommait les *blatnye* aux positions des chefs de brigades (*brigadir*), c'est-à-dire qu'elle leur accordait une place non négligeable dans la hiérarchie carcérale licite[883]. Pendant les années 60-70 certains directeurs des colonies où il n'y avait pas de voleur légal, en trouvaient un pour qu'il maintienne l'ordre. “ Auparavant il existaient les colonies de dis mille personnes chacune. Il y avait un voleur légal, le maître l'amenait spécialement. Le voleur légal surveillait la colonie, dix mille personnes ”[884]. Il n'est qu'une impression que l'administration ne joue

---

[881] Cf. “ En absence d'un débat social le principe même d'une argumentation ne fait pas le sens et les raisonnements développés, l'information diffusée [tout comme les droits garantis] non seulement sont peu de poids, mais souvent même se retournent contre ceux qui les proposent ” (Wieviorka M., Trinh S., *Op. cit.*, p.140).

[882] Reynaud J.-D., *Op. cit.*, p.106,108

[883] Rossi J., *Op. cit.*, t.1, c.38

[884] Entretien n°21. Les chercheurs d'un institut de recherche sous la tutelle de la Ministère des affaires intérieurs justifient le fait des arrangements entre l'administration et les voleurs légaux concernant la participation de ceux-ci à

aucun rôle dans les colonies dites " noires " (*tchernye*) soumises au contrôle des voleurs légaux.

Au contraire, c'est l'administration qui délègue une partie de son pouvoir aux voleurs légaux ou à leurs lieutenants afin d'assurer l'ordre et l'accomplissement des objectifs du plan. Les colonies " noires " correspondent plutôt à une image de l'amalgame de deux branches de l'autorité. " *Où est-ce que la vie est plus facile pour un 'homme' ?* - Peut-être, dans une colonie 'noire'. L'homme dans la colonie 'noire' vit tranquillement, personne ne le vexe, il a tout. *L'administration ainsi que le surveillant illicite lui accordent plus d'attention*, etc. "[885]. Voilà, par exemple, un figure de compromis possible quant à l'organisation de la vie quotidienne dans la colonie " noire ". " Là-bas, c'est presque comme à la liberté... Il aurait fallu aller dormir à dix heures du soir, alors comment s'endormir à cet heure-ci pendant l'été ? Dans la colonie 'noire', nous restons tranquillement dans une zone locale, on se promène même. Si tu veux dormir - tu vas dormir. L'important, c'est de se réveiller le matin à l'heure "[886].

Les développements récents ont seulement transformé ces tendances en éléments d'une politique conséquente et explicite. Il n'est pas accidentel que les premiers pas vers la réforme pénitentiaire au début des années 90 coïncident dans le temps avec la mise en jeu des surveillants illicites, *smotrjaschie*. Leur expansion a commencé exactement à cette époque. " Auparavant ce n'était pas l'initiative de l'administration [les surveillants illicites]. Ça venait de notre milieu. Alors, maintenant tout se passe par l'intermédiaire de l'administration. Je viens de comprendre ça : l'administration les laisse vivre... Elle leur accorde de petits privilèges... et leur impose implicitement sa volonté. Dans les limites acceptables, bien sûr. *Peut-on devenir le surveillant illicite sans soutien de l'administration ?* - Non, on ne peut pas "[887]. L'administration poursuit un double objectif. D'un côte, l'attitude tolérante à l'égard des surveillants illicites permet à l'administration de maintenir l'ordre, quelle que soit la nature de celui-ci, licite ou non. " S'il y a un surveillant illicite dans l'*otrjad*, l'administration doit lui donner son soutien. Parce qu'elle le charge de maintenir l'ordre. Pour qu'il n'y ait pas de *bespredel* "[888]. De l'autre côté, l'administration appuie la justice des surveillants illicites car celle-ci rend les relations dans le milieu carcéral plus humaines, moins

l'organisation de la vie quotidienne des colonies (Podlesskih G., Terechenok A., *Op. cit.*, c.70-71, 88-89).

885 Entretien n°24, nous soulignons.

886 Entretien n°39

887 Entretien n°16

888 Entretien n°2

violentes. En agissant ainsi, l'administration contribue à l'accomplissement des objectifs de la réforme pénitentiaire.

Les changements dans les relations entre les deux branches du pouvoir ne peuvent pas avoir un caractère unilatéral. La nouvelle attitude de l'autorité licite à l'égard des *smotrjaschie* met en question une des normes de base de la sous culture carcérale (*ponjatie*), " ne t'adresse-toi pas à l'administration ". Nous avons vu dans la sous chapitre 3.2.6 que cette règle perd progressivement son influence sur le comportement des " hommes ". Il existe une corrélation significative et négative (-0,273) entre la confiance à l'administration et le fait d'être d'accord à propos de l'interdiction des contacts avec elle. En outre, les *blatnye* commencent eux-mêmes à ne pas respecter cette interdiction. Les surveillants illicites acceptent les contacts avec l'administration, car elle leur fournit des ressources de pouvoir complémentaires. " Aujourd'hui chaque membre de l'administration peut faire venir n'importe quel *blatnoj*. Celui-ci viendra et acceptera de parler "[889]. Ces propos d'un membre de l'administration mettent en avant le fait que l'opposition entre les surveillants licites et illicites passe au second plan, tandis que la collaboration gagne en importance. " Les *blatnye* ont beaucoup changé. Il n'existe plus d'opposition entre eux et l'administration. S'il [un *blatnoj*] ne nous plaît pas, nous ferons avec lui tout ce que nous voulons. *Ils sont responsables de l'ordre, surtout la nuit. C'est une sorte de division de travail.* Nous requérons l'ordre d'eux, les garanties contre l'aggravation de la situation "[890].

Les liens étroits des surveillants illicites avec l'administration sont surtout apparents dans les maisons d'arrêt. L'administration crée les conditions favorables pour qu'un bon candidat du point de vue de celle-ci devienne le *smotrjaschij* dans une cellule : elle organise son transfert d'une cellule à l'autre, elle peut retarder son transfert à la colonie, etc. " Là-bas [dans les cellules des jeunes] l'administration nomme les détenus aux positions des surveillants illicites. Elle les choisit en fonction de leurs dossiers, de la durée de leur peine. Ceux qui ont des peines courtes, un an ou un an et demie, sont favorisés "[891].

En résumant, l'administration seulement profite de la délégation d'une partie de son pouvoir aux surveillants illicites. Elle maintient l'ordre dans la " petite " société, il voire permet un ordre plus humain.

" L'administration admet que notre vie se fonde sur les *ponjatija*. Les *balatnye* ne peuvent rien sans l'administration. C'est ma conviction profonde, basée sur l'expérience de vingt ans... "[892].

---

[889] Entretien n°18

[890] Entretien n°40, nous soulignons.

[891] Entretien n°32. L'interlocuteur n°34 confirme ce témoignage.

[892] Entretien n°18

Faut-il considérer le refus de démocratiser radicalement le monde prisonnier, de le transformer en " grande " société comme prix exorbitant qu'on paye pour le maintien de l'ordre ? L'ordre qui ne coïncide guère avec un type idéal *versus* les essais de reproduction du type idéal qui mettent en question l'ordre et dont le résultat positif n'est guère assuré, - s'agit-il d'un faux dilemme ? Nous laissons ces questions pour le moment sans réponse.

Au moins, une analogie avec un modèle des relations entre l'Etat italien et la Mafia jusqu'à la première moitié des années 80 s'impose-t-elle aussitôt qu'on regarde le déroulement de la réforme pénitentiaire en Russie. Malgré leur rivalité apparente, la Mafia et l'Etat italien ont trouvé quelques sphères où leurs intérêts coïncidaient ou se complétaient parfaitement. " Dans la situation traditionnelle, le rapport entre le chef de mafia et l'homme politique consiste en une relation clientéliste de type classique "[893]. En particulier, le compromis entre les deux branches de l'autorité, licite et illicite, portait sur le maintien de l'ordre, la mobilisation électorale et la collecte des impôts. Quant à la tache du maintien de l'ordre, nous avons déjà indiqué que le taux de la criminalité dans les quartiers de Palerme où on n'a jamais vu passer une voiture de police, ne dépasse pas celui dans les quartiers proches d'un commissariat de police. Quels que soient les divers moyens du maintien de l'ordre pratiqués par la police et par la Mafia, la situation se tient dans les limites acceptables pour la population. L'absence d'acteurs collectifs autres que la famille et les réseaux des connaissances dans la " petite " société nécessitent la mobilisation électorale. La Mafia sert donc d'intermédiaire et assure un lien entre la sphère politique et la sphère familiale, privée[894]. Finalement, la méfiance de la population à l'égard de l'Etat et la normalité de la tricherie commise envers lui nuisent aux intérêts fiscaux du gouvernement. La délégation à la Mafia du droit de percevoir les impôts prive ces derniers de leur caractère de tribut : ils commencent à s'associer dans la conscience des contribuables avec l'autorité illicite, moins hostile et plus présente dans leur vie quotidienne. " En Sicile, la perception des impôts était effectuée jusqu'à 1984 par l'intermédiaire d'une firme privée appartenant aux frères Salvos, membres de la famille mafieuse Salemi, pour une commission légale de 10% des fonds collectés "[895]. L'autorité licite

---

[893] Arlacchi P., " *Mafia et compagnies...* ", p.58

[894] *Ibid.*, p.54-56. Le défaut de la mobilisation autonome a obligé même le commandement des forces alliées pendant la seconde guerre mondiale à s'adresser aux chefs de la Mafia afin qu'ils facilitent le débarquement des Alliés en Sicile et qu'ils assurent la gestion municipale (Padovani M., *Op. cit.*, p.157-158 ; Rusakov N., " *Iz istorii sicilijskoj mafii* ", Moskva : Nauka, 1969, c.72-75).

[895] Gambetta D., " *The Sicilian Mafia...* ", p.160 ; voir aussi Padovani M., *Op. cit.*, p.175.

incapable d'assurer un bon fonctionnement de " grande " société a toujours tendance à chercher une collusion avec l'autorité illicite et à former un amalgame avec celle-ci.

5.2.4. Impératif marchand : sur l'interférence des deux réformes

Notre analyse de la réforme pénitentiaire serait incomplète sans prise en compte de l'influence de l'impératif marchand sur le milieu carcéral. En fait, l'expansion des règles du jeu marchands est due aux facteurs externes au monde carcéral, principalement aux réformes marchandes dans la société post-soviétique. Dans la prison, même la circulation de la monnaie était toujours interdite *de jure* et très limitée *de facto*[896]. La mise de la société prisonnière à l'épreuve marchande représente une expérimentation naturelle de la stabilité de " petite " société, de sa résistance aux chocs extérieurs. Notre hypothèse de départ consiste à supposer l'instabilité inhérente à cette construction sociale. Chaque fois qu'un choc externe déséquilibre la " petite " société, son dépendance à l'égard de l'Etat ou de toute autre autorité licite s'accentue. Quand un changement plus ou moins important lui est imposé, la " petite " société cesse de se reproduire. L'équilibre naturel de celle-ci n'est ni durable, ni viable. L'impératif marchand suscite la " privatisation " de la société carcérale tout comme il suscite la privatisation de la société post-soviétique.

Malgré les murailles qui séparent la cité carcérale du monde extérieur, l'influence du défi marchand se sent bien dans la prison. Les germes du marché sont apportés par les nouveaux venus, ces néophytes de la société prisonnière. " Les gens arrivent de l'extérieur tout autres. Il est de plus en plus difficile de parler avec eux. On les appelle la margarine ou les nouveaux russes... Tous les nouveaux venus ne sont pas comme ça. Mais une bonne moitié "[897]. L'arrivée des premiers détenus de type nouveau coïncide dans le temps avec le déclenchement des réformes marchandes - à la fin des années 80 et surtout au début des années 90. " Chacun pour soi, l'objectif est la survie à tout prix. Auparavant il n'y avait pas de ça... *Quand est-ce que ce processus a commencé ?* - Peut-être, avec la perestroïka... *En 1987 ?* - Non, plus tard. Au début des années 90. Je n'entre pas en contact avec eux... Quand quelqu'un a besoin de leur aide, ils ne lui aideront que s'ils y voient un profit pour eux-mêmes "[898]. Autrement

[896] A l'exception remarquable des colonies dites " noires " où " la monnaie a circulé librement, presque comme à l'extérieur [de la prison], les gens contractaient des causes commerciales " (Entretien n°39).

[897] Entretien n°1a. Selon une autre estimation, le milieu prisonnier est composé de la " margarine " à 60-70% (Entretien n°16).

[898] Entretien n°24

dit, il s'agit de l'expansion d'une interprétation particulière des règles du jeu marchand, celle que nous appelons le marché post-soviétique. La recherche du profit à court terme, résultant moins de la production que de la " privatisation ", se trouve au cœur de ce marché. " Ils ont leur propre idéologie. Ils nous ignorent. Leurs objectifs - de s'en mettre plein la panse, de faire de la musculation (*katchat'sja*), rien d'autre. Les racketteurs... Ils veulent rendre confortable leur vie quotidienne, rien d'autre. Ils ne pensent à rien d'autre "[899]. " Ils ont leur propre vie. Certains les comprennent, les autres - pas du tout. Ils font de la musculation, ils cherchent quelque chose à manger... Leur rêve consiste à racketter, à casser la gueule à tous le monde "[900].

En dépit de l'ignorance mutuelle entre les détenus qui portent la sous culture carcérale (*arestatny*) et les " margarines ", qui portent les valeurs du marché post-soviétique, la cité carcérale apparaît incapable de résister à l'invasion " barbare ". La majorité absolue de nos interviewés, 51,8% (56,6% au Kazakhstan), sont d'accord à propos de l'affirmation qu'on " on peut acheter tout, - c'est seulement le prix qui compte ". " Maintenant tout se réduit à l'argent, tandis qu'auparavant il existait des notions telles que l'honnêteté, la conscience de détenus, vous me comprenez ? On juge chacun de point de vue de son utilité. Tout se vend aujourd'hui. Tout se vend. Y compris la politique, la cause commune (*vorovskaja ideja*) "[901]. La hiérarchie des conditions de la survie en emprisonnement met en relief l'importance primordiale des ressources financières. En fait, l'argent se substitue à la plupart des autres ressources :

Tableau 115

	Russie, N=902	Kazakh., N=396	France, N=59
Argent	37,5	30	43,1
Intelligence	31,1	26	24,1
Connaissance des traditions, de la sous culture carcérale	28,4	38,4	27,6
Connaissances dans le milieu criminel et carcéral	24	17,8	
Connaissances dans un milieu proche de l'administration pénitentiaire	22,8	35,7	50
Patronage de l'administration	10,1	15,4	
Force physique	12,5	5,7	10,3
Patronage d'un détenu ayant une autorité illicite	4,7	4,6	•

[899] Entretien n°38
[900] Entretien n°22
[901] Entretien n°18

“ Quand tu es riche, ou bien ta maman et ton papa t'aident beaucoup, si tu as raison ou tort t'importe peu... On peut contourner la Loi, de la même façon on peut contourner notre loi carcérale. On contourne celle-ci de n'importe quel côté ”[902]. En outre, la valeur de la richesse déprécie celle des catégories illicites. “ L'argent décide tout. Qui que je soit, si j'ai de l'argent, je peux tout. Il n'y a pas d'argent, - tes mérites ont peu d'importance ”[903]. L'invasion de la logique quasi marchande forme chez les détenus une tendance durable et transposable. Au moins nos interviewés voient-ils dans la prospérité matérielle la priorité majeure de leur vie après la libération (voir Tableau 116 des réponses à la question “ Quelles sont les priorités de votre vie après la sortie de la prison ? ”).

Tableau 116

	Russie, N=902	Kazakhstan, N=396
Acquérir la prospérité matérielle	38	37,3
Acquérir un bon renom	25,8	29,8
Ne sait pas	20,6	23
Réaliser son potentiel	17,7	11
Faire son devoir de citoyen	7,8	10,2
Les mêmes que avant la détention	4,2	5,5

Les réponses à la question concernant les moyens que les détenus sont prêts à utiliser afin d'atteindre leurs objectifs confirment que le désir de la richesse libère l'individu, mais de manière purement négative. Ni l'appui des siens, ni les dispositifs légaux ou moraux ne font concurrence au principe du repli social.

Tableau 117

	Russie, N=902	Kazakh., N=396	France, N=59
N'importe quels moyens sont bons	39,1	43,8	5,1
Recours aux connaissances que j'ai eu avant la détention	23,6	26,5	45,8
Respect de la morale	23,5	20,5	13,6
Respect de la Loi	13	10,5	28,8
Recours aux connaissances que j'ai fais ici, en détention	5,8	4,1	•

Le défi marchand porte atteinte à deux formes de la socialisation qui servent de ciment dans la cité carcérale, les catégories illicites et la famille. Premièrement, les commerçants et les autres détenus punis

902 Entretien n°16. Cf. “ Un homme fort et riche peut toujours acheter la justice, acheter son innocence... La même règle s'applique ici... ” (Entretien n°2).
903 Entretien n°16. Il s'agit de l'appartenance à telle ou telle catégorie illicite.

des crimes économiques (*barygy*), qui n'avaient jamais été respectés dans le monde prisonnier, commencent maintenant à gagner une notoriété incontestable. D'une part, " un commerçant pour moi - c'est le *baryga*, je ne le considère point comme être humain. Il nous est interdit de communiquer avec les 'coqs', pour moi, c'est pareil en ce qui concerne les relations avec les *barygy* "[904]. D'autre part, les ressources dont disposent le commerçant lui permettent d'*acheter* le respect. " Auparavant on l'appelait péjorativement *baryga*, maintenant il est devenu commerçant, il vit sans souci. L'attitude à l'égard de lui a changé. On lui envoie un poids lourd plein de produits. Il paie un pot-de-vin à l'administration pour qu'elle laisse le poids lourd passer. Et voilà - il devient le surveillant illicite "[905]. Autrement dit, le contraste entre la richesse matérielle des commerçants et la pauvreté des détenus ordinaires[906] cause une dépendance de ces derniers vis-à-vis des premiers.

La dépendance se matérialise par l'achat - vente des positions dans la hiérarchie illicite de la prison, qui va jusqu'au trafic des titres de surveillants illicites, voire même des voleurs légaux. " Il existent les voleurs légaux qui n'étaient jamais en prison. Ils peuvent remplir les fonctions de voleur légal, mais moi, je ne peux pas respecter de tels voleurs légaux "[907]. Soulignons que les premiers précédents du " couronnement " de ceux qui ont beaucoup contribué matériellement au fond commun (*obschak*) datent de la seconde moitié des années 80. La réunion des voleurs légaux (*shodka*) qui a eu lieu à Krasnodar le 24 novembre 1983 a accepté pour la première fois l'idée du rapprochement des voleurs légaux et les commerçants alors clandestins (*cehoviki*)[908]. La mise en valeur purement marchande de ces titres entraîne leur dévalorisation sociale. " C'est qu'auparavant, quand les voleurs légaux n'avaient rien (rappelons l'interdiction des possessions matérielles, voir la sous chapitre 3.2.5), tout le monde demandait leurs conseils. On savait que le voleur légal ne s'appropriait rien, qu'il donnait tout à la cause commune. Maintenant, c'est le contraire. Il a tout ce que les autres désirent et dont ils sont privés... Oui, souvent a raison celui qui paie plus "[909]. Afin de répondre au défi marchand, les voleurs légaux essayent de s'enrichir. Or, ils sont loin de trouver un compromis entre la logique de la

---

904 Entretien n°41

905 Entretien n°22. Cf. " On ne le prenait pas en sérieux auparavant. Maintenant non. Auparavant il s'appelait *baryga*, maintenant il est businessman " (Entretien n°13).

906 " Le pauvre, c'est en quelque sorte le détenu idéal-typique, il n'existe socialement qu'en tant que détenu " (Marchetti A.-M., *Op. cit.*, p.115).

907 Entretien n°41

908 Gurov A., *Op. cit.*, c.151

909 Entretien n°25

recherche du profit à court terme et les valeurs traditionnelles de la sous culture carcérale. Il s'agit plutôt de l'expansion de la logique du marché post-soviétique par le haut de la cité carcérale. " L'intérêt est ainsi leur vraie motivation, le propre de leur ego qui les fait être eux-mêmes en désirant obtenir satisfaction "[910]. " Les voleurs légaux perdent pertinemment leur réputation. On pourrait leur reprocher : 'Ecoute, tu t'en mets plein la panse, tu as des millions... Penses-tu aux détenus ordinaires ?' "[911].

Deuxièmement, la portée des intérêts mercantiles commence à se faire sentir à l'intérieur de la famille de détenus, cette structure sacrée de " petite " société. Le nombre de détenus qui choisissent la vie solitaire, surtout parmi les nouveaux venus, augmente. " A quoi ça sert ? Lui, il travail, il gagne de l'argent, tandis que moi, je ne travaille pas. A quoi bon me nourrira-t-il ? Il essayera plutôt de me repousser "[912]. Par ailleurs, les mariages d'intérêt ne sont pas exclus. Les détenus pauvres cherchent à former des familles avec ceux qui sont plus fortunés. Notons que ces " mariages d'intérêt " sont extrêmement instable suite au comportement opportuniste des membres de la famille. " Par exemple, j'arrive à l'*otrjad*, il y a toujours ceux qui ne sont pas aidés par leurs proches. Néanmoins ils veulent avoir tout et tout de suite. Une telle personne m'approche et propose son amitié. 'Bien sûr, - dis-je, pas de problèmes'. Après une visite de mes proches, il prend tout et il me quitte. On m'a ensuite expliqué ça "[913].

Nous nous permettons de proposer un modèle suivant de l'invasion " barbare " dans la cité carcérale " antique ". Elle s'effectue par le bas, avec l'arrivée des " margarines ", aussi que par le haut, avec la commercialisation des services rendus par les voleurs légaux. La rencontre d'un porteur des valeurs quasi marchands avec un porteur des valeurs traditionnelles se solde par un gain du premier et une perte du second. L'expérience du mariage d'intérêt ci-dessus nous sert d'illustration. Soit m est le nombre des " marchands " dans N, la population totale de la cité carcérale. Par conséquent, m/N - la probabilité selon laquelle un codétenu choisit la stratégie mercantile dans les interactions quotidiennes, $1-m/N$ - la probabilité selon laquelle le codétenu se comporte selon les valeurs traditionnelles de la sous culture carcérale. Nous alors pouvons représenter l'interaction stochastique entre deux détenus sous la forme de la matrice suivante :

---

910 Boltanski L., Thévenot L., *Op. cit.*, p.246

911 Entretien n°18

912 Entretien n°36

913 Entretien n°20

Tableau 118

		2nd détenu	
		Stratégie mercantile (*m/N*)	Stratégie traditionnelle (*1-m/N*)
1er détenu	Stratégie mercantile	0, 0 N_1	2, -1
	Stratégie traditionnelle	-1, 2	3, 3 N_2 P

Pour que le premier détenu choisisse le respect de la sous culture carcérale, il faut que :

$EU_{mercantile} > EU_{traditionnelle} \Rightarrow 2x(1-m/N) > (-1)x(m/N)+3(1-m/N) \Rightarrow 2m/N>1 \Rightarrow m>N/2$.

Autrement dit, si la population des " margarines " dépasse la moitié de la population carcérale totale, tous les détenus ont intérêt à se comporter de la façon mercantile (pour une représentation graphique, voir Figure 31[914]). En prenant en considération que le pourcentage des ceux qui sont restés fiers aux valeurs de la sous culture carcérale selon les estimations des détenus ne dépasse pas le seuil critique de 50% (au Kazakhstan ce pourcentage est plus élevé, voir Tableau 115), les possibilités de reproduction de " petite " société prisonnière ne nous semblent pas bonnes. " L'ambiance dans les colonies n'est pas bonne. Ce n'est pas une ambiance à nous "[915].

Une analyse générationnelle confirme l'aggravation de l'instabilité de " petite " société induite par le choc mercantile. Le niveau de la confiance, déjà critique dans le milieu prisonnier, trouve son minimum chez les jeunes détenus âgés de 15 à 20 ans (13% seulement parmi eux pensent qu'on peut faire confiance aux gens)[916]. Nous observons le niveau maximal de la confiance (16,9%) chez les détenus de l'ancienne génération âgés de 35 à 40 ans. Or, cette tranche d'âge est en train de disparaître. " Auparavant les gens étaient plus ouverts, vous comprenez ? Ils étaient tous ensemble. Quoiqu'ils se soient battus plus souvent, ils étaient plus ouverts, ils pouvaient parler franchement. Maintenant un tel contingent arrive qu'ils se cachent derrière une masque. Ils proclament qu'ils sont d'accord, tandis qu'ils continuent à faire tout à leur propre manière "[917].

---

[914] On s'est inspiré d'une approche élaborée dans Boyer R., Orléan A., *Op. cit.*, p.168-169

[915] Entretien n°38

[916] Rappelons que nous avons fixé le niveau minimal de la confiance pour la société Russe dans le groupe des étudiants.

[917] Entretien n°27b. Cf. la double conscience que nous avons traité dans la sous chapitre 4.2.6.

Nous pouvons résumer l'analyse de l'interférence de deux réformes par l'affirmation de la fragilité de l'équilibre de " petite " société face aux chocs externes. Le défi mercantiliste porte atteinte aux principes du fonctionnement de " petite " société. Il détruit la solidarité forte sans contribuer en même temps à sa conversion en solidarité faible. Ainsi, ce défi met-il en question l'ordre sur lequel se fonde la " petite " société. " Si chaque être est dominé par son intérêt propre, ces intérêts sont incommensurables et il en découle un ordre chaotique dont on ne peut rien dire "[918]. On observe ces tendances dans la société post-soviétique aussi que dans la société carcérale russe. Ils nécessitent un changement radical de la nature de ces sociétés. Soit la " petite " société se transforme progressivement en " grande ", soit ses mécanismes internes cessent d'assurer un ordre plus ou moins stable, quel que soit son caractère local et " non moderne ", et la situation se basculera vers la désocialisation complète. Or, la désocialisation aggrave l'impuissance et la non autonomie des individus. " L'administration a atteint maintenant son objectif. Les gens vivent chacun pour soi. Tout ce dont l'administration a rêvé se réalise. Les loups commencent à se manger entre eux " [919]. C'est le contexte de désocialisation qui produit l'absence globale des sujets[920]. Dans les deux cas considérés, il n'est possible d'éviter la dépendance totale des individus vis-à-vis de l'autorité licite que si l'on sort des limites de la " petite " société.

5.3. Comparaison de deux cas

L'influence destructrice du défi mercantiliste est liée à la faillite des réformes marchandes. Celle-ci contraste avec le progrès modeste consécutif à la réforme pénitentiaire. Nous avons proposé d'expliquer cette divergence par les approches radicalement différentes propres à ces reformes, téléologique et génétique. Les changements post-soviétiques mettent en relief le dilemme suivant. Soit on poursuit les réformes génétiques qui permettent de maintenir l'ordre mais qui excluent la réplication de tel ou tel modèle de grande réputation. Soit on se réfère à un modèle de grande réputation sans aucune assurance que l'ordre soit maintenu et le système socio-économique ne se

---

918 Boltanski L., Thévenot L., *Op. cit.*, p.417

919 Entretien n°24. Nous avons traduit littéralement par le proverbe français une expression russe *samoedstvo*.

920 Cf. " La production artistique [est] le résultat de l'absence globale des acteurs " (Bourdieu P., " *Questions de la sociologie* ", Paris : Ed. de Minuit, 1980, p.221). Ne faut-il pas chercher là une explication de la floraison des arts dans l'histoire russe et soviétique qui a enchanté souvent les observateurs extérieurs ? Aussi, la popularité de la sociologie critique en Russie actuelle ne résulte-t-elle pas de cette absence globales des sujets collectifs ?

décompose pas. Essayons maintenant de théoriser les avantages et les inconvénients de ces deux alternatives dans le contexte post-soviétique.

5.3.1. Mesures de l'écart entre institutions formelles et informelles

Le dilemme formulé ainsi implique un choix entre le pire et le moins pire. Un compromis entre deux affirmations extrêmes existe-t-il ? De ce point de vue, une autre formulation nous paraît plus pertinente. Plus les objectifs visés par les réformes contredisent les tendances produites par un contexte institutionnel donné, plus ils mettent en question l'ordre et causent des déséquilibres socio-économiques. Alors, le choix des objectifs pour les réformes téléologiques ne se réduit-il pas à la recherche d'un modèle de grande réputation qui contredirait le moins les tendances, voire même qui serait congruent avec elles ? L'abondance des modèles institutionnels à répliquer, théoriques ainsi que pratiques (américain, français, japonais, allemand, etc.), sert d'argument complémentaire à l'appui de cette hypothèse.

La question du degré de congruence/divergence entre la réalité et le modèle, qui se substitue au dilemme de départ, débouche sur une réponse pratique et positive qui n'a rien à voir avec les raisonnements normatifs. Il existe au moins quatre procédures : la démarche de la sociologie du droit, la démarche de S. Cornell et J. Kalt, la démarche de G. Hofstede et la démarche que nous pouvons proposer sur la base de notre propre approche. Premièrement, la sociologie du droit s'intéresse aux conditions favorisant la greffe juridique qui consiste à implanter dans un système juridique un élément provenant d'un autre système juridique dans lequel il a démontré son utilité et son bon fonctionnement. Dans cette optique, " la greffe n'a de chance de réussir que si le système donneur et le système récepteur appartiennent à la même classe d'équivalence "[921]. L'appartenance de deux systèmes juridiques à la même classe d'équivalence, leur congruence selon notre terminologie, se traduit par les relations de réflexivité, de symétrie et de transitivité entre leurs éléments. Soit x un élément du système donneur, y - un élément du système récepteur, R - une relation entre les éléments. Alors la relation de réflexivité suppose que xRx et yRy, c'est-à-dire que les deux systèmes soient cohérents. La relation de symétrie implique que xRy et yRx : la norme qu'on introduit dans le contexte institutionnel joue le même rôle que la norme à laquelle celle-là se substitue. La relation de transitivité nécessite que xRy et

---

[921] Arnaud A.-J., " Greffe juridique ", dans Arnaud A.-J. (sous la direction de), *Op. cit.*, p.273

yRz entraînent *xRz*, c'est-à-dire qu'on peut implanter toute autre norme congruente avec les deux premières.

Deuxièmement, S. Cornell et J. Kalt ont élaboré une approche permettant d'évaluer les perspectives du transfert des institutions politiques d'un contexte institutionnel à l'autre. L'accent mis sur les institutions politique explique le choix de quatre critères[922]. Le premier critère porte sur la structure de l'autorité. Pour que le transfert atteigne ses objectifs, la division des responsabilités dans le système récepteur et le système donneur doit se fonder sur les principes congruents. Par exemple, *ni* la justice illicite, *ni* la justice licite dans la prison russe ne se basent sur le principe de la différenciation complète des responsabilités (il n'y a pas de la figure comparable avec celle du juge d'application des peines en France). Le second critère consiste dans la comparabilité des limites (*scope*) de l'autorité : y a-t-il les normes qui établissent les droits, d'un côté, inviolables et, de l'autre côté, transférables au détenteurs du pouvoir. La Liste des Droits américaine (*Bill of Rights*) aussi que la Convention de sauvegarde des droits de l'homme européenne nous servent d'illustrations de la protection normative des droits inviolables[923]. De la même façon, la sous culture carcérale *et* le nouveau Code d'Application des Peines garantissent les droits de base des détenus dont les droits à la justice et à la sécurité personnelle. Le troisième critère concerne l'emplacement (*location*) de l'autorité. L'autorité peut s'appuyer sur les structures familiales, les groupes des siens, les catégories sociales, la société civile, etc. Dans la prison russe les développement récents montrent que l'administration *et* les surveillants illicites essayent de jouer le rôle du médiateur impartial dans les conflits entre les détenus. Quant au quatrième critère, il touche le sources de l'autorité : traditionnelle, charismatique, experte, etc. L'autorité des surveillants illicites *ainsi que* l'autorité de l'administration nécessitent une certaine connaissance experte. Les représentants des deux branches du pouvoir ont une tendance commune à devenir les exégètes des textes incomplets, contradictoires et, par conséquent, sacralisés (les *ponjatija* et le CAP).

Troisièmement, G. Hofstede, sur la base de ses études du fonctionnement des firmes multinationales, a proposé une série de critères aidant à mesurer le degré de congruence des institutions économiques et des pratiques gestionnaires[924]. Cette série inclut les indicateurs suivants :

---

[922] Cornell S., Kalt J., *Op. cit.*, p.405-406

[923] Voir, par exemple, Coleman J., *Op. cit.*, p.341

[924] Hofstede G., " *Culture's consequences : international differences in work-related values* ", Beverly Hills, 1980 ; Hofstede G., " *Cultures and Organizations* ", Cambridge : Cambridge University Press, 1991. Une application de l'approche de

-La distance à l'égard du pouvoir - le niveau maximal de l'inégalité de la distribution du pouvoir acceptable socialement ;

-La portée des valeurs collectivistes/individualistes - l'individu s'identifie-t-il d'abord avec un groupe social dont le groupe des siens ou il essaye de mettre en valeur sa propre individualité ? En particulier, les différences entre les cultures collectivistes et individualistes portent sur :

Tableau 119

Culture individualiste	*Culture collectiviste*
La réussite individuelle détermine la place dans la hiérarchie sociale	Le sexe, l'appartenance nationale et religieuse, l'appartenance à un groupe des siens déterminent la place dans la hiérarchie sociale
Le droit établit les libertés individuelles	Le droit protège les intérêts de groupe
Les gens prennent tous les risques de leurs décisions et actions	Les gens font prévaloir les intérêts de groupe sur les intérêts individuels
L'expression d'une opinion impopulaire est acceptée	L'expression d'une opinion impopulaire est vivement découragée
Les décisions sont prises de manière individuelle	Les décisions sont prises par un consensus
La loyauté envers la firme, l'Etat, est découragée	Les relations se fondent sur le principe de la loyauté

-Le degré de la différenciation des valeurs dites viriles et féminines : plus les rôles sociaux des hommes et des femmes sont interchangeables, moins il y a de la différenciation[925] ;

-L'attitude à l'égard du risque : les sciences économiques établissent ses trois types, l'aversion envers le risque, le goût pour le risque et la neutralité envers le risque ;

-L'orientation vers des objectifs à court, moyen ou long terme dans les activités quotidiennes.

Quatrièmement, nous pouvons mesurer le degré de la convergence à l'aide d'une comparaison deux par deux des normes sur la base desquelles le système donneur et le système récepteur fonctionnent. A cette fin, on a besoin d'abord élaborer un type idéal de chaque

---

Hofstede à l'analyse de la mentalité des Russes a été entreprise par une équipe de l'Institut psychologique de l'Académie russe de l'enseignement : Dubov I. (pod redakciej), *Op. cit.* Quoique l'analyse de la compatibilité de la culture russe et de la culture occidentale proposée par German Diligenskij s'inscrive dans une autre tradition scientifique, son choix des critères de la comparaison est assez proche de celui de Hosftede : la portée des valeurs collectivistes/individualistes, l'attitude à l'égard du risque, etc. (Diligenskij G., *Op. cit.*, c.48-51).

[925] Or, nous supposons à titre d'hypothèse qu'en Russie les rôles sociaux sont plus interchangeables du point de vue des femmes que de celui des hommes.

système institutionnel[926]. Par exemple, pour pouvoir mesurer le degré de la congruence du marché post-soviétique et du marché moderne (*full-fledged*), nous proposons comparer leurs constitutions qui résument l'analyse précédente (voir Tableau 120).

Tableau 120

La constitution du marché moderne	*La constitution du marché post-soviétique*
L'utilitarisme complexe	L'utilitarisme simple
La rationalité instrumentale	La rationalité en valeurs
La confiance impersonnelle	La confiance personnalisée
L'empathie impersonnelle (la capacité de se mettre à la place d'autrui, même s'il n'est pas connus personnellement)	L'empathie personnalisée (le principe " si vous me rendez ce service, je vous le revaudrai ", *Ty - mne, ja - tebe*)
La liberté positive	La liberté négative
Le légalisme, la Loi sert d'appui dans les activités quotidiennes	Le contournement de la Loi, ce sont les lois de petite groupe qui comptent

Ensuite, il faut trouver une échelle de la distance qui sépare chaque paire de normes. Le coefficient *K* de la différenciation des éléments de l'activité rationnelle illustre cette idée (*K* tend vers 1 dans le cas de la rationalité instrumentale, *K*>1 dans le cas de la rationalité en valeur ; voir la sous chapitre 5.1.4). Quant à la norme de la confiance, nous procédons à la comparaison du niveau de la confiance observé empiriquement dans la société réceptrice (32,1%), considérant soit le seuil critique de la confiance calculé sur la base d'un modèle (33,3%), soit le niveau de la confiance observé empiriquement dans la société donneuse (>60%). La différence entre l'empathie impersonnelle et l'empathie personnalisée a aussi une dimension quantitative. Nous avons déjà remarqué l'existence d'un lien étroit entre le principe " si vous me rendez ce service, je vous le revaudrai " et les transactions de troc. Or, pour *N* biens il existe 1/2 *N*x*(N-1)* transactions de troc et *(N-1)* transactions monétisées[927]. La partie des transactions de troc dans le chiffre d'affaires total donne, donc, une idée sur la portée de l'empathie personnalisée. Toutes les autres normes sont aussi susceptibles d'évaluations quantitatives.

Finalement, on peut imaginer une convergence négative entre deux systèmes quand une greffe institutionnelle provoque dans la société réceptrice les effets négatifs analogues à ceux qui ont lieu dans la société donneuse. Par exemple, l'interférence des réformes marchandes et de la réforme pénitentiaire cause l'affaiblissement de la sous culture carcérale et la désocialisation du milieu prisonnier. La

---

[926] Olejnik A., " *Institucional'naja ekonomika* ",chapitre 4, lecture 7 ; chapitre 7, lecture 14.

[927] Eggeertsson T., *Op. cit.*, p.234

dérégulation normative, l'anomie, entraîne à son tour des sentiments tels que la solitude, l'indifférence, la peur, la fatigue. “ Le sentiment de la solitude peut être un bon indicateur d'anomie ”[928]. La solitude et la fatigue sont rangées par les détenus à la troisième et à la quatrième place dans la hiérarchie de leurs sentiments habituels (voir la sous chapitre 3.2.2). *Grosso modo*, cela correspond à la figure des sentiments habituels de l'homme post-soviétique[929] :

Tableau 121

	1992	1993	1994	1995	1996	1997	1998	1999	2000
Fatigue, indifférence	55%	52	40	41	43	42	45	38	39
Méchanceté	30	39	10	28	29	27	35	25	20
Espoir	17	15	16	21	20	17	13	27	31
Peur	26	22	22	19	17	16	24	19	16

5.3.2. Un cercle vicieux

Cependant, si l'on ne trouve pas de bon modèle à reproduire ou si la volonté politique nécessaire afin de poursuivre les réformes téléologiques *révisées* est absente, le modèle de la société déséquilibrée, déchirée entre deux pôles, l'Etat et l'individu, risque de se reproduire à l'infini. Aussi variables que soient ses formes apparentes, le fond du modèle russe/soviétique/post-soviétique ne change point, car il n'y a pas de changements radicaux du modèle de l'autorité licite. En parlant de l'histoire longue de la Russie, on n'observe que les fluctuations mineures entre l'autorité imposée et l'autorité disjointe[930]. Derrière les apparences changeantes avec un rythme accéléré, se cache la “ petite ” société dont la transformation en “ grande ” ne se réalise pas pendant une longue période historique. Des mots tels que démocratisation, libre concurrence, ouverture de l'esprit, parmi beaucoup d'autres, ne doivent pas nous tromper sur la nature de la société post-soviétique, malgré tout l'aspect magique de leur évocation dans le contexte occidental. En Russie s'impose une démarche herméneutique de leur interprétation dans les repères de

---

[928] Reynaud J.-D., *Op. cit.*, p.267

[929] “ *Uhodjaschij god* ” : http::www.polit.ru/documents/390969.html (les données du VCIOM). Sur la congruence des sentiments de l'homme post-soviétique et du détenu voir aussi Kim N., “ Nadejda, ustalost', starost' ” : *Ekonomitcheskie i social'nye problemy. Monitoring obschestvennogo mnenija*, n°1 (39), 1999

[930] L'autorité licite en Russie ne s'est jamais rapprochée du modèle de l'autorité conjointe. Par contre, les différentes périodes dans l'histoire russe/soviétique/post-soviétique correspondent soit au modèle de l'autorité imposée (parfois dans sa forme extrême – l'Etat totalitaire), soit au modèle de l'autorité disjointe (l'époque de Brejnev a mis en relief certains éléments de ce modèle).

“ petite ” société. Ne donnons que quelques exemples de la continuité de ces repères à long terme.

Dans l'histoire russe, la communauté paysanne traditionnelle (*obschina*, *mir*) a changé plusieurs fois sa forme sans avoir modifié sa nature. L'hostilité et la fermeture à l'égard du monde extérieur et une forte solidarité interne (le système de l'entraide, *krug*) ont été les éléments clés de son organisation sociale. Le terme *mir* qui signifie en russe simultanément le monde et la communauté locale reflète bien l'autosuffisance de cet univers local et quasi familial. L'*obschina* a servi aux paysans russes de base pour l'organisation de leur vie quotidienne, bien avant l'abolition du servage à la seconde moitié du XIXème siècle. La réticence des paysans à quitter la communauté et à commencer une vie sociale et économique indépendante en dépit de la politique encourageant la dissolution de l'*obschina* à la fin du XIXème siècle (les réformes de N. Bunge et de S. Witte) démontre l'influence primordiale du *mir* dans le milieu rural avant la révolution d'octobre 1917. Or, même la révolution de 1917 n'a pas pu modifier sa nature. La collectivisation des années 20-30 a suscité une nouvelle forme de l'existence de l'*obschina*, le *kolkhoze*.

“ L'organisation socioculturelle du *kolkhoze* reproduit les principes de fonctionnement de la communauté traditionnelle ”[931]. Il va même plus loin, l'industrialisation et l'urbanisation forcées ont facilité le transfert de la communauté traditionnelle en milieu urbain. “ La sous culture des entreprises est héritée des communautés traditionnelles ” [932] . En outre, nous trouvons les traces de l'organisation d'*obschina* dans les institutions politiques. On se réfère en particulier aux Soviets en tant que la matérialisation d'un idéal de la démocratie *locale* et *personnalisée* (*sobornost'*) et au parlement en tant que le mécanisme de la proclamation des besoins *locaux*[933].

Certains économistes considèrent le modèle de l'économie dite mobilisée comme illustration de la continuité à long terme. Il résulte d'une tentative de construire la “ grande ” économie selon le modèle d'une entreprise, c'est-à-dire le modèle de “ petite ” économie. L'Etat essaye de contrôler et de gérer directement, sans médiation du marché, les activités des entreprises clés. La première “ mobilisation ” économique correspond à la formation de grandes industries en Russie. Elle est devenue manifeste pendant la première guerre mondiale, avec la création des comités militaro-industriels (*VPK*, *Voenno-Promychlennye Komitety*). Or, “ la continuité des institutions économiques héritées de la mobilisation tsariste (1914-1918), les

---

931 Ahiezer A., *Op. cit.*, t.2, c.145

932 *Ibid.*, t.2, c.265. Nous avons vu dans la sous chapitre 4.2.4 que le *kolkhoze* est un de deux types idéaux de la collectivité de travail (post)soviétique.

933 *Ibid.*, t.2, c.51, 283

VPK, celle aussi de leurs administrateurs, est au cœur de la mise en place de la mobilisation économique dans la Russie soviétique "[934]. Ces tendances de longue durée expliquent aussi la place toujours non négligeable du complexe militaro-industriel (*VPK, Voenno-Promychlennyj Kompleks*) dans l'économie post-soviétique. Aussi, la mobilisation économique initiée par la seconde guerre en Tchétchénie ne s'inscrit-elle pas dans cette tendance[935] ?

En termes de l'économie des institutions, il s'agit d'une dépendance de chemin, ou à l'égard du passé (*path-dependency*). " La dépendance du chemin suggère que l'héritage institutionnel du passé limite l'éventail des possibilités actuelles et/ou le choix dans le processus de l'innovation institutionnelle " [936] . De nombreux raisonnement ont été proposés pour théoriser la dépendance de chemin. En particulier, les économistes considèrent comme convaincants les arguments de la théorie des jeux et de la théorie du choix public (*public choice*).

La première théorie met en avant l'importance du nombre des individus qui se réfèrent à telle ou telle norme dans leurs activités quotidiennes (nous avons utilisé aussi cet argument dans quelques modèles de la théorie des jeux ci-dessous). La seconde rappelle que les innovations institutionnelles touchant au bien public et, par conséquent, leur production pose le problème du " chevalier clandestin "[937]. Quant aux raisonnements sociologiques, la théorie de l'habitus propose une autre interprétation la dépendance de chemin. L'habitus fait un lien entre le passé et le présent dans la vie quotidienne. " Produit de l'histoire..., il assure la présence active des expériences passées "[938].

Comme nous l'avons déjà remarqué, la psychologie de Gestalt semble donner aux constructions de la sociologie critique une crédibilité complémentaire. Les *traces* produites par les expériences passés déterminent la perception des événements actuels. " Il est nécessaire d'attribuer à la trace originale une influence très précise sur la reproduction et d'imputer le déroulement de celle-ci à l'évolution de celle-là. Le changement se produit dans la direction constante

---

[934] Sapir J., " *L'économie mobilisée* ", p.24

[935] Voir, par exemple, Olejnik A. " L'économie russe 2000 : un retour vers la mobilisation ? " : *Diagonales Est – Ouest*, n°63, janvier – février 2000, p.33-34

[936] Nielsen K., Jessop B., Hausner J., *Op. cit.*, p.6. Cf. " Une voie par laquelle les événements éloignés temporairement exercent l'influence sur le résultat final consiste dans une séquence des changements économiques dépendante du chemin (*a path dependent sequence of economic changes*) " (David P., " CLIO and the Economics of QWERTY " : *American Economic Review*, 1985, Vol.75, n°2, p.332).

[937] Nous avons discuté en plus de détailles ces approches dans Olejnik A., " *Institucional'naja ekonomika* ", chapitre 7, lecture 13.

[938] Bourdieu P., " *Le sens pratique* ", p.91

(*consistent direction*), à chaque moment l'état actuel dévie de l'état précèdent de la même manière que l'état précèdent a dévié de l'état initial "[939].

Le concept de dépendance de chemin peut expliquer l'absence totale des changements et appuyer ainsi une vision radicalement pessimiste. Douglass North parle à ce propos d'une impasse dans laquelle se sont retrouvés les pays d'Amérique Latine qui avaient suivi un chemin tracé par les Espagnols, porteurs d'une version mercantiliste du Droit civil. A la différence des pays nord-américains colonisés à la même époque par les Britanniques, porteurs du Droit commun, les pays sud-américains sont condamnés à reproduire les traces du mercantilisme[940]. Un autre économiste et homme politique, Hernando de Soto, s'inscrit dans la liste des accusateurs des habitus mercantilistes. Il accentue l'omniprésence du désir de s'enrichir au moyen de la redistribution découlant du droit mercantiliste. Selon lui, afin de se débarrasser de l'habitus mercantiliste, il faut légaliser l'économie informelle en tant qu'une insurrection contre le mercantilisme dominant[941]. Or, nous avons vu que le marché informel peut produire une attitude mercantiliste aussi bien que les cadres légaux. Autrement dit, la réduction de la dépendance de chemin à l'habitus équivaut à une vision apocalyptique des mutations (post)soviétiques.

Par contre, l'interprétation de la dépendance de chemin par le concept de la tendance laisse de l'espace pour une manœuvre historique tout en évitant un optimisme superficiel. Les changements *appropriés* du contexte institutionnel, c'est-à-dire les changements téléologiques qui satisfont aux exigences décrites dans la sous chapitre précédente, permettent de modifier graduellement les tendances (post)soviétiques dont la souplesse est beaucoup plus grande que celle de l'habitus. Les réformes *téléologiques* visant un objectif *congruent* avec les tendances existantes nous semblent désirables et possibles en même temps. Les reformes qui partent de la confiance locale et personnalisée pour arriver à la confiance généralisable. En termes d'Anthony Giddens, les réformes doivent substituer l'intégration systémique (*system integration*) à l'intégration sociale. " L'intégration sociale [implique] la réciprocité des acteurs dans le contexte de co-présence, [tandis que] l'intégration systémique - la réciprocité entre les acteurs et les collectivités dans l'espace et le temps étendus "[942].

---

939 Koffka K., *Op. cit.*, p.494

940 North D., " Institutions and Economic Growth : An Historical Introduction " : *World Development*, 1989, Vol.17, n°9, p.1327-1329

941 De Soto H., *Op. cit.*, p.23, 171-177

942 Giddens A., " *The Constitution of Society* ", p.28

Essayons de faire un bilan des caractéristiques comparatives des deux modèles de l'intégration[943] :

Tableau 122

Intégration sociale (le capital social)	*Intégration systémique (le capital organisationnel)*
Relations primaires face-à-face	Relations secondaires impersonnelles
Relations informelles	Relations se construisent sur la base des dispositifs légaux (*rule bound*)
Acteurs : individus, familles	Acteurs : individus, familles, organisations
Nombre des participants aux transactions est limité	Participants sont nombreux
Egalité horizontale	Hiérarchie verticale
Détournement de la Loi	Attitude légaliste
Engagements des acteurs ne sont pas spécifiés	Engagements des acteurs sont déterminés par la spécificité de leurs rôles
Echanges non monétisées	Echanges monétisées

A l'heure actuelle, seules les mécanismes de l'intégration sociale fonctionnent en Russie. Dans ce contexte institutionnel, la vie quotidienne provoque un sentiment contradictoire. L'ambiance chaleureuse des relations entre les siens contraste vivement avec l'hostilité et la violence propres aux relations avec les autres. Le clivage entre les siens et les autres rend omniprésent le sentiment de l'inquiétude. " Se sentir inquiet veut dire éprouver de l'intérieur un malaise concret à être ensemble : non pas dans le monde intersubjectif réduit, mais dans la masse des autrui… Ce qui est en cause dans l'inquiétude, c'est l'impossible négociation de rapports interpersonnels par des êtres juxtaposés "[944]. Ainsi, le " paradis " local s'oppose-t-il à " l'enfer " général.

En prenant en considération que " les dispositifs de la nature domestique sont faiblement appareillés en instruments de l'action à distance ", la question concernant les voies de la généralisation de la confiance locale s'impose. La théorie des jeux étudie l'aspect technique, quantitatif de la généralisation. Pour que la norme de la confiance puisse se généraliser, il faut que w soit supérieur de 2/3, où w = max {T-R/R-S, T-R/T-K} [945]. Or, chaque variable a une

[943] Rose R., Mishler W., Haerpfer C., *Op. cit.*, p.14

[944] Roché S., *Op. cit.*, p.14, 16

[945] Axelrod R., *Op. cit.*, p.173. Il s'agit de la situation du dilemme du prisonnier. Pour l'explication des variables, voir la sous chapitre 3.4.1. (la matrice du dilemme du prisonnier).

interprétation institutionnelle et normative. Par exemple, *T*, le gain du joueur qui abuse de la confiance de son partenaire varie en fonction du contexte institutionnel. La loi peut augmenter la valeur de *T* même si les partenaires appartiennent à un groupe des siens ou, au contraire, elle peut diminuer l'attrait de l'abus de confiance dans les relations entre les siens et les autres. Le Code Pénal soviétique (Art. 189, 190) considère le refus de témoigner contre son proche comme crime, ce qui visait à augmenter la valeur de *T* dans les relations entre les siens. La figure du jeune Pavlik Morozov, qui a témoigné contre son père, paysan fortuné, au début de la collectivisation et qui a été tué ensuite par ses proches, était sacralisée à l'époque soviétique[946]. Ce n'est qu'en 1993 que l'article 316 du nouvel Code Pénal a libéré les Russes de l'obligation de témoigner contre les proches. Donc, c'est toujours à l'Etat d'établir les dispositifs légaux qui permettent soit de généraliser le paradis local, soit de transformer en enfer la vie quotidienne de " petites " sociétés des siens. Au bout du compte, nous arrivons à la même constatation que celle de Karl Polanyi à propos de l'évolution du marché. " Le commerce de voisinage, basé sur la réciprocité, et le commerce de long cours, basé sur la concurrence, étaient strictement séparés. Le commerce intérieur a été créé en Europe occidentale par l'intervention de l'Etat "[947].

Bref, on connaît le point de départ, la " petite " société en cours de sa décomposition, et le point d'arrivée des réformes, une " grande " société. Il ne nous reste qu'à trouver une chaîne de repères qui assurent une séquence de changements congruents et la volonté d'Etat nécessaire afin de les déclencher. Ce sont les tâches les plus difficiles et leur analyse dépasse largement le cadre du présent travail. Nous nous permettrons seulement de remarquer que le refus de suivre une telle voie équivaudrait à la conservation du cercle vicieux propre au développement historique russe/soviétique/post-soviétique. Une affirmation d'un écrivain très populaire en Russie d'aujourd'hui, Viktor Pelevin, apparaîtra alors irréfutable.

" Le goût du vermouth est resté le même qu'auparavant, ce qui confirme l'absence de modification des fondements de la vie russe. Une petite tempête des réformes n'a attaqué que la surface de celle-ci "[948].

---

[946] Selon la loi du 20 juillet 1934 les proches du militaire qui s'est exilé à l'étranger étaient puni de 5 à 10 ans de réclusion car ils n'avaient pas voulu prévenir les autorités de ses intentions (Rossi J., *Op. cit.*, t.2, c.233). Une approche similaire a guidé l'élaboration de l'article 5812 du Code Pénal de 1926 concernant la responsabilité pour les crimes dites contre-révolutionnaires.

[947] Polanyi K., *Op. cit.*, p.96

[948] Pelevin V., " *Tchapaev i Pustota* ", Moskva : Vagrius, 1997, c.188

Chapitre 6
Conclusion : sur la notion de la Mafia dans le contexte (post)soviétique

Une tendance dominante structure le contexte institutionnel post-soviétique : la reproduction du modèle de “ petite ” société et le non achèvement de sa transformation en “ grande ” société. Les changements des formes socio-économiques apparentes ne s'accompagnent pas d'une modification des fondements de la vie quotidienne, de sa constitution. Néanmoins, la persistance de la “ petite ” société sert de garantie contre l'écroulement total suite à tel ou tel choc exogène, y compris les chocs provoqués par les réformes des années 90. Si la vie quotidienne continue à se tenir dans des limites acceptables, cela est dû à la stabilité des règles du jeu, quelques non modernes qu'elles soient. Explorons cette affirmation plus en détails. La confiance n'existe dans le cadre de la “ petite ” société que sous sa forme locale et personnalisée, ce qui rend impossible la construction d'un vrai sujet collectif. La portée des actions du sujet se limite toujours au groupe des siens qui sert de base à toutes ses activités quotidiennes. Afin de franchir le Rubicon de la confiance personnalisée, les sujets ont besoin de s'appuyer sur les dispositifs légaux qui obligent l'individu à remplir ses obligations prises volontairement par rapport à autrui, si étranger et éloigné que soit ce dernier. Or, le caractère imposé et purement contraignant de l'autorité licite ne permet pas de franchir cette rivière qui coupe le chemin menant à la “ grande ” cité. En outre, l'Etat essaye d'exclure toute tentative de construction du sujet collectif, créant ainsi un vide entre la vie quotidienne de groupes des siens et le pouvoir. Une société déchirée entre deux pôles, la “ société de sablier ”, matérialise le modèle russe/soviétique/post-soviétique de l'interaction de l'Etat et des individus. En revenant au schéma analytique présenté dans l'Introduction, nous pouvons maintenant le préciser. Deux pôles de la “ société de sablier ” mènent une existence quasi autonome et indépendante (Figure 32). Le non achèvement de la construction de la “ grande ” société implique que chaque élément de la construction sociale représente un univers en miniature, une *petite société.* L'absence d'un système de la justice reconnu par tous les acteurs se traduit par la coexistence des systèmes de la justice dans les cadres de chaque “ petite ” société. L'absence de représentation sociale et politique à l'échelle du pays suscite les mécanismes de représentation sociale se limitant au groupe des siens. L'incapacité de maîtriser la violence de façon moderne, c'est-à-dire institutionnelle, explique les récidives du comportement violent même à l'intérieur des groupes de siens, et cætera. En fait, une telle description fait penser au modèle de l'économie d'autarcie qui est condamné à produire toutes les composantes nécessaires pour un bon fonctionnement économique et social sans recours à l'extérieur, à un système international de la division du travail. Au bout du compte, ces composantes sont produites, mais au prix de coûts plus élevés, d'une nomenclature plus restreinte, et de l'exclusion du marché international (un analogue de " grande " société). Par ailleurs, le compromis négatif des individus avec l'Etat, dont la devise serait " Si l'Etat nous laisse organiser notre vie quotidienne à notre façon, nous ne mettrons pas en question son caractère ", ne correspond pas à une situation statique. Le compromis négatif a sa propre dynamique, qui se traduit soit par le désir de l'Etat d'élargir son contrôle de la vie quotidienne, soit par le désir opposé des individus de se débarrasser de l'Etat, de vivre sans contrainte extérieure (*samostojatel'no*)[949]. *Grosso modo*, l'histoire du pays en question se réduit à l'oscillation perpétuelle des forces centripètes aux forces centrifuges, de l'autoritarisme au localisme, et *vice versa*. Aleksandr Ahiezer, historien et philosophe, résume l'histoire russe jusqu'aux années 90 en deux cycles qui commencent par l'expansion des valeurs et des normes locales et qui se terminent par la montée de l'autoritarisme[950] (Tableau 123). Il semble que l'histoire actuelle s'inscrive dans le prolongement de ces cycles.

Tableau 123

Modèles dominants de relations sociales	*Etapes du premier cycle (de l'ancienneté jusqu'à 1917)*	*Etapes du second cycle (de 1917 jusqu'à 1991)*
Idéal local précoce	La Russie de Kiev	1917 - première moitié de 1918
Idéal autoritaire modéré précoce	Du règne d'Ivan Kalita jusqu'aux Grands Troubles (*smuta*)	Le communisme de guerre
Idéal du compromis précoce	Des Grands Troubles jusqu'au règne d'Alexeï Mihailovitch	La nouvelle politique économique (*NEP*)
Autoritarisme extrême	Du règne d'Alexeï Mihailovitch jusqu'au règne d'Anna Ioannovna	L'époque d'Iosif Staline
Idéal du compromis tardif	1762 (la libération de la noblesse, *dvorjanstvo*) - 1825 (le mouvement de Décembre)	Le " dégel " (l'époque de Nikita Khrouchtchev)
Idéal autoritaire tardif	Le règne de Nikolaï I	L'époque de Leonid Brejnev
Idéal local tardif	Les réformes de la seconde moitié du XIXème siècle	La perestroïka

L'oscillation perpétuelle montre que l'Etat dans ce pays n'a pas sa propre logique qu'on appelle souvent dans les pays occidentaux l'impératif civique supposant la mise en valeur de l'intérêt *général* (en

[949] Ce qui explique, d'ailleurs, les fluctuations du modèle de l'autorité : de l'autorité imposée, voir totale, jusqu'à l'autorité disjointe, et *vice versa*.
[950] Ahiezer A., *Op. cit.*

termes utilisés ici, il s'agit de l'autorité conjointe d'Etat). " Le Souverain de la cité civique est réalisé par la convergence des volontés humaines quand les citoyens renoncent à leur singularité et se détachent de leurs intérêts particuliers pour ne regarder que le bien commun "[951]. Au contraire, l'Etat reproduit lui-même la logique de " petite " société. En empruntant l'expression d'Honoré de Balzac, " la loi de l'Intérêt général est détruite par la loi de l'Intérêt particulier ". " Cet Etat n'est pas un ensemble d'institutions, mais *la personnification de la nation, du peuple*, de sorte que le leader, identifié à l'Etat, l'est aussi directement au peuple et à la nation "[952].

Tout dépend, donc, des intérêts particuliers du groupe des siens au pouvoir : les intérêts fiscaux, les intérêts dans un jeu géopolitique, et cætera. L'Etat dans la " petite " société s'oriente toujours vers la maximisation de la rente que touche le groupe au pouvoir, quelques populistes que soient ses slogans. De tels objectifs n'ont rien à voir avec la maximisation du bien-être de ses constituants pris ensemble. Cet Etat s'approche du type idéal que Douglass North appelle l'Etat exploiteur[953]. Ses intérêts peuvent coïncider momentanément avec le renforcement du contrôle, aussi bien qu'ils peuvent coïncider avec la libéralisation de la vie quotidienne. Le seul facteur déterminant consiste dans la conjoncture socio-économique et politique à un moment donné. Ce sont les cycles de longue durée, cycles de Kondrat'ev, qui déterminent les va-et-vient entre l'Etat autoritaire (imposé) et l'Etat faible (disjoint), dont les fonctions se réduisent à la garde d'un vase de nuit[954]. L'idée de l'Etat comme un groupe de siens parmi d'autres, seulement différencié de ses derniers par l'importance des ressources mis à sa disposition, nous donne une nouvelle optique pour interpréter les associations de l'Etat avec la Mafia dans la conscience populaire. Au premier regard, les réponses à la question " Qu'entendez-vous par 'Mafia' ? " posée par le VCIOM au début des années 90 peuvent surprendre. Plus de deux tiers des réponses évoquent l'Etat (Tableau 124)[955] !

---

[951] Boltanski L., Thévenot L., *Op. cit.*, p.137-138

[952] Touraine A., " *La parole et le sang* ", p.205, c'est nous qui soulignons.

[953] North D., " *Structure and Change in Economic History* ", p.22-24. La structure de l'Etat exploiteur a été explorée plus en détails dans Olejnik A., " *Institucional'naja ekonomika* ", chapitre 11, lecture 22.

[954] Cet idéal libéral est souvent interprété par les libéraux russes comme un idéal local. Voir, par exemple, les idées de Vitalij Najchul', l'un des porte-parole des libéraux russes, concernant la renaissance de la Russie pré-impériale (la Russie des villes) et du marché local (Najchul' V., " *Rubej epoh. Rassujdenija ekonomista v kanun grjaduschej smeny polititcheskogo rejima* " : http::www.polit.ru, le 10 mars 2000).

[955] Levada Yu., *Op. cit.*, p.41. Voir aussi le tableau des associations que les détenus ont avec l'Etat.

Tableau 124

L'activité de l'économie parallèle	43%
Les bureaucrates dans les ministères et les administrations	36
L'appareil du parti-état	34
Les criminels	25

L'association de l'Etat avec la Mafia perd son caractère paradoxal aussitôt que nous mettons en avant la congruence de l'organisation sociale des groupes de siens en Russie et de la Mafia italienne. Autrement dit, dans la conscience des post-Soviétiques ordinaires l'Etat est vu comme groupe de siens qui approprie et " privatise " l'espace public. Sous quelle forme ce groupe existe, que ce soit celle de la nomenklatura, de la famille présidentielle, ou des gens sortis du Comité de la Sécurité d'Etat (*KGB*), cela importe peu. Nous avons vu que cette tendance à la privatisation accompagne l'évolution naturelle de n'importe quel groupe de siens, car il s'agit d'un amalgame du monde traditionnel et du monde par projets. Par conséquent, la privatisation de l'espace public par les groupes de siens, quelle que soit leur forme, étatisée ou non, met les institutions de la société civile dans un état de coma. Les tendances à la privatisation permettent de théoriser l'instabilité extrême et la décomposition permanente des institutions de la société civile dans les pays post-soviétiques (Figure 33). Le groupe de siens privatise les ressources qui sont à la portée de ses membres. Les ressources à la portée des membres du groupe de siens s'appropriant l'Etat dépassent largement celles qui sont accessibles à tous les autres groupes. En Russie, pays riche en ressources naturelles, celles-ci s'ajoutent aux revenus plus traditionnels de l'Etat exploiteur : les taxes et les pots-de-vin. L'Etat contrôlé par un groupe de siens ne considère jamais les taxes comme substitut parfait des pots-de-vin, parce que ceux-ci excluent tout contrôle de la part des étrangers, c'est-à-dire des membres des autres groupes de siens. L'Etat tourne la Loi de la même manière que les gens ordinaires le font pour atteindre leurs objectifs privés. Voilà, par exemple, les tarifs illicites que l'Etat exploiteur perçoit en sus des tarifs licites pour la prestation de services[956] :

[956] Kaufman D., " Corruption in transition economies ", in Newman P. (ed.), " *The New Palgrave Dictionnary of Economics and the Law* ", London : Macmillan, 1998, vol.1, p.524 (les données d'une enquête réalisée en 1996 auprès d'un échantillon composé de 50 entreprises russes).

Tableau 125

Service ou licence	Prix moyen, en dollars des Etats-Unis	% des entreprises qui avouent les payements illicites
Enregistrement de l'entreprise	288	44%
Visite d'un inspecteur sanitaire ou d'un officier de la protection contre l'incendie	67	23
Visite d'un inspecteur fiscal	250	21
Installation d'une ligne téléphonique	1071	100
Louer un bail auprès de l'Etat (m2 par mois)	26	39
Licence d'exportation	643	43
Licence d'importation	133	50
Déclaration d'une marchandise à la douane (% de la valeur)	5%	48
Crédit bancaire en roubles (conditions préférentielles)	8%	38
Crédit bancaire en dollars (conditions préférentielles)	23%	53

Ainsi, le niveau de la corruption peut-il servir d'indicateur de la grandeur réelle de la société. Plus grande est la corruption, plus petite est la société, quelle que soit sa place dans le jeu géopolitique. Selon ce critère, les pays post-soviétiques sont moins avancés sur le chemin menant de la “ petite ” société à la “ grande ” que maints d'autres. Un tableau ci-après (reflétant le taux de la corruption des fonctionnaires d'Etat) illustre la position d'arrière-garde de l'ex-URSS sur ce chemin[957] :

Tableau 126

ex-URSS	65%
Pays du Maghreb	50
Pays de l'Europe de l'Est	40
Pays de l'Amérique Latine	39
Pays du Moyen Orient	36
Pays de l'OCDE	12

[957] *Ibid.*, p.523 (données de la Banque Mondiale). Notons entre parenthèses qu'Andreï Illarionov, conseiller économique auprès du Président de la Fédération de Russie, a remarqué que le modèle des pays du Maghreb est plus proche du modèle russe qu'on ne le pense habituellement.

La perception de l'Etat comme groupe de siens, comme Mafia, permet d'expliquer la dualité extraordinaire de l'attitude des (post)soviétiques à l'égard de leur Etat. D'une part, il y a méfiance envers les institutions d'Etat et ignorance de leur fonctionnement. Bien que les résultats des sondages auxquels nous pouvons nous référer ne soient pas parfaitement compatibles, ils sont unanimes à constater les tendances de rejet des institutions d'Etat :

Tableau 127

Institution d'Etat	1993 ([958])	1998 ([959])	2000 ([960])	Allemagne([961])
Armée	62%	33%	48%	x
Tribunaux	40	16	13	x
Police	27	14		x
Comité de la Sécurité d'Etat	38	18	24	x
Télévision	36	27	x	56
Président	33	5	48	67
Syndicats	24	11	x	37
Municipalités	21	13	x	x
Parlement (Conseil de la Fédération/Chambre des députés, *Duma*)	20	11,5/9	13/x	55
Partis politiques	7	x	x	13-41
Banques	x	5,5	x	22

En outre, si dans la " grande " société la méfiance envers une institution d'Etat n'exclut pas la confiance envers les autres (suite au " fractionnement " de la confiance, voir le sous chapitre 3.4), en Russie on observe une méfiance envers les institutions étatiques prises dans leur ensemble. Or, " la démocratie ne nécessite pas que les individus fassent confiance à toutes les institutions, mais elle suppose qu'ils fassent confiance à certains institutions sociales promouvant les intérêts de ceux-ci "[962]. Cette dernière condition n'est pas remplie dans la " petite " société. D'autre part, l'Etat respecte les mêmes règles que celles sur la base desquelles les Russes organisent leur vie quotidienne. C'est une sorte de double, de double monstrueux. " Le

[958] % de ceux qui font confiance à telle ou telle institution (Rose R., " Distrust as an Obstacle to Civil Society " : *Studies in Public Policy*, n°226, 1994, p.14).

[959] % de ceux qui font confiance et qui plutôt font confiance (Mansurov V. [pod redakciej], *Op. cit.*, c.9).

[960] % de réponses positives à la question " Dans quelle mesure telle ou telle institution mérite la confiance ? " (" *Pjat' mesjacev s Putinym* " : http::www.polit.ru, le 13 juin 2000, données du VCIOM).

[961] % de ceux qui ont une image positive de telle ou telle institution (*Die Zeit*, 30.Juli 1998, S.12, données de la Friedrich-Ebert-Stiftung pour l'Allemagne de l'Ouest).

[962] Rose R., " Distrust as an Obstacle to Civil Society ", p.5

double monstrueux se substitue à tout ce que chacun désire à la fois absorber et détruire, incarner et expulser "[963]. Les (post)soviétiques détestent l'Etat parce qu'il reproduit à ses propres fins la logique du groupe de siens et considère ses citoyens comme autres, étrangers. Mais en même temps les (post)soviétiques n'arrivent pas à se débarrasser d'un *tel* Etat, car il incarne leur propre mode de vie, il les incarne eux-mêmes. L'Etat imposé/disjoint n'est que le revers de l'omniprésence de la " petite " société. Bref, un *tel* Etat devient un double monstrueux parfait de la " petite " société.

Ainsi pouvons-nous nous permettre de faire dans cette optique quelques observations concernant le phénomène du Président actuel de la Fédération de Russie, Vladimir Putin. Le phénomène consiste dans l'appui que les Russes lui donnent, bien que sa politique n'ait entraîné pour le moment aucun changement positif. Il a été élu Président sans avoir présenté aucun programme économique, politique ni sociale. En dépit de cela, plus des deux tiers des Russes (69% en avril 2000, 71% en mai 2000, 75% en février 2001[964]) font confiance *personnelle* au Président. Il ne s'agit pas non plus d'une personnalité charismatique, parce que seuls 3% des Russes sont en admiration devant V. Putin. L'attitude dominante à son égard d se traduit par la phrase suivante : " Je ne peux rien dire de mal à propos de lui " (voir le tableau des réponses à la question " Comment décrivez-vous votre attitude à l'égard de V. Putin ? "). 51% des Russes ne lui reprochent pas sa proximité avec la " famille " de l'ancien Président, Boris Eltsin. Comment reprocher à quelqu'un une chose dont on se sert dans la vie quotidienne ? Face au paradoxe de la confiance au Président dont les mérites ne sont pas évidents, il ne nous reste qu'à y voir l'exemple de l'oscillation entre l'incarnation et l'expulsion. " Il est comme nous " (32% des Russes ressentent de la *sympathie* pour le Président, cf. le mot latin *sympatia* qui signifie le " fait d'éprouver les mêmes sentiments "). D'ailleurs, la dualité du sentiment apparaîtra à la première occasion et la confiance au Président dans le contexte

[963] Girard R., *Op. cit.*, p.230

[964] La source des données auxquelles nous nous référons dans ce paragraphe est : " Otnochenie k Vladimiru Putinu " : http::www.polit.ru ; " Putin : nadejdy i ojidanija " : http::www.polit.ru/documents/407923.html (les résultats des enquêtes menées par le VCIOM). Il est intéressant de noter que la mise en avant dans l'opinion publique de l'argument suivant afin d'expliquer la confiance au Président : " il fait toujours ce qu'il dit " (*" u nego slova ne rashodjatsja s delom "*). Bien que l'anticipation de la correspondance indubitable entre l'apparence et les actions réelles se trouve au cœur de la confiance comme norme du comportement quotidien (voir le sous chapitre 2.3.4), elle ne suffit pas afin de fonder la confiance institutionnalisée, l'élément clé des institutions de la démocratie. Paradoxalement, mais les Soviétiques des années 30 expliquaient leur admiration à l'égard de Staline de la même manière : " il fait toujours ce qu'il dit " (voir Lebina N., *Op. cit.*, c.157).

post-soviétique peut se substituer très vite à la haine, comme ce fut le cas avec le Président précédent.

Tableau 128

Sentiment	Mars 2000	Mai 2000	Sept. 2000	Nov. 2000	Janv. 2001	Mars 2001
Je ne peux rien dire de mal à propos de lui	34	35	33	36	41	34
Sympathie	29	28	25	31	29	32
Je reste aux aguets	14	18	13	11	12	13
Attitude neutre, indifférente	11	8	12	11	10	10
Je ne peux rien dire de bien à propos de lui	5	3	9	4	4	4
Antipathie	2	1	1	1	1	1
Admiration	3	3	3	4	2	3
Ne sait pas	4	4	2	1	3	3

Bien que le programme socio-économique du Président ne soit pas proclamé et soumis à un débat public, ses actions laissent supposer qu'il voit le problème de la société déchirée dans les termes de la Russie impériale déchirée et régionalisée. Nous pouvons attendre soit le basculement de sa politique vers un modèle autoritaire pur et dur, ce qui s'inscrira dans la logique des cycles de longue durée de l'histoire russe, soit vers la recherche d'une médiation entre l'Etat et la " petite " société. En prenant en considération les règles du jeu que l'Etat exploiteur respecte, et le degré non négligeable de sa dépendance au marché financier international (la Russie est devenu le plus grand emprunteur auprès des organismes financiers internationaux), la recherche des institutions de médiation peut se réduire à la reproduction du modèle du Chili des années 70-80 ou de certains éléments du modèle de la Chine des années 80-90. Dans ces pays, le marché joue le rôle de substitut de la société civile, en tant que mécanisme d'intégration sociale et politique (Figure 34). Soulignons qu'il s'agit du marché local d'un côté et du marché international de l'autre côté. La formation du marché *national* dans le cadre de la " petite " société est exclue, comme nous l'avons démontré [965]. Autrement dit, la situation actuelle ne donne pas beaucoup d'espoir de sortie de l'oscillation entre l'autoritarisme et le localisme, entre l'autorité imposée et l'autorité disjointe.

---

[965] La nomination d'Andreï Illarionov, un extrême libéral, au poste de conseiller économique principal auprès du Président, et la volonté manifeste de ce dernier de prendre ses conseils en considération servent d'argument complémentaire en faveur de ce scénario.

En revenant à la question posée dans l'Introduction concernant le caractère approprié ou non du terme Mafia dans le contexte post-soviétique, nous pouvons résumer notre analyse de la façon suivante. Il ne fait aucun doute que la criminalité organisée fait partie du paysage de la Russie d'aujourd'hui. En outre, son organisation se base sur des principes uniques, quelle que soit la région ou le secteur d'activité. Les normes issues du milieu carcéral (*ponjatiaja*) et les juges responsables de leur application (voleurs légaux et leurs lieutenants) servent de carcasse à tout ce qui est extralégal et criminel en Russie. Néanmoins, l'organisation des criminels russes diffère beaucoup de celle de la Mafia. Par exemple, il n'existe pas, dans le milieu criminel russe, d'organisme analogue au *Coupole*, les commissions provinciales et inter-provinciales (les réunions régulières des voleurs légaux, *shodki*, ont un caractère occasionnel et moins formalisé). Les unités de base de l'organisation criminelle, *brigades*, sont complètement privées de l'ambiance patriarcale et domestique propre à la famille mafieuse sicilienne, *coscà*, et ainsi de suite. Donc, si l'on restait au niveau de l'analyse structurelle et organisationnelle, on serait obligé de constater l'absence de la Mafia dans le monde post-soviétique. Elle ne serait qu'un joli raccourci facilitant le discours politique. Par contre, aussitôt qu'on s'intéresse à l'étude sociologique de la criminalité organisée, on se rend très vite compte de la congruence, de la similarité étrange de ces deux " petites " sociétés, sicilienne et (post)soviétique. C'est le contexte de " petite " société qui produit l'esprit mafieux, l'esprit de la discrimination des autres, étrangers au groupe mafieux des siens. " La Mafia est une habitude mentale, un Etat d'esprit... Elle reflète plutôt une idée qu'une institution bien organisée "[966]. On trouve l'esprit mafieux partout où la transformation de " petite " société en grande n'est pas achevée. C'est une " marque déposée " de " petite " société. La criminalité organisée incarne et raffine l'idée propre à l'organisation de la vie quotidienne dans la société post-soviétique en général. Voilà pourquoi elle devient l'autre double monstrueux de l'homme (post)soviétique ordinaire, aussi parfait que l'Etat. La duplication des doubles monstrueux suite à la reproduction du même modèle social dans des sphères d'activité diverses, ne doit pas surprendre. L'absence de frontières entre des mondes autrement autonomes facilite ce transport.

Les post-Soviétiques éprouvent de la haine pour les criminels, haine qui coïncide *naturellement* avec le désir de se comporter comme ceux-ci, de leur ressembler. Les criminels sont rangés par les Russes

[966] Schiavo G., *Op. cit.*, p.21

parmi les trois groupes socioprofessionnels qui ont gagné le plus grâce aux réformes des années 90[967] :

Tableau 129

Employés des banques, des compagnies d'assurances	75,2%
Fonctionnaires de l'Etat	*69,7*
Criminels	*60,9*
Entrepreneurs	58,5
Directeurs des entreprises	46,5
Commerçants	31,3
Gens faisant preuve d'initiative	22,6
Policiers, employés du Comité de la Sécurité d'Etat	12,3
Militaires	1,9
Ouvriers des entreprises industrielles	1,8
Paysans	1,4
Scientifiques	1,3
Médecins	1,1
Enseignants	0,6
Autres groupes socioprofessionnels	1,7

Rappelons qu'il s'agit des réformes dont les résultats, selon la même enquête, ont été évalués de manière positive seulement par 8,6% des Russes (0,7% pensent que les reformes correspondaient parfaitement à leurs intérêts, 7,9% - que les réformes leur correspondaient plus ou moins)[968]. Malgré cela, les mots *krutoj* (nom, adjectif), *kruto* (adverbe) avec lesquels on décrit habituellement les criminels qui sont réussi sont entrés dans le discours quotidien des années 90 et, en outre, ils n'ont point de connotation péjorative. Au contraire, l'adjectif *krutoj* est attribué habituellement à une personne forte, riche, violente, sachant soumettre à sa volonté les autres, les étrangers. Si vous interrogiez une adolescente post-soviétique ordinaire sur le portrait du mec de ses rêves, elle vous reproduirait sans doute l'image du criminel, qu'il soit désigné explicitement en tant que tel ou non. A titre d'hypothèse, nous voulons présupposer que la tendance à l'expulsion prévaut quand on juge l'appropriation, la “ privatisation ” par le double monstrueux impossible, tandis que la tendance à l'incarnation prévaut s'il y a des chances de le faire sien ou de devenir soi-même un double monstrueux. L'accent sur les normes en tant que ciment de la construction mafieuse donne une nouvelle optique pour les investigations de criminologie et de police. Cette démarche s'inscrit dans l'évolution de la législation pénale, par exemple, en Italie. En particulier, l'article 416[1] du Code Pénal de le République Italienne implique la responsabilité pour l'appartenance à une association de type mafieux définie comme assujettissement à

[967] Mansurov V. (pod redakciej), *Op. cit.*, c.16

[968] *Ibid.*

certaines normes : la loi du silence (*omertà*), le refus de tous les contacts avec les agents de la justice d'Etat, et cætera. Dans cette perspective, c'est l'espace normatif commun qui relie les différents éléments de l'activité criminelle, qui produit le phénomène de la criminalité *organisée*. Quand il est difficile, voire impossible de rassembler toute l'information sur un délit, les investigateurs peuvent s'intéresser à l'étude du type social des coupables présumés. Si les éléments de la sub-culture criminelle déterminent leur comportement dans les situations quotidiennes (on découvre ce fait au moyen d'entretiens structurés et d'un questionnaire spécialement élaboré à cette fin), cela servira de raison complémentaire afin de continuer l'enquête[969]. La présence simultanée de deux doubles monstrueux de la " petite " société, l'Etat et la criminalité organisée, entraîne leur rivalité, parce que leur fonction majeure consiste à assurer *l'ordre qui se fonde sur des règles compréhensibles pour la population*, à maintenir l'équilibre de la " petite " société. Par conséquent, il n'existe qu'un seul marché de la protection, sur lequel l'Etat et la criminalité organisée essayent de vendre des services substitutifs. Etant donne que l'Etat et la criminalité *organisée* sont les deux acteurs principaux sur ce marché, celui-ci s'éloigne de l'équilibre concurrentiel[970]. Nous le décririons plutôt en termes de marché oligopolistique, caractérisé par l'instabilité radicale et par la non coïncidence de l'équilibre(s) avec l'optimum de Pareto[971]. " Ils [les voleurs légaux] te protègent contre le *bespredel*, mais tu es obligé de les payer de leurs services. C'est la même chose si tu passes sous le parapluie de protection (*krycha*) des organismes d'Etat, - *RUOP*, etc. Par ailleurs, le taux de cotisation est plus élevé chez ces derniers. *Peut-être à cause de la plus grande efficacité de leur protection ?* - L'efficacité est la même dans les deux cas. Quand j'étais libre, j'avais huit gardes agrégés par l'Etat qui avaient un permis de port d'armes, mais je m'adressais en même temps aux voleurs légaux. Il y avait de tels cas. En général, l'efficacité de la protection est nulle. Ils [l'Etat et

---

969 Nous avons essayé d'appliquer cette approche à une investigation sur la nature des capitaux transférés de Russie à l'étranger : s'agit-il de capitaux criminels, informels ou légaux ? On a élaboré une méthodologie qui permet de mettre en valeur l'information concernant le comportement de l'opérateur du transfert des fonds dans une série de situations quotidiennes : le comportement sur la route, le rôle des proches dans le business, l'image de la secrétaire idéale, etc. Pour l'aperçu de cette méthodologie, voir Olejnik A., Gvozdeva E., Kachturov A., Patruchev S., *Op. cit.* Par ailleurs, nous continuons l'amélioration de celle-ci dans le cadre d'un projet en cours subventionné par *l'Institut des Hautes Etudes de la Sécurité Intérieure* (IHESI, Paris).

970 Cf. les conclusions de Peter Reuter concernant le caractère concurrentiel des marchés illégaux de la protection aux Etats-Unis : Reuter P., " *Disorganized Crime. The Economics of the Visible Hand* ", Cambridge : the MIT Press, 1983

971 L'équilibre dite de Cournaut est déterminé par les modalités du déroulement des actions respectives des rivaux.

les voleurs légaux] se mettent d'accord entre eux mieux qu'avec moi. Les gardes et les protecteurs illégaux trouvent vite un langage commun. 'Vous ne touchez pas ceci, tandis que nous ne toucherons pas cela' "[972]. Comme le montrent les associations avec le mot Mafia citées ci-dessus, l'Etat et la criminalité organisée représentent la même chose, *Questa è la stressa cosa - Cosa nostra*, dans l'esprit des post-Soviétiques ordinaires.

La stagnation économique suscite la rivalité des deux protecteurs pour les ressources qui deviennent de plus en plus rares. Si au début des années 90 l'Etat pouvait se permettre de laisser le contrôle de nombreuses banques à la criminalité organisée[973], une lutte sans pitié de l'Etat contre son principal rival marquera les années 10 du XXIème siècle. Hélas, sans un changement profond de la nature de l'Etat russe/soviétique/post-soviétique, cette lutte ne sera qu'une guérilla entre deux Mafias, simultanément éloignées et proches de la population. Dans le meilleur des cas, le maintien en ordre de la " petite " société en résultera. La situation se maintiendra tout comme elle se maintient aujourd'hui, au prix du refus d'aller plus loin sur le chemin vers la " grande " société. Dans le pire des cas, la lutte contre la criminalité organisée entraînera la détérioration de l'ancien ordre, qui ne se sera pas accompagnée par l'émergence d'un nouvel ordre. C'est, donc, à l'Etat de commencer la partie d'échecs et de la gagner, non grâce aux fautes de son adversaire, mais grâce à la nouveauté de sa propre stratégie. Jouer comme d'habitude e2-e4, c'est-à-dire continuer à reproduire le modèle de " petite " société, non seulement causera l'échec dans cette partie, mais encore mettra en question les perspectives du pays en tant que tel. Il nous semble que le premier coup a bien été e2-e4...

---

[972] Entretien n°25

[973] Selon les données de la Direction de la lutte contre la criminalité organisée (*UOP*) du Ministère de l'Intérieur qui datent de 1993, 14 voleurs légaux et *avtoritety* ont contrôlé 79 banques à Moscou. Par exemple, l'*avtoritet* Viktor Koledov (*Guba*) a contrôlé une filiale de la plus grande banque de Russie, Sberbank, la banque rangée à l'époque parmi les dix les plus grandes, Nackredit, Geolbank, Helpbank (FreeLance Bureau, http::www.kompomat.ru)

ANNEXE

Liste des détenus interviewés

#	Prénom, âge, catégorie illicite ([1])	Caractéristiques complémentaires	Place de l'entretien ([2])	Date de l'entretien
1a	Andrej, 35-40 ans, B	Surveillant illicite d'un régiment (*otrjad*), la deuxième détention, 15 ans d'emprisonnement (1989-), le racketteur, l'originaire d'Yaroslav	Yaroslav, CD	Automne 97
1b	Alexej, 20-25 ans, B	6 ans d'emprisonnement, (1994-), le bras droit de [1a], le racketteur, l'originaire de Yaroslav		
2	X., H	L'originaire de Gorkij [Nijnij Novgorod]	Vladimir, MC	Automne 96
3a	Mantulin Viktor, 30+ ans, I	18 ans d'emprisonnement (1984-2002), un meurtre dans la prison, une tentative d'évasion, l'expérience de la prison des jeunes	Vladimir, MC	Automne 96
3b	Andrej Yur'evitch, 30+ ans	Directeur adjoint de la Maison centrale, le responsable de l'éducation et de la réinsertion		
4	Zabalkanskij Valerij, 35-40 ans, B	Surveillant illicite d'un régiment (*otrjad*), (1992-), l'originaire de Klin (région de Moscou) où il était aussi le surveillent illicite, l'expérience de la prison des jeunes	Plavsk ([3]), CD	Hiver 99
5	25-30 ans, B	Chef d'un gang à Ljubertzy (région de Moscou), le racketteur, il essaye de gagner l'autorité illicite, la deuxième détention	Plavsk, CD	Hiver 99
6	35+ ans, I	Escroc, l'originaire de Crimée, la première détention	Toula, CD	Hiver 99
7	Mironytch, 50+ ans, H	"Homme" qui se réfère aux valeurs traditionnelles de la sub culture carcérale (*arestant* en argot carcéral), (1995-2005), l'expérience de plusieurs détentions	Socialistitches kij ([4]), CD hospitalier	Hiver 99
8	20-25 ans, I	Origine rurale, le petit racketteur, la première détention	Toula, CD	Hiver 99
9	German, 27 ans, A	Originaire de Toula, l'escroc, le responsable d'un régiment (*zavhoz*) unissant les criminels les plus sensibles, (1994-2000), la première détention, il a été le surveillant illicite d'une cellule (8 personnes) dans la Maison d'arrêt	Toula, CD	Hiver 99
10	30+ ans, A	Escroc, l'originaire de Moldavie, (1997-), le responsable d'un régiment (*zavhoz*), la première détention	Toula, CD	Hiver 99

[1] B – le *blatnoj*, H – " l'homme ", A – " le bouc ", I – l'indépendant.

[2] CD – Centre de détention (colonie), MC – Maison centrale.

[3] Région de Toula

[4] Région de Toula

11	40+ ans, A	Responsable d'un régiment (*zavhoz*), l'ancien officier de la police routière, la première détention, il a été le surveillant illicite d'une cellule dans la Maison d'arrêt	Toula, CD	Hiver 99
12	50+ ans, H	Copain de [7], l'*arestant*, l'expérience de plusieurs détentions	Toula, CD	Hiver 99
13	Vladimir, 50+ ans, H	Expérience de la détention depuis les années 70, (1993-2003), un meurtre dans la prison, l'originaire de Toula, le croyant	Plavsk, CD	Hiver 99
14	40+ ans, H	Expérience de la détention depuis les années 80	Plavsk, CD	Hiver 99
15	25 ans, I	Officier des douanes, moscovite, (1998-2004), la première détention	Plavsk, CD	Hiver 99
16	Vladimir, 40+ ans, H	Expérience de la détention depuis les années 70, un meurtre de son frère, le copain de [7]	Plavsk, CD	Hiver 99
17	50 ans, H	Originaire de la région de Kostroma, l'expérience de la détention depuis les années 50, l'expérience de la prison des jeunes	Severoonejsk ([5]), CD	Printemps 99
18	50 ans, H	Expérience de la détention depuis 1967, 7 détentions de 20 ans en total, le voleur (pickpocket), l'originaire de la Crimée, ukrainien, (1997-1999), l'*arestant*	Toula, CD	Hiver 99
19	20+ans, H	Originaire de la région de Toula, (1997-2004), la crime économique, une année de l'université, la première détention	Toula, CD	Hiver 99
20	Sergej, <18 ans, H	(1998-2001), le trafic des stupéfiants	Alexin ([6]), CD des jeunes	Hiver 99
21	Suhanov Nikolaj, 51 ans, H	Expérience de la détention depuis les années 70, l'expérience de plusieurs détentions, (1997-), l'originaire de St.-Petersbourg, l'*arestant*	Severoonejsk, CD	Printemps 99
22	Nikolaj, 50+ ans, H	Première détention en 1968, l'originaire de St.-Petersbourg, (1997-2006), le brigandage, l'expérience de plusieurs détentions	Severoonejsk, CD	Printemps 99
23	30+ ans, B	Surveillant illicite, le racketteur à Tver, la détention dans la QHS (quartier de haute sécurité)	Ercevo ([7]), CD	Printemps 99
24	Yurij, 42 ans, B	Originaire de la région de Novgorod, l'expérience de la détention depuis les années 70 (1972 – la prison des jeunes), l'expérience de plusieurs détentions, (1991-1999), un meurtre, la détention dans la QHS pendant deux derniers années, il était le surveillant illicite d'un régiment (*otrjad*)	Ercevo, CD	Printemps 99
25	30+ ans, B	Originaire de Baku, le commerçant à Moscou, (1995-2001), l'escroc, l'expérience de l'internat (à l'âge de 3 à 14 ans), il a été le surveillant illicite d'une cellule dans la Maison d'arrêt	Socialistitches kij, CD hospitalier	Hiver 99

[5] Région d'Arkhangelsk

[6] Région de Toula

[7] Région d'Arkhangelsk

26	Roman, 35+ ans, I	Originaire de Toula, (1997-2000), l'expérience de plusieurs détentions	Toula, CD	Hiver 99
27a	20+ ans, B	(1994-2009), l'originaire de Novomoskovks (région de Toula)	Toula, CD	Hiver 99
27b	Nikolaj, 30+ ans, B	Surveillant illicite d'un régiment (*otrjad*), il a été également le surveillant illicite d'une cellule dans la Maison d'arrêt	Toula, CD	Hiver 99
28	40+ ans, H	Originaire de Novgorod, la deuxième détention (1980-)	Skarlahta ([8]), CD	Printemps 99
29	35+ ans, H	Première détention, (1994-), l'originaire de Moscou	Toula, CD	Hiver 99
30	Chatohin, <20 ans, B/A	(1996-2000), l'originaire de Schekino (région de Toula), le " *bugor* " (un mélange étrange de l'autorité licite et illicite dans les colonies des jeunes), le brigandage	Aleksin, CD des jeunes	Hiver 99
31	Valerij, 18 ans	(1998-), il y a eu un confit avec les " *bugry* "	Aleksin, CD des jeunes	Hiver 99
32	20 ans, H	Originaire de la région de Moscou, (1997-2000), l'entretien a été réalisé pendant ses premiers jours dans la colonie, il exprime la volonté d'être transféré à une colonie des adultes	Aleksin, CD des jeunes	Hiver 99
33 a, b, c	Sergej, Nikolaj, Ilya, <18 ans	Tous les trois sont les jeunes détenus ordinaires, qui essayent de vivre selon les impératifs de la sub culture carcérale (*po ponjatijam*), l'un parmi eux est le chef de l'équipe composé de cinq détenus (*predsedatel'*)	Aleksin, CD des jeunes	Hiver 99
34	Sergej, <18 ans	(1996-2001)	Aleksin, CD des jeunes	Hiver 99
35a	25+ ans, B	Surveillant illicite d'un régiment (*otrjad*), il a participé à une discussion sur les résultats de l'enquête	Severoonejsk, CD	Printemps 99
35b	35+ ans, B	[35a] lui a demandé de participer à la discussion		
36	41 ans, H	Première détention en 1976, l'expérience de quatre détentions, (1997-2011), l'originaire de la région d'Arkhangelsk, le Détenu Particulièrement Signalé	Severoonejsk, CD	Printemps 99
37	40+ ans, A	Originaire de la région d'Arkhangelsk, le première détention en 1977, l'expérience de quatre détentions, (1994-2005), le responsable d'un régiment (*zavhoz*)	Severoonejsk, CD	Printemps 99
38	Sergej, 37 ans, B	Originaire de la région d'Orel, la première détention en 1979, l'expérience de plusieurs détentions	Skarlahta, CD	Printemps 99
39	35+ ans, H	Expérience de la détention depuis 1985, la troisième détention, l'originaire de Moscou, l'entrepreneur	Toula, CD	Hiver 99
40	Kutcher Vladimir, 40+ ans	Responsable de l'éducation et de la réinsertion, une grande expérience de travail	Severoonejsk, CD	Printemps 99
41	Burov Sergej, 30+ ans, B	Surveillant illicite chargé des jeux, l'entretien non enregistré, le pillage	Severoonejsk, CD	Printemps 99

[8] Région d'Arkhangelsk

Sujets des entretiens avec les détenus

1. L'organisation de la vie quotidienne en détention :
   1.1. Qu'est-ce la confiance ?
   1.2. La famille des détenus
   1.3. Les compatriotes
   1.4. Les conditions matérielles de la vie, leur dynamique
   1.5. Le travail dans la détention
   1.6. Le travail au noir dans la détention
   1.7. La société carcérale et la société russe : une tentative de comparaison
2. L'autorité informelle dans la prison :
   2.1. Les conflits quotidiens entre les détenus et les modes de leur solution
   2.2. Les surveillants illicites (*smotrjaschie*)
   2.3. La confiance aux surveillants illicites
   2.4. L'histoire de leur apparition
   2.5. La justice informelle: les normes de la sub culture carcérale (*ponjatija*) et leurs changements
   2.6. Les sanctions
   2.7. La violence dans la prison : ses formes et sa dynamique
   2.8. Les fonds communs (*obschak*) et leur gestion
   2.9. La participation des surveillants illicites dans le business
   2.10. Les procédures de l'initiation à la vie carcérale
3. L'autorité formelle dans la prison :
   3.1. Les relations des détenus avec l'administration
   3.2. La confiance à l'administration
   3.3. La violence légitime
   3.4. La comparaison des régimes de détention: la maison d'arrêt, le centre de détention, la maison centrale
   3.5. Les arguments *pro* et *contra* de la détention cellulaire
   3.6. Les pénitenciers dits " rouges " et " noirs "
   3.7. Les droits de détenus. Comment les protéger?
4. La différentiation du milieu carcéral :
   4.1. Les catégories illicites et la dualité des règles
   4.2. Les homosexuels
   4.3. Le rôle de la monnaie. Le nouveau type de détenu (*margarin*).
5. Est-il possible de rester le Sujet dans la prison ?
   5.1. La frontière entre le privé et le public
   5.2. L'autonomie *versus* la dépendance vis-à-vis de l'administration
6. Ici et là-bas : la comparaison des règles du jeu dans la prison et dans la société post-soviétique :
   6.1. Les normes du comportement quotidien ici et là-bas
   6.2. Les perspectives de la réinsertion après la libération
   6.3. Les procédures du règlement des conflits commerciaux
   6.4. L'expérience des affaires commerciales

Enquête par questionnaire diffusée auprès des détenus

1. De votre point de vue, peut-on en général faire confiance aux gens?

Oui Non

2. Faites-vous confiance à ceux qui sont vos codétenus aujourd'hui?

Oui Non

5. Avez-vous eu des visites de vos proches le dernier mois?

Oui Non

6. Allez-vous maintenir des relations avec certain codétenus après votre libération?

Oui Non Je ne sais pas

7. Comment décrivez-vous votre situation psychologique habituelle?

Je suis seul *Je suis perdu*
Je suis fatigué *Je suis inquiet*

Je suis en colère *Je suis patient*
Je tente de changer ma vie

(mettre une croix dans la case correspondante)	8. Qui vous sert d'appui dans une situation difficile?	9. Qui vous a aidé dans une situation difficile récemment?
Moi-même		
Mes proches		
Mes amis		
L'administration du pénitencier		
Les surveillants		
Mes codétenus		
Agents de Libération Conditionnelle		
Les psychologues		
Les instructeurs et les professeurs		
Un organisme d'Etat		
Autres (préciser)		

1
0. Travaillez-vous en pénitencier?
Oui, précisez où ________________ *Non*
11. Quelles sont les qualités que vous appréciez le plus chez vos amis?

L'intelligence
La force physique
Le respect d'autrui
La force du caractère
L'ouverture d'esprit
Le bon sens
La capacité d'être juste
L'honnêteté
Le fait d'être responsable de ses actions
La capacité de se faire des relations

12. Qu'est pour vous la solidarité?
La capacité d'aider ses proches
La capacité d'aider la personne qui se trouve dans la même situation que moi-même
L'espoir d'un comportement réciproque
Le support des revendications justes
13. Etes-vous prêt à participer à une action de protestation collective des détenus?
Oui *Ça dépend des revendications*
Ça dépend des gens qui y participeront *Je sais pas*
Non
14. Y a-t-il des actions collectives des détenus dans votre établissement
Non *Aménagement des locaux*
Revendications collectives *Activités culturelles*
Aide à des détenus mal pris *Débats collectifs*
15. Quel mode de résolution des conflits utilisez-vous généralement ici? (plusieurs variants)
La force *Œil pour œil*
La recherche d'un compromis *Un mauvais arrangement vaut mieux qu'un bon conflit*
Premier venu, premier servi *Le recours à des personnes " sages "*
16. Quelle est l'intervention la plus efficace en cas de conflit dans le milieu carcéral (entre les détenus)?
L'absence d'une intervention externe entre les parties au conflit
L'intervention des surveillants
L'intervention de l'administration
L'appel au système de la justice
L'intervention d'un détenu que les parties du conflit respectent

(mettre une croix dans la case correspondante)	17. A qui auriez-vous recours si vos droits étaient violés par un surveillant?	18. A qui auriez-vous recours si vos droits étaient violés par un détenu?
Moi-même		
Mes proches		
Mes amis		
Les administration de pénitencier (préciser)		
Les surveillants		
Mes codétenus		
Agents de Libération Conditionnelle		
Les psychologues		
Les instructeurs et les professeurs		
Un organisme d'Etat		
Mon avocat		
Une association de défense des droits de détenus		
Autres (préciser)		

19. La violation de quel type de règles risque d'être sanctionnée le plus sévèrement?
Le règlement intérieur Le Code Criminel
Les normes informelles qui servent d'appui dans vos relations avec des surveillants
Les normes informelles qui servent d'appui dans vos relations avec autres détenus

20. Quelles sont les qualités d'un leader des détenus?

L'intelligence
La force physique
Le respect d'autrui
La force du caractère
L'ouverture d'esprit
Le bon sens
La capacité d'être juste
L'honnêteté
Le fait d'être responsable de ses actions
La capacité de se faire des relations

21. Faites-vous confiance aux leaders des détenus ?
Oui Non

22. Qu'est-ce qui est le plus important pour survivre en détention?
L'argent *Des connaissances dans le milieu carcéral*
L'intelligence *La force physique*
De bonnes relations avec les surveillants
De bonnes relations avec autres détenus

23. Faites-vous confiance à l'administration de votre établissement?
Oui Non

24. Partagez-vous votre cantine ?
Oui Non

25. Si oui, avec qui :
A qui je fais confiance Un (des) amis de cœur
Les gars de ma région Autres, préciser ______________

26. Si oui, êtes-vous nombreux à partager votre cantine?
On est deux *On est trois*
On est quatre – cinq *C'est très variable*

27. Quels sont les droits les plus importants pour vous?

A un traitement correct
A la sécurité personnelle
De cantiner
De visites
De correspondance
De promenades
De regarder la télé
De travail

28. Pourriez-vous vous adresser directement, si c'était nécessaire

à l'administration *au juge*
à un surveillant *à un autre détenu*
à une association ayant la vocation de défendre les droits des détenus
à l'avocat

29. Connaissez-vous le texte de la Loi sur le système correctionnel et la mise en liberté sous condition ?

Oui *Non*

30. Considérez-vous que ces droits sont respectés actuellement (mettre un croix)

Oui	*A un traitement correct*	Non
Oui	*A la sécurité personnelle*	Non
Oui	*De cantiner*	Non
Oui	*De visites*	Non
Oui	*De correspondance*	Non
Oui	*De promenades*	Non
Oui	*De regarder la télé*	Non
Oui	*De travailler*	Non

31. Qu'est-ce que vous pensez des relations homosexuelles dans le milieu carcéral ?

C'est une façon de punir quelqu'un pour certain comportement dans le milieu carcéral
Je suis complètement contre
C'est normal, si les relations sont volontaires
Je ne sais pas

32. Quelles sont vos associations avec le mot " Etat " ?

Corruption Droits de l'homme
Justice *Mafia*
Prison *Règles du jeu stables*
Sécurité *Violence*

33. Quels sont les moyens pour recommencer une vie normale?

Le respect de la Loi *Les normes morales*
Des connaissances, des relations *Ceux qui sont plus efficaces*

34. Qui considérez-vous comme faisant partie des vôtres ?

Les proches *Ceux avec qui j'étais en détention*
Les gens qui viennent de la même région que vous *Ceux qui font la même chose que moi*
Ceux qui ont la même vision du monde que moi *Je ne partage les gens de cette façon*

35. Quels sont les fondements d'une société idéale pour la Russie (France, Kazakhstan)?

Le profit *La morale*
La confiance *La liberté*
La propriété *Le travail*
La famille *La capacité de se mettre à la place d'autrui*
La Loi *L'égalité*
La tradition

36. Vous sentez-vous responsable

De vos actions	Oui	Non
Des actions des vôtres	Oui	Non
Des actions de vos proches	Oui	Non
Des actions de vos ancêtres	Oui	Non
Des actions de vos enfants	Oui	Non
Des actions du gouvernement	Oui	Non

De la situation dans votre pénitencier	Oui	Non

37. Quelles sont les institutions auxquelles vous faites confiance?

Les médias
Le système judiciaire
Le gouvernement
Les partis politiques
La famille
L'église
La communauté des codétenus
Les amis
La science
Les syndicats
Le collègues de travail
Le Premier Ministre
La patronat

38. Vos connaissances et formation vous permettront-elles de trouver facilement un travail?

Oui *Non*

39. Quelles sont les normes qui sont indispensables pour un bon fonctionnement du marché?

L'intérêt
La confiance
La force appuie le droit
Le respect des termes de contrat
La capacité de se mettre à la place d'autrui
La rationalité
La réciprocité
Le respect d'autrui
L'égalité
La liberté
La recherche d'un profit dans toute situation

(mettre une croix dans la case correspondante)	40. A quoi pensez-vous quand vous prenez une décision importante?	41. Quel moyen pouvez-vous utiliser afin de résoudre un problème important?
Le profit		
La confiance		
La propriété		
La famille		
La Loi		
La tradition		
La morale		
La liberté		
Le travail		
La capacité de se mettre à la place d'autrui		
L'égalité		

42. Faites-vous confiance au gouvernement ?
Oui *Non*
43. Quelles sont vos associations avec le mot " Loi " ?
Bien commun
Instrument dans les mains des certains gens
Interdiction qui vient des autorités
Justice
Limitation arbitraire
Règle qu'on accepte de respecter
Règle qu'on doit respecter
Règle qui correspond aux intérêts de la majorité
44. Age
45. Sexe
46. Niveau d'éducation

Elémentaire
Secondaire
Education professionnelle
Université
47. Situation familiale
Marié *Divorcé* *Célibataire*

47. Nombre d'enfants

Aucun *Un enfant*
Deux enfants *Trois ou plus*

48. Durée de l'emprisonnement

Deux à trois ans *Trois à cinq ans*
Cinq à dix ans *Supérieure à dix ans*

49. Nature du délit ___________________

50. Etes-vous dans une cellule individuelle?

Oui | *Non, il y a ______ personnes*

51. Est-ce votre première peine d'emprisonnement ?

Oui *La deuxième*
La troisième *La quatrième etc.*

52. Etes-vous allé au trou pour des raisons disciplinaires pendant 6 derniers mois?

Oui *Non*

Liste des entrepreneurs interviewés

#	Sexe	Age	Sphère de l'activité commerciale	Taille de l'entreprise
1*	Masculin	30	Commerce de souvenirs italiens	Petite
2*	Masculin	40-45	Systèmes de climatisation : production et installation	Grande
3*	Masculin	50	Systèmes de contrôle de la production	Grande
4*	Féminin	45-50	Commerce de cuisines italiennes	Grande
5*	Masculin	40-45	Petit commerçant de produits en cuir et en tricot	Petite
6*	Masculin	35-40	Commerce de cuisines italiennes	Grande
7*	Masculin	50	Commerce de céramiques italiennes et chinoises	Moyenne
8*	Masculin	30	Commerce de mobilier italien	Grande
9*	Masculin	45	Commerce de cuisines italiennes	Moyenne
10*	Masculin	35	Production des produits informatiques	Moyenne
11*	Masculin	35-40	Commerce de mobilier italien	Moyenne
12*	Masculin	40	Commerce de mobilier italien	Grande
13*	Masculin	35-37	Petit commerçant de produits en cuir et de jeans	Petite
14*	Masculin	50	Systèmes de climatisation : production et installation	Grande
15*	Masculin	30-35	Manager de la banque *Vnechtorgbank*	Moyenne
16*	Masculin	50	Président de la banque *Nacionalny rastchetny bank*	Moyenne
17*	Masculin	45-50	Manager de la banque *Slavjanskij credit*	Grande
18*	Masculin	30-35	Manager de la banque	Grande
19*	Masculin	30	Directeur du département de la banque *Flora-bank*	Grande
20*	Masculin	40-45	Directeur exécutif de la banque *Visa-Bank*	Moyenne
21*	Masculin	45-50	Manager de la banque *BFT-bank*	Grande
22*	Masculin	35-40	Vice–président de la banque *SVA-bank*	Moyenne
23*	Masculin	35-40	Directeur du département de la banque *Vnecheconombank*	Grande

Sujets des entretiens avec les entrepreneurs

1. Comment vont vos parents ?
2. Aidez-vous vos parents ?
Souvenez-vous d'une situation dans laquelle vos parents avaient besoin de votre aide, mais vous ne pouviez pas l'apporter ? Pour quelle raison?
Comment aidez-vous habituellement vos parents ?
3. Comment vous comportez-vous si vos parents vous demandent une aide que vous ne pouvez pas apporter ?
4. Vos proches participent-ils à vos affaires ?
5. Pour quelle raison ?
6. A quel titre ?
7. Quelles sont les conditions pour que la participation des proches aux affaires apparaisse utile ?
8. Qu'est-ce que vous pensez de la participation des proches à vos affaires ? Facilite-t-elle les choses ? Pourquoi ?
9. Y a-t-il des différences entre vos relations commerciales avec vos proches et les autres ?
10. Qu'est-ce que vous faites s'il y a un problème dans les relations commerciales avec vos proches ?
11. Pensez-vous qu'il faut être au courant des affaires privées de vos employées ?
12. Qu'est-ce qui arrive le plus souvent : vos amis deviennent les partenaires commerciaux ou les partenaires commerciaux deviennent vos amis ?
13. Qu'est-ce qu'on entend par petite annonce telle que "On cherche une secrétaire, JF de 20-25 ans" ?
14. Quand on achète une prostituée, selon vous, on achète un service ou une femme ?
15. Racontez-moi, s'il vous plaît, l'histoire de votre entreprise.
16. Comment les choses se déroulaient-elles ? Avez-vous eu un plan bien précis. Si oui, le plan a-t-il été réalisé comme prévu ?
17. Quels étaient les facteurs favorables/défavorables à votre entreprise ?
18. Selon vous, quels sont les critères de la réussite de l'entreprise ?
19. Quelles étaient les étapes préalables à la création de l'entreprise ?
20. Quelles étaient les sources de l'information pertinentes pour votre projet commercial ?
21. Quelles sources de l'information considérez-vous comme fiables ?
Comment vérifiez-vous l'information ?
Quels sont les critères d'évaluation de la qualité de l'information recueillie ?
22. Faites-vous des études spécialisées sur les intérêts des consommateurs potentiels ?
23. Quels sont les critères du choix du partenaire commercial ?
24. La confiance est-elle un critère ?
25. Quelles sont les conditions pour que vous puissiez faire confiance à quelqu'un ?
26. De ces deux affirmations, laquelle choisissez-vous ? a) On peut faire confiance aux gens, b) Il faut être attentif avec les gens.
27. Qu'est-ce que vous entendez par "faire confiance aux autres" ?
28. Comment fixez-vous les arrangements commerciaux ?
29. Qu'est-ce que vous entendez par les conditions de la "force majeure" ?
30. Si la situation de la "force majeure" arrive, les règles du jeu changent-ils ?
31. Comment décrivez-vous votre milieu ? Comment s'est-il formé ?
32. Qui fait partie de votre milieu ? Votre milieu coïncide-t-il avec le réseau de vos contacts commerciaux ?
33. Quelles sont les qualités personnelles que vous appréciez le plus dans vos partenaires commerciaux ?
34. Parmi ces qualités, quelles étaient les plus difficiles à apprendre pour accéder au milieu ? Avez-vous changé depuis votre début dans le business?
35. Selon vous, comment peut-on définir les coûts de représentation raisonnables ?
36. Avez-vous une voiture ? Quelles étaient les raisons pour choisir ce modèle ?
37. Si vous avez des ressources financières libres, comment les utilisez-vous ?
38. Pourriez-vous indiquer quelques règles vitales pour le business ?
39. Pensez-vous qu'il est possible de recourir à la violence dans les relations commerciales ? Si oui, dans quelles situations?
40. Qu'est-ce que vous pensez du rôle de la loi en Russie ? La loi est-elle importante pour le business?
41. Pensez-vous que l'entrepreneur doit toujours respecter les règles de la Loi ? Or cette exigence ne s'applique que parfois, dans certaines situations?
42. Qu'est-ce que vous pensez de la règle suivante : "Ne fais chier ceux avec qui tu vis" ?

43. Quelle est le risque de la punition pour le non-respect de la loi ?
44. Si vous cherchez le crédit, préférez-vous vous adresser à un partenaire traditionnel ou à celui qui propose les termes de contrat plus avantageux ?
45. Avez-vous de l'expérience de la défense de vous droits à la court ?
46. Le plan commercial (business plan) est-il important dans le business ? Sinon, qu'est-ce qui est important ?
47. Vous préoccupez-vous des aspects formels d'une affaire ? La forme écrite du contrat est-elle toujours exigée ou un accord oral est suffisant ?
48. Supposons que vous avez crédité quelqu'un. Etes-vous conscient de la possibilité d'une tricherie ? Etes-vous prêt à perdre ainsi vos ressources ?
49. Sinon, comment essayerez-vous de régler ce problème ? Quelles sont les sanctions appropriées?
50. Comment trouve-t-on habituellement un poste dans votre compagnie ?
51. Quelles sont les qualités que vous appréciez les plus dans une secrétaire ?
52. Avez-vous les partenaires à l'étranger ? Comment les avez-vous trouvés ?
53. Racontez, s'il vous plaît, l'histoire de votre premier contact commercial à l'étranger...
54. Quelles sont les différences dans l'organisation du business en Russie et à l'étranger ? En particulier, qu'est-ce que vous pouvez dire à propos du niveau de confiance ?
55. Quelle est l'information la plus pertinente pour un partenaire étranger pour qu'il puisse décider de faire un accord commercial avec une firme russe ?
56. Quel est le dégrée de formalisation des vos transactions avec les partenaires à l'étranger ?
57. Avez-vous l'intention d'organiser une filiale de votre firme à l'étranger ?
58. Qu'est-ce que vous faites si vous ne pouvez pas remplir vos obligations vis-à-vis du partenaire étranger ?

583109 - Octobre 2014
Achevé d'imprimer par
1livre.com
du rêve à la réalité !

Made in United States
Orlando, FL
04 November 2026

90201011R10195